antropología

traducción de
MARÍA DOLORES DE LA PEÑA

EL ETNOCIDIO
A TRAVÉS DE
LAS AMÉRICAS

textos y documentos reunidos

por

ROBERT JAULIN

siglo
veintiuno
editores

méxico
españa
argentina

XXI

siglo veintiuno editores, sa
CERRO DEL AGUA 248, MÉXICO 20, D.F.

siglo veintiuno de españa editores, sa
EMILIO RUBÍN 7, MADRID 33, ESPAÑA

siglo veintiuno argentina editores, sa
Av PERÚ 952, BS AS, ARGENTINA

edición al cuidado de presentación pinero de simón
portada de ricardo harte

primera edición en español, 1976
© siglo xxi editores, s. a.

primera edición en francés, 1972
© librairie arthème fayard
título original: le livre blanc de l'ethnocide en amérique

ÍNDICE

LOS AUTORES   7

INTRODUCCIÓN   9

PRIMERA PARTE: AMÉRICA ANGLOSAJONA

1. Proclama llamada de Alcatraz   15

2. Los indios de América del Norte: un pueblo
   en vías de desaparición, por Shirley Keith   19

3. Del derecho de las sociedades 'esquimales y
   de nociones implícitas al diagnóstico del desarrollo, por Jean Malaurie   37

SEGUNDA PARTE: AMÉRICA LATINA

4. El problema indio en México desde la Independencia, por Jean Meyer   55

5. Religiones y represión en los Andes en los
   siglos XVI y XVII, por Pierre Duviols   84

6. Los aspectos etnocidarios del Estado neocolonial peruano después de la independencia del
   Perú, por Jean Piel   95

7. El "afrancesamiento" de los indios de Guayana, por Jean Hurault   103

8. Exacciones a las poblaciones indias de Amazonia, por François-Xavier Beghin   127

9. Contribución al debate sobre el etnocidio de
   los indios de Amazonia, por Pierre-Yves Jacopin   168

10. La etnología del deshonor, por Jacques Lizot   179

11. De la destrucción de los indios a la civiliza-
    ción de los salvajes, por Michèle Duchet   197

12. El mito de Viernes. Una premeditación del
[5]

etnocidio: Los mitos del buen y del mal salvaje, por Anne-Marie Savarin y Jacques Meunier   235

13. El mito de Robinson o la premeditación de
una nueva civilización, por Pierre Bernard   248

14. Etnocidio y comunidad nacional. Aspectos jurídicos, por Jacqueline Costa   271

15. El Occidente y los bárbaros, por Jeau-Paul
Dumont   285

16. El misionero ante las culturas indígenas, por
Gerardo Reichel-Dolmatoff   290

17. Folklore y cultura viva, por Michel Leiris   303

18. ¡Viva la etnología!, por Jean Monod   321

LOS AUTORES

ROBERT JAULIN. Matemático y etnólogo. CNRS. Autor de *La mort Sara* (Plon) y *La paix blanche* (Seuil).

SHIRLEY KEITH, india winnebago, militante de los movimientos de liberación de los indios de América del Norte. En 1969, participa en la ocupación de la isla de Alcatraz. Autora de numerosos artículos y emisiones radiofónicas y televisadas sobre el problema indio en los Estados Unidos.

JEAN MALAURIE. Etnólogo. Profesor de la École des Hautes Études. Director del Centro de Estudios Árticos y Finoescandinavos de la Universidad de París.

JEAN MEYER. Profesor adjunto de historia. CNRS. Ha publicado varios artículos sobre la historia de México y *La cristiada*, México, Siglo XXI Editores, 3 vols., 1973-74. Colaborador de la revista *Esprit*.

PIERRE DUVIOLS. Americanista. Larga estancia en Perú. Encargado de cursos en la Facultad de Letras de Aix-en-Provence. Autor de diversos trabajos sobre la colonización religiosa en los Andes. En prensa: *L'extirpation de l'idolatrie dans le Pérou colonial (1532-1650)* Siglo XXI ha publicado: *Francisco de Ávila, extirpador de la idolatría*, en J. M. Arguedas, *Dioses y hombres de Huarochirí*.

JEAN PIEL. Etnohistoriador. Profesor adjunto de la Universidad de París. Numerosas estancias y viajes de estudio a Perú (Institut Français d'Études Andines de Lima). Prepara una tesis sobre *L'Histoire agraire du Pérou contemporain*.

JEAN HURAULT. Geógrafo ingeniero en jefe en el Institut Géographique National. Varios años en la Guayana francesa.

FRANÇOIS-XAVIER BEGHIN. Explorador. Numerosas misiones en la Amazonia brasileña (indios cayapo, guaja, urubu), Bolivia (jora), Paraguay, Colombia, Ecuador. Colaborador de varias revistas y publicaciones de América Latina y de la revista de la Sociedad de Americanistas.

PIERRE-YVES JACOPIN. Etnólogo. Varios años en la Amazonia colombiana.

JACQUES LIZOT. Etnólogo. CNRS. Varios años de estancia entre los indios yanoama del alto Orinoco.

MICHÈLE DUCHET. Profesora adjunta de letras. Maestra

de conferencias en la École Normale Supérieure de Fontenay. Comunicación extraída de *Antropología e historia en el Siglo de las Luces*, México, Siglo XXI Editores, 1975 (trad. de Francisco González Aramburo).

ANNE-MARIE SAVARIN Y JACQUES MEUNIER. Etnólogos, miembros de la Sociedad de Americanistas. Estancias en Colombia, Perú, Bolivia. Autores de *Le chant du Silbaco* (París, 1969).

PIERRE BERNARD. Músico, monje, obrero, sociólogo. Enseña sociología en la École Pratique des Hautes Études y en la Université Paris VIIº. Autor de numerosas publicaciones sobre sociología del trabajo y sociología de la ciencia (revista *Anthropos*). Por aparecer: *Ethnologie du monde moderne*.

JACQUELINE COSTA. Jurista. Profesora de la Université de Paris.

JEAN-PAUL DUMONT. Etnólogo. Autor de *Le fœtus astral* (Christian Bourgois) en colaboración con Jean Monod.

GERARDO REICHEL-DOLMATOFF. Antropólogo colombiano, ex jefe del departamento de antropología de la Universidad de los Andes (Colombia). Autor de obras fundamentales sobre América Latina, entre ellas *The People of Arilama, Colombia: Ancient Peoples and Places, Los kogi, Dekuana*, etc.

MICHEL LEIRIS. CNRS. Museo del Hombre.

JEAN MONOD. Etnólogo. Misión entre los piara (Venezuela). Enseña en la Université de Paris VII. Autor de *Les Barjots* (Julliard) y *Un rico caníbal*, México, Siglo XXI, 1975.

INTRODUCCIÓN

Seguramente como todo, esta compilación nació de una historia: una historia pequeña instalada en una gran historia. La gran historia se dice poco a poco y esta compilación se refiere a ella: concierne a un hecho "global", el monólogo blanco de los milenarios con pretensión a la universalidad, a la humanidad única, el recubrimiento por un ser casi abstracto —una civilización mal encarnada, agresiva— de una multitud de seres más concretos, mejor encarnados, pacíficos: los universos constituidos por otras civilizaciones y todo universo, la naturaleza que nosotros desnaturalizamos.[1] Esta gran historia, la llamamos blanca para darle un color, pero no tiene nada que ver con los problemas de raza, nació mediterránea —al menos eso nos parece por desconocimiento de su protohistoria—, se volvió europea, luego americana, africana, asiática; ahora bien, mientras más se extendió, más fracasó. Hoy en día, el "corazón" mismo no la sigue ya, la juventud de sus protagonistas más viejos (los occidentales) la pone en duda y las masas indias, ya sean del norte, del centro o del sur de las Américas, continúan rechazándola.

La pequeña historia de este libro forma parte de ese rechazo.

Una breve estancia en 1962, luego todo el año de 1964 pasado al lado de los indios motilones, y de nuevo una buena parte de los años 1967 y 1968, nos había implicado en la destrucción de los hombres y de los modos de existencia de la selva amazónica. Esa destrucción era una locura tal, una tal imbecilidad, que nosotros habíamos protestado, nos habíamos opuesto (en nuestra pequeña medida) a ese aspecto particular de la empresa occidental.

El etnocidio era, ante todo, una modificación total aportada e impuesta al orden cotidiano. Las relaciones de producción, de consumo, de residencia, a partir de las cuales se desarrollaban y se diseñaban los valores indios del juego de vivir, estaban condenadas. El bari tenía que vestirse a la blanca: sustituir el taparrabo por nuestros oropeles ridículos e inadecuados para el calor; comer a la blanca: sustituir los asados por las

---

[1] Jean Dorst: *La Nature dénaturée.*

fritangas; habitar a la blanca: sustituir la tierra fresca, que se limpia fácilmente, con inmensos techos de hojas, por el cemento frío y sucio y el techo ondulado bajo el cual uno se asfixia; producir a la blanca: olvidar la caza y la recolección para enraizarse entre las vacas y las plantaciones; sufrir a la blanca: sustituir la delicadeza y la felicidad por el disimulo, el drama y la estupidez.

Los petroleros americanos, los misioneros de todas clases, los colonos sudamericanos, por conquistadores que hayan podido ser o sean entre ellos, estaban, fundamentalmente, de acuerdo: la civilización india no debía de existir; no importaba si se moría en ello, sin duda Dios se lo recompensaría.

Por lo tanto, yo protesté, y fue tomado a mal. Cada acto "colonial" es dado por un contexto más grande que aquel en el cual el acto mismo se ostenta, no se puede luchar sobre el terreno sin batirse igualmente en otra parte: la relación de nuestra civilización con esas otras civilizaciones es también la relación de nuestra civilización consigo misma.

Así pues, me dirigí a la ciencia, a mis colegas, a las organizaciones internacionales, a la Unesco, a la opinión pública, y los descubrí tan feroces o hipócritas como el más cretino de los misioneros, el más asqueroso de los petroleros o el más criminal de los colonos. Y sin embargo, en el interior de cada uno de esos marcos, otros también protestan. Así pues, debemos ser muchos en protestar, en decir la historia, en preocuparnos por un futuro que tenga una nueva cara.

Entre los actos explícitos de esta investigación, hay que situar el coloquio de febrero de 1970. En agosto de 1968, durante el Congreso de Americanistas, propuse que se efectuara una reunión que tuviera por tema tal debate; la Sociedad Francesa de Americanistas ya había aceptado la idea.

Organicé ese coloquio que tuvo lugar en los locales del Centro Nacional de la Investigación Científica y lo presidió M. Bataillon; *Editions Fayard* aceptó publicar la memoria.

Lo expuesto en febrero de 1970 no se encuentra íntegro aquí; falta preparar un segundo volumen, que comprenderá igualmente textos escritos con posterioridad.

Así pues, como la relación con el exterior es también la relación con nosotros mismos, la libertad bari y su invención de vivir, deben restituirse en *todas partes* en donde *nosotros* estemos; esa restitución es, primeramente, nuestra propia modificación: hacer entender el lenguaje del múltiple es el derecho para la humanidad de referirse a sí misma, a su diversidad.

Seguramente las palabras grabadas en papel, dichas en la escuela —en las escuelas, universidades, etc.— gritadas sobre los muros, contadas en los púlpitos, en las cátedras..., en la mesa de borrachos o de amigos, las palabras no son más que palabras, consumimos con ellas, disfrutamos con ellas, etc., pero no es más que un con, y siguen. El libro, la institución internacional, la universidad, existen en una sociedad, en una jerarquía, son "poca cosa", no tienen posibilidad de desviar esa sociedad más que si ésta se desvía a sí misma, y por referencia a mil actos más, condicionada a una cotidianidad más encarnada.

Este propósito no es negativo, significa solamente que nuestra relación con el exterior no se puede modificar por su simple formulación en el marco de nuestra relación con nosotros mismos; cuando mucho, nuestra esperanza es que ese decir pueda participar de la modificación de esa relación con nosotros mismos, a falta de la cual continuaremos destruyendo, destruyendo la vida, primero allá y luego aquí. No se puede hacer un inventario de esas modificaciones de nosotros mismos; su resumen, ya sea de una u otra suerte, es una abstracción, escapa a lo real; pero, sin embargo, resumamos, puesto que lo real no está a cargo más que de sí mismo, no lo precede ningún código.

Introducir una hendidura en el juego de la negación que es negación del otro, en tanto que hay otro, es encontrarse al final del juego; en efecto, este final del juego es la desaparición del otro que se puede negar y la aplicación de la negación a nosotros mismos, siendo nosotros entonces el universo que constituimos —el universo constituido por una civilización. La negación de sí es una muerte, suicidio, estupidez o criminalidad, no importa: la muerte huele a rancio, ¿qué gusto le tomaríamos?

Así pues, el etnocidio no es la muerte de otro —otro, esos múltiples seres abstractos y encarnados; civilizaciones—, es también nuestra propia muerte, la última muerte. Requerir la existencia de esas otras civilizaciones, es requerir su invención de vivir y no su supresión, en tanto que requerir nuestra existencia, es requerir una mutación, una supresión. La única tolerancia inaceptable es la de la intolerancia, la no violencia no puede dar derecho a la violencia; la mutación occidental no puede ser una misa recitada, flores de cementerio, cese de las lamentaciones, de los mea-culpa, o vanos y estúpidos sentimientos de culpabilidad. Modifiquemos nuestras miras, nuestros actos, los fenómenos que somos, restituyámonos una cotidianidad de arte, una dimensión humana; reencontremos el juego de las economías de subsistencia y despleguemos ese juego en la apertura de las partes del mundo unas a las otras. El privilegio de la producción en detrimento de las relaciones de producción fue una carrera hacia los tesoros en la que hemos sido engañados y por la que engañamos. Las estructuras de poder, de las jerarquías abusivas, de clases, etc., fueron generadas por esa carrera, y los sindicatos, los socialistas, los "revolucionarios de café", etc., en nada las cambiaron.

Las palabras, este libro, nuestras palabras, son "culturales"; seguramente se incluyen en lo civilizador, pero no lo cubren, por supuesto; hacer dar lo "cultural" es a menudo una manera de ocultar la evidencia y lo civilizador, de perpetrar lo predator; los marxistas han hablado de las maneras y han relegado lo cultural entre los fenómenos secundarios, las superestructuras. Pero las palabras, ya sean marxistas o no, y por consiguiente, ya sean suficientes en sí mismas o se les reserve una existencia impenetrable, son de una especie cultural. La impenetrabilidad de esas palabras puede ser la del "objeto de clase", la de una coartada; no importa. Por construcción y por lo que dicen, esas palabras son de connivencia. No importa que se tenga lo cultural por una superestructura a la manera marxista o por una "cobertura" al modo imperialista, incluso por una infra-estructura de cementerio, a la manera capitalista. En cada uno de esos casos lo cultural está amputado del universo, no es más que historieta, apariencia y distracción; el "pequeño mundo".

Sin duda los temas abordados en esta compilación son "culturales", pero tratan de dar algunas imágenes de una totalidad en movimiento y su razón de ser es menos explicar el etnocidio, que su fin: la inculpación, como una esperanza (a pesar del dolor y de la rabia) de la máquina que nos arrastra; poco nos importa hoy en día abandonar el lugar y el momento donde esta máquina —una civilización— nos ha llevado; no queremos ir más adelante; hacer y ser en la historia blanca es ese movimiento por el cual la máquina perdura; destruyamos la máquina.

ROBERT JAULIN

PRIMERA PARTE

AMÉRICA ANGLOSAJONA

En noviembre de 1969 una delegación que incluía represen-
tantes de todas las tribus indias de América del Norte, inva-
dió el célebre islote de Alcatraz, antiguo centro penitenciario
situado en mitad de la bahía de San Francisco. Tan pronto
cumplieron la operación, publicaron la declaración que sigue.

1

PROCLAMA LLAMADA DE ALCATRAZ

Nosotros, americanos indígenas, reclamamos la tierra llamada isla de Alcatraz, en nombre de todos los indios americanos, por derecho de descubrimiento.

Deseamos ser leales y justos para con los blancos que habitan esta tierra, y es por lo que proponemos el siguiente tratado:

Compraremos la isla de Alcatraz por la suma de veinticuatro dólares, pagaderos en abalorios y tela roja de algodón, conforme a los términos del mercado empleado por los hombres blancos hace alrededor de 300 años para la compra de una isla semejante. Sabemos que 24 dólares de artículos de comercio por esos 16 acres de tierra representan más de lo que fue pagado en el momento de la cesión de la isla de Manhattan, pero sabemos también que el valor de la tierra se ha acrecentado con el tiempo. Nuestra oferta de un dólar veinticuatro centavos por acre es superior a los cuarenta y siete centavos por acre que los hombres blancos pagan actualmente a los indios de California por sus tierras.

Reservaremos a los habitantes de esta isla una porción de tierra para su propio uso, bajo la doble responsabilidad del servicio americano de asuntos indios y de nuestra oficina de asuntos blancos, a fin de que la disfruten a perpetuidad, tan largo tiempo como el sol brille y los ríos vayan al mar. Posteriormente les guiaremos hacia formas de vida convenientes. Les ofreceremos nuestra religión, nuestra educación, nuestras costumbres, para ayudarlos a elevarse hasta nuestro nivel de civilización, a fin de que ellos, y todos sus hermanos blancos, puedan escapar al estado de salvajismo y de desgracia en que se encuentran. Ofreceremos este tratado de toda buena fe y deseamos ser justos y leales en todas nuestras negociaciones con los hombres blancos.

Pensamos que esta isla llamada de Alcatraz no podría convenir mejor al establecimiento de una reservación india, según los propios criterios del hombre blanco. Queremos decir con eso, que este lugar presenta las siguientes semejanzas con la mayoría de las reservaciones indias:

1. Está aislado de todas las facilidades de la vida moderna y privado de medios de transporte adecuados.
2. No posee ningún río.
3. Sus instalaciones sanitarias son insuficientes.
4. No esconde minerales ni petróleo.
5. No hay ninguna industria instalada, lo que hace que el desempleo sea grande.
6. No conserva ninguna instalación o servicio de sanidad.
7. El suelo es rocoso e improductivo; tampoco hay caza.
8. No posee ninguna escuela o servicio de enseñanza.
9. Su población ha sido siempre excesiva.
10. Sus habitantes han sido considerados siempre como prisioneros y puestos bajo la dependencia de otro.

Es por eso que sería pues, justo y simbólico, que navíos venidos del mundo entero, cuando pasen la Puerta de Oro, descubran en primer lugar una tierra india, y puedan así recordar la verdadera historia de esta nación. Este modesto islote sería el símbolo de vastos territorios antiguamente gobernados por nobles y libres indios.

LO QUE SE HARÁ DE ALCATRAZ

¿Qué uso queremos hacer de esta isla?

1. *Un centro cultural indoamericano* a donde nuestros jóvenes vendrán a aprender lo que tienen de mejor nuestras artes y técnicas específicas, al mismo tiempo que adquirirán la teoría y la práctica necesarias para desarrollar la vida y el espíritu de todos los pueblos indios. Dependerán de ese centro universidades móviles dirigidas por indios, que recorrerán las reservaciones, para estudiar los elementos característicos de las culturas indias.

2. *Un centro espiritual indoamericano* donde se celebrarán nuestras antiguas ceremonias religiosas y sagradas de purificación colectiva. Serán ejercidas ahí nuestras artes, y nuestros jóvenes entrenados en la práctica de la música, de la danza y de la medicina rituales.

3. *Un centro de ecología india* que proporcionará a nuestros jóvenes los conocimientos y los medios materiales necesarios para restablecer a nuestras tierras y nuestras aguas su estado de pureza original. Combatiremos la contaminación del aire y del agua de la bahía de Alcatraz. Buscaremos cómo restaurar la vida animal y revivificar las especies marinas amenazadas por las costumbres de los hombres blancos. Investigaremos el medio de desalar agua de mar para beneficio de los humanos.

4. *Una gran escuela india* donde nuestros pueblos aprenderán cómo vivir en este mundo, elevar su nivel de vida, y suprimir definitivamente el hambre y el desempleo para todos. Esta escuela de formación comprenderá un centro de artes y técnicas indias, y un restaurante que sirva comida indígena, para restaurar las artes culinarias indias. Este centro hará conocer las artes indias y ofrecerá al público manjares indios a fin de que todo el mundo sepa de la belleza y el valor espiritual de las tradiciones indias.

5. Algunos de los edificios existentes serán transformados para instalar un *museo indoamericano* que expondrá nuestras comidas indígenas y otras contribuciones de orden cultural que hemos aportado al mundo. Otra sección del museo mostrará algunas de las cosas que el hombre blanco ha dado a los indios a cambio de la tierra y de la vida que le tomó: enfermedades, alcohol, pobreza y decadencia cultural (que simbolizan viejas latas de conservas, alambres de púas, cámaras, cajas de plástico, etc.). Serán conservados algunos calabozos como parte del museo, para recordar a la vez a los indios quiénes han sido encarcelados ahí por haber desafiado la autoridad de los blancos, y los que han sido aprisionados en las reservaciones. El museo mostrará algunos acontecimientos nobles y trágicos de la historia india, incluyendo los tratados rotos, los documentos relativos al Camino de las Lágrimas (*Trail of Tears*), al asesinato de *Wounded Knee* (Rodilla Herida), y a la derrota de *Yellow Hair Custer* y de su ejército.

Por eso, en nombre de todos los indios, reclamamos esta isla para nuestras naciones indias y, por todas esas razones, pensamos que esta reclamación está fundada en justicia, y que esta tierra debe, de pleno derecho, sernos consentida por tan largo tiempo como correrán los ríos y el sol brillará.

Firmado:

18 AMÉRICA ANGLOSAJONA

INDIOS DE TODAS LAS TRIBUS

Noviembre de 1969. Territorio indio, Isla de Alcatraz.
CENTRO INDOAMERICANO. 3189, 16th. St., San Francisco 94103.

2

LOS INDIOS DE AMÉRICA DEL NORTE: UN PUEBLO EN VÍAS. DE DESAPARICIÓN

SHIRLEY KEITH

La ocupación de América del Norte por los blancos ha tenido por resultado un aplastamiento de las tribus indias, quienes han sido expropiadas, deportadas o exterminadas cada vez que fue posible. Pero esta historia trágica no es un capítulo terminado en el libro de historia de los Estados Unidos; se trata de una política que continúa hoy en día. El gobierno tiende ahora a la extinción de las culturas indias, siendo la supresión de las reservaciones el medio utilizado. Este método es tan eficaz, tan total, tan deliberado como los métodos antiguos, que consistían en espoliar a los indios de sus tierras y en masacrarlos. El genocidio cultural (etnocidio) es la extensión natural, la conclusión lógica del genocidio físico.

Desde el principio, dos características de la vida india se opusieron a los hábitos europeos de los pioneros, después a la cultura americana que se formó a partir de las antiguas costumbres y de las condiciones de vida nuevas.

La primera de esas características es la estructura social. Para los indios, la principal unidad económica y social es la tribu. La posesión común de bienes y tierras, los lazos familiares muy extendidos, y una estructura de poder jerarquizada, son características de la vida tribal. La identidad india y su dependencia, son tribales. La sociedad blanca, por su parte, considera el nudo familiar (padres e hijos) como la unidad social y económica básica. Para los blancos, la autoridad política pertenece a oficiales elegidos o nombrados, que no son necesariamente parientes.

La segunda fuente de conflicto tiene como origen concepciones diferentes en lo que concierne a la propiedad y utilización de las tierras. Para los indios, la tierra es una posesión común, estando repartidos los derechos y obligaciones entre los miembros de la comunidad. Vender la tierra, que es una propiedad común, está tan desprovisto de sentido como vender el aire o el agua. Los blancos, en cambio, consideran que la propiedad individual de tierras es una condición natural y bendita por la religión.

Estos dos conceptos diferentes han creado lo que los antropólogos, burócratas y pioneros han llamado "el problema indio". Este problema no es visto en términos uniformes. Para el pionero del siglo XIX, los indios eran pura y simplemente salvajes que debían ser eliminados. Para el funcionario, el "problema indio" se traduce en expedientes voluminosos y memorándums sobre la actitud de los indios, considerados como niños un poco retardados que el Estado debía tener a su cuidado. Para un gran número de antropólogos, el "problema indio" es tema de estudio que ofrece la oportunidad de examinar con lupa el fenómeno de la desaparición de una raza.

Las soluciones al "problema indio" son variadas, tanto en intensidad como en método, según la actitud del gobierno que se encuentre en el poder. Pero hasta ahora todas las soluciones han estado basadas en la idea preconcebida de que las culturas indias eran inferiores; todas las soluciones propuestas han sido en detrimento de los indios.

Durante el período colonial, estaba en favor una política flexible de integración, siendo la idea que los indios aceptarían gradualmente los hábitos sociales, los conceptos y los valores de los europeos. Se decía que los indios simplemente tenían necesidad de ejemplos, y de una ocasión para cambiar su modo de vida. No se esperaba verlos emerger del "salvajismo" para verles civilizarse en algunos años.

Aunque el gobierno colonial veía a los indios como salvajes que tenían necesidad de civilizarse, reconocía las fronteras de las tierras indias, y en general comprendía el concepto de utilización de las tierras a la manera india. Desgraciadamente, las leyes morales o naturales que los europeos citaban como la base del derecho de los indios a la posesión de sus tierras (es decir, propiedad ancestral que podía ser negociada en el momento de una venta), eran creaciones de cerebros europeos, no teniendo el indio, en su código propio, ese concepto de la propiedad individual.

El reconocimiento del derecho de los indios a poseer sus tierras fue expresado formalmente en 1754, atribuyéndose la Corona británica el poder de tratar con los indios, en parte para protegerlos contra los colonos sin escrúpulos, y en parte para minimizar los riesgos de guerras indias; se trataba igualmente de poner en su lugar la maquinaria legal que podría más tarde liquidar las fronteras indias. Las tribus constituían naciones independientes bajo la protección de la Corona; las tierras indias eran inalienables, salvo en el caso de venta voluntaria a la Corona; toda compra o embargo de tierras indias por un individuo, un grupo, o un Estado extranjero, era ilegal. La Corona se proponía obtener tierras por medio de tratados, acuerdos bilaterales entre gobierno británico y tribus indias. Estos tratados reconocían y afirmaban el estatuto soberano de los indios.

Los tratados, que permitían a los británicos procurarse tierras de gran valor a cambio de compensaciones varias, eran el resultado de acuerdos y de ratificaciones por parte de signatarios indios y británicos. Los indios eran pues tratados de manera paradójica: en el sentido social, eran considerados como salvajes antes de ser cristianizados y civilizados; en el sentido legal, se les acordaba el estatuto de nación soberana y el poder de establecimiento de tratado formal. Se trataba en todo caso de un sistema de contrato mutuo.

Una vez adquirida la independencia, el gobierno de la joven república trata de continuar, con una cierta firmeza, la política establecida por la Corona británica. Fechado en 1787, el artículo III de la Ordenanza del Noroeste declara:

La mejor buena fe será siempre observada para con los indios; sus tierras y propiedades no serán jamás tomadas sin su consentimiento; no serán jamás incomodados o invadidos a menos que sea de manera justa y legal autorizada por el Congreso; deberán ser promulgadas de tiempo en tiempo, leyes fundadas en la justicia y la humanidad, a fin de evitar que les sean cometidas injusticias y a fin de preservar la paz y la amistad con ellos.

Esas promesas de justicia, tan elocuentes en el papel, y cuya significación es tan clara, no debían jamás ser observadas. Desde los primeros años de su existencia, los Estados Unidos comenzaron a alejarse de la política relativamente humanitaria del período colonial. A medida que los pioneros avanzaban hacia el oeste, desmontando y cultivando las tierras situadas al oeste del Mississipi, los indios se encontraron simplemente con que se habían vuelto molestos; fueron asimilados a un obstáculo del que se debía uno deshacer, igual que las montañas debían ser escaladas, los ríos atravesados, los rigores del clima vencidos. La única diferencia entre esas barreras naturales y los indios, consistía en que estos últimos eran capaces de defenderse.

Esta misma época de la historia de los Estados Unidos se señala por la importación masiva de esclavos africanos. A partir de 1830, la cuestión se convirtió realmente en saber por qué medios y con qué rapidez sería posible eliminar a los indios. Es entonces cuando el presidente Andrew Jackson firma el "decreto de deportación de indios" (Indian Removal Act, 28 de mayo de 1830), que autorizaba al Presidente a hacer retroceder a todas las tribus indias a tierras situadas al oeste del Mississipi.

Ese decreto fue pasado a pesar de las protestas de los indios, quienes se daban cuenta de que se trataba simplemente de satisfacer a colonos cuyas necesidades de tierra aumentaban sin cesar. Estaba en contradicción evidente con la política del gobierno colonial británico y la Ordenanza del Noroeste. El decreto de deportación de indios dio lugar a una nueva actitud para con el problema indio —actitud que, desde esa fecha, ha seguido siendo la de los Estados Unidos. Los indios eran pues, sacrificados a los intereses territoriales, económicos y políticos de los jóvenes Estados Unidos.

Los efectos del desarraigo forzado de los indios, establecidos originalmente al este del Mississipi, son ilustrados por la historia de la tribu de los cherokees, quienes habían ocupado desde siempre las colinas de Georgia, compartiéndolas con las tribus creek y seminoles. Antes del año de 1830, el gobierno había celebrado con los cherokees dieciséis tratados separados, cada uno de ellos garantizando a la tribu sus territorios. En 1790, el general George Washington, primer presidente de los Estados Unidos, había dicho a los cherokees:

El gobierno federal no consentirá jamás en lo que los defraude; los protegerá y protegerá sus justos derechos... ustedes poseen el derecho de vender y de rehusar vender sus tierras.

Treinta años más tarde, ese mismo gobierno federal da la razón al estado de Georgia, el cual decide que la totalidad de las tierras de los cherokees le pertenecen. La legislatura del estado de Georgia, desde la creación de ese estado, había demandado que el gobierno federal comprara las tierras indias; ya habían sido adquiridas grandes parcelas por los blancos, cuando llegó el mo-

mento en que los indios rehusaron vender, diciendo
que necesitaban todo lo que les quedaba, a fin de poder
existir decentemente.

El gobierno del estado de Georgia se vengó exprimien-
do a la nación cherokee. Helen Hunt Jackson, en su libro
A Century of Dishonor, declara:

Año con año esas opresiones eran acrecentadas y multipli-
cadas; la ley marcial era impuesta por todas partes; las
tierras de los cherokees habían sido divididas por el catastro
y rifadas; miembros de la tribu habían sido condenados a
muerte por tribunales del estado de Georgia y colgados por
verdugos del estado. Se hicieron numerosas llamadas al Presidente y al Congreso en demanda de protección, que no
produjeron, por parte del gobierno federal, más que confesiones de impotencia para proteger a los indios, así como
la oferta renovada de aceptar un precio por sus tierras
e irse.

El arma más eficaz utilizada por el estado de Georgia
fue la decisión de extender las leyes del estado (que
eran locales, en tanto que los tratados habían sido
celebrados con el gobierno federal) a la reservación de
los cherokees, aunque tal decisión fuera ilegal. Los cherokees, negando el derecho del estado a asumir esa jurisdicción, alegaron su caso en la Corte Suprema del estado
de Georgia. En una decisión histórica, el juez Marshall
dio la razón a los indios, decidiendo que el estado de
Georgia no tenía autoridad para extender su jurisdicción a la reservación y declarando:

Es reconocido que los indios poseen un derecho incuestio-
nable, y hasta ahora incuestionado, de ocupar sus tierras
hasta que ese derecho sea cedido por ellos voluntariamente
al gobierno. (Worcester contra el estado de Georgia, 6 Peters
515.)

Esta decisión no estaba basada en sentimientos humanitarios sino, como lo subraya la Corte Suprema, en
los derechos legales de los indios. No se trataba de justicia social, sino de justicia legal.

Los precedentes legales dando a los cherokees el derecho de ocupar sus tierras estaban explícitamente anota-
dos en los tratados negociados con ellos. No obstante, el
estado de Georgia y el presidente Andrew Jackson decidieron ignorar esta decisión. Cuando se apeló a él para
defender a los cherokees, Jackson respondió: "Marshall
ha tomado una decisión, ¡veamos si podrá darle fuerza de ley!" Los acontecimientos de Georgia aceleraron el

paso del decreto de deportación de indios que debía ser firmado por el presidente Jackson.

En teoría, el decreto de deportación de indios debía estar sujeto a mutuo acuerdo entre las tribus y el gobierno. Pero cuando los cherokees y los seminoles trataron de resistir decidiendo quedarse en sus tierras, un destacamento del ejército comandado por el general Scott los rodeó y los forzó a huir. El resultado fue una marcha forzada hacia el oeste, a lo largo de una ruta que recibió el nombre de "Camino de las Lágrimas". Cuatro mil indios murieron antes de que la tribu alcanzara el territorio de Oklahoma, al oeste del Mississipi.

El decreto de deportación de indios y los acontecimientos de Georgia mostraron con una claridad absoluta, que el gobierno rehusó proteger a los indios, sus derechos legales y hasta sus vidas. Un gran número de americanos blancos consideraron el haber hecho retroceder a las tribus indias como una necesidad, quizá desgraciada, pero inevitable, y debida a las necesidades de la nación en pleno crecimiento. Algunos lanzaron argumentos justificando el rechazo de las tribus indias, empleando dos argumentos mayores.

Ante todo se afirmó que el desplazamiento forzado del "noble salvaje" contribuiría a la desintegración del modo de vida tradicional y aceleraría su aceptación de la civilización blanca. La idea de progreso, avanzada por los filósofos europeos del siglo pasado, fue invocada. Para los indios, el progreso consistía pues en pasar de un estado de bienestar e integridad cultural a un estado de desintegración social, de revuelta y de exterminio.

Otro argumento justificando la política del gobierno era que, puesto que los indios no utilizaban sus tierras, éstas deberían ser dadas a blancos que serían capaces de hacerlas rendir. Este argumento seguía la idea de que los colonos simplemente obedecían una ley de la naturaleza llenando un vacío —en ese caso el vacío de la ocupación de las tierras. Pero en realidad no existía tal vacío; desde siempre, los indios habían sacado partido de toda la superficie habitable del continente norteamericano. Es verdad que no utilizaban la tierra a la manera de los blancos, particularmente las tribus de cazadores y de pescadores; no obstante, utilizaban esas tierras de acuerdo a sus necesidades. Existían fronteras reconocidas entre las tribus, resultando en conflicto la invasión de territorios de una por otra pues todo movimiento importante de población tenía por resultado una ruptura del delicado equilibrio ecológico que existía entre la tribu y el territorio que ocupaba. Los blancos se apoderaban de tierras indias, no para obedecer a una ley de la naturaleza, sino a leyes promulgadas por el congreso; no con la fuerza de los justos, sino por la fuerza de las armas.

El equilibrio ecológico entre las tribus y sus tierras, fue roto por el arado y el fusil de los blancos, y en ciertas regiones, esos mismos blancos debían asistir a la quiebra de su sistema, cuando las tempestades de polvo invadieron sus tierras en los años 20 (Oklahoma, Kansas).

Cuando los pioneros blancos comenzaron a extenderse al oeste del Mississipi, los indios se encontraron otra vez situados en una posición que molestaba; había que ocuparse nuevamente de ellos. Durante numerosos años, fueron cazados, asesinados, muertos por hambre. En suma, la idea era eliminar el "problema indio" eliminando a los indios.

La solución más eficaz parecía ser la de hacer retroceder a los indios fuera de las tierras que habían ocupado tradicionalmente para situarlos en "reservaciones", la mayor parte del tiempo constituidas por tierras sin valor, consideradas inhabitables por los blancos. Con este fin, el sistema de los tratados establecido en los años prerrevolucionarios fue perpetrado por el gobierno de los Estados Unidos. En esencia, los tratados garantizaban a los indios la continuidad de su supervivencia económica y de sus costumbres, dándoles título de propiedad en las reservaciones "... tan largo tiempo como la hierba crecerá y el agua correrá en los ríos..." Esto a cambio de la superficie entera de los Estados Unidos de hoy.

El gobierno de los Estados Unidos trató con cada tribu india nombrándola, y utilizó los mismos métodos de ratificación que los utilizados en el curso de negociaciones con otras naciones. Más de trescientos tratados fueron negociados con las tribus indias y ratificados por el congreso. Declarar que existe un conflicto entre el principio y la aplicación práctica de esos tratados, sería subestimar la situación.

El *principio* de los tratados fue siempre que las tribus indias eran potencias soberanas y que se debía negociar con ellas por consentimiento mutuo. La *actitud* tomada con respecto a cada tratado fue, al contrario, que los indios, cualquiera que fuera su estatuto legal, eran de raza y de cultura inferiores; por lo tanto, no había en

lo absoluto necesidad de respetar los tratados, tal
como lo ha ilustrado el caso de los cherokees.

Los documentos muestran que los indios han respetado siempre al pie de la letra el espíritu de los tratados; muestran igualmente que el gobierno de los Estados Unidos no ha respetado jamás uno solo de los
tratados firmados con los indios.

Han sido esgrimidos dos argumentos para justificar
la conducta del gobierno de los Estados Unidos:

1. Era absurdo celebrar tratados con los indios puesto que
éstos no constituían naciones o potencias con las cuales se
debía tratar de manera convencional;
2. Un congreso no puede ser responsable de las acciones
del congreso precedente, y a su vez, éste no puede forzar al
siguiente a conformar su conducta a la propia.

Un gran número de legisladores están de acuerdo en
reconocer que las tribus indias no constituían naciones;
nada en su historia o su organización social podía darles la capacidad de celebrar tratados. En su introducción
para *A Century of Dishonor*, J. H. Selye disputa a los
indios su estatuto de nación:

A fin de constituir una nación, se debe formar un pueblo
que posea un código de leyes que practique, teniendo a la
cabeza un gobierno permanente. Una vaga ley no escrita,
hacia la cual la naturaleza humana en sus más bajas manifestaciones sin duda siente una obligación, o reglas adopta-
das instintivamente para la defensa común, que son siempre
seguidas por los grupos de hombres menos civilizados, no son
suficientes para constituir una nación. Esas tribus indias
no son una nación.

No hay apenas argumento contra esto, y no oigo ofrecer un mentís; la falla de esta posición es que el gobierno de los Estados Unidos reconoció a las tribus
indias como "naciones" con las cuales celebró tratados.
Adoptando y sancionando tratados con los indios, los
mismos Estados Unidos ven con sorpresa su posición en
los tiempos en que como potencias eran capaces de celebrar y ratificar tratados, de la misma manera que
las otras potencias de la época: cada vez, hubo nego-
ciación, consentimiento mutuo y ratificación.

En lo que concierne al argumento de que un congreso
no está obligado a aceptar los decretos promulgados
por los congresos precedentes, esta idea va contra los
principios de leyes internacionales que hacen que los tra-

tados entre naciones no cesen de ser obligatorios, salvo que sean invalidados.

Existen dos categorías de tratados: 1º los tratados personales, cuya validez depende del soberano que los ha celebrado, y 2º los verdaderos tratados, cuya validez es independiente de la persona que los ha celebrado, y que dependen de la existencia del Estado. En derecho internacional, todos los tratados celebrados entre naciones suponen derechos reales, pasando las obligaciones impuestas por ellos, en sucesión de un gobierno a otro. La misma cosa se aplica a los derechos obtenidos, siendo transmitidos esos derechos a administraciones sucesivas. Los Estados Unidos adquirieron ciertos derechos por los tratados con los indios (nada menos que el país entero), y ese derecho pasó de generación en generación y de gobierno en gobierno. Las obligaciones para con los indios, también garantizadas por tratados, fueron ignoradas, en detrimento de los principios del código internacional. En la mayoría de los casos, esos tratados fueron violados intencionalmente. Vistas en perspectiva, las ceremonias de ratificación toman dimensiones de una farsa gigantesca. No olvidemos, ni tomemos a la ligera, el hecho de que el gobierno de los Estados Unidos jamás ha respetado sus obligaciones para con los indios.

En 1871, el congreso pasó un acta poniendo fin a la celebración de tratados con los indios, aunque reconociendo la validez de los tratados existentes. Éstos debían ser reconocidos, subrayémoslo, puesto que el gobierno necesitaba una justificación legal para su adquisición, en el pasado, de territorios indios.

Esta misma sesión del congreso declaró: "A partir de ahora, ninguna tribu india o nación establecida sobre territorio de los Estados Unidos será reconocida o vista como potencia independiente con la cual los Estados Unidos pueden celebrar un tratado." Esto, dicho claramente, significaba que en adelante se podía prescindir de la amistad de los indios. A partir de ese momento, las tribus indias iban a ser tratadas como un pueblo conquistado.

Esta actitud se reforzó en el trascurso de los años 1880, extendiéndose los blancos hacia el oeste en número sin cesar creciente, llevando con ellos su insaciable sed de territorios nuevos. Las miradas se volvieron entonces hacia las tierras que todavía eran propiedad de los indios: las reservaciones. Algunos años antes esas tierras parecían sin valor, ahora eran codiciadas por los colonizadores. En 1887, se trataba de 139 millones de acres situados al oeste del Mississipi.

Se encuentra el medio de justificar el robo de los territorios indios pretextando una asimilación más rápida a la sociedad blanca. Los medios fueron expeditos. Fue enviado a los indios un ultimátum expresado de manera perfecta por el senador Pendleton de Ohio quien declaró: "Ellos deben cambiar su modo de vida, o bien deben morir. Nosotros podemos lamentarlo, podemos desear que sea de otra manera, nuestros sentimientos humanitarios pueden chocar con esta alternativa, pero no podemos ocultar el hecho de que se trata de una alternativa y que esos indios deben cambiar su modo de vida o ser exterminados." (Congressional Records; volume II, 46th Congress, 3rd Session, 1881).

Los argumentos del senador Pendleton y de sus colegas condujeron el paso del decreto de adjudicación general de 1887, conocido bajo el nombre de "Dawes Act", que autorizó al Presidente a dividir las tierras de las reservaciones y a dar una parcela de ellas a cada uno de los miembros de la tribu, sobre todo en los lugares en donde se pensaba que la tierra podría ser ventajosamente utilizada para la agricultura o la cría de ganado.

El objetivo de la "Dawes Act" era cambiar el modo de vida de los indios destruyendo su cultura tradicional cuya base no era solamente una religión y un lenguaje propios, sino igualmente una organización tribal que comprendía un sistema de propiedad común de las tierras. Era necesario civilizar a los indios y asimilarlos transformándolos en granjeros o criadores de ganado, y que cada uno tuviera título de propiedad individual en parcelas de terreno. Las tierras restantes —el excedente de superficie, una vez cumplida la repartición— eran consideradas como "sobrante" y abiertas a los colonos blancos. De esta manera, la "Dawes Act" respondía a los deseos de los ciudadanos blancos que pedían más tierras. Hipócritamente, se pretendía ofrecer a los indios una oportunidad de adoptar un modo de vida nuevo: el de los invasores blancos. El indio no tenía dónde escoger, puesto que, como lo había dicho muy claramente el senador Pendleton, la única alternativa era el exterminio.

El parcelamiento de las reservaciones fue un desastre. Las tierras divididas, convertidas en propiedad individual, fueron sujetas a impuestos, en tanto que antiguamente los dominios de la tribu no lo estaban. Por otra parte, la parcela otorgada a cada uno era en general insuficiente para constituir una unidad productiva independiente, y las dificultades crecían con cada generación, al crecer, con el número de herederos, la partición. En tercer lugar, el gobierno de la tribu se encontraba considerablemente debilitado; sin propiedad comunal de tierras, había menos interés común y más rivalidades personales. En cuarto lugar, las parcelas individuales podían ser ahora vendidas a los colonos blancos, y lo fueron; en 1933, las dos terceras partes de las tierras poseídas por los indios en 1887 habían sido vendidas —lo que representaba 81 millones de acres en 46 años— y 90 000 indios estaban sin techo (informe del administrador de asuntos indios, informe anual al secretario del interior, 1933). Las tierras vendidas eran, en general, las más productivas.

En la mayoría de los casos, las tierras divididas estaban garantizadas por tratado, teniendo el gobierno la obligación de proteger el derecho de posesión de la tribu. Pero también la "Dawes Act" fue emitida a despecho de las objeciones vehementes de la mayoría de las tribus; esta ley despreciaba todos los principios de acuerdo bilateral que resultaran nominalmente de la celebración de los tratados. Además, las leyes anteriores habían tomado en consideración las diferencias culturales existentes entre las tribus, pero la "Dawes Act" creó un precedente imponiendo una solución uniforme a todos los grupos indios. En fin, el decreto descuidó enteramente el considerar la organización tribal de los indios y, en lugar de dirigirse a los consejos de las tribus, permitió negociar directamente con los individuos. Beneficiándose del vacío dejado por la desaparición del consejo de la tribu, el gobierno aumentó entonces su ingerencia en los asuntos indios, aumentando el número de funcionarios y multiplicando infinitamente el número de leyes y reglamentos a fin de supervisar todos los aspectos de la vida india. La "Dawes Act", tanto en sus intenciones como en sus consecuencias, sigue siendo hoy en día uno de los actos de etnocidio más importantes perpetrados contra los indios por el gobierno de los Estados Unidos.

El "decreto de reorganización de los indios" (Indian Reorganization Act) entró en vigor en 1934. Su arquitecto fue el gran hombre de la oficina de asuntos indios John Collier, quien estuvo encargado de los asuntos indios durante el gobierno de Roosevelt. Este "New Deal" para los indios, fue el único programa constructivo en dos siglos. Primero, el decreto ponía fin a las prácticas de redistribución de tierras. Después, John Collier reconoció que los territorios que quedaban en manos de los indios eran insuficientes y autorizó una asignación de 2 millones de dólares por año para comprar nuevas tierras para las tribus. En fin, dio a las tribus el derecho de reconsolidar las tierras fraccionadas, una vez obtenido el consentimiento de los propietarios.

El decreto de reorganización de los indios permitió acrecentar la superficie de los territorios indios de más o menos 52 millones de acres en 1934, a 56 millones de acres 10 años más tarde. Con la ayuda de medidas de conservación del suelo, ellas mismas resultantes del decreto, el valor productivo de esos territorios fue grandemente aumentado.

Como en el caso de la "Dawes Act", pero en sentido inverso, la importancia del nuevo decreto se extendió más allá de su impacto inmediato sobre el tamaño de las tierras indias: constituyó en cierta medida un retorno al pasado; reconoció y afirmó la importancia de la organización tribal para los indios; restableció la costumbre del acuerdo mutuo entre las tribus y el gobierno federal; en fin, permitió a los indios cierto grado de control sobre sus propios asuntos, dejándoles manifestar sus deseos por referéndum en el seno de la tribu. Se trató de una obra maestra de reorganización social, una experiencia de pluralismo cultural que, aunque no enteramente exitosa, intentó reformar las actitudes oportunistas que hasta entonces habían caracterizado a la política del gobierno para con los indios.

Desgraciadamente, el Congreso se volvió a convertir en intratable algunos años más tarde. Durante la posguerra, la política india del gobierno comenzó nuevamente a estar marcada por una retracción de la protección federal y un acrecentamiento de los derechos jurídicos de los estados individuales sobre los territorios indios.[1]

La costumbre legal era que las leyes particulares de los estados no pudieran aplicarse a los miembros de las tribus residentes en territorios indios, habiendo sido celebrados los tratados con la autoridad federal. Desde

---

[1] La Constitución de los Estados Unidos deja, en el seno de la federación, una cierta libertad a cada estado miembro. Los estados promulgan sus propias salvo en lo que concierne a   temas de interés general, que son objeto de leyes federales. Por la dualidad del sistema, reina una cierta confusión en la aplicación de los decretos. En ciertos casos, una ley federal puede ser combatida más o menos abiertamente por un estado. Por regla general los legisladores federales —que ven las cosas a distancia— tienden a ser más imparciales. [T. francés]

1887 (fecha de la "Dawes Act") hubo un acrecentamiento continuo de la aplicación de las leyes de estado a los indios, con la anuencia del congreso. Las tierras divididas, convertidas en propiedades individuales, quedaron sujetas a los impuestos del Estado y a las leyes locales que gobernaban la sucesión. El congreso tenía igualmente extensión de la autoridad del Estado en materia de jurisdicción criminal y. civil, es decir, las transacciones y los crímenes entre partes indias.

Descargándose de sus obligaciones para con los indios y poniéndolos bajo la jurisdicción de los estados, el gobierno federal deja a los indios a merced de las autoridades de los estados, autoridad armada de todo el peso del prejuicio de los blancos en contra de otros tipos de sociedades. Los estados no están ligados por tratados, formando parte éstos del código federal y no del código del estado. En los trámites de justicia del estado, la supuesta imparcialidad de las leyes no se aplica a los indios. La policía del estado tiene ahora permiso de entrar en terrenos indios y utilizar sus métodos particulares para forzar a éstos a respetar las leyes locales. El gobierno de los Estados Unidos en efecto, había aprendido una lección: la aplicación de las leyes del estado de Georgia a los cherokees había demolido a esta tribu de manera muy eficaz.

Esta política se halla cristalizada en 1953 en el momento de la emisión de la resolución núm. 108 por la cámara (House Concurrent Resolution 108, 83rd Congress, 1st Session). Ésta declara que la supervisión federal debía terminarse tan rápidamente como fuera posible para los indios de cinco estados señalados, y para siete tribus específicas situadas en territorios fuera de esos cinco estados. En esta ocasión, el senador Arthur V. Watkins, presidente del subcomité de asuntos indios de 1950 a 1953, declaró:

Prácticamente desde el primer decenio de nuestra vida nacional, el indio, en tanto que miembro de la tribu y en tanto que individuo, ha visto acordársele un estatuto aparte. Ahora, nosotros consideramos al indio como un americano, esto de manera constructiva y afirmativa. Una de las facetas del interés que tenemos en el desarrollo general de los indios debe encontrar su expresión en la liberación del indio, la desaparición de las restricciones federales particulares sobre la propiedad y sobre la persona moral de las tribus. Esto no es un desarrollo nuevo, sino más bien el resultado natural de nuestras relaciones con los indios. El congreso está de acuerdo en lo que concierne a su cumplimiento. Por voto unánime tanto del Senado como de la Cámara de Representantes, el final de esta supervisión federal especial se ha pedido en los plazos más breves. Naturalmente, igual que para todo cambio social de tal importancia, los métodos varían y las emociones se abren paso cuando se discute la manera de cumplir del mejor modo esta tarea.

Esta pieza de verborrea es un buen ejemplo de la hipocresía de la que hace gala hoy en día el gobierno federal. Un análisis y traducción de esta declaración en lenguaje claro, es necesario si se desea comprender lo que quiere decir la política actual de terminación de la supervisión federal.

La primera frase de la declaración de Watkins es simplemente bruma: no explica ni lo que es el estatuto de los indios, ni por qué ese estatuto les había sido acordado. Admitir que las tribus eran vistas antes como potencias con las cuales se celebraban tratados, habría necesitado una explicación de la razón por la cual esos tratados habían sido negociados. Ahora bien, se había simplemente necesitado dar al robo monumental de las tierras indias un barniz de legalidad. Pero los tratados comprenden derechos y obligaciones.

Sería embarazoso para Watkins y sus colegas admitir que el gobierno de los Estados Unidos se arroga solamente los derechos y se descarga de sus obligaciones para con los indios. La historia entera de los tratados celebrados y de los tratados rotos se oculta bajo la frase de apariencia inocente: "...ha visto acordársele un estatuto aparte."

Watkins continúa con la declaración patriótica de que los indios son también americanos. La miel de esas palabras oculta una cruel indiferencia por el estado de servidumbre al que los indios están reducidos. En 1963, cuando fueron pronunciadas, las tribus indias estaban ya en un estado de deterioro y de pobreza situado por debajo de la definición legal de las palabras; los niños no recibían educación, los adultos eran semianalfabetas, los consejos de las tribus no tenían ya poderes, la economía de las reservaciones estaba en pleno caos.

Los indios son americanos, claro, pero provistos de pasaportes de segunda clase. El primer americano, en términos de cronología, es hoy el último en términos de educación, de empleo, de servicios médicos y de habitat.

En la declaración de Watkins, la más interesante de las frases es: "...la liberación del indio, la desaparición de las restricciones federales particulares..."; lo que quiere decir, en suma, la eliminación de las reservaciones. El congreso tiene autoridad para decidir en cualquier momento que el gobierno federal cese sus relaciones especiales con un grupo de indios. El primer paso hacia la supresión de las reservaciones ha sido permitir a los estados inmiscuirse en los asuntos indios dentro de las reservaciones. El congreso posee igualmente autoridad para determinar en qué momento el gobierno federal podrá poner un plazo a la posesión de tierras por los indios, y éste es el último objetivo de la política del gobierno con respecto a los indios.

La compasión que parece abrirse paso en la frase: "...debe encontrar su expresión en la liberación del indio" apunta en realidad más allá de un trazo de la jurisdicción federal sobre los indios puesto que, una vez abolidas las garantías federales, las leyes de los estados pueden prevalecer. La experiencia pasada nos permite afirmar que el paso de los indios a la jurisdicción de los estados constituye de alguna manera la solución final al "problema indio".

Los esfuerzos en pro de una abolición rápida del estatuto de las reservaciones, fueron particularmente visibles en el curso del segundo decenio del siglo XIX, y en el período comprendido entre 1917 y 1924.

Más recientemente, el año de 1953 encuentra al congreso listo para eliminar las reservaciones lo más rápidamente posible. Todo el mundo se puso de acuerdo para resolver el "problema indio" de manera total y definitiva; se trataba de quitar a los indios las tierras que todavía conservaban y de integrar a los individuos, cuanto antes, como ciudadanos de segunda clase a una América blanca. Pero nadie se tomó la molestia de consultar las reacciones de los indios; nadie pensó que sus voces colectivas eran lo suficientemente importantes como para influir sobre su propio futuro.

Los indios no habrían aceptado; cuando oyeron hablar del proyecto, se dieron cuenta del impacto que podía tener la resolución y protestaron vigorosamente; desgraciadamente la resolución ya se había tomado. Protestaron como habían protestado contra el decreto de deportación de indios en 1830 y el decreto de parcelamiento (Dawes Act) en 1887. Una vez más, sus objeciones no fueron escuchadas.

Las reservaciones de las tribus menominee de Wisconsin y klamath de Oregon habían sido señaladas para ser las primeras eliminadas. Cada una de esas dos tribus poseía una reservación habitable, cada una poseía reservas forestales de gran valor. Esas dos tribus estaban administradas de manera muy moderna por sus consejos, ambas habían dado pruebas de gran iniciativa en la conducción de sus asuntos; habían pedido una incorporación federal de las tierras de la tribu por un período de cincuenta años: durante ese período, los indios habrían podido controlar y desarrollar los recursos, salvaguardando el patrimonio de la tribu. Esas proposiciones eran muy diferentes de las emitidas por los decretos de eliminación promulgados por el congreso. El gobierno quería desorganizar las tribus y suprimir sus derechos sobre la reservación. Fue fijado un plazo de cinco años.

Ni una ni otra de las tribus tuvo posibilidad de votar en favor o en contra de los decretos de eliminación. Fueron notificadas de que si no aceptaban el decreto —sin haberlo visto previamente— serían congelados los fondos que les pertenecían. Cuando los delegados de los klamath en Washington se opusieron al plan federal de eliminación de la tribu, el encargado de asuntos indios utilizó el extraño procedimiento de deducir de los fondos de los klamath el pago del viaje de un miembro sin nombramiento oficial que fue a Washington a trabajar en la redacción del decreto.

En esa época, el encargado de asuntos indios era Dillon S. Myer, un hombre sin experiencia en asuntos indios, pero que conocía lo que restaba de ellos en la sociedad americana. Durante la segunda guerra mundial, Myer había sido director de los campos de reacomodo y responsable del programa metódico que arrojó a millares de americanos de origen japonés a los campos de concentración en los que permanecieron hasta el final de la guerra.

Myer resumió la actitud de los menominee y de los klamath en estas palabras: "Aunque las dos tribus muestran cierta vacilación en contemplar la posibilidad de un retiro de la protección de la oficina de asuntos indios, se tuvieron con ellos cierto número de conversaciones durante el año fiscal, y se hicieron esfuerzos continuos con miras a provocar su cooperación activa en el desarrollo de programas constructivos."

A pesar de las continuas objeciones de ambas tribus, el plan de eliminación general fue puesto en marcha. Las enormes forestas fueron vendidas y su producto distribuido entre miembros de la tribu, recibiendo cada uno, en lo que concierne a los klamath, alrededor de 43 000 dólares.

Los ciudadanos blancos de la región estuvieron listos inmediatamente para desvalijar a los klamath de su dinero —pero mucho menos deseosos de recibirlos entre ellos como ciudadanos iguales. Peleando por la eliminación de las reservaciones, Watkins había dicho: "Consideremos al indio como un americano, constructiva y afirmativamente." No obstante, ser ciudadano —ser un americano— no quería decir ser un americano *igual*, como los klamath descubrieron muy pronto. Cuando buscaron empleo, se encontraron puestos en listas de espera o simplemente rechazados. Educación y atención médica faltaban. La sociedad blanca no les hacía ningún lugar y no tenía tampoco para ellos respeto en tanto que indios. En suma, habían sido "integrados", asimilados a la sociedad blanca, e inmediatamente relegados al final de la escala.

El peligro más apremiante que amenaza a los indios hoy en día, no es la falta de derechos cívicos, la falta de empleo, la falta de educación o la falta de atención médica, aunque estos sean problemas importantes. La amenaza mayor no es tampoco la exterminación física —los indios han pasado ya por esta fase. Lo que los indios temen ahora, es la pérdida de las tierras de sus reservaciones.

El objetivo último de etnocidio, tal como es conocido del congreso y de la oficina de asuntos indios, es la eliminación de las reservaciones. Como lo expresó tan bien el senador Watkins: "Esto no es un desarrollo nuevo, sino más bien el resultado natural de nuestras relaciones con los indios."

Es legítimo preguntar por qué los indios desean quedarse en sus reservaciones, puesto que éstas, en general, no parecen habitables. La respuesta es simple y al mismo tiempo compleja; está contenida en el importante hecho mencionado desde el principio: los lazos de los indios entre ellos, su identidad, toda la estructura social está basada en la existencia de la tribu. Es curioso e instructivo ver que las culturas indias no han desaparecido; al contrario, todavía se hablan las lenguas indias; las formas religiosas y culturales persisten todavía. Curioso, porque, a despecho de una opresión calculada, esas formas de cultura específicamente indias existen hoy, no como vestigios del pasado, sino como fuerza vital que anima la vida de los indios.

Es instructivo constatar que los indios han examinado el modo de vida de la sociedad americana blanca y no han encontrado necesario imitarla. Se ha produ-

cido un desarrollo paralelo de la cultura india y de la
cultura blanca; los indios de hoy son indios del siglo xx,
tal como los americanos de hoy son americanos del
siglo xx.

Si se busca una solución justa al problema indio, no
se debe tratar de eliminar las reservaciones, sino de
desarrollar sus recursos, a la vez humanos y económicos. La solución justa no debe ser una extinción de las
culturas indias, sino al contrario, la admisión del hecho
de que las diferencias culturales y raciales enriquecen
un país.

Hay que proporcionar a los indios posibilidades de
mejoramiento en los dominios de la educación y la
economía, en común con los otros americanos. En el
caso de los indios, las nuevas oportunidades deberán
ser ofrecidas en el marco existente de las reservaciones.

Hasta el presente, los indios "integrados" a la sociedad americana blanca se han transformado en parias,
viviendo casi al margen de esa sociedad. Sin tierras
propias, no pueden mantener ni cultura, ni lengua, ni
estructura social.

Sin reservaciones, todo lo que queda de la herencia
india desaparecerá, con excepción de las piezas de museo. Sin reservaciones, no puede haber organización de
la tribu. Sin reservaciones no puede haber indios, nada
sino el recuerdo de un pueblo en otro tiempo altivo
que se desvanecerá progresivamente, hasta el olvido
total.

3

DEL DERECHO DE LAS SOCIEDADES ESQUIMALES Y DE NOCIONES IMPLÍCITAS AL DIAGNÓSTICO DE SUBDESARROLLO

JEAN MALAURIE

El objeto esencial de nuestros debates es, sin duda, interrogarnos sobre el porvenir de las sociedades autóctonas del Ártico de las que cada uno prevé, aquí o allá en América, la degradación o la asimilación.[1]

Las investigaciones mineras y petroleras en el norte de Alaska (bahía de Prudhoe) y en el norte canadiense, no podrán sino precipitar esta evolución. En efecto, las apariencias no deben ocultar la realidad. Si desde hace veinte años, por el hecho de una asistencia médica y financiera, estas poblaciones se acrecientan, ni qué decir que sociológicamente, en sus sistemas tradicionales, están dislocadas y hechas pedazos. Pero ya pasó el tiempo de los subterfugios, de las precauciones. Deben tomarse decisiones, y el expediente es tan negro, que uno no puede ya permanecer en silencio.

Precisemos inmediatamente que abordamos con reservas este tema, que recae en el plan de las incidencias legales de la exclusiva responsabilidad de los estados interesados.[2]

1. IMPLICACIONES DE LAS POLÍTICAS DE ASISTENCIA

Lo mejor y lo peor se juntan en numerosas empresas humanas: ¿desarrollo? Sí, ciertamente, pero ¿con vista

---

[1] Comunicación presentada al congreso internacional sobre *L'éducation des sociétés autochtones dans les régions arctiques*, Arctic Institute of North America, Montreal, 1969. Los trabajos de ese congreso (informes y debates) estableciendo la urgencia de los problemas, jamás han sido impresos, curiosamente, a pesar de los compromisos contraídos.

[2] La exposición concierne particularmente a las *sociedades esquimales caracterizadas* y muy principalmente a las *sociedades esquimales de actividades de caza*. En Groenlandia, por ejemplo, no representan sino una minoría.

a qué finalidades y a partir de qué criterios? ¿Se consideran los niveles de vida o los niveles de ser?

No hace mucho, la UNESCO intentó una definición de esta compleja idea de "desarrollo", precisando que se trataba de "todo proceso orientado a crear las condiciones de progreso económicas y sociales de una sociedad dada, con la ayuda de su participación activa y, si posible, de su iniciativa propia".[3]

Desde estos puntos de vista, Daniel Nat ha presentado un notable análisis:

La acción de asistencia, si requiere *la participación activa* de un grupo humano considerado, no impone más que *en la medida de lo posible* ser conducido en dirección de objetivos que él mismo definirá. Un grupo asistido *materialmente* se encuentra a la vez *culturalmente* juzgado en la misma proporción en que la petición previa de tutorado excluye —la historia nos lo establece— que sea cuestión de entenderlo y hasta de comprenderlo. El desarrollo procede de un diagnóstico previo de subdesarrollo global.

La alternativa ofrecida al veredicto de subdesarrollo es clara: o bien se considera que una cultura es soberana, específica y que los elementos que la componen —materiales y culturales— son indivisibles (y a este respecto se notará que la ecología de las altas latitudes nos convence siempre más de los peligros que se afrontan, que de situar los hechos materiales en perspectiva de culturas, siendo los sistemas establecidos precarios y muy sensibles a toda intrusión) o bien —y para retomar la alternativa— se considera que el subdesarrollo es global, de lo que resulta que la condenación tecnológica es igualmente condenación antropológica. El subdesarrollo de las poblaciones se convierte entonces —y es la actitud más común— en inferioridad objetiva, una forma de reliquia o de patología histórica.[4]

Estas observaciones son tanto más necesarias cuanto que el material administrativo de informaciones del que nos servimos es de difícil lectura, estando afectado —sin que se precise al respecto— por el juicio global de valor implícito al que nos referimos en el segundo término de la alternativa. En verdad, ha llegado el momento de una encuesta sobre las encuestas. Si no se ponen en duda las intenciones y la buena fe, los presupuestos metodológicos de los investigadores son en ciertos casos tan criticables, que conviene tomar todas las precauciones.

Las consecuencias prácticas son conocidas: iniciativas infortunadas, políticas inadecuadas, discontinuas y con-

[3] UNESCO, *Le progrès social par le développement*.
[4] D. Nat, *Esquimaux de l'île de Southampton: une esquisse d'expertise écologique ne suffit pas à justifier la mise hors la loi des modes de vie traditionnels,* en *Inter Nord* (París), núm. 10, marzo de 1968, pp. 265-271.

trarias, confusas para el indígena y que tienen como resultado la degradación final de sociedades que precisamente decían poder desarrollar.

2. SOCIEDADES ENMASCARADAS

Otra observación de Daniel Nat: "La personalidad esquimal o india se juzga con frecuencia —y en consecuencia— sobre lo que la constituye después de años de traumatismo cultural y educativo como la alteración, la alienación." Una intervención conceptual enfadosa hace pues examinar el pasado y las posibilidades que. su análisis oculta para la preparación de un mejor porvenir, a partir de un presente degradado.[5]

3. LAS ACTIVIDADES TRADICIONALES, ANCLAJE DE LAS SOCIEDADES MÁS ARCAICAS, ESTÁN CONDENADAS POR LA ADMINISTRACIÓN. NO ESTÁ PREVISTA NINGUNA SOLUCIÓN DE REMPLAZO.

¿Quién se asombrará, en estas condiciones, de que el observador sea confrontado con situaciones propiamente absurdas? Preocupada por asegurar trabajo a una población en expansión, la administración responde, según esquemas simplificadores que le son habituales en otras latitudes en el marco de sociedades industriales.

En el Keewatin canadiense o la isla de Southampton (en la bahía de Hudson), sectores en donde los hechos geográficos y tradicionales son, evidentemente, fundamentales, se proponía invitar a los habitantes a... cultivar lechugas, a comer pescado en conserva[6] o a desarrollar en ese país de tundras sin árboles... una industria de la madera,[7] o comenzar una artesanía de fieltro para sombreros (Cambridge Bay).

Sin tener en cuenta los principios económicos más elementales que recomiendan dispersión y movimiento a los cazadores, la Administración, por su descuido, incita en los sectores de caza, canadiense o groenlandés,

[5] Daniel Nat, *op. cit.*
[6] D. Nat, *op. cit.*
[7] J. Malaurie, *Les esquimaux du Keewatin intérieur: un tragique bilam et un obscur destin*, en *Inter Nord* (*Paris*), núm. 10, marzo de 1968, pp. 258-265.

al reagrupamiento en las ciudades, a fin de que los autóctonos sean mejor escolarizados. En las escuelas del norte de Groenlandia, no se imparte ninguna enseñanza moderna de caza a los jóvenes hijos de los cazadores que se sirven de trampas. ¿A qué porvenir los prepara pues la escuela, si en el estado que está la situación, los recursos locales no ofrecen otras actividades que las que una sabiduría secular les ha enseñado?

¿Se sorprenderá uno de que los autóctonos, largo tiempo pasivos, comiencen a deplorar a media voz la incoherencia de los blancos? "Regrésennos a nuestras tierras... Si tardamos demasiado, habremos perdido hasta el gusto de vivir", declaran en sustancia los esquimales del Keewatin canadiense (Garry Lake) a los investigadores del gobierno federal.

Desde muy arriba, el misionero responderá sin duda que antes que nada conviene que el esquimal asista a los oficios y se convierta. El maestro dirá que deben ofrecerse oportunidades iguales a todos, que sean blancos del sur o indígenas del Ártico. Recordará a los niños esquimales que deben aprender a hablar inglés o danés, estando cada blanco secretamente seguro de que el bilingüismo entrañará la ruptura de la argolla de la tradición —la familia en sus complejas redes de alianza y en sus múltiples reglas— en la que están encerrados esos hombres. De lo que el esquimal tiene necesidad, según las oficinas de estudios, es "de ser educado, formado en la organización de los blancos y en el sentido de la responsabilidad".

Hemos mostrado, a propósito del Keewatin —podríamos hacerlo con otros sectores— que si esos procesos en curso no son corregidos rápidamente, sectores enteros del Ártico, habitados desde hace milenios, estarán muy pronto desiertos. Esto es en favor de algunas grandes ciudades en donde la población autóctona se agrupe en la inacción y la amargura. Es Nome y Kotzebue (Alaska), es Fort Chimo, Rankin Inlet o Frobisher (Canadá), es Angmagssalik (Groenlandia) y quizá mañana Thulé-Kranak.

Reservadas a los turistas, las planicies abandonadas del Keewatin o del Nuevo Quebec por ejemplo, juzgadas demasiado pobres para los cazadores autóctonos, serán lugares de recreación para los millonarios del sur de Canadá y de los Estados Unidos. Bajo pretexto de turismo, ya comienza el blanco en busca de safari en esos sectores, a tomar el lugar de los aborígenes reducidos al estado de guías. ¿Quién sabe si la búsqueda del ambiente folklórico no necesitará la implantación de poblados artificiales?

Por importantes que hayan sido los recursos obtenidos de la caza, las administraciones tutelares apenas creen ya en su bien fundada economía. Si Groenlandia ha practicado y continúa practicando una política de precios bajos, Canadá y Alaska no han hecho beneficiarse de subvenciones de apoyo a esta rama esencial de la actividad de sus poblaciones septentrionales. La causa de ello no puede ser más que la desconfianza respecto a esos modos de actividad. Si Canadá hubiera tenido que asegurar al mercado de las pieles del Gran Norte Esquimal un nivel y una estabilidad comparables a los que cualquier organismo gubernamental canadiense o europeo asegura a los productos de la agricultura o de la pesca, habrían sido suficientes subvenciones por un total prácticamente irrisorio para un gran estado: 5 millones de dólares por año, según nuestros cálculos para 1959, en la peor de las hipótesis.

4. EXISTEN SOCIEDADES TRADICIONALES CON BUENA PRODUCTIVIDAD

No hay duda de que la industria de la caza ha dado un excelente rendimiento. En su tiempo aseguró la fortuna de compañías poderosas tales como la Hudson Bay Co. Combinada con otras actividades (cría de reno), convertida en una industria racional y moderna, asegura todavía hasta nuestros días buenas utilidades a los cazadores esquimales de la Tchoukotka soviética.

Para ser remuneradora, la economía de caza requiere de ciertas condiciones; el examen de la evolución histórica del distrito de Thulé es de una gran enseñanza a ese respecto. Primera condición seguramente necesaria: la riqueza biológica del lugar; después: la cohesión de la sociedad llamada a beneficiarse de ella, empeñada en una buena explotación técnica; y en fin, en nuestros días, una organización industrial. Si los dos últimos factores no son respetados, si la sociedad autóctona no es protegida contra sí misma, el sector más rico no hará vivir más que una pobre colectividad.

a] *La sociedad tradicional de Thulé de 1910 a 1936*

Antes de haber tomado a su cargo el Estado el distrito de
Thulé, pudo proporcionar a su director de entonces (Knud
Rasmussen) y a su personal, una renta anual relativamente
elevada. Pudo también auxiliar en las necesidades de servicios sanitarios y de navegación. Además, aportó una gran
contribución a los gastos necesarios para la realización de
las expediciones de Thulé y, por consiguiente, para la recolección de los materiales reunidos por las expediciones.

Este informe oficial de la comisión de encuestas del
gobierno danés [8] indica la amplitud de los negocios realizados. hasta 1936 por la sociedad privada *Kap York
Stationen Thulé* creada en ese distrito en 1910 y cuyos
beneficios han sido asignados, gracias al genio de Knud
Rasmussen, al estudio de la civilización esquimal. De
paso, se subrayará la singularidad de esta pequeña población de 300 personas que, por su austeridad y productividad, han podido constituirse en mecenas de su
propia historia.

Cohesión de dicha población: en Thulé, en un estudio econométrico, hemos podido establecer, por una encuesta detallada en 1950 y 1951 y repetida en 1967 y 1968,
que las 70 familias esquimales proporcionaron *ad valo-
rem* cerca de 100 000 francos al mercado mundial de
la piel, es decir 1 700 francos por persona por año, no
disponiendo ese grupo, a cambio, más que de una renta
efectiva que alcanzaba un poco más de 5 francos por
mes, de. la que debía ser descontado el financiamiento
de la amortización del material (madera para travesaños de trineo, fusiles, cartuchos...) y los gastos generales de producción. Hemos mostrado en otra parte, que
tal economía debía estar excepcionalmente cimentada
y fuerte para soportar tal desplazamiento entre la producción y su remuneración.

Esta cohesión fue asegurada por Knud Rasmussen.
Éste supo, en efecto, por una obra legislativa original
fundada en viejas costumbres, hacer llegar a dicha población al rango de *sociedad política*. Un "Consejo de
cazadores" en los poderes modestos, pero prefigurando
el gobierno esquimal del mañana, había sido creado
para administrar el territorio. La población, orgullosa
de sus privilegios, sentía que obraba por sí misma. Un
aislamiento relativo, en fin, protegía la región de toda
intrusión patógena, siendo evitada la alimentación ina-
propiada.

[8] Groenlands Kommissionens Betaenkning 6, Copenhague 1950.

b] *Disgregación contemporánea*

Después de la muerte de Knud Rasmussen, y especialmente después de 1936, la inserción administrativa del distrito de Thulé en el marco más vasto de Groenlandia, hizo perder a ese grupo ejemplar sus privilegios y sus virtudes.

Nos ha sido dado seguir, desde 1950, los procesos clásicos de una degradación; es el cortejo de males habituales: disgregación de la familia, unidad de vida y de producción (una de cada cuatro mujeres ya no se casa y tiene hijos de diferentes hombres), aparición de casos de aborto voluntario, indiferencia creciente por los intereses del grupo, dilución de lideratos, abandono del kayak por parte de los jóvenes que no han aprendido su uso en la escuela y por lo tanto le tienen miedo, menos puntería de los cazadores, sedentarización creciente y reducción gradual del número de "salidas" a cazar, dependencia creciente de los artículos de las "tiendas" e inversión reducida al título de la "producción", desuso de las codificaciones tradicionales, principio de emigración, traición de las élites preocupadas por la asimilación rápida a los blancos y poco representativas de las aspiraciones confusas de la colectividad, alcoholismo, pérdida de los dientes (pasados los 40 años, son raros los que no necesitan prótesis), problemas de la vista, menos resistencia al frío a causa de una alimentación inadecuada (harinas, conservas, azúcar, etc.).

Esta crisis moral se traduce en una caída de la productividad; de acreedor, el distrito de Thulé se vuelve grandemente deudor. La situación es particularmente preocupante si se considera que el corazón del territorio está ocupado por una poderosa base militar. Efectos inesperados son la consecuencia en el plan cinegético. Rica en detritos, la base, prohibida al esquimal, ve converger hacia ella a numerosos zorros, codiciados por los cazadores. La base recuerda además a éstos, la mediocridad de sus condiciones materiales, la relación de remuneración entre un cazador experimentado y un trabajador danés o norteamericano de la base, sin especialidad, que es de 1 a 4.

La base de Thulé-Dundas se convierte así en un símbolo para el esquimal que se interroga sobre el sentido de la segregación histórica que él conoce. Preocupado, inquieto, no se ha hecho cargo de los poderes acrecentados que la nueva legislación danesa le acaba de otorgar más que con indiferencia: "Demasiado tarde, me han dicho con frecuencia en la primavera de 1969 personalidades esquimales de esta región; los jóvenes, cada vez más opuestos a los viejos, apenas creen en ellos mismos. No saben ya quiénes son y algunos, en el futuro, probablemente abandonen el país... Y los que partan serán los más hábiles entre los jóvenes, los que han sido los mejores en la escuela. Nuestra economía de caza, solidaria de la actividad de cada uno, se desequilibrará y empobrecerá todavía más. La escuela 'descabeza' las élites entre los jóvenes cazadores; los técnicos no encontrarán empleo sino en el sur, fuera de nuestro país, del que mucho nos aleja; y los otros, los menos inteligentes, nos quedarán. No aprendieron el uso del kayak en la escuela-internado, y no fueron formados en la práctica cotidiana de la caza con sus padres por haber sido retenidos como internos en la escuela; serán malos cazadores. La caza no les dará para vivir. Las muchachas, no instruidas, cada vez cosen menos bien la piel. En verdad, solamente los perros, nuestro verdadero placer, nos incitan, para alimentarlos, a la caza regular. Es la caza, naturalmente, lo que constituye nuestro placer y toda nuestra vida. ¿Qué será de ella con el "Skidou", impropio para una vida equilibrada de caza, allá donde nosotros vivimos? A nosotros no nos gustan esos trineos mecánicos; ningún esquimal se sentirá honrado de usarlos como en Canadá. Esa sociedad, donde cada uno era solidario, ha pasado. Para el resto, los poderes que nos son devueltos no son más que fruslerías. El ejemplo de la base norteamericana nos lo establece. Vea pues las prohibiciones y las frustraciones de territorio que ha ocasionado en nuestro sólo detrimento, ¡de nosotros esquimales! No somos ni siquiera propietarios de la tierra en la que vivimos desde hace siglos. ¿Qué será cuando se descubra petróleo bajo nuestro suelo? ¿A quién pertenecerá?"

5. LÓGICA DE UNA ACCIÓN DE DISLOCACIÓN CULTURAL

La crítica, seguramente, es fácil, pero estas situaciones deplorables que describimos, nos convencen —sin ir más lejos— que conviene interrogarse, no sobre recetas que sólo sirven como simples cauterios, sino sobre los principios directores.

A juzgar por las decisiones tomadas, se debe reconocer que la administración se ha impartido de Alaska a Groenlandia sin violencia, por una silenciosa política de dejar hacer, de invitar a las poblaciones a consagrar sin recursos el abandono de los modos de vida tradicionales que, confusamente, el esquimal estimaba en los sectores más aislados, sin actividad de remplazo, como su último anclaje.[9] Ni que decir tiene que la empresa es *intelectualmente sin apelación* y ha sido llevada hasta tiempos recientes sin que las poblaciones hayan sido verdaderamente escuchadas y menos todavía después de haber sido instruidas para que puedan hacer su elección. Para ser justo y completo, precisemos que las consultas recientes, con frecuencia no han tenido lugar sino cuando el proceso estaba comprometido y la sociedad ya degradada; planteada en esos términos la respuesta no podía ser dudosa.

6. DERECHO DE LAS MINORÍAS

La acción en curso proporciona un buen modelo de "la asistencia" establecida un poco por todas partes en el mundo y sobre todo el tercer mundo desde el final de la segunda guerra mundial; avanzados los considerandos, retenidas las formalidades, obtenidos los resultados, manifiestan, lo hemos dicho, los caracteres absolutamente erróneos de la empresa.

Por lo tanto se presentan preguntas y nos invitan a formularlas en una perspectiva que toque el problema, mucho más general, de las relaciones de coexistencia entre culturas indígenas y sociedades industriales. Se ha intentado responder a ellas, en dos editoriales de *Inter Nord.*[10]

La conquista pura y simple, la colonización indistinta, la integración forzada y, en suma, la aniquilación antropológica del más débil, han constituido hasta el presente las formas tradicionales de ordenamiento de esas relaciones; se trata de preguntarse ahora si los esquemas modernos de relaciones elaborados en el Ártico americano estos últimos

---

[9] Hasta 1951, la política administrativa en Groenlandia era conservadora; el esfuerzo de las autoridades era en el sentido de mantener la isla en su realidad tradicional.

[10] *Inter Nord* núm. 10 (París), marzo de 1968,, pp. 256-258; núm. 11, diciembre de 1970, pp. 55-59.

años, difieren radicalmente de las actitudes anteriores y
si pueden diferir tanto de ellas que la significación igual de
todas las culturas no esté clara y expresamente admitida,
tanto, que la Declaración universal de los derechos del hombre no esté duplicada en una declaración universal de los
derechos de las sociedades tal como son, tal como aspiran
a subsistir y cualesquiera que sean.

La Declaración Universal de los Derechos del Hombre,
en su artículo 6 lo admite, reconociendo el derecho de
cada uno a "su personalidad jurídica". Los pactos internacionales relativos a los derechos del hombre (derechos económicos, sociales y culturales en la resolución
2200 [XXI] del 16 de diciembre de 1966 de la ONU), indican expresamente en el artículo 1 de dicho pacto "que
todo pueblo determine libremente su estatuto político
y asegure libremente su desarrollo económico, social y
cultural".

Consecuencia no despreciable para ese pueblo nómada: el artículo 11 de la convención concerniente a la
protección y la integración de las poblaciones aborígenes y otras poblaciones tribales y semitribales en los
países independientes, ratificada por la conferencia general de la Organización Internacional del Trabajo, ce-
lebrada en Ginebra el 5 de junio de 1957, en su 40ª sesión
es muy precisa: "El derecho de propiedad colectiva o
individual, será reconocido a los miembros de las poblaciones interesadas, sobre las tierras que ocupen tradicionalmente."

El editorial de *Inter Nord* agrega sobre todos esos
puntos:

Ni la filantropía, ni la razón, ni los buenos sentimientos son
indispensables para defender los títulos de existencia de las
sociedades árticas. El error es no darse cuenta de que esas
culturas se establecen en términos de hecho, que constituyen
un corpus global de comportamiento integrado consagrando
la adaptación plurimilenaria de los hombres al medio. Deben ser juzgadas como técnicas de vida, habida cuenta de
un cierto nivel de ser. Nada, absolutamente nada científicamente aceptable ha sido demostrado hasta el presente, más
que su subrogación era posible y todo nos convence de que
las consecuencias serían lamentables si se continuara pretendiendo que las sociedades esquimales e indias deben ser
lo que no son ni en lo que puedan convertirse. Esos pueblos
—como ciertas sociedades campesinas de Francia—, son todavía demasiado lo que son, demasiado lo que fueron, están demasiado convencidos de la realidad viva que representa su historia para pretender prematuramente ser otros.[11]

[11] *Inter Nord*, núm. 10, marzo de 1968.

En todo proceso de aculturación que influye sobre individuos y comunidades árticas de ese tipo, se arriesga que la fase de deculturación domine todas las fases. Y los factores deculturantes tienden casi siempre a deshacer, más rápidamente de lo que los factores aculturantes rehacen. En el límite, el balance no se salda más que por una verdadera dislocación cultural. El individuo, funcionalmente, hará bien otra cosa, pero psicológica y culturalmente, tiene grandes probabilidades de no ser, en realidad, ya nada.

En el curso de nuestros debates, del 17 al 21 de agosto de 1969, fue abordada la parte positiva de nuestras investigaciones y, a este respecto, sometimos soluciones sobre casos precisos, en relación con el objeto de la conferencia. Algunos votos indican ya la orientación tomada; no son aquí improcedentes. Indicaré las tesis del actual jefe del gobierno canadiense, Sr. Trudeau. Tomando en cuenta el carácter "poliétnico" del Canadá, es necesario, dice él, "asegurar a las diferentes regiones del total del estado canadiense, una gran medida de autonomía, de tal suerte que por la experiencia del *self government*, los nacionales puedan proporcionarse las leyes y las instituciones indispensables para el florecimiento y el progreso de sus valores nacionales".[12] Poder indio, Poder esquimal. Naturalmente es la única solución, siempre que sea acordada rápidamente, antes de que esas sociedades estén demasiado degradadas.

7. LÍMITES DE LA IDEA DE DESARROLLO "INDUSTRIAL"

En tanto no sea definida —como en la Unión Soviética o en Suecia, para limitarnos a esos dos países— una política integrada de explotación de la tundra para y por los autóctonos, política sostenida, estructurada por un instituto de estudios modernos como el de Irkoutsk, la tentación de dejarse vencer por el desánimo y el pesimismo y alentar la migración de los caídos de esas sociedades hacia el sur y las explotaciones mineras en desarrollo es grande, seguramente.

---

[12] P. E. Trudeau: *Le Fédéralisme et la Societé canadienne française*, Montreal 1967, núm. 227, p. 187.

48 AMÉRICA ANGLOSAJONA

a] *Porvenir minero para los esquimales*

A este respecto tomaremos parte de ciertas observaciones, tanto en Siberia nororiental como en Alaska, en Groenlandia (Qutdligssat) y en Canadá (Rankin-Inlet, Schefferville). La participación esquimal *en la vida minera* ha sido siempre reducida y mediocre. No es deseada por las direcciones de las minas en el Nuevo Quebec, por razones de eficacia y buen orden. Esta participación tampoco es ya deseada —salvo excepciones— por los autóctonos, quienes traducen su poco interés en un ausentismo en el trabajo y una predilección a estacionarse en los empleos más bajos. El considerable desarrollo petrolero en curso, se arriesga pues, a no ser —a menos que se produjeran mutaciones de mentalidad que no prevemos— sino una economía marginal, ya que las sociedades autóctonas no responden a las incitaciones que se les hacen, más que con la inercia y una resistencia creciente. Precisemos, además, que la industria de extracción petrolera en el Ártico, asegura pocos empleos.

b] *"Industria" de la pesca*

La pesca sólo puede tener una función complementaria.
La idea de industria de la pesca no resiste el examen en los mares boreales, excepto por lo que se refiere al bacalao. Las experiencias industriales —pesqueras del salmón en el Nuevo Quebec, por ejemplo— rápidamente han hecho reconocer lo que espíritus un tanto ligeros habían olvidado: que los umbrales biológicos críticos están muy cercanos. Los recursos, por abundantes que hayan sido, se renuevan lentamente siguiendo sutiles leyes de equilibrio. De ninguna manera se justifica la explotación, en el sentido industrial del término. Un ejemplo sobre diez: en Puerto Nuevo Quebec (Canadá, bahía de Hudson), las inversiones para un congelador de 10 toneladas que costaba de 15 a 20 000 dólares, incluido el transporte, implicaban una pesca anual de 15 000 kg de salmón durante 10 años. Después de 2 años, el máximo tuvo que ser abatido a 10 000 kg de pesca, pues la sobrepesca del salmón había ocasionado ya efectos devastadores.
La experiencia de la pesca del bacalao en Groenlandia, invita a otras actitudes prudentes. Preocupada por crear

empleos para una población rápidamente creciente, la administración danesa, lo sabemos, ha orientado hábilmente la economía de la isla, desde 1920, hacia una pesca industrial de sus gádidos aprovechando el recalentamiento de las aguas. Lo esencial de la actividad económica de la isla depende, de ahora en adelante, de esta pesca.[13] Independientemente de que esta orientación y las advertencias de las necesidades que ha suscitado impiden el regreso a las actividades polivalentes de antaño (caza y pesca de autoconsumo), presupone el mantenimiento en el futuro de las condiciones bioecológicas afortunadas del momento. Ahora bien, todos saben que el bacalao es migrador y como biotipo de las temperaturas comprendidas entre 2° y 6°, sensible a las menores fluctuaciones de los climas y las corrientes. La apuesta hecha por Groenlandia, que se ha empeñado en una monoeconomía, se arriesga a ser difícilmente mantenida si se considera que esas regiones árticas entran en una era de enfriamiento que todo parece confirmar.[14] Se notará, por otra parte que, a menos que se quiera que la pesca industrial represente una actividad deficitaria, debe ser moderna. Ahora bien, la pesca moderna utiliza siempre menos mano de obra. No es una industria de país subdesarrollado y, ante todo, preocupado por crear empleos. Se puede preguntar entonces lo que harán los desempleados potenciales de las grandes ciudades (Goldthaab, capital de la isla, contará en 15 años con casi 20 000 habitantes), alejados de la caza por las promesas de una vida moderna y de pesqueras en expansión.

CONCLUSIONES

En verdad, en el marco de un congreso sobre educación intercultural en las regiones nórdicas, los proble-

[13] Hans C. Christiansen: *La Peche morutière groenlandaise et l'emploi de la morue dans les unités de production groenlandaise. Géoéconomie de la morue.* T. III, Biblioteca ártica y antártica, edit. Mouton, París 1969, pp. 225-237.
[14] Los recientes análisis del casquete glaciar del campo Century (Thulé) confirman las encuestas biológicas e hidrográficas hechas en el estrecho de Davis. W. Dansgaard y S. J. Johnsen: *A flow model and a time scale for the ice core from Camp Century, Groenland, Journal of glaciology* (Londres), junio de 1969, vol. 8, núm. 53, pp. 215-225. J. Malaurie, Yrjo Vasari et alia: *Preliminary results on changing of climates during the last 10 000 years in the Thule area.* Symposium of Dulu. 1972, 35 pp., 10 figs.

mas se plantean todos a la vez: *la advertencia de las minorías* (a todas luces alentadoras: estas sociedades están muy vivas) los hace más agudos.

Las preeminencias etnológicas y geográficas deben ser recordadas sin cesar. La idea de asistencia en la que se basan debe ser revisada radicalmente. El primer capital en esos espacios lejanos y en la vida difícil es de orden humano: *el hombre-habitante.* Todo programa escolar y económico orientado al desarrollo de esas poblaciones debe ser tal, que sitúe al hombre *a escala de su medio* y *en* éste.

Toda enseñanza (bilingüe) [15] debe ser adaptada a las posibilidades económicas del medio y ser particularmente técnica para una educación *histórica* y *política*, hacer tener conciencia a los jóvenes y a los viejos del valor de esa civilización pasada, esquimal e india y de las responsabilidades que los jóvenes deben tener inmediatamente, en tanto que ciudadanos, en los ajustes en curso. Esa enseñanza, para no ser paternalista, debe duplicarse en un programa que otorgue a las regiones una *real autonomía financiera y administrativa*, no teniendo el "blanco" más que un papel estrictamente de consultor. Los riesgos de mala administración (en los primeros tiempos), de problemas económicos, no son mortales y pueden superarse rápidamente. Los cuadros existen, tanto en Alaska como en Canadá o en Groenlandia y no siempre se encuentran entre los hombres que están en el candelero. Desde ciertas perspectivas, los riesgos de una administración directa son mortales: la destrucción etnológica y el empobrecimiento están al final del camino.

Quien dice sociedad viva, seguramente dice sociedad productiva. Para que esa sociedad siga estando viva, todavía falta, lo hemos visto —y hay mucho ahí de la preocupación de eficacia tan cara a la América— que sean redefinidas administraciones y políticas previas. Si se les descuida, esas sociedades en transiciones difíciles perderán sus élites, preocupadas en los primeros tiempos por la asimilación blanca (danización, canadización, americanización) y luego por la partida hacia el sur; el régimen de asistencia resultará para la colectividad,

---

15 Es pues necesario decir que la enseñanza, en gran parte, debe hacerse en la lengua del país; la escuela debe ser resultado de la civilización autóctona y no dirigida contra ella. "Qué pensar de los reglamentos en las escuelas canadienses que impiden hablar el esquimal en clase o en un patio de la escuela y hacen pensar al niño que la lengua de los suyos tiene alguna cosa de la que uno debe avergonzarse." Cf. F. G. Vallée. *La situation culturelle dans le Nord.* AINA Informe 5 A (1969), p. 17.

siempre más inerte y menos móvil, en los procesos de degradación que se conocen por todas partes en el tercer mundo.

Para que esas sociedades árticas se vuelvan a convertir en productoras, deben volverse hacia *el mar* y hacia *la tierra* —cría de renos y de bueyes almizcleros,[16] caza racional y moderna, etc., pesca cooperativa[17]— para que el esquimal y el indio vuelvan a encontrar, por el lado de las *actividades naturales, productivas, que les son familiares,* su dignidad y su plena autoridad comunal.

El Ártico es tan vasto y biogénicamente tan inexplorado, que sería inesperado en verdad, que esos grupos ínfimos —desgraciados de aquellos que no podrán o no querrán mantenerse ahí y emigrarán hacia el sur— no pudieran obtener de él, en el marco de actividades modernas, la independencia económica y la autoridad deseada.

En otras longitudes, a poderosas compañías noruegas ¿no les tiene muy buena cuenta ese tipo de explotación (caza de foca)? Sería sorprendente que las administraciones competentes del espacio ártico americano no pudieran triunfar ahí donde los países escandinavos y sobre todo la Unión Soviética han hecho obra de pioneros. Pero el tiempo apremia para cambiar de perspectiva y de método.

---

[16] J. Malaurie. *Le developpement industriel permettra-t-il au Groenland de rester groenlandais? Inter Nord* núm. 10, marzo de 1968, pp. 105-119.

[17] M. I. Belov. *Radical changes in the life of the people of the Soviet for North (from 1920's to the beginning of 1940's) Inter Nord* núm. 10, marzo de 1968, pp. 219-223.

SEGUNDA PARTE

AMÉRICA LATINA

a] Las montañas

4

EL PROBLEMA INDIO EN MÉXICO DESDE LA INDEPENDENCIA

JEAN MEYER

La exposición se quiere histórica: narración, análisis, cuadro. El problema indio, el problema del indio; la diferencia no parece grande entre estas dos formulaciones. Ahora bien, si nosotros decimos "el problema indio", nos encontramos en el siglo XIX frente a uno de los capítulos centrales de la construcción de la nación mexicana; el problema "del indio" es de alguna manera, en 1969, un problema residual, marginal, que no concierne más que a minorías étnicas, cuando el gran problema es el de la incorporación de los campesinos a la nación moderna. Esto para decir que nuestro tema cambia en el curso de la exposición a causa de la profundidad histórica —150 años— que viene a complicar la conceptualización. Hay indio e indio; el concepto tanto vago como moviente, si se quiere inventariarlo bien, cambia en cantidad (el porcentaje de la población mexicana que cubre) y en calidad, de 1810 a 1920-30, época en la cual se estabiliza relativamente.

Del concepto muy general (indio equivale prácticamente a campesino, con algunas excepciones como las de grupos campesinos conscientes, por una razón u otra, de su castellanidad) que engloba prácticamente a todos los rurales, se pasa progresivamente —hay entonces paralelismo entre esa evolución ideológica y la evolución socioeconómica del país— a un concepto que se afina convirtiéndose en etnológico más que político (el miedo a la guerra racial, guerra de castas, se esfuma) y se aplica a un grupo siempre más reducido de mexicanos. La historia de ese concepto sería la de una erosión, seguiría la línea de vida de los indios mexicanos, reflejando su destino: desaparición por asimilación o destrucción (bajo las dos modalidades, directa e indirecta), supervivencia negativa en la decadencia, el aislamiento y el subdesarrollo, continuidad invisible y subterránea en el mestizaje biológico y cultural: ¿quién podrá decir la importancia de esta revancha del ven-

[55]

cido que transforma a su vencedor? Se ha podido decir que el movimiento zapatista era un resurgimiento del viejo fondo indio, ¿quién podrá decir la parte india del México de hoy? Escuchemos a Octavio Paz:

En nuestro territorio conviven no sólo distintas razas y lenguas, sino varios niveles históricos. Hay quienes viven antes de la historia; otros, como los otomíes, desplazados por sucesivas invasiones, al margen de ella... A veces, como las pirámides precortesianas que ocultan casi siempre otras, en una sola ciudad o en una sola alma se mezclan y superponen nociones y sensibilidades enemigas o distantes.[1]

Después de la calma (muy relativa: el sublevamiento tzotzil de 1712 y el de Jacinto Canek a fin del siglo, lo atestiguan) de la Nueva España, suena la hora de las guerras indias del siglo XIX: del sublevamiento de Juan Banderas en 1825 a la última guerra yaqui en 1926. Estas guerras hay que volver a situarlas en una perspectiva continental puesto que se producen al mismo tiempo que en los Estados Unidos, en Chile, en Argentina... Estas guerras son numerosas y repetidas, también diversas; guerra de exterminio en el norte, guerra de estilo norteamericano contra los comanches y los apaches de la frontera, guerra comparable a las guerras chilenas y argentinas de las que Métraux pudo ver los últimos episodios.

Contra el indio que no es nómada, se lleva otra guerra; el adversario es diferente, no es ya la guerra de la frontera sino la guerra que se podría llamar "social" o hasta "agraria" puesto que lo que ahí se juega es la propiedad de la tierra, la utilización de la fuerza de trabajo. De esas guerras tenemos ejemplos perfectos, podríamos decir, como las interminables guerras yaquis, las rebeliones de Chiapas, la guerra de castas de Yucatán. No todo está tan claramente delimitado puesto que esas guerras, por ser indias, no cesan de tener una relación con la tierra, engloban casi toda la gama de los movimientos campesinos y de las sublevaciones agrarias. Manuel Lozada y Tomás Mejía, caciques indígenas, arrastran detrás de ellos a los campesinos "criollos" del occidente o de la Sierra Gorda y del Bajío queretano, tanto como a los "indios". Mejor aún, el problema indio y el problema agrario se confunden en el espíritu de los propietarios y de los dirigentes del

[1] *El laberinto de la soledad.* 1969, *Fondo de Cultura Económica,* 7ª ed., México, p. 11.

país como lo muestra el texto siguiente, aparecido en 1865 bajo el título de "La cuestión india":[2]

Solamente un propietario puede tener una idea de los perjuicios que le causan la malicia o la estupidez de nuestros campesinos;... ¿cómo podríamos explotar nosotros a un indio que no tiene nada? ¿Su trabajo? Sepan que nosotros les pagamos todavía mucho más de su valor. El azote de nuestro país es la pereza y en lugar de preconizar el trabajo obligatorio, vienen ustedes a compadecerse de los miserables que prefieren el robo al trabajo honesto... Aumentar su salario sería un error fatal... si el indio ganara tres reales por día, trabajaría solamente tres días a la semana, para ganar nueve reales como ahora.

Lo que el corresponsal anónimo del periódico llama la *cuestión india* no era otra cosa que un proyecto de aumento de salario a los obreros agrícolas y de reducción de deudas a los campesinos.

Desde que el indio no es ya el guerrero nómada que vive en tribu, no tiene nada seguro; hay campesinos indios y campesinos que no lo son o que ya no lo son; ¿dónde está la frontera? Y esta frontera, ¿es verdaderamente importante? Los campesinos criollos no constituyen un grupo social técnicamente superior al de los indios; constituyen quizá un grupo social de civilización diferente en que la interpenetración y el mestizaje cultural sea la regla. Además, la diversidad cultural es admitida como natural por los campesinos, indios o no.

1. EL INDIO Y LA INDEPENDENCIA

De todas las guerras de independencia latinoamericanas, la mexicana es una de las más contradictorias. Los historiadores mexicanos han tomado la costumbre de hablar de la "revolución de la independencia" y jugando con las palabras se podría decir que hubo primero revolución (1810-1819) y luego independencia (1820-1822), fracaso de la primera, éxito de la segunda, fenómeno social, después fenómeno político. La revolución, verdadera guerra servil, es hecha por el pueblo y combatida por los criollos, la independencia es consumada por los criollos a mansalva, ya que de 1810 a 1819, devas-

---

[2] *El Pájaro Verde*, 14 de septiembre de 1865.

tado el país de arriba a abajo, pierde la mitad de su población activa.

El esquema es demasiado simple y no pretende cubrir toda la realidad pero permite desenmarañar la complejidad de los acontecimientos y de las conductas. La primera guerra de independencia nace de circunstancias políticas que se producen en un período de profundo malestar social cuyos orígenes pueden remontarse a las exigencias de la guerra contra Inglaterra, a corto plazo, y al desarrollo de la crisis agraria, a más largo plazo.

Cuando la Nueva España se encuentra separada de Madrid por la invasión napoleónica, los criollos se disputan el poder, abriendo la puerta al acontecimiento político que se conoce como "Grito de Dolores", lanzado por el cura Hidalgo e instantáneamente repetido por las muchedumbres rurales: "¡Muera el mal gobierno! ¡Viva el rey Fernando!", grito rápidamente abandonado por el de "¡Viva la virgen de Guadalupe! ¡Mueran los españoles!". La insurrección, preparada desde las profundidades, es la negación milenaria de todos los principios de gobierno y de orden, es la rebelión contra todas las autoridades acompañadas de la esperanza religiosa del paraíso, del fin de los tiempos y de una sed de destrucción vengadora. Se puede hablar de venganza pues los últimos decenios del virreinato fueron muy duros para los rurales, ya se tratara de pequeños propietarios, de granjeros criollos y mestizos, o de comunidades indias. (Se conoce poco de la existencia de formas de propiedad comunitaria entre los campesinos "criollos". Han subsistido a veces hasta el siglo xx.)

El siglo xviii vio desarrollarse un tipo de gran explotación agrícola diferente de la hacienda colonial tradicional, puesto que trabajaba en función del mercado, para vender, según normas modernas "capitalistas". Es suya la responsabilidad, mucho más que de las catástrofes climáticas, de las crisis de subsistencia que prepararon las condiciones de la explosión de 1810. La hacienda combatió a todos los productores, individuales o en comunidades, para obtener el control del mercado de granos. No hay que ver en esta política sistemática una manifestación de "voluntad de fuerza" del gran propietario "feudal"; se trata de hacer subir el precio de los granos y por este medio combatir al virrey que sigue la política de pan barato y a los competidores que venden a precios bajos, en malas condiciones comerciales, en el momento de la cosecha, por ejemplo. Los últimos lustros de la Nueva España están marcados por los progresos fulminantes de esta nueva hacienda que liquida la pequeña propiedad y despoja los pueblos, para abatir el precio de costo procurándose una mano de obra abundante y necesitada, y así elevar el precio de venta monopolizando la producción.

Esto explica la composición de las tropas de Hidalgo y Morelos: el movimiento es rural y no solamente indio, como había la tendencia a creer. Primero, porque el proceso del mestizaje está ya muy avanzado en México, después porque el aparcero criollo sufría, al mismo título que el "comunero" indio, la ofensiva de la gran propiedad y la crisis de subsistencia.

Esta situación explica también la ambigüedad de la independencia mexicana y la elección final de los criollos. El pueblo se subleva para defenderse y aniquilar al enemigo, mientras que la hacienda utiliza la Independencia para acelerar y finiquitar su empresa eliminando el obstáculo representado por el poder virreinal, después que éste hubo aplastado la insurrección popular. He aquí por qué se puede encontrar, entre las numerosas contradicciones de la independencia, la coexistencia entre la guerra racial y la guerra social, el combate de los ricos y de los pobres, o de los blancos y de los indios. A veces estamos en presencia de una verdadera guerra de castas, y es lo que atemorizaba a Hidalgo y contra lo que luchaba Morelos, al punto de hacer fusilar a dos de sus jefes que azuzaban el odio racial. A veces estamos en presencia de un movimiento unánime que arrastra, uno junto al otro, a pequeños blancos e indios. Las hordas de Hidalgo no estaban compuestas exclusivamente de indios, y menos todavía las reclutadas en el oeste del país por José Antonio Torres.

He aquí por qué se encuentran, al lado de un bajo clérigo blanco o mestizo que proporciona sus cuadros a la insurrección, numerosas *repúblicas de indios* que han escogido la fidelidad al rey de España. El rey representa al único protector capaz de detener a los criollos en su empresa de despojo de las comunidades. Y los indios, inicialmente olvidados por Hidalgo, quien en sus primeras proclamas no habla más que de los criollos, olvido revelador, sienten una gran desconfianza ante un movimiento que, comenzado al grito de "Viva el rey", trata de cortar los lazos con ese rey, que tradicionalmente protege los intereses de los pueblos contra la avidez de los criollos. Se puede hablar de fidelidad india cuando los indios sirven a Calleja contra los insurgentes y hasta cuando se sublevan en 1810, pues

no lo hacen por las mismas razones que Hidalgo ni
contra el mismo enemigo. La guerra de castas y la fidelidad india, son dos aspectos de una misma hostilidad
contra el criollo. El historiador debe señalar, al final
de este párrafo, que todavía no se ha hecho una geo-
grafía, una sociología de las sublevaciones de 1810-1819.

2. LOS DATOS DEL PROBLEMA INDIO EN EL SIGLO XIX

El aztequismo estaba de moda en el momento de la
independencia, en la tradición tan reciente, pero ya fuertemente arraigada, de los Clavijero, Márquez, Alzate,
Beristain, etc. Se quería ser americano, como lo notó
Humboldt: "Desde la paz de Versalles y, sobre todo
desde 1789, se les oye frecuentemente decir con orgullo:
yo no soy español, soy americano, palabras que reflejan
el efecto de un gran resentimiento." Siendo americano
en el presente, se quería haberlo sido siempre, se quería
descender de Cuauhtémoc y, confundiendo al indio histórico con el mexicano actual, se maldecía a Cortés.

El aztequismo no fue más que una moda y en los
hechos no tuvo apenas más influencia que el mito del
buen salvaje que puso freno al ímpetu conquistador de
Europa. La reacción fue muy rápida, de la exaltación
indigenista se pasa a las esperanzas jacobinas de asimilación y, cuando ésta se revela en todas partes difícil
y en ciertos lugares imposible, a la decepción, al menosprecio, hasta al miedo. De ahí cierto racismo, a veces
científicamente planteado por los positivistas de fin de
siglo, de los que se podría decir que son los hijos de los
liberales frustrados en sus esperanzas integracionistas,
occidentalizantes, europeocentristas.

Los liberales, llenos de una buena voluntad entusiasta
y abstracta, rehusaron ver la personalidad india, pues
ellos vivían en el mito racionalista del siglo XIX: para
ellos no había otra diferencia entre criollos e indios
que los tres siglos de separación jurídica y política de
la Colonia. Debía ser suficiente, pensaban ellos en su
religión legalista, modificar la ley para que se convir-
tiera en una y la misma en su aplicación indiferenciada
a todos los mexicanos. Entonces todos los mexicanos
se volverían parecidos, se convertirían en hombres en
el sentido filosófico del término, es decir, occidentales,
liberales en fin, y la nación mexicana estaría fundada.

Esto se traduce desde el punto de vista jurídico en el paso de un derecho social, impuesto desde arriba, es cierto, pero social al fin, al derecho abstracto, racionalista, liberal de los siglos XIX y XX.[3]

Octavio Paz ha podido decir que "construyendo México sobre una idea general del hombre en lugar de hacerlo a partir de la situación real de sus habitantes, se sacrificaba la realidad a las palabras y se abandonaba a los hombres de carne y sangre a la voracidad de los más fuertes".

Positivamente se afirma que: "todos los habitantes de la Nueva España, sin ninguna distinción entre europeos, africanos o indios, son ciudadanos de esta monarquía, con libertad de acceso a toda función según sus méritos y virtudes" (artículo 12 del Plan de Iguala, promulgado el 24 de febrero de 1821).

Negativamente, para fundar esta igualdad jurídica, se suprimieron los privilegios y las leyes particulares para los indios: tributación pero también hospitales, colegios, cajas, *repúblicas de indios*, y se especificaba desde 1822, que las actas públicas o notariales no deberían ya mencionar la raza de los interesados.

La solución legalista, en la cual creían Mora, Zavala y muchos otros, no pudo resistir la prueba de la historia, y los liberales, como los enamorados engañados, echaron la responsabilidad sobre los que habían querido. Sin embargo, desde el principio, Casandra había hablado. Rodríguez Puebla, con lucidez sociológica, preveía que la igualdad legal sería la que regulara las relaciones entre las partes desiguales, y Carlos María de Bustamante exclamaba: "Por todas partes oigo decir que ya no hay indios, que todos somos mexicanos... Bella ilusión, me parece, cuando se necesitaría remediar males reales y graves."

En un texto de 1822, *México como nación independiente y libre*, atribuido a Tadeo Ortiz, se puede leer: "Confieso que no encuentro ninguna diferencia entre la condición del esclavo negro y la de los indios en nuestras haciendas. La esclavitud del primero tiene por causa el bárbaro derecho del más fuerte, la esclavitud de los indios tiene por causa el fraude, la malicia (de los pro-

---

[3] Esta relación realidad-derecho en el siglo XIX, no puede aprehenderse más que en las fuentes reales: conflictos, sublevaciones, etc. Esto sería, utilizando la riquísima documentación judicial, hacer una historia social del derecho que nos daría una visión totalmente distinta de la historia jurídica, hecha legalista hasta el presente. Eso sería pasar de la historia legal a la del conflicto y sus soluciones o tentativas de solución.

pietarios) y la inocencia de seres casi incapaces de voluntad... y es, en verdad, una cosa para asombrar-
nos, el considerar que la población india de la Nueva
España ha perdido en lugar de ganar en la revolución
(de independencia): ha cambiado por derechos abstractos privilegios positivos..."

Lo que expresan los interesados en 1829: "...lo que
es cierto es que los indios no ven mejorar su suerte;
al contrario, cada día reciben nuevas decepciones... si
no obtenemos nada de los gobernantes... inculcaremos
a nuestros hijos el odio contra ellos; bañando nuestros
ojos en lágrimas les contaremos la persecución que se
desencadenó contra nosotros, les maldeciremos una y
mil veces, y a la hora de cerrar para siempre los ojos,
nos llevaremos la esperanza consoladora del tiempo que
verá una de nuestras generaciones verdaderamente libre".[4]

Eso sigue siendo verdad cuarenta años después y
Juan Rodríguez de San Miguel puede escribir: "...des-
pués de la abolición de los privilegios y la proclama-
ción de la igualdad legal, los privilegios de los indios
fueron destruidos y a cambio de lo que les aportaba
beneficios muy positivos recibieron el simple título de
ciudadanos (...) han cargado casi todo el peso del
terrible impuesto de sangre, puesto que son las víctimas de la leva inhumana y aborrecida... abrumados de
impuestos, han sufrido la supresión del curador en causas de indios, la supresión de la ley que prohibía los
préstamos por parte de los propietarios, cuando pasaban
de cinco pesos... es de ahí de donde data el desarrollo
enorme de las deudas de los trabajadores, deudas que
fueron objeto de decretos del estado de Puebla, decretos
que no fueron censurados por las cámaras de la Federación".[5]

Los liberales abandonaron su "bella ilusión" puesto
que a pesar de la Independencia, a pesar de la ley, los
indios persistían en vivir como tales, fuera de la comunidad nacional limitada a los criollos y a los mestizos.
"El blanco es propietario, el indio proletario; el blanco
es rico, el indio pobre y miserable. Los descendientes
de españoles disponen de todos los descubrimientos científicos, el indio no sabe nada. El blanco sigue la moda
parisiense y viste las más ricas telas, el indio va casi

---

[4] Petición de don Pedro Patiño Ixtolinque firmada por numerosos letrados
en nombre del pueblo el 17 de septiembre de 1829. Archivos de Luis Chávez
Orozco.

[5] En *El Pájaro Verde*, 26 de septiembre de 1865.

desnudo; el blanco vive en espléndidas moradas, el indio vive aislado en los campos y se abriga en miserables chozas... dos pueblos diferentes viven en el mismo territorio y lo que es peor, dos pueblos hasta cierto punto enemigos." [6]

Pimentel constata, Eduardo Ruiz se enfada: "¡Es en vano que se hayan abierto las puertas de la civilización al indio!" El fracaso es patente, "¿cómo establecer y consolidar las instituciones liberales, si para la mayoría de los ciudadanos la libertad es una quimera y quizá hasta un absurdo?", pregunta Castillo Velasco a los constituyentes de 1856 e Ignacio Ramírez encuentra que "en vano uno se obstina en querer confundir en una sola, cien naciones diferentes".[7] El responsable es ese indio actual que ya no tiene nada que ver con los gloriosos indios históricos, padres de la patria, el indio, causa de destrucción que corroe el cuerpo social, el indio que Guillermo Prieto encuentra peor que el salvaje.

"En tanto que indios hubiere, nunca han de faltar novedades y alteraciones y mudanzas en la tierra." Las palabras del P. Betanzos siguen siendo ciertas en el siglo XIX, siendo el problema del indio el problema de la nación que seguía estando por crearse. La solución era "matarlo como indio y dejarlo vivir como hombre". Eso significaba la destrucción de las culturas, de las comunidades, y la occidentalización total. No pudiendo aplicarse la asimilación al indio guerrero, se le haría la guerra según el ejemplo yanqui: exterminación del apache, del comanche, del rebelde maya. La asimilación de los otros pasa por el cuartel, la escuela, la propiedad.

La "leva", que se deplora a título humanitario, por otra parte se recomienda por su eficacia aculturante: "Esta manera de reclutar es, por supuesto, indigna de un país civilizado, pero debemos confesar que la suerte del soldado indio no es en lo absoluto desgraciada a partir del momento en que entra al cuartel, sobre todo si se la compara con su vida como campesino. Y además, la sociedad se beneficia de esta amalgama." En la época en que el coronel Carlos de Gagern sostenía esos discursos, Europa escuchaba algo muy semejante acerca de los beneficios del servicio militar.

La educación comienza en el cuartel, la transformación se proseguirá en la escuela: "...instruidos y moralizados, los indígenas tomarán parte en los asuntos públicos como miembros de la gran familia mexicana; disfrutarán de la consideración social... participarán de los elementos de riqueza

[6] Pimentel, *Obras*, III, p. 134.
[7] Ignacio Ramírez, *Obras*, 11, p. 209.

que hasta hoy no han sabido apreciar y mucho menos explotar, y dejarán todo rencor y desconfianza..." [8]

Sobre todo, es necesario que el indio se convierta en propietario, sin lo cual no sabrá ser un buen republicano; para esto hay que destruir el sistema de comunidades. Las leyes de Reforma explican que el sistema de propiedad comunal es el origen de todos los males sociales y económicos puesto que hace perder al indio "todo sentimiento de individualismo y todo espíritu de empresa personal". Habiendo protegido siempre la Corona, o intentado proteger, a las comunidades contra los excesos anexionistas del latifundio, el espíritu liberal debería exigir la supresión de la propiedad colectiva e inalienable de sus tierras, deseando los liberales mexicanos poner fin al escándalo de los estatutos jurídicos coloniales para hacer pasar al dominio público o privado la inmensa reserva territorial de las comunidades. No piensan diferente de un Bolívar en América del Sur. No solamente hay que cambiar la ley sino disolver las comunidades que mantienen al campesino indio en su estatuto sociológico particular. El marco jurídico liberal se define muy pronto: la desamortización de los bienes comunes de los pueblos no data, como se dice generalmente, de la Reforma, sino comienza desde 1821. Hidalgo y Morelos fueron los primeros en atacar la propiedad comunal, después todos los gobiernos liberales o conservadores lucharon con encarnizamiento para destruir una forma de propiedad tan alejada de la propiedad privada. Es esta ofensiva generalizada desde 1821 lo que explica la serie continua de rebeliones agrarias a partir de 1825. Para el liberal sólo la propiedad individual tiene valor positivo; los estados toman pues medidas en ese sentido:

1825: Chihuahua y Zacatecas.

1826: Veracruz.

1828: Puebla, estado de occidente.

1829: Michoacán.

1833: México (medidas tomadas por Lorenzo de Zavala).

La célebre ley de desamortización de 1856 no hace más que coronar a nivel federal todo un conjunto de legislaciones locales que defendían intereses sociales particulares: es así como los hacendados del estado de Puebla obligan a la diputación provincial a votar por-

---

[8] *El Semanario Ilustrado*, 31 de julio de 1868.

que los indios (o los otros) endeudados fueran atados a la hacienda.

El gobierno encargado de mantener el orden público, y representante de los grupos deseosos de acabar con el orden social de las comunidades indígenas, expresó a veces su inquietud ante una evolución que él mismo patrocinaba pero que conducía a peligrosas explosiones. Ejemplo de esa inquietud es la circular de Mariano Arizcorreta, gobernador del estado de México, del 18 de julio de 1849. "La facilidad con la que los instigadores de rebeliones pueden movilizar a los indígenas" proviene de su miseria y de su rencor "contra los hacendados que han usurpado todas sus tierras" de una manera u otra y que "pagan ínfimos salarios en parte con billetes que no valen más que dentro de sus propiedades, obligándolos así a comprar productos generalmente de mala calidad que no pueden comprar en donde sean más baratos".

En el seno del congreso constituyente de 1856 se encontraron liberales que denunciaron ese estado de cosas. Castillo Velasco después de haber esbozado un cuadro sombrío de la situación de las comunidades, exclama: "¿No es una vergüenza para nosotros, liberales, dejar que subsista este estado de cosas en tanto que leyes dictadas por soberanos absolutos acuerdan a los pueblos las tierras que necesitan? ¿Qué otra causa tiene la guerra de castas que no cesa de amenazarnos y que sería la vergüenza y la ruina del país, sino el estado de mendicidad al que se ha reducido a los pueblos? (...)".

"¿Cómo imaginar una república donde la mayoría de los habitantes, los indígenas, están reducidos a la miseria y la abyección...? que la fuerza de su palabra, señores diputados, regenere esta raza desgraciada y habrán ustedes destruido la más terrible amenaza de muerte para la república."[9]

Protestas vanas que salvan el honor de quienes las elevaron pero que no impiden a las leyes de Reforma precipitar una evolución irreversible. Luis Cabrera pudo escribir en *La reconstitución de los ejidos* (1913) que "leyes de desamortización... fecha del empobrecimiento absoluto de los pueblos y la transformación de los campesinos en esclavos de la tierra"[10] pues la partición de las tierras que debió transformarlos en pequeños pro-

[9] Francisco Zarco: *Historia del Congreso constituyente*, t. I, pp. 513-7.
[10] P. 15.

pietarios fue, de hecho, un despojo completo, "no llegando los indígenas a entrar en posesión del lote que
se les había atribuido".[11]
"Los abusos cometidos bajo el pretexto de la desamortización y de la nacionalización dejaron a los desgraciados indios en tal miseria que cada día nos sor-
prendemos de no asistir a la explosión de una guerra
de castas. Una multitud de terrenos llamados comunales y que los indios trabajaron por su cuenta, pasaron de un día al otro a manos de los soplones quedán-
dose los indios sin un metro cuadrado en donde poner
los pies."[12]
"Nosotros somos para los indios, peores que los conquistadores... si los indios son el instrumento dócil de
los reaccionarios, si miran para atrás y se inclinan por
el antiguo régimen, es que el actual no mejora su situación",[13] escribe el periodista, repitiendo a Poinsett quien
en 1824 oyó al indio "suspirar por el retorno del virrey
que le otorgaba garantías personales e impuestos mo-
derados".
La leva era detestada, la escuela ineficaz a causa de
la barrera lingüística y de sus pobres medios, la promoción de la propiedad privada entre los indios seguía siendo un bello sueño.
Los indios lucharon tenazmente para conservar su
antiguo sistema tal como lo constata en 1870 el gobernador de Veracruz: "Desde 1826 el gobierno del estado
lucha por llegar a la división de las tierras de las comunidades indígenas... y no obstante muy poco se ha
obtenido. Se han podido dividir las tierras en algunos
pueblos pero es realmente poco si se ve lo que queda
por hacer."[14]
Por eso es que en 1910, el 40 % de las comunidades
conservaban todavía sus tierras, claro que las más in-
gratas y las más alejadas de las ciudades y de los
caminos. En cuanto a los miembros de las comunidades destruidas, no se convirtieron en los pequeños propietarios de la clase media rural deseada, sino en peones
o vagabundos, para emplear la expresión de Germaine
Tillion.
Fracaso del siglo XIX para matar al indio y dejar vivir al hombre. Vamos a ver ahora que el siglo XIX
con frecuencia ha debido matar a la vez al hombre y al

[11] Molina Enríquez, "Los grandes problemas nacionales", p. 58.
[12] El Constitucional, 17 de julio de 1868.
[13] El libre y aceptado masón, núm. 17, 1887.
[14] Memoria del estado de Vera Cruz, 1874, p. 70.

indio en tanto que éste no se limitaba a la resistencia pasiva, sino que tomaba la ofensiva contra "la bestia pálida".

3. LAS GUERRAS INDIAS

Los indios representan las cinco séptimas partes de la población según el *Monitor Republicano* (31 de julio de 1867), pero los indios no son una masa homogénea. Alrededor de once familias lingüísticas (discutibles) reúnen más de ciento veinte dialectos que varían ellos mismos de un pueblo a otro. Los que hablan náhuatl son el 14 % de la población total, los otomíes el 7 %, vienen en seguida 250 000 mayas de Yucatán, otro tanto de zapotecas en Oaxaca a los que se agregan lo mismo de mixtecos; hay 150 000 tarascos en Michoacán, 85 000 totonacas, otro tanto de tzotziles y tzeltales en Chiapas; 50 000 huastecos, 30 000 popolocos, 30 000 mazatecos (Veracruz), 30 000 zoques, 30 000 mixes (Oaxaca), 30 000 tarahumaras (Chihuahua), 30 000 yaquis y mayos (Sonora) y unos cuantos de otros pueblos.

Pueblo, se dice rápido; no hay otra unidad que la de la comunidad. La comunidad es la patria, y la patria es el mundo; pero ese rasgo es propio de todos los rurales y no solamente de los indios. El principal sistema de organización social, es la organización colonial, la *república de indios* que, en los primeros tiempos se fortificó con la anarquía, esa república que los liberales ven como una "reliquia vergonzosa del antiguo régimen colonial". Al lado de la república, comparable a ciertas comunidades campesinas de otros tiempos y de otros lugares, se tiene el clan tribal de los nómadas y, novedad, las invenciones yaqui y maya, tentativas de creaciones políticas originales elaboradas en el transcurso de las guerras del siglo XIX contra el blanco. Siempre se habla de que el indio está ausente de la vida política nacional, no expresa más que desdén por el gobierno, trata de preservar su autonomía ante el orden constitucional, de mantener sus formas políticas y a veces de entrar en guerra agrupándose en nación. Ignacio Ramírez pudo decir que "más allá de su hormiguero, el indio no conoce sino enemigos", es verdad y cada hormiguero está listo para la guerra con el hormiguero vecino, hasta el día en que se presente el momento favorable, o el Espartaco creador de la unión contra el enemigo común. ¿Se quiere en seguida una prueba de este estado de guerra permanente?

En el año de 1869, estaban en pie de guerra, sin ninguna conexión entre ellos, ni qué decir tiene, los apaches, los comanches, los seris de la isla de Requin, los coras (todo esto en el noroeste), los tzotziles de Chiapas, los mayas de Yucatán, sin contar a los yaquis y mayos de Sonora. La guerra es incesante en México en el siglo XIX. Se ha recurrido al campesinado en general y a los indios en particular como reserva política y militar. Este llamamiento es evidentemente peligroso puesto que incita a la sedición; además la guerra ofrece al campesino un nuevo sistema de vida superior al de la vida agrícola; eso es cierto en el siglo XIX, y lo será todavía durante la revolución entre 1910 y 1925. Se ofrece dinero y pillaje a todos los revolucionarios y a las tropas que los siguen sin conocer las ideas por las que mueren, mientras pueden trabajar por su cuenta.

1820: Sublevación de los indios opatas de Sonora.

1825: Indios yaquis de Sonora, detrás de su jefe Juan Banderas que enarbola la bandera de la virgen. Los opatas los siguen y la sublevación toma en 1826, inmediatamente, un aspecto agrario y radical de "guerra de castas". Los opatas y los yaquis, como los otros indios de Sonora han participado en las guerras de independencia del lado realista.

1827: Sublevación abortada del Padre Arenas. El plan preveía que los indios recuperaran sus *gracias* así como sus repúblicas.[15]

1831: Vicente Guerrero es acusado por el ministro de la Guerra de "excitar el odio de los indios contra los propietarios del sur".

1832: Tercera sublevación de los indios de Sonora de Juan Banderas y expulsión de la *gente de razón* (los no indios).

1833: Gómez Farías reporta al congreso que el hermano Cuadros ha sublevado a los indios de Temascaltepec contra los propietarios.

1834: Sublevación de Ecatzingo (Hidalgo) provocada por el plan de monarquía indígena de los curas Carlos Tapisteco y Epigmenio de la Piedra. Se debía escoger un emperador entre los 12 descendientes de Moctezuma; éste debía escoger una mujer de la otra raza; el consejo de Estado estaría compuesto a razón de dos dele-

---

[15] M. González Navarro, *"Métodos y resultados de la política indigenista en México"*, México 1954, p. 147.

gados por provincia, un indio y un criollo. Las repúblicas serían mantenidas y restablecidas, "se dará el
agua y la tierra necesarias a todos los pueblos que les
haga falta".[16]
1836: Sublevaciones en el estado de Oaxaca, acompañadas de problemas urbanos. "Los insurgentes, cosa
muy notable en México, forzaron la entrada de un convento de religiosas a las cuales violaron."[17]
1840: Los pápagos de Sonora se amotinan para cazar
a los colonos. Sublevaciones esporádicas en Yucatán
desde 1837.
1841-1844: Sublevaciones continuas en Guerrero.
1844: Rebelión en Hidalgo contra "el rigor de la tributación" teóricamente abolida desde 1821.
1844: "En el sur del estado de México y en otros
puntos de los de Puebla y Oaxaca, hay reuniones considerables de indígenas armados que alteran la tranquilidad y el orden, bajo el pretexto falaz de que los propietarios les han quitado sus tierras comunales y sus
pasturas."[18]
1845-1853: Una larga guerra encabezada por Juchitán
(Oaxaca) comienza por recuperar las tierras y las sali-
nas de las que los "ladinos" se habían apoderado.
1847: Sublevación de los huastecos. El gobernador
de Veracruz, F. Hernández y Hernández denuncia entre
los indios dos tendencias nefastas "la magia y la posesión de las tierras en común". Su política entraña la
sublevación de Ozualama que cunde como el aceite.[19]
1847: Principio de la "guerra de castas" en Yucatán.
El 30 de julio Cecilio Chi comenzaba una guerra que
iba a durar hasta 1901: los políticos criollos habían armado a los indios en el curso de la lucha de facciones
que los oponían entre ellos. Imprudentemente les habían prometido la abolición de los impuestos y la distribución de tierras. Promesa no cumplida, indios en
armas, lo que sigue es lógico pues los agravios de los
mayas son precisos:

Si ese no hubiera sido el mal que los españoles comenzaron
a hacernos, aquí en Tihosuco, los pueblos no se hubieran
sublevado. Y si lo han hecho, es a causa del subdelegado
Antonio Trujeque que quiere nuestra muerte... ¿por qué no
se acordaron ustedes de nosotros cuando el gobernador comenzó a matarnos? ¿Por qué no se acordaron cuando los

16 Boletín del secretario de gobierno, 1923, t. III, núm. 13.
17 Correspondencia diplomática francesa. Quai d'Orsay, t. x, p. 126 bis.
18 Memoria de la Secretaría de Estado, 1884.
19 Correspondencia diplomática, xxxvi, p. 225.

blancos comenzaron a asesinarnos? pregunta Jacinto Jat,
el otro jefe, a los curas mediadores. Es necesario que yo
castigue a los blancos pues ya son demasiados engaños. Se
nos ha dicho que la contribución sería de un real y apenas
habíamos obtenido esta promesa cuando comenzaron a matarnos para obligarnos a pagar tres reales.[20]

Son los más aculturados de los mayas los que se sublevan y se apoderan de dos tercios de la península
yucateca; en 1848, llegan a poner sitio a Mérida y Cam-
peche y si fracasan es, aparentemente, a causa de la disensión provocada entre los dos jefes por los criollos.
La contraofensiva apoyada por el ejército federal hace
retroceder a 50 000 indios a la selva, quienes antes que
rendirse, prefieren organizar el estado independiente de
los cruzoobs, estado teocrático y guerrero apoyado por
Honduras Británica. Un sistema político original enca-
bezado por un triunvirato; una religión sincrética cen-
trada alrededor de una cruz parlante, el mundo de los
cruzoobs fue durante largo tiempo una amenaza constante para los blancos de Mérida y, a pesar de su severidad draconiana, un espejismo al cual cedía más de
un maya de los llamados mansos. En 1853 todavía ase-
dian a Valladolid, en 1860 aniquilan una columna expe-
dicionaria mexicana; se les vuelve a encontrar a las
puertas de Valladolid en 1872, 1873 y 1875. No serán
vencidos sino hasta 1901 por Victoriano Huerta, después de que el gobierno mexicano persuade a Inglaterra
de la necesidad de terminar con ese asunto. Los últimos cruzoobs se aprovecharon de la anarquía revolucionaria para recuperar su autonomía, la que desaparecerá
realmente hasta después de 1935. Lo más interesante
en la guerra de castas, es que el maya, que originalmente pedía la igualdad, abandonó inmediatamente esa
quimera para pasar a la exterminación de la raza blanca, y luego, volviéndose cruzoob, trató de darse una
nueva vida, una nueva religión, instituciones, en el territorio que comprende de Tulum al lago de Bacalar,
alrededor de la capital de Cham Santa Cruz. Es la
protesta más radical contra una cierta sociedad y una
cierta civilización.

Al mismo tiempo que la guerra de castas ensangren-
taba Yucatán, la Sierra Gorda se sublevaba en el centro
del país; ese movimiento que tiene por jefe militar a
Eleuterio Quiroz y por inspirador a un gran propietario
patriota y filántropo, Manuel Verástegui, es de inspira-

[20] Eligio Ancona: *Historia de Yucatán desde la época más remota hasta
nuestros días*. Mérida 1878-1880, t. III, 457.

ción netamente agraria y social y arrastró indistintamente a todos los campesinos, cualquiera que fuera su
cultura. Si lo mencionamos aquí es porque el gobierno
y hombres tan notables como Mora lo denunciaron como
otra explosión india, la guerra de castas en el corazón
del país, y que Mora llegó hasta a escribir que valía más
ser conquistados por los Estados Unidos que estar ex-
puestos a ese peligro. Esa asimilación que hacen las
clases dirigentes, durante todo el siglo, entre movimientos agrarios y sublevaciones raciales, consciente o no,
es reveladora de un estado de ánimo. ¿Hay que ver en
ello una tentativa consciente de confundir el problema
agrario y el problema indio? Siempre pasa que todo lo
que trastorna se califica de indio; como si eso justifi-
cara todas las represiones y permitiera olvidar el problema agrario.

1849: El movimiento de Juchitán gana el istmo de
Tehuantepec.

1850-1853: Problemas en Guerrero.

1853: Sublevación en Tlaxcala.

1855-1856: Sublevación de Zacapoaxtla y de la sierra
de Puebla.

1856: Las primeras leyes de Reforma que afectan los
bienes de las comunidades civiles y religiosas provocan
sublevaciones campesinas, indias y otras, todas unidas.
El gobierno ordena una represión implacable para "cortar de raíz un mal que podría, sin duda alguna, preci-
pitarnos en un abismo de desgracias irreparables"[21]
puesto que los indios "creen sin razón que los principios
de libertad y de progreso proclamados por el gobierno
entrañan el desquiciamiento del orden social, que pretenden... destruir la propiedad y establecer la división
de los bienes ajenos".

Es en esta época cuando Manuel Lozada, quien hasta
entonces trabajaba como bandido social, eventualmente
al servicio del partido político mejor postor, entra en la
escena del occidente. No saldrá de ella hasta 1873,
cuando muere. Pasó a la historia como un sanguinario
reaccionario, el "Tigre de Alica", indiferente al juego
político mexicano, sirve a los conservadores, pacta con
los liberales, se alía un tiempo a Maximiliano antes de
hacerse admitir por Juárez, sin perder jamás de vista
su objetivo: la recuperación de las tierras perdidas por
las comunidades. Esta política agraria le atrae no solamente a los indios sino a todas las poblaciones rurales
de la región. Su fuerza viene de haber sabido movilizar

_____
[21] Circular Lafragua del 19 de septiembre de 1856.

y federar, durante veinte años, a los pueblos indios de
la sierra de Nayarit: coras, huicholes y tepehuanes.
Vencido en 1873, bajo los muros de Guadalajara, la segunda ciudad del país, lega al gobierno veinte años de
problemas agrarios continuos y al país la aparición
de un nuevo estado, el de Nayarit, correspondiente a la
zona que había dominado. Después de su derrota, "El
Siglo xix" escribía: "Lozada tenía razón al decir que
una vez tomada Guadalajara, 100 000 hombres se unirían
a él. Antes de salir a batirse, había enviado a sus emisarios a todos los pueblos, llamando a la gente a unirse
a él para una sublevación general, tomando por estan-
darte la religión y los intereses del linaje indio."[22]

Es verdad, pero Lozada jamás quiso encerrarse en el
indianismo y ese mestizo pudo lanzar un manifiesto
intitulado: "Los pueblos del Estado de Nayarit a la raza
indígena y a todos los otros individuos que constituyen
la clase proletaria del pueblo mexicano."[23]

Lozada fue imperialista, también los indios de Sonora,
y Tomás Mejía. Es cierto que Maximiliano tuvo una
política agraria e indigenista. No nos toca a nosotros
exponerla aquí, aunque al rousseauismo josefino del
Emperador y de Carlota "la Roja" no les falte interés,
desde el manifiesto en lengua náhuatl hasta el heredero
adoptivo escogido entre la raza indígena. Citemos el
discurso de la comisión de indígenas recibida por el
Emperador: "La protección que Su Majestad otorga a
nuestra raza para volver menos pesada nuestra triste
condición, nos ha hecho creer en la venida de una auro-
ra de felicidad después de una noche tricentenaria de
ignorancia y de postración... nuestra raza, a la defen-
siva y justamente desconfiada después de una experiencia de 350 años en que ha visto arrancársele... la
poca tierra que habían tenido a bien dejarnos los soberanos españoles, espera llegar al final de sus desgracias... en esta creencia esperamos de Su Majestad el
remedio a las vejaciones y al despojo que continuamos
sufriendo y del que venimos a quejarnos."[24]

Maximiliano es más bien un déspota perspicaz que un
liberal, es un hombre del siglo xviii en la tradición de
los virreyes, y esto explica la oposición de su ministro,
Morán y Crivelli, quien piensa como los liberales y denuncia el retorno a las Leyes de Indios.[25]

[22] 15 de febrero de 1873.
[23] 16 de septiembre de 1860.
[24] *El diario del imperio*, 28 de julio de 1865.
[25] *Id.* 18 de diciembre de 1865.

El intermedio dura poco, pero los indios, parece ser, respondieron a aquel que decía: "Los indios son lo mejor del país; los malos son los que se dicen civilizados y la clerecía." [26]
El historiador americano J. A. Dabbs reconoció que: "The program of popularizing the Empire and the Emperor seems actually to have succeded with the local indians." [27]
Habiendo pasado el Imperio, la república restaurada comienza a aplicar seriamente las leyes de Reforma, lo que provoca en 1869 las sublevaciones "comuneras" de Michoacán, Querétaro, Veracruz, Puebla, Oaxaca, Hidalgo y Chiapas. La protesta del pueblo de San Simonito Tlacomulco (México) dirigida al Congreso contra Limantour (el padre del futuro ministro de Porfirio Díaz) explica la situación. "Todos los que han recuperado las propiedades administradas por el clero han despojado a los pueblos vecinos de terrenos inmensos que ni siquiera cultivan... sus exacciones están impunes y somos una multitud de pueblos en esa situación." [28]
"El Siglo XIX" escribe en enero de 1869 en tanto que la agitación se propaga: "Cuarenta pueblos del distrito de Pachuca se han unido para reclamar sus tierras y entre ellos se ha propagado la doctrina de que la tierra es de todos. Desgraciadamente pretenden ponerla en práctica."
Ese mismo año de 1869 ve a la sublevación de Chiapas tomar un sesgo original; la situación se parece a la de Yucatán, mestizaje casi nulo, sociedad de castas, población india en su mayoría, relaciones de dominio, racismo. Como en Yucatán, el problema del trabajo provoca la insurrección; el problema de las tierras no es el principal. En 1868, tres piedras parlantes caen del cielo y provocan la aparición de un nuevo culto sincrético alrededor de Chamula. Los blancos de San Cristóbal de las Casas, la ciudad "ladina" que domina la zona, intervienen cuando los indios pretenden crucificar a uno de los suyos, el viernes santo, para tener "un señor suyo que puedan adorar". Es así como nace el movimiento que promete que los tzotziles continuarán "sin nadie que los mande ni les exija el impuesto" y que "las tierras les pertenecerán". En junio de 1869, un ejército de 6 000

[26] Santa Anna, "Mi historia militar y política", 1905, p. 258.
[27] The french army in Mexico, p. 111.
[28] Luis Chávez Orozco: "Documentos para la historia económica de México", 1936, vol. VI, p. 48.

indios es batido, reconstituido, y batido de nuevo. La muerte de su jefe, Ignacio Coyazo Panchín, no los desalienta, y continúan la lucha. En septiembre, el congreso federal se ve obligado a votar una ayuda de 3 000 pesos mensuales y 1 000 fusiles para Chiapas. No es sino hasta después de la batalla de Sisim, a fines de 1870, cuando el movimiento entra en decadencia.

1870: Nueva sublevación de Juchitán siguiendo a Albino García.

1873-1895: Fin del gobierno de Lozada y principio de un período de violencias y de agitación constante en Nayarit, donde los grandes propietarios pasan a la ofensiva después de veinte años de retroceso.

1875: Principio de las guerras yaquis que no se terminarán realmente hasta 1926. Habían comenzado esporádicamente desde 1868, o quizá antes, si se recuerda que los yaquis combatieron en las filas imperialistas. Las victorias mexicanas de 1868 eran la acción de un yaqui aculturado, el capitán Cajeme. En 1875, Cajeme se aprovecha de la guerra civil entre las facciones políticas mexicanas para lanzarse a su gran empresa: la regeneración de la nación yaqui, luego la confederación de todos los indios de Sonora, desde los pápagos a los tarahumaras, para recuperar las tierras tomadas por los "yoris", los blancos. Triunfa completamente en federar yaquis y mayos para guiar la lucha contra los latifundistas que resultan, como por azar, ser los gobernadores y los generales de Sonora. Después de su muerte, su lugarteniente, Tetabiate, prosigue el combate, guerra interminable, entrecortada por paces precarias, industria lucrativa para el gobierno local y los jefes de operación que tienen interés en mantener la beligerancia. El triunvirato del general Luis E. Torres, Juan Izábal y Ramón Corral, pudo así ser acusado de tener toda la responsabilidad de la guerra. En efecto, ¿cómo hubiera podido ser de otra manera? La desgracia de los pueblos del río Yaqui era poseer tierras de una extraordinaria fertilidad que atraían inevitablemente la colonización. La pacificación se alcanza hacia 1902 en que los prisioneros fueron deportados a Yucatán para proporcionar mano de obra en las plantaciones y los irreductibles pasaron al otro lado de la frontera para refugiarse en los Estados Unidos, de donde regresarán en 1910 para apoyar la revolución con la esperanza de recuperar sus tierras.

1877: Llamarada de rebeliones agrarias: Sierra Gorda (Querétaro), Hidalgo, Guanajuato, Michoacán, Guerrero, Oaxaca y hasta el Distrito Federal. El gobernador del estado de Hidalgo explica esto por "la tenacidad de los pueblos que quieren salir de los estrechos límites a los cuales han sido reducidas sus tierras".[29] Expresa también el temor de ver esta guerra "comunista" que se vale de los propietarios, convertirse en una guerra de castas contra la raza blanca. Ahora bien, ni en la Sierra Gorda, ni en el Mezquital, ni en la Huasteca, se puede hablar, en esta época, de enfrentamiento racial. La sublevación de 1877, en Hidalgo, venía de lejos: desde 1869 (ver más arriba) los pueblos hacían gestiones judiciales para recuperar sus tierras invadidas a partir de 1867. La respuesta que obtenían eran las amenazas, las presiones, los asesinatos. "He aquí que desde hace años, el pueblo de Tepetitlán, distrito de Tula, sufre una espantosa miseria porque las tierras que desde tiempos inmemoriales nos legaron nuestros ancestros, han sido usurpadas por el propietario de un terreno que se encuentra en su centro, y que él bautizó hacienda; y que cuanta queja ha sido presentada en justicia, ha sido siempre arreglada comprando al juez... y he aquí que hoy en día los miserables propietarios de este pueblo y de sus tierras son cazados, porque el usurpador ha obtenido su proscripción."[30] Uno no se sorprende cuando lee: "Le recomiendo llamar la atención del presidente Porfirio Díaz para que cesen de exasperarnos; tengo fe en su justicia... (soy perseguido por el presidente municipal que dice que) me busca porque se le ha asegurado que soy comunista y que el gobierno le ha dado la orden y los medios de prender a todos los sediciosos."[31]

En 1877, el número de protestas y peticiones presentadas alcanzó su máximo; nosotros hemos enumerado cincuenta y seis, solamente de pueblos de los distritos de Tula, Pachuca y Actopan (Hidalgo). La sublevación de 1877 tardaría en extinguirse y ganaría el estado de San Luis Potosí, tal como lo señala Porfirio Díaz en su discurso sobre el estado de la Unión del 16 de septiembre de 1878. Es por lo que El Socialista escribía el 10 de marzo de 1878: "La pretendida revolución comunista gana cada día en Hidalgo... ese estado no podrá estar en paz en tanto que persista la causa de tanta agitación, es decir, el despojo de los pobres por los ri-

[29] Memoria de la secretaría de Gobierno de Hidalgo al Congreso, 14 de diciembre de 1877, p. 16.
[30] Juan Estrada a nombre de su pueblo, al presidente de la Suprema Corte, 24 de agosto de 1877. Publicado en El Socialista del 6 de septiembre de 1877.
[31] Chávez Orozco, op. cit., VI-59.

cos... los crímenes cometidos contra los indígenas son suficientes para desarrollar no solamente el comunismo sino hasta una terrible y sangrienta guerra de castas."

1878: Sublevación de Tamazunchale y Tancanhuiz en la Huasteca al grito de "muerte a todo el de pantalón", es decir, a todos los blancos.

1879: Primer congreso de los pueblos indígenas de la República [32] condenado por la prensa liberal.

1879-1881: Sublevación de Tamazunchale: Juan Santiago, gobernador, ha hecho dos viajes a México para ver a don Porfirio, y ante el fracaso de sus gestiones ("ellos querían recuperar tierras que decían que les pertenecían"), organiza militarmente a su pueblo y ataca Tamazunchale. Una expedición gubernamental debió replegarse ante 3 000 indios, y hubo necesidad de dos divisiones para obtener una falsa paz, rota en abril de 1880 por la sublevación de toda la Huasteca potosina.[33] En 1881 el movimiento gana realmente con la llegada del coronel Mascareñas, comisionado por el gobierno para repartir las tierras de comunidad "para extirpar la raíz del mal". Los indios se organizan, "invitando a todos los que hablan la lengua huasteca" y el 19 de octubre, 3 000 hombres venidos de las huastecas potosina e hidalguense sitian Tamazunchale. En 1882 se produce una nueva sublevación, dirigida por el cura de Ciudad del Maíz, Mauricio Zavala, en contacto con Juan Santiago desde 1879. El cura quiere la "revolución comunista" y "en nombre de la ley agraria y del gobierno municipal, subleva a la Huasteca repudiando la propiedad privada y propagando el comunismo".[34]

1882: Nueva reiniciación de la guerra de Juchitán.

1884: Sublevación de Papantla (Veracruz) cansada de reclamar que sus tierras le sean devueltas.

1885: Reiniciación de la guerra yaqui.

1891: Papantla se subleva a causa de nuevas reparticiones de sus tierras comunales.

1893: Sublevación milenaria de los indios de Tomochic en la sierra de Chihuahua. Se encuentra el origen en la actividad de las grandes compañías forestales que despojan a los pueblos de sus tierras y en los abusos acostumbrados de las autoridades. Lo que desencadena

[32] Roberto Mac Lean y Estenos: "La revolución de 1910 y el problema agrario de México", México, 1958, p. 31.

[33] Primo Feliciano Vázquez: "Historia de San Luis Potosí', iv-74.

[34] Discurso al Congreso del gobernador Pedro Diez Gutiérrez, abril de 1882, publicado en el Diario oficial de San Luis.

la crisis es la aparición de una visionaria, la joven
Teresa, la santa de Cábora. Se necesitarán 1 500 soldados y la artillería para lograr que los 170 hombres
de Tomochic mueran combatiendo. Lo que había in-
quietado al gobierno era el hecho de que los yaquis
salieran al combate gritando "¡Viva Santa Teresa de
Cábora!"

1894: Sublevación de Temósachic que supo la suerte
de Tomochic.

1896: Sublevación de Papantla y Soteapam (Veracruz).

1900: Sublevación de los indios de Acaponeta y Com-
postela (Nay.)

1901: Sublevación de Papantla por cuarta vez.

1901: Campaña final contra los cruzoobs de Yucatán.
En esta fecha yaquis y cruzoobs inmovilizan, respectivamente, el 15 % y el 10 % del ejército federal.

4. LA REVOLUCIÓN

Peor que la Colonia en muchos aspectos, el siglo XIX terminó con la diferenciación, para los rurales, entre el
campesinado indio y el otro. El primero no habla español y se divide en peones dependientes totalmente del
amo y en "comuneros" aislados de la nación, explotados por el gran propietario, el comerciante o su cacique.
El segundo tiene la práctica única del español y conoce
una integración más ligada a la nación, una participación más activa en el mercado, cosas muy relativas por
otra parte. Pertenecen a este segundo grupo los pequeños propietarios que han podido sobrevivir y, sobre todo,
la masa de vaqueros y de peones que forman en las
haciendas un naciente proletariado rural. El norte del
país que no ha conocido el mestizaje por haber comba-
tido a los nómadas guerreros, no tiene otro campesino
indio que el yaqui, que acabó por perder su tierra. El
sur conserva el ideal comunitario indocolonial, y entre
esos dos extremos se encuentran todos los tipos de tran-
sición, mestizaje, aculturación.

En estos mundos entremezclados es donde viene a
explotar la revolución, asombrosa reiniciación, un siglo
más tarde, del movimiento telúrico de 1810.

¿Se podría hablar de los "indios en la revolución"?
Por supuesto hay "los de abajo" reclutados por la fuerza por el ejército federal o por cualquier facción. No

hay que ser indio para eso, es el destino de todos. Pobre, sin armas, y sobre todo sin caballo, el campesino indio está mucho menos preparado que los mestizos para irse con los revolucionarios. Cuando se es sedentario, no se abandona su familia, su casa, sobre todo si uno no habla español. Uno se doblega ante el cacique local mestizo, hombre a caballo, agresivo, móvil. El mestizo es revolucionario y se aprovecha de ello para terminar la conquista de las tierras indias. Como decía el general Juan F. Azcárate: "Los indios zapatistas de Morelos llevaron una guerra parroquial de resistencia absurda; resistieron tanto a don Porfirio como a Madero, a Huerta como a Carranza. Sólo el mestizo es grande, se extiende y prolifera por toda la nación." [35]

Esto es menos cierto para el indio que vive en una comunidad fuerte que ha logrado conservar sus tierras; San Felipe Tepezintla, Santa María Excatepec en la Huasteca, se sublevan para cazar a los mestizos en su territorio. Los de Tamapaz, armados de flechas y de hondas para preservar el orden existente, su aislamiento, su personalidad, son los aliados del usurpador Victoriano Huerta quien hace saber muy alto que es indio huichol.

No es cierto para los yaquis que han apoyado a Madero primero, luego a Obregón contra Huerta en la esperanza de recuperar sus tierras y sus libertades. Obregón no solamente no mantiene su palabra, sino que envía a los yaquis a hacer campaña contra Zapata. Se rebelan entonces y de nuevo se les da caza, de nuevo se les deporta a Yucatán a las plantaciones de henequén. La colonización en grande da el último golpe a los yaquis. El general Obregón hace rescatar por el gobierno federal en 1926 la Richardson, S.A. y abrir 50 000 hectáreas, las tierras de Bacúm y de Cócorit, a la colonización. Esto explica la última guerra yaqui de 1926, provocada deliberadamente por Obregón quien declara entonces a la prensa nacional que había llegado el momento de "terminar con el problema yaqui, de borrar esa mancha que desde hace 2 000 años macula a México". Combate desigual y desesperado entre un ejército moderno que moviliza 19 batallones, artillería y aviones, y la tribu remontada en la sierra con mujeres y niños. Apropiación de las tierras yaquis, deportación después de la carnicería, colonización. Esta historia explica la resistencia continua y la actitud "contrarrevolucionaria" de los que estaban "convencidos de que el gobierno

[35] *Esencia de la revolución*, 1966, México, p. 21.

no tiene palabra... tanto tiempo como el gobierno continúe vendiendo nuestra raza y persista en conservar nuestras tierras, nosotros combatiremos... ¿qué confianza podemos tener en ese gobierno que en 1916 nos ofreció la paz y la restitución de nuestras tierras? Lo creímos y con toda buena fe atravesamos el río Lencho y ahí esperamos a que mantuviera su promesa. Mientras dormíamos, el gobierno sorprendió nuestro campamento, matando a las mujeres, niños y ancianos. No se había visto jamás tal crueldad desde tiempos de Porfirio Díaz".[86]

A resultas de eso, el presidente Cárdenas daría a Sonora un gobernador yaqui, el aculturado Román Yacupitio quien, clásicamente, se mostró de lo más duro para con sus hermanos.

La revolución continuó, destruyendo el porfiriato como los jacobinos a los Borbones; al mismo tiempo, en el marco del naciente nacionalismo fomentado sistemáticamente, se ensayaba una interesante tentativa de rehabilitación ideológica y de recuperación histórica del indio. Ese resurgimiento se expresa a través de las artes, en particular la pintura mural, la literatura, la etnoantropología y la arqueología, la escuela, en fin, que recibió como misión la de "forjar la patria".

El hombre que ligó su nombre a esos años desbordantes de entusiasmo y de generosidad, es José Vasconcelos, el autor de *El Ulises criollo*, hijo de buena familia de la provincia sureña donde una aristocracia blanca continuaba dominando a la masa india, la "raza de bronce". José Vasconcelos pudo aplicar sus ideas, fundar la educación sobre "la sangre, la lengua y el pueblo", cuando Obregón le confía el ministerio de Educación. Vasconcelos quería enraizar el México del futuro en la tradición, para reconciliarlo consigo mismo, reconciliar a Cortés y Moctezuma, rehabilitar a la Malinche y engendrar la "raza cósmica". Igual que la reforma agraria se volvía hacia la tradición indocolonial inspirándose en el antiguo ejido, igual se habría recurrido a la tradición, la doble tradición hispanoindia para enraizar una cultura verdadera. Esta ambición se encuentra resumida en la frase orgullosa pero en lo absoluto racista que sirve hoy en día de divisa a la Universidad de México: "Por mi raza hablará el espíritu." Vasconcelos, quien dio un impulso extraordinario a la educación de las masas, fue el creador

---

[86] Llamada a las armas de mayo de 1920, firmada por Julián Cosari y Manuel Periac. Archivos del autor.

de las "misiones culturales" que se sitúan en la línea de
los grandes misioneros del siglo XVI.

Curiosa ambigüedad de esta época si se piensa que
Vasconcelos, el apóstol, es el ministro del general Obregón, carnicero de los yaquis...

El gobierno del general Calles está marcado por la
voluntad muy consciente de construir el Estado para
después hacer la nación y según las palabras del ministro de Educación, Moisés Sáenz, eso sucede con la
"incorporación del indio a la vida nacional". Un primer obstáculo es el monolingüismo, que se destruirá
enseñando el español. La castellanización es la condición previa.[37]

Para probar que el indio no está dotado de una inteligencia inferior se hace en 1926-27 la experiencia de la
"Casa del estudiante indígena", en México, en donde se
reúnen jóvenes indios de 26 grupos étnicos diferentes,
experiencia grotesca y sin éxito, puesto que la segunda
etapa, el regreso de los aculturados, de los "blanquea-
dos" a sus comunidades, fue imposible. Los "estudian-
tes" se quedaron en México como peluqueros, choferes,
domésticos... La experiencia de los internados indígenas que se realizaba con la misma intención (occiden-
talizar a los niños y luego regresarlos a sus casas para
"contaminar" a los otros) no tuvo apenas éxito y eso
hizo decir a M. Sáenz que "el problema de la integración del indio se resolverá más con carreteras que con
escuelas".

En 1936 se crea el Departamento Autónomo de Asuntos Indígenas y en 1937 el Ministerio de Educación establece un Departamento de Educación Indígena del que
dependen 31 centros en donde 3 000 internos realizan
una estancia aculturante de 3 y 4 años.[88] Este fracaso
confirmado conduce a la creación de un instituto de
alfabetización para los indígenas monolingües que trata
de alfabetizarlos en su lengua natal; este instituto jamás sobrepasó el estadio experimental y no tuvo éxito
más que entre los tarascos.

¿Cuál es la situación hoy en día? En 1910 el censo
encontraba que los indios, o los reconocidos como tales, representaban $1/3$ de la población; en 1969 no son
más que $1/10$ y, en realidad, son los más pobres de los
campesinos, no siendo quizá tanto la oposición indio-
no indio, sino rural y citadino.

[37] Moisés Sáenz: "El sistema de escuelas rurales en México", México 1927
y "Carapan. Bosquejo de una experiencia", Lima 1936.
[88] Basauri: La población indígena de México, 1940, t. I, p. 37.

En cifras absolutas, los indios, no obstante, han aumentado: 4 millones de 15 millones de mexicanos en 1910, son 9 millones de 40 censados en 1960. Efectivamente, en el sentido estricto del término, hay pocos indios, pero si se acepta el concepto de cultura indocolonial de Nathan Whetten, definido por la alimentación, las técnicas, el habitat, etc... es, en realidad, casi el 80 % de los rurales el que vive según las normas de vida llamadas indocoloniales.

El problema indio se confunde con el problema campesino ya se trate del problema material —el problema agrario— o del problema de civilización: ¿qué aspectos conservar de la cultura popular, y dentro de esta cultura, de las subculturas indias? ¿Qué aspectos cambiar? ¿Cómo provocar el cambio sin destruir lo que debe ser preservado?

Es el problema de la educación pública que se limita a conservar las artes y las danzas populares. Es el problema sobre todo del INI, Instituto Nacional Indigenista, fundado en 1948 por Antonio Caso quien declaró en 1958: "México se enfrenta a un grave problema, uno de los más graves actualmente para nuestro país: el problema indio." [39] Y continúa: "El indio es mexicano porque paga impuestos sobre las ventas... es mexicano cuando se contrata para trabajar en las plantaciones de café o de piña donde recibe como anticipo sobre su salario una buena dosis de alcohol; es mexicano cuando cae en manos de los agentes municipales que lo encarcelan para hacerle pagar multas." [40]

Pero lo que Caso dice del indio, no vale para el campesino, ¿no es el indio un campesino pobre entre otros campesinos pobres?

El programa oficial del INI consiste en "sobrepasar los aspectos negativos de la cultura indígena y conservar los positivos". A este efecto, dirige actualmente centros coordinadores de proyectos pilotos en la sierra Mazateca (1), en Chihuahua (1), en Yucatán (1), en Guerrero (1), en Chiapas (1) y en Oaxaca (3). El INI quiere llevar una acción global combinando la llegada de la carretera, de la escuela, de la medicina, de los cambios técnicos. Ha abierto centenares de escuelas, publicado libros y revistas, organizado cooperativas; pero no tiene para eso más que 21 millones de pesos por año y un puñado de hombres contra el tiempo que

[39] A. Caso: "Indigenismo", INI, 1958, p. 17.
[40] Id., p. 101.

corre, la mutación de civilización, los intereses económicos y políticos.

Por otra parte, después de 25 años, los indios del Mezquital no han progresado, ni los mayas después de treinta años de reforma agraria. Y cuando se construyen los caminos, las compañías y los comerciantes llegan antes que el maestro de escuela; es la tragedia de los indios tarahumaras a quienes los caminos han hecho perder sus bosques, caídos en manos de las compañías forestales por un pedazo de pan. Hoy en día los tarahumaras se han convertido en un pueblo vagabundo, pues ha sido desalojado de sus bosques, "la última trinchera de los indios", como dijo Alfonso Caso. Y aun si los indios están solos, como en la sierra Mazateca, todo el café que producen lo compra el monopolio Zardain y Cía. de Córdoba. Lo mismo que la ciudad de Tehuacán domina económicamente a los mixtecas y la de San Cristóbal a los Altos de Chiapas. Entonces, víctimas de la violencia impersonal, los indios (y en menor grado todos los campesinos) vuelven la violencia contra sí mismos, embriagándose y matándose. Franz Fanon ha desarmado muy bien ese mecanismo, a propósito de la criminalidad de los argelinos, que se ejercía sólo contra los argelinos y no contra los europeos. Y a la buena voluntad del INI hay siempre alguien que responde: "No queremos escuelas, no queremos agua ni caminos, queremos las tierras que nos pertenecen." [41]

Permanece el problema cultural: sensibilizado por las investigaciones en materia de etnopsicología y de etnosociología, se comienza a despertar el interés en las personalidades de los pueblos y de las regiones cuya existencia está amenazada a más o menos corto plazo. No ha sido tomada ninguna medida seria para evitar la desaparición de valores, los cuales, no obstante, nos parece que se mantienen puesto que su declinación nos desasosiega. En cuanto al problema de la castellanización: se podría admitir la posibilidad de sobrevivir a las mutaciones jurídicas, religiosas o sociales (toda la historia del indio mexicano lo prueba) sin que sea tocada la personalidad étnica; pero ¿si se toca el lenguaje? es diferente de una institución social de la que uno se puede despojar; a través del lenguaje es como se llega a la cultura y al mundo. El lenguaje es una especie de experiencia colectiva por donde se transmiten todos los rasgos de la personalidad del grupo. El

41 F. Benítez: Los indios de México, 1967, p. 49.

lenguaje es también el volumen de una risa, las reso-
nancias de una tristeza, la calidad de la emoción, el
paso de la razón. El rechazo a aprender el español ¿no
es más que un rechazo limitado? Es todo el problema
de la alternativa entre la asimilación y el dualismo cultural. Desde el siglo pasado triunfa la idea de la nación única e indivisible, encargada de sustituir a la
autoridad real desaparecida, y generadora de la asimilación. La desaparición de las personalidades étnicas
regionales con sus idiomas, o simplemente regionales,
está inscrita en las estructuras mexicanas. La infecun-
didad cultural de las regiones, de la provincia, es su
primer síntoma; las regiones antes creadoras viven hoy
en día de la producción intelectual de México. El problema engloba al problema indio, el que también se parece al de la cuadratura del círculo: dejar al indio libre de permanecer indio, es entregarlo atado de pies
y manos a la opresión, obligarlo a "civilizarse", es alie-
narlo so pretexto de emancipación. En el siglo XIX la
selección era entre la occidentalización y el exterminio,
¿cuál es en el siglo XX? ¿Podrán los indios salvar "ese
inimitable sabor que no se encuentra más que en sí
mismo"?

Población de México en 1810: [42]
    Europeos y criollos: 1 097 998;
    Indígenas ("indios"): 3 676 281;
    Mestizos (en sentido amplio): 1 338 706.
En 1885: [42]
    Europeos y criollos: 1 985 117;
    Indígenas: 3 970 234;
    Mestizos: 4 492 633.[43]

[42] Cifras de Justo Sierra: "México social y político", en *Obras Completas*,
t. IX, México, UNAM 1948, pp. 125-169. Sierra utiliza a Noriega y Humboldt,
fuentes criticables pero válidas para dar un orden de magnitud. Se encontrará
una buena crítica en Victoria Lerner: "Consideraciones sobre la población
de Nueva España", *Historia Mexicana*, vol. XVII, núm. 3, enero-marzo 1968,
pp. 327-48.
[43] Justo Sierra, *op. cit.*, p. cit. Cifras de García Cubas.
    1910 (censo):
        No indios: 11 millones;
        Indios: 4 millones.
    1960 (censo):
        No indios: 31 millones;
        Indios: 9 millones.

5

RELIGIONES Y REPRESIÓN EN LOS ANDES EN LOS SIGLOS XVI Y XVII

PIERRE DUVIOLS

La documentación, sin duda todavía muy fragmentaria, de la que se dispone hoy en día sobre los siglos XVI y XVII andinos, muestra que la "conquista espiritual" del Perú no fue en lo absoluto una empresa distinta, paralela, de la conquista militar y de la colonización material, como lo desea el pacto colonial celebrado entre España y el papado y como lo desearía hoy la historiografía tradicionalista. La cristianización del antiguo *Tawantinsuyu* [1] estuvo, al contrario, tan estrechamente ligada al proceso general de colonización que a fin de cuentas no fue sino un aspecto o un medio para ello.

Esta misma documentación muestra también que la evangelización, en esa época, fue mucho más negativa que positiva. Primero porque postulaba, por definición, la destrucción de la religión indígena a la cual pretendía sustituir el catolicismo, después porque esa política de destrucción —llamada "extirpación, de la idolatría" en la jerga eclesiástica— desencadenaría resistencias y reacciones indígenas y esas reacciones, a su vez, arrastrarían a la Iglesia peruana al ciclo de la represión.

Se señalarán aquí algunas etapas de esa represión y se indicarán los métodos habituales. Advirtamos previamente que la idea de idolatría, bajo la pluma de los españoles, no solamente cubría las creencias, los ritos, la religión entera de los indígenas bajo sus formas más diversas, sino que podía englobar también vastos sectores culturales, en la medida en que los usos autóctonos contradijeran en tal o cual punto la ley cristiana. Es decir, que la represión religiosa dañó a la cultura andina en su conjunto.

---

[1] Imperios de los incas.

1. LA LEGISLACIÓN REPRESIVA

En los primeros tiempos (aproximadamente entre 1532 y 1550) el clero rural, poco numeroso, y las órdenes de misioneros, se dedicaron a la destrucción sistemática de los santuarios y de los ídolos, y a su sustitución por cruces. La Iglesia tomó poco a poco conocimiento —un conocimiento no exento de contrasentidos— de los dogmas y de los ritos indígenas, al menos el suficiente para disponer una primera lista de interdictos en las constituciones del primer Concilio de Lima (1551).

Ese Concilio prohibió, por supuesto, todos los cultos y ritos estrictamente religiosos, particularmente los consagrados a los ancestros, pero también los diversos ritos de iniciación, la mayor parte de las danzas y de las fiestas, las uniones y matrimonios no conformes a los cánones católicos (muchas clases de uniones tradicionales fueron definidas como incestuosas). Por otra parte, las constituciones enumeraban una serie de obligaciones que equivalían a otras tantas prohibiciones culturales. Y también a los reglamentos propiamente religiosos (obligación de asistir a misa, de recibir instrucción religiosa, etc.) se agregaban todas las órdenes expresas que solapaba la policía cristiana, esa moral cristiana, esa urbanidad pueril y honesta que uno estaría tentado de definir, anacrónicamente, como el *spanish way of life*. A ese título, las autoridades reales y religiosas se preocupaban igualmente, al menos en teoría, por obligar a los indios a acostarse sobre esteras y no en el suelo, a comer en familia y no en colectividad, a usar un traje "púdico", etc.

Todas las infracciones a esas reglas entrañaban penas ejecutadas por los curas o bajo su control. El primer Concilio les da la lista y la tarifa. Se pueden distinguir entre ellas:

a] *Penas corporales*: la más frecuente era la del látigo, siendo el número de golpes 50 o 100, pero podía sobrepasar largamente esa cifra, principalmente en caso de reincidencia.

El suplicio del cepo. Parece que fue muy difundido; cada doctrina tenía su cepo.[2]

b] *Penas aflictivas e infamantes*: cortar los cabellos (la mayoría de los grupos indígenas usaban los cabellos largos o trenzas), práctica extremadamente frecuente. Esta medida representaba una terrible degradación

[2] Algunas misiones continúan utilizando ese medio de tortura en el siglo XX: cf. en la misma colección V. D. Bonilla: *Serfs de Dieu et Maitres d'Indiens*.

en las sociedades andinas, tal como lo han mostrado los mismos misioneros (Acosta, Arriaga). Una cédula real de fines del siglo XVII prohibió, aunque sin éxito, esta práctica.

c] *Penas pecuniarias*, las multas.

d] *La privación de los cargos*, empleos públicos, para las autoridades indígenas (curacas, fiscales, etc.).

Tal es la reglamentación prevista por el primer Concilio, aunque hubo muchas otras como por ejemplo las interiores de las órdenes de misioneros. Se la cita porque, evidentemente, enuncia las penas practicadas más comúnmente; pero es importante no olvidar que esta reglamentación refleja el punto de vista de los grandes responsables de la Iglesia y del estatuto legal. Esas reglas y esas tarifas fueron, con la mayor frecuencia, sobrepasadas en la realidad; los doctrineros aislados, los monjes agrupados en conventos, actuando a su modo, cometían terribles abusos, tal como lo atestiguan los documentos convergentes de las autoridades eclesiásticas y de los querellantes indígenas. Se trataba sin embargo de una represión rutinaria —cualesquiera que fuesen los excesos— atemperadas por la negligencia y los compromisos de los doctrineros; esos medios represivos debieron parecer insuficientes cuando estalló la insurrección religiosa conocida bajo el nombre de *Taqui ongo* o *Taqui onqoy*. Esta insurrección se sitúa entre 1560 y 1570 aproximadamente, con un punto culminante hacia 1565.

2. EL "TAKI ONQOY" Y SU REPRESIÓN

Se trató de una revuelta a la vez política y religiosa, de un movimiento mesiánico que sacudió al Perú entero, puesto que se le percibió hasta Quito y hasta Chuquisaca, aunque el epicentro se situó en las provincias de Huamanga y de Lucanas.

Al mismo tiempo que se manifestaban diversas tentativas de sublevación armada (abortadas), chamanes, predicadores indígenas recorrían el país proclamando la victoria de las divinidades andinas —los *huacas*— y la derrota del dios de los españoles, y anunciaban la restauración de la dinastía inca. En los pueblos por donde pasaban, entraban en trance, rodaban por tierra y comunicaban su frenesí a la mayoría; quizá de ahí el término de *Taqui ongo*, o más bien *Taki Onqoy* (enfermedad de la danza), equivalente a nuestro baile de San Vito.

Los lazos de ese movimiento insurreccional con el reducto de Vilcabamba donde vivía atrincherado el último inca, Tupac Amaru, no podían dudarse. Los españoles tuvieron entonces conciencia de los peligros que presentaba para ellos la convergencia del nacionalismo político indígena y de la resistencia religiosa; tanto más cuanto que otra intervención, ésta externa, los atormentaba: temían, y no sin razón, la colusión del último inca idólatra con los herejes ingleses u holandeses que habrían podido ayudarlo a volver a subir al trono del *Tawantinsuyu*.

La réplica de los colonizadores estuvo a la medida de la situación. Por una parte, la Iglesia enriquecida, diversificó la reglamentación represiva y la hizo aplicar más rigurosa y sistemáticamente; por la otra, el poder real (que, no lo olvidemos, controlaba la Iglesia peruana en virtud del patronazgo) intervino directamente en la represión religiosa a los lados de la Iglesia o, para ser más exactos, la encabezó, y aun, en muchos casos, la sustituyó.

En lo que concierne al primer punto, se les encargaron misiones especiales a visitadores eclesiásticos. Acompañados de auxiliares indios, de gentes de justicia, recorrieron los pueblos redactando la lista de los participantes en el *Taqui ongo* y, más generalmente, de todos los idólatras, procediendo a la quema pública de los objetos de culto y al arresto y castigo de los culpables. No se conoce ese importante episodio más que a través de las relaciones de los curas Luis de Olivera y Cristóbal de Albornoz.[3] Este último nos ha dejado listas de los indígenas "idólatras" (culpables de adoraciones prohibidas tanto como de concubinato) y la de los castigos infligidos. Además del látigo, los del Santo Oficio adaptados a la realidad andina: penas infamantes, como la del paseo a horcajadas en una llama a través de las calles principales. Pero esas eran sanciones reservadas a las gentes pequeñas. Los "dogmatizadores" de importancia, como el jefe local Juan Choc-

---

[3] Se encuentra el texto de Olivera en *Ritos y fábulas de los incas*, de Cristóbal de Molina. Buenos Aires 1947, p. 142 *ss*. C. de Albornoz, *Instrucción para descubrir todas las guacas del Pirú con sus camayos y haciendas, Journal de la société des américanistes*, t. LVI-1, 1967.

Cf. la importante contribución de Luis Millones, "Un movimiento nativista del siglo XVI: el *Taki Onqoy*", en *Revista Peruana de Cultura*, Lima 1964.

ne del que habla Albornoz, eran remitidos a la rama
secular. Se ignora su suerte.

La conmoción provocada por el *Taqui ongo* determinó
en gran parte la política del virrey Toledo, quien llegó en 1569. Tomó en sus manos la represión religiosa
y decidió manejarla con dureza, tanto para mantener
el orden colonial como para favorecer la hispanización
rápida del Perú. Con el gobierno de Toledo se instala
una teocracia colonial, totalitaria, brutal, dedicada a
liquidar los vestigios de una teocracia indígena, y a
arrancar las raíces, siempre profundas, de la religión
popular.

El virrey la emprendió primero con Vilcabamba, llamada por algunos "la universidad de la idolatría";
supo sacar de ahí al inca Tupac Amaru a quien hizo
decapitar en la plaza de Cuzco en 1572, no sin haber
obtenido de él una abjuración pública del "paganismo"
peruano, cuyo efecto fue considerable sobre los caciques y las multitudes indias llegadas de muy lejos
para asistir a la ejecución. Poco después de ésta, Toledo mandaba como regalo al Papa el ídolo de oro
Punchao (estatua mayor del sol encontrada en Vilcabamba) acompañada de una carta en la que se jactaba
de haber decapitado, al mismo tiempo que al último
inca, la religión oficial y aristocrática.

La famosa *Visita general* (1570-1575) del vasto territorio del virreinato fue emprendida por Toledo ante
todo para extirpar la idolatría, como lo declaró él mismo, es decir, para liquidar la religión popular, regional.
En esta ocasión, introdujo en la legislación civil la pena
de muerte para los "hechiceros" herejes y predicadores
indígenas al mismo tiempo que invitaba a los visitadores eclesiásticos y a los vicarios a remitirlos, sin
demora, a la rama secular. La documentación a menudo faltante, sobre todo en semejante materia, permite establecer que por lo menos se quemó a tres.

3. LOS PUEBLOS CONCENTRADORES

En fin, no se puede omitir el asunto de las "reducciones", que generalmente se aborda sin tener en cuenta
su contexto religioso. Se trata de una pieza maestra
del plan de hispanización radical imaginado por Toledo.

Las reducciones (reagrupamientos de poblaciones dispersas en pueblos concentradores) fueron el equivalente de las congregaciones mexicanas. Si esta política encontró oposición entre la mayoría de los religiosos de la Nueva España, sucede de manera muy diferente en el Perú.

En lo que concierne a este país, los textos legislativos representan siempre esos proyectos de concentración como medidas de orden espiritual, a la vez positivas y negativas. Plantean en principio: a] que los indios que viven en pueblos dispersos se consagran a sus antiguos ritos y que por lo tanto hay que extraerlos de ellos; b] que hay que reagruparlos en pueblos grandes en donde residirá un doctrinero; así se les podrá vigilar fácilmente y obligarlos a asistir a misa y a recibir una instrucción y una educación católica.

Esta operación había sido demandada desde antes de 1550 por la Iglesia misma, de la que conviene subrayar el papel en este asunto, cualesquiera que hayan podido ser, por otra parte, los estímulos y las presiones ejercidos por los funcionarios coloniales, preocupados por controlar a sus contribuyentes, y por los encomenderos, deseosos también de enmarcar y vigilar la mano de obra utilizable. Los reagrupamientos también presentaban para la Iglesia la ventaja de hacer más fácil la colecta del diezmo, y la de resolver el problema planteado por el insuficiente número de curas de indios, cuya dispersión se evitaba así.

Pero esos motivos eran comunes a todas las colonias españolas. Aquí había otro, privativo de la realidad andina, que volvió los reagrupamientos mucho más trágicos en el antiguo *Tawantinsuyu* en la medida en que la operación apuntaba a cortar las raíces culturales y físicas más profundas de la población.

En efecto, los mecanismos religiosos y sociales andinos, reposaban sobre el sistema de parentesco, expresado principalmente por el culto a los muertos, a las momias de los ancestros, así como por el otro, anexo, del lugar de origen (*pacarina*) atribuido a cada linaje (*ayllu*), pudiendo ser ese lugar de origen tanto una gruta como una fuente o una momia, etc. Existía pues un lazo indisoluble, vital, entre el habitat y los grupos humanos, una distancia excesiva entre ese habitat y la *pacarina* volvía imposible el culto a los lugares de origen de las familias.

Esto, Toledo lo comprendió perfectamente y no ocultó que quería volver imposible el culto a las *pacarina* —y en consecuencia destruir la religión popular andina— haciendo proceder a las reducciones a través de todo el Perú.

La concentración de la población andina bajo Toledo (1569-1581), se realizó sólo parcialmente, pero lo suficiente como para entrañar graves consecuencias humanas y demográficas. Lo que se dijo al respecto de México: antiguos pueblos quemados, desplazamientos brutales de población, tierras buenas abandonadas por tierras malas, etc., se aplica perfectamente al Perú; los documentos de ese género son numerosos. Pero a la operación misma hay que agregar sus secuelas. Los indígenas reagrupados se esforzaron por huir de las reducciones, pero no podían regresar más que muy difícilmente a los antiguos pueblos destruidos y con frecuencia vigilados. Un gran número prefirió irse a vivir —o más bien a morir— a parajes inaccesibles, en los *huaycos*, donde no había tierras cultivables, ni agua, donde casi no había medios de subsistencia.

Las concentraciones, dondequiera que fueron emprendidas, no tuvieron éxito más que parcialmente, pues muchos indígenas procuraron escapar de ellas. Después de Toledo, esta política fue reiniciada periódicamente. Las concentraciones fueron en particular tomadas en cuenta nuevamente por la Iglesia a partir de 1610, en el marco de la gran campaña de represión religiosa conocida bajo el nombre de *Visita de las idolatrías*.

4. UNA INQUISICIÓN VOLANTE: LA VISITA DE LAS IDOLATRÍAS

Suscitada por Francisco de Ávila, un cura de indios que hizo gran ruido alrededor de los idólatras clandestinos que había "descubierto" en Huarochirí en 1608,[4] alentado y luego rápidamente dirigido por los jesuitas en total acuerdo (por lo menos hasta 1650) con las autoridades reales y eclesiásticas, la campaña de extirpación de la idolatría encuentra un instrumento particularmente temible en la *Visita de las idolatrías*.

Se trata de una Inquisición volante. Equipos constituidos por un *juez-visitador de las idolatrías*, dos padres de la Compañía de Jesús, un escribano, un policía y diversos auxiliares indios encargados de las delacio-

4 Cf. P. Duviols, *Francisco de Ávila, extirpador de la idolatría*, en *Dioses y hombres de Huarachiri* (1598?), Lima, 1966.

nes, recorrían los campos pasando de 10 a 15 días en cada pueblo. Ahí pasaban a la población a la criba, procedían a los interrogatorios, a las pesquisas, a las confesiones, multiplicaban los sermones, las procesiones, suscitaban las delaciones, iban a destruir los santuarios junto con los ídolos fijos, haciendo transportar los otros a la plaza del pueblo en donde se procedía al *auto de fe* en el curso del cual los indígenas veían arder las momias sagradas de sus padres y de sus abuelos. Se instruían también los procesos a los "hechiceros" y a los "dogmatizadores", se organizaban las abjuraciones públicas y las sesiones de disciplina.

Mientras los jesuitas controlaron la *Visita de las idolatrías*, ésta se desarrolló —particularmente en la arquidiócesis de Lima— a un ritmo voluntariamente endiablado, de tal suerte que no se dejaba ningún respiro físico, ningún instante de reflexión posible a la población; las sesiones masivas de adoctrinamiento seguían inmediatamente a las sesiones de inquisición. Se trata sin duda de uno de los sistemas de condicionamiento psicológico más antiguos y más notables.

Si la novedad de la *Visita* residía en su movilidad, su rapidez de acción, su organización rigurosa, sus objetivos y sus métodos de represión, en cambio, no tenían nada de nuevo.

La *Visita* se aplicaba primero a descubrir y sacar de su zona de influencia a los jefes religiosos, hechiceros y dogmatizadores los que, a pesar de los gritos periódicos de victoria de la Iglesia, parecían más numerosos que nunca. Los indios reconocidos como culpables eran objeto de un "proceso de idolatría" cuya sentencia recurría a la vez a las penas previstas por el primer Concilio de Lima y a las del Santo Oficio. A título de ejemplo citaremos una —por su brevedad—: "Yo declaro que los llamados Pedro de la Cruz y Francisco Bartolomé son idólatras y apóstatas de nuestra santa fe católica... en virtud de lo cual los condeno a que se les corten los cabellos, y que después de habérseles hecho montar sobre un animal albardado, se les administren cien latigazos paseándolos por las calles; que el llamado Pedro de la Cruz sea desterrado a perpetuidad de su pueblo y de la provincia de Cajatambo y que sea remitido al convento de San Francisco de esta ciudad en donde pasará el resto de sus días y será instruido en el misterio de nuestra Santa Fe católica por el R. P. Joseph Felis, de esta orden..."

Pero la periodicidad, el ir de un lado a otro, que

constituían la fuerza de la Visita (elemento sorpresa, concentración de los medios, etc.) eran también su debilidad. Aunque visitados y vueltos a visitar los pueblos, una vez que había partido el equipo, las redes religiosas desmanteladas se reconstruían poco a poco. Tanto los curas como los corregidores estaban encargados de vigilar permanentemente a la población y de remitir a los culpables al ordinario eclesiástico. A veces recibían circulares como la que firmó en 1621 el virrey Francisco de Borja: "En cada pueblo, haréis arrestar a algunos de esos predicadores indígenas (dogmatizadores) entre los más culpables, sin preocuparos de saber si pagan o no el tributo, si son viejos o jóvenes, pobres o enfermos, ni ninguna otra consideración humana. Los enviareis bajo guardia a la casa o casas de reclusión que esos prelados os indicarán y, si no hay estas casas, los repartireis en los conventos de religiosos, hospitales u otras casas particulares de personas piadosas... los gastos de transporte desde el pueblo hasta la prisión serán por cuenta de los culpables si poseen bienes, y si no, serán aplicados a las *huacas* confiscadas..."[5]

Las casas de reclusión a las que se refiere esta ordenanza, debían existir en cada pueblo. Se trataba muchas veces de una pieza contigua al curato. Pero a partir de 1619 hubo en Lima (en Santiago del Cercado) una prisión especial para los hechiceros más peligrosos, la *Casa de Santa Cruz*. El padre José de Arriaga, S. J., quien la concibió y la dirigía indica que había 40 pensionados en 1620. Los prisioneros hilaban lana, asistían a los oficios, y a veces terminaban por revelar la ubicación de las *huacas* de sus pueblos. La internación no era forzosamente a perpetuidad, "pero —escribe Arriaga— como son tan viejos, pues la mayoría tiene más de veinticuatro años, mueren muchos ahí, no sin haber recibido los sacramentos, lo que no es una insignificante marca de predestinación".

5. LA AUTODESTRUCCIÓN

La represión religiosa y la imposición violenta de la policía cristiana, unidas a la prohibición de los modelos

[5] "Extirpación de idolatrías", en *Revista del Archivo Histórico del Cuzco*, 1953, p. 221.

culturales tradicionales, en adelante tenidos por criminales, contribuyeron a disgregar la personalidad del indígena y a aniquilar hasta el instinto de conservación.
Se conoce bien la epidemia de suicidios en las islas del
Caribe a principios del siglo XVII. No se sabe si los suicidas fueron tan numerosos en el Perú. Matienzo se
asombraba del gran número de indios, muy jóvenes o
muy viejos, que se colgaban "sin razón" y atribuía ese
fenómeno ¡a alguna complexión particular y al color
de su piel! (*Gobierno del Perú*, 1567). Si no todos los
suicidios se debían a la represión religiosa, muchos estaban directamente ligados a ella. José de Acosta escribía en 1578 al P. Mercuriano que los aymara de la región de Julí tenían la mala costumbre de colgarse "por
razones fútiles". Una carta de otro jesuita, salida también de Julí (1577) precisaba uno de esos móviles: Se
descubrió por la confesión, que un "hechicero" denunciado se había hecho enterrar vivo por uno de sus co-
frades, a fin de no tener que afrontar al cura. Pero esas
formas de autodestrucción, último recurso contra la
represión, también eran reprimidas. Acosta escribió que
la epidemia de suicidios en la región del Titi-Caca se
había calmado un poco después de las medidas adop-
tadas: los cuerpos de los suicidas eran arrastrados por
niños a través del pueblo y en seguida quemados en
público y en presencia de la familia, "lo que se tiene
como una gran desgracia y una gran infamia entre los
indios".[6] (Se sabe, en efecto que, según la creencia andina, la resurrección de los cuerpos es imposible si el
cadáver no se conserva intacto.)

En el siglo XVII el suicidio es todavía frecuentemente
señalado como una forma de resistencia pasiva a la
Visita de las idolatrías. Hacia 1613, tal indio, según
Huaman Poma de Ayala, se suicida engullendo coca
molida y el Visitador hace quemar su cadáver. Una
carta del Colegio de la Compañía en Huamanga (1613),
menciona el suicidio colectivo consecutivo a la Visita.
Primero catorce indios reputados como idólatras, luego
otros dieciséis, cuatro días más tarde, se envenenaron
para escapar a las persecuciones. Se escribe que se contaban "entre los más obstinados y los más ciegos juguetes del demonio". Se consideraba que Rémy, juez de
Nancy —gran perseguidor de hechiceros— escribía en
1596: "Mi justicia es tan buena que el año pasado hubo
dieciséis que se mataron para no pasar por mis manos."

⁶ *Documenta peruana* II, Romae, 1958, doc. 123 (p. 626), doc. 26 (p. 246),
doc. 123 (p. 626).

La represión religiosa tuvo sin duda una incidencia demográfica considerable.[7] La huída de los indígenas ante el control eclesiástico continuo en la doctrina, ante la *Visita de las idolatrías*, desquicia los cálculos de población a los cuales uno puede remitirse a partir de los libros de bautismo, de matrimonio o de los registros administrativos. Tanto individuos como pequeños grupos se escapaban constantemente para refugiarse en parajes inaccesibles. Ciertos documentos revelan la existencia de grupos étnicos aislados, de rompimientos indígenas de varios miles de personas que llegaron a mantenerse al margen del control y a veces, paradójicamente, con el acuerdo tácito de los doctrineros que hacían negocio de ello. Hay que tener en cuenta, en fin, consecuencias destructivas —inmediatas o mediatas— de la represión religiosa de la que hemos dado algunos ejemplos pero que es imposible cuantificar. Son ésos, factores que jugaron su papel en lo que se ha llamado la *despoblación del Perú*. La historia demográfica del Perú está todavía por hacerse; no existe nada comparable a los trabajos de la escuela de Berkeley sobre México. Cuando se emprenda esta historia, habrá que tener en cuenta perturbaciones específicamente religiosas, que sin duda son con frecuencia difíciles de aislar de las debidas a otros elementos opresivos mejor conocidos, tales como la mita, los obrajes, el tributo y el diezmo.

BIBLIOGRAFÍA

Se citarán solamente los estudios clásicos de G. Kubler, "The quechua in the colonial world", en *Handbook of south american indians*, II, N. Y. 1963, de John Howland Rowe, *"The Incas under spanish colonial Institutions"*, *Hahr*, Duke University Press, 1957, así como la sugestiva *Introducción al proceso de aculturación religiosa indígena* de Luis Millones (Instituto Indigenista Peruano, Lima 1967).

[7] Existen estadísticas parciales de la represión religiosa. Arraga menciona el "castigo" de 669 "maestros de idolatría" en 31 pueblos de la arquidiócesis de Lima, entre febrero de 1617 y julio de 1618. (*La extirpación de la idolatría en el Perú* (1621), Lima, 1920, pp. 16 y 17.) Para cifras más detalladas con respecto al conjunto de la arquidiócesis de Lima, ver P. Duviols, "La idolatría en cifras", en *Colloque d'Études Péruviennes*, Aix-en-Provence, 1967.

6

LOS ASPECTOS ETNOCIDARIOS DEL ESTADO NEOCOLONIAL PERUANO DESPUÉS DE LA INDEPENDENCIA DEL PERÚ

JEAN PIEL

Cuando en 1821 el último país de América del Sur, el estado peruano, llega a la independencia, la herencia colonial constituye una desventaja muy pesada para la evolución posterior de la nueva república, especialmente en lo que concierne al problema "del indio".

Este mismo concepto de indio, evidentemente lleva en sí un contenido etnocidario puesto que ha sido forjado bajo la Colonia por el colonizador, para señalar bajo un vocablo único una realidad extremadamente diferenciada: la multiplicidad étnica, lingüística y sociológica de la masa de la población de origen autóctono sometida por la derrota a la tutela de los descendientes de los encomenderos o de los representantes de la corona de España. En efecto, en el momento en que Pizarro conquista el Perú, se estima en sesenta o setenta el número de pueblos diferentes sojuzgados por la dominación del imperio de los incas.

Durante tres siglos de colonización española, toda la política de la Corona y de la Iglesia consistió en negar jurídica y políticamente esta diversidad étnica, resultado de evoluciones históricas diversas en los Andes, y en tratar de unificar a fuerza, por las leyes, la Inquisición o la coerción, a la masa de población andina o subandina dominada, necesaria al funcionamiento de la economía y de la finalidad coloniales.

Al principio, lo sabemos, tanto en Perú como en México, hubo el riesgo puro y simple del genocidio de la población conquistada, en especial durante los primeros decenios que siguieron a la conquista, período durante el cual la encomienda funcionó mucho más como una institución de *pillaje* de la sobreproducción creada por la población local, e incluso como una institución de desperdicio que como una institución de explotación duradera. Es cierto —tenemos pruebas de ello— que pueblos enteros fueron aniquilados o abandonados. La población desaparecía, sin que se haya podido saber nunca si había sido deportada por el sistema de la mita a las minas de Potosí, Huancavelica, etc., o si había sido exterminada por las epidemias, las guerras civiles entre autóctonos o las guerras civiles entre conquistadores en las que por fuerza los conquistados se veían obligados a tomar partido, en especial durante la sublevación de los encomenderos detrás de Gonzalo Pizarro contra la corona de España.

Por lo demás, la conquista misma del Perú por los españoles había sublevado a los habitantes del imperio incaico unos contra otros. En la época de las primeras batallas que guían la conquista del Perú, es siempre a sus aliados indios más que a los españoles a los que se encuentra en las primeras filas de los combatientes que enfrentan los ejércitos del inca, hasta el punto de que algunos han podido decir a manera de humorada —que no lo es— que la conquista del Perú había sido llevada a cabo, no por los españoles, sino por los peruanos mismos.

Por lo tanto, a fines del siglo xvi, el antiguo imperio de los incas vio a su población gravemente disminuida —según algunos a la quinta parte, bajando de 10 a menos de 2 millones de habitantes— desarraigada, traumatizada y afectada en sus creencias, sus estructuras mentales y religiosas, sus lazos con los dioses y con la tierra. Se fortificaron clases sociales nuevas, como la de los *yanaconas*, esclavos o servidores de nuevos amos. Por el contrario, las comunidades sedentarias de agricultores fueron dispersadas o debilitadas. Escapando con razón al genocidio, la población peruana autóctona no escapó al etnocidio. Es el virrey Toledo quien, después de 1570, se dedica a codificar y estabilizar las condiciones de ese etnocidio imponiendo a los campesinos andinos el estatuto único "de indios", reagrupándolos en el sistema de las reducciones, y distribuyéndolos entre las diversas encomiendas mejor controladas por la Corona.

Con todo, esta población disminuida, maltratada, traumatizada a la vez en su vida material y moral, retoma su vitalidad en el siglo xviii, sincretizando en su seno sus tradiciones autóctonas de origen precolombino y las aportaciones culturales llegadas de la península ibérica. En una economía en donde la actividad minera colonial está en retroceso, lo hace sobre una base esencialmente agrícola y —no por azar— en un momento en que las dificultades finales imponen a Madrid consentir composiciones de tierras de indios, lo que permite a una élite india reconstituir en su favor un poder territorial anteriormente perdido después de la Conquista. Esa es la base de este movimiento de renacimiento indio, a veces antiespañol, que atraviesa el siglo XVIII peruano y que el historiador norteamericano Rowe no ha titubeado en llamar un "nacionalismo quechua": pretendiendo las élites indias volver a atarse a una tradición incaica, real o mítica, intentan encontrarse un papel y una justificación en el seno del sistema colonial del cual son un engranaje. Esto desemboca pronto en movimientos mesiánicos bien conocidos. Sobre las vertientes orientales de los Andes, Juan Santos Atahualpa subleva a los indios de Tarma y resiste, invicto hasta su muerte, a los colonos españoles enviados desde Lima. Esto durante casi veinte años. Más al sur, en 1780, José Gabriel Condorcanqui, llamado Tupac Amaru, subleva contra los excesos finales de la corona de España, todo el sur del Perú actual y Bolivia.

Estos episodios son muy interesantes. Prueban que en el siglo XVIII, en condiciones económicas y de sincretismo cultural favorables, las poblaciones indias del Perú son capaces de recuperar una autonomía cultural y hasta un gérmen de autonomía política frente al poder central. La intención etnocidaria del colonizador no está pues exenta de contradicción, puesto que proporciona en cambio a la masa de la población india dominada la posibilidad, en ciertas circunstancias, de tomar conciencia de su solidaridad frente al dominador.

Es pues este indio, híbrido cultural de España y del imperio de los incas, el que hereda la república independiente del Perú en 1821. Para comprender la actitud que la república va a adoptar frente a esta realidad, es necesario entender la naturaleza contradictoria de este indio creado por tres siglos de colonización. Por una parte, frente al individuo dominado, la tendencia espontánea del dominador es la de negar su personalidad propia, incluso su humanidad. Pero por otra parte, en tanto que base indispensable del sistema de explotación colonial, la Colonia como la república naciente, está obligada a respetar la comunidad rural andina o subandina —de origen a la vez ibérico y precolombino— como la mejor forma de explotación del medio natural, habida cuenta del estado todavía rudimentario de la tecnología. A pesar de sus intenciones unificadoras, el dominador —el estado colonial o el estado independiente, en ese sentido "neocolonial"— debe pues favorecer la persistencia de los restos de la cultura precolombina, pero inte-

grada y reinterpretada en el seno de un sistema de valores dominantes de origen occidental. En el seno de la
comunidad india, la tensión es pues permanente entre
la herencia autóctona y las aportaciones españolas u occidentales. En este conflicto, son siempre los últimos
quienes terminan por ganar y extenderse —porque se
apoyan en el sistema dominante, y el primero que pierde— pero sin desaparecer jamás del todo. Así pues, los
españoles introducen en el seno de la vieja comunidad
andina el cristianismo, el ganado y las plantas de origen
ibérico, el arado mediterráneo; pero la irrigación, el
cultivo de los terrenos en declive con la *chaquitaclla*
(estaca para cavar de origen preincaico) continúan haciéndose hasta el siglo XX sobre una base tecnológica
anterior al imperio de los incas. Igual que el ciclo —pagano— de las fiestas agrarias.

Toda la política india de los liberales que llegan al
poder con la independencia, va a consistir en negar la
realidad jurídica india por las necesidades del nuevo
derecho que quieren establecer; pero manteniendo al
indio en su sujeción de hecho y su explotación agraria y
final, por las necesidades económicas y finales del nuevo Estado criollo. En suma, se trata a la vez de negar
al indio pero continuar "haciéndole sudar el poncho".
Lo que evidentemente es contradictorio, pero explica las
contradicciones de la legislación y de la administración
liberal.

San Martín comienza por proclamar que todos los
habitantes del Perú son peruanos. Esto implica en derecho la supresión de los indios y de los esclavos, y ra-
tifica una tendencia muy clara durante la lucha por
la independencia, la participación de los negros y de los
indios como soldados de los ejércitos de los libertadores —o de los españoles, según los azares de la batalla
o de las fidelidades locales. Los indios, sobre todo,
han proporcionado a la independencia sus soldados y
sus guerrilleros, las provisiones a los ejércitos, los aran-
celes, rescates e impuestos descontados previamente por
los ejércitos en marcha. Son ellos sobre todo quienes,
como la población civil, han tenido que sufrir exacciones
de los ejércitos en campaña, "libertadores" o españoles.

Ahora bien, esta fecha proclamando la igualdad civil
abstracta es muy mal reconocida por los libertadores.
De 1823 a 1828, una serie de decretos y resoluciones su-
premas precisa, en efecto, lo que el legislador entiende
por esa palabra de orden "todos los habitantes del
Perú son peruanos". Para comenzar, en nombre de esa

igualdad jurídica abstracta, Bolívar suprime por decreto las comunidades indias que eran la base misma de la resistencia cultural, material y moral de los campesinos indios frente a las agresiones permanentes de los criollos y mestizos contra sus tierras y contra sus derechos costosamente adquiridos después de tres siglos de resistencia en el seno del sistema colonial. Bolívar decide pues, la repartición en propiedad privada a cada jefe de familia de las tierras colectivas de las comunidades, siendo confiscadas y adjudicadas por el Estado las tierras que quedaban vacantes después de la repartición, a personas privadas capaces de rentarlas o comprarlas. Esto, aunado al hecho de que los campesinos indios iletrados desconociendo sus nuevos derechos, se dejaban burlar en las reparticiones de tierra —intermediarios mestizos o nuevos "caciques" indios, más marrulleros que sus hermanos— desembocó inmediatamente en una agresión sin precedente de la mediana y gran propiedad blanca o mestiza contra las tierras indias. A tal punto que rápidamente, desde 1828, el legislador se vio obligado a suavizar por decreto la aplicación de sus propias leyes, impidiendo a los indios iletrados enajenar sus tierras antes de 1850, con la preocupación de conservar un campesinado indio no completamente despojado de sus tierras, como riqueza sujeta al impuesto llamado de "contribución de los indígenas".

A pesar de esto, en el período que se extiende desde 1823 hasta 1860, y que se caracterizó por el caudillismo militar, cada nuevo caudillo que sube al poder lleva a su lado una camarilla de fieles, más o menos escrupulosos, que pronto se benefician de sus prebendas en materia de donaciones de tierras, deducidas, ya sea de las tierras del Estado, ya de las reservas de las comunidades indias. Es éste un proceso difícil de seguir cuantitativamente con certidumbre, pues los archivos peruanos de ese período son deficientes. Pero todos los actos y decretos oficiales y los testimonios indirectos son en el mismo sentido. Es así como a 50 o 60 años de diferencia, una comunidad que existía con sus títulos reales hacia 1810-1820 ha desaparecido o está casi completamente desmantelada hacia 1870-1880. En cambio, muchos nuevos notables locales entre tanto, han adquirido la posesión de grandes y medianas propiedades de las que en vano se buscarían las huellas cincuenta años antes.

No contentos con atentar contra la posición colectiva de la tierra por las comunidades indígenas, los decretos bolivarianos arruinan también los organismos de crédito indio, más conocidos con el nombre de cajas de censos de indios, que garantizaban la solvencia final de esas comunidades frente al impuesto y les servían igualmente de cajas de ayuda mutua y de organismos internos de crédito a fines del siglo XVIII. Esas cajas estaban tan florecientes a fines de la Colonia que, en ciertos casos, daban créditos a los grandes propietarios y a los grandes ganaderos de la zona montañosa andina.

Los decretos bolivarianos dan por tanto golpes muy duros a la economía rural indígena tradicional. Esto en un momento en que la introducción del libre cambio y la concurrencia de productos importados de Europa arruinan los recursos complementarios del artesanado indígena, en algunos decenios entre 1830 y 1870. Ahora bien, para defenderse frente a la agresión económica, social y territorial de la nueva economía de mercado y del neolatifundismo republicano, las comunidades indígenas no cuentan con ninguna protección jurídica puesto que en derecho —y eso de 1821 a 1920— no tienen ninguna existencia garantizada por las constituciones y el Código Civil. Frente a los despojos de tierra, a los abusos de los intermediarios comerciales, a las exacciones de los diversos escribanos de provincia; las comunidades rurales andinas no pueden pues reclamar, para defenderse, más que la costumbre, los derechos ejercidos desde "tiempos inmemoriales", la tradición. Esto es de poco peso cuando surge un conflicto con el derecho romano dominante, manipulado por autoridades y élites criollas que tienen el monopolio del aparato del Estado y del aparato judicial.

Sin existencia jurídica, condenados por la evolución económica liberal, ¿cómo se explica entonces que la personalidad india haya resistido de pesar de todo en el seno de sus comunidades durante casi un siglo y medio, hasta nuestros días? Es que en primer lugar, frente a este problema, la administración neocolonial —y en este caso amerita muy bien ese adjetivo de "neocolonial"— se ha comportado con mucha hipocresía. Por las necesidades de explotación y de la dominación interna de la masa campesina india, el Estado criollo peruano supo rápidamente distinguir la situación de hecho del estado de derecho. Por ejemplo restableciendo, por razones de eficiencia final y en contradicción con sus propias leyes, la responsabilidad colectiva —según las normas copiadas mecánicamente de las ordenanzas coloniales de fines del siglo XVIII— de las comunidades indígenas ante el impuesto. Misma hipocresía de parte de los funcionarios, los gobernadores que sucedieron a los corregidores coloniales, que se convirtieron en los intermediarios locales de las casas criollas o extranjeras de exportación a precios de monopolio de sobreproducción colectiva de esas comunidades (recolección de lana, de productos agrícolas), teniendo así éxito el reparto colonial contra el cual se había rebelado Tupac Amaru. Hay pues mucha hipocresía en la práctica del Estado peruano independiente en el siglo XIX; lo que resulta en el debilitamiento de las bases —territoriales y económicas— de la cultura andina popular, pero sin embargo sin destruirla jamás totalmente, aunque mutilada y debilitada, porque ésta es una condición de la explotación neocolonial del campesino andino peruano.

Ahora bien, esta agresión etnocidaria hecha por el Estado o sus representantes, no es la única. Ese Estado, en efecto, sirve a una clase —la de los grandes propietarios terratenientes de la costa o de la provincia, asociados a una burguesía comercial exportadora— la que también, a nivel local, en sus relaciones regionales con el campesinado indio, practica un verdadero etnocidio, directo o indirecto, arruinando la pequeña producción campesina, independiente y comunitaria, que es la base de la cultura popular rural andina.

Los intermediarios comerciales se dedican a una economía de extracción en el interior del país andino; cambian a marchas forzadas mercancías entregadas contra enormes cantidades de productos recolectados por las comunidades rurales, que en ciertos casos arruinan la vida pueblerina india. Contra los excesos de ese comercio de *compradarismo*, en 1867-1868 una gigantesca rebelión enciende el extremo sur peruano, comandada por un líder liberal criollo, Juan Bustamante.

Esas agresiones mercantiles van acompañadas por supuesto, de la agresión monetaria. En efecto, el mercado colonial heredado del siglo XVIII, ante la multiplicación de los cambios, de los productos y de los intermediarios, se diversifica. Las comunidades, al salir cada vez más de su autarcia tradicional, tienen que recurrir cada vez más a la moneda. De golpe, las desigualdades aparecen en el seno del mundo colectivista antiguo. Por un lado se ven, dentro de cada comunidad india, algunas familias de caciques indios que, con la complicidad del mundo oficial mestizo, saben acaparar el dominio del mercado y de la fortuna local a cambio de los servicios que rinden a la administración neocolonial. Por otro lado, se ve a antiguos miembros de la comunidad endeudarse con los anteriores, dejarse encerrar poco a poco en una red estrecha de deudas que deben pagar en productos o con trabajo gratuito, y convertirse así, detrás de la aparente igualdad comunitaria en verdaderos semiproletarios al servicio de los anteriores. Cuando las autoridades, en ese contexto de estratificación social y de pérdida de la antigua cohesión comunitaria, pretenden aplicar los decretos bolivarianos sobre la repartición de tierras comunales, es una catástrofe, pues la repartición a más o menos breve plazo no puede hacerse más que en beneficio de los caciques y a expensas de los pobres de la comunidad. La cohesión comunal entonces, ha pasado. Los más pobres, endeudados, privados de tierra, no tienen otros recursos que emigrar. Es lo que sucede, a un ritmo cada vez más acelerado, a partir de fines del siglo XIX.

Al mismo tiempo, los nuevos caciques o los mestizos y criollos que dominan las instituciones locales o regionales, se apoderan de tierras comunales divididas y repartidas, y se constituyen verdaderos latifundios con los despojos de las tierras indias. El *neolatifundismo* republicano, contenido un momento en el siglo XIX por la mala situación económica peruana, retoma su movimiento extensivo con violencia después de 1890 y hasta 1930. Se asiste entonces a una verdadera carrera por la tierra, por los pastizales, por las aguas de irrigación, de lo que, por supuesto, los miembros de las comunidades han pagado los gastos. Los procedimientos para llegar a eso, van desde la falsa escrituración hasta el contrato de venta usurpado y falsificado o la vía de hecho pura y simple. Notemos de paso que los neolatifundistas constituyen así no solamente su dominio, sino también su reserva de mano de obra, puesto que con frecuencia las comunidades así despojadas, sin tierra, no tienen otro recurso que el de trabajar al servicio del usurpador como mano de obra agrícola servil. Sucede pues que la comunidad india se reconstituye en el interior de la *hacienda*, pero esclavizada al patrón neofeudal y sin beneficiarse de ningún derecho jurídico.

Un antropólogo peruano nos revela cómo una población muy antigua de las altas tierras del sur de Cuzco, los *q'eros*, continúan viviendo hacia 1960 según costumbres comunitarias ancestrales, eligiendo sus propias autoridades comunales tradicionales, reproduciendo sus viejas técnicas artesanales y sus fiestas folklóricas a través del ciclo pagano del año agrícola. Ahora bien, un análisis más profundo hecho por este sabio, muestra que esa comunidad, poco a poco despojada de sus tierras en el trascurso de cinco siglos de vida colonial y neocolonial, proporciona en realidad la mano de obra a las haciendas que la cercan por todas partes después de haber usurpado sus tierras; y cómo las autoridades comunales elegidas no lo son sino después de un acuerdo previo de esos mismos hacendados o de las autoridades oficiales mestizas a sueldo de ellos. No quedan ni siquiera los productos de la artesanía folklórica (alfarería, ponchos) que no hayan sido encargados y comercializados en gran parte por ese mundo de patrones e intermediarios mestizos.

Se comprende, a través de este ejemplo concreto, hasta qué punto la supervivencia étnica de esta comunidad no existe más que en función de la tolerancia basada en el interés del sistema latifundista y mercantil dominante. Y se comprende también la fragilidad de esa supervivencia en condiciones en que lo que constituye la base —la posesión independiente de la tierra, el disfrute de la independencia comunal— escapa totalmente, o casi, al control de los interesados mismos. Aparentemente, el etnocidio se ha evitado. De hecho, se reúnen todas las condiciones requeridas para el etnocidio excepto una: el interés de la sociedad regional dominante por liquidar esos últimos vestigios. Si se produjera un desplazamiento de poder a escala regional, de la clase de los viejos latifundistas paternalistas a los representantes "esclarecidos" y "desarrollistas" del poder central: en algunos años habrán terminado con los vestigios culturales de los *q'eros*.

Y esto me lleva al último punto de mi exposición: ¿cuáles son las relaciones, en el Perú independiente, del Estado, del indigenismo y del *gamonalismo*? Entiendo por *gamonalismo*, palabra que tomo del vocabulario sociológico espontáneo del pueblo criollo-mestizo peruano, las diversas formas de explotación de la masa india de la población. Ya, a través del ejemplo precedente, se adivina que el problema del indigenismo en Perú no es simple. En efecto, nada impide a un patrón de hacienda, deseoso de defender su poder económico y social frente a los ambiciosos modernistas enviados por la capital, defender a "sus" *q'eros* y hacerse más indigenista que los indígenas. Esto prueba simplemente que hay diferencias de grado en el etnocidio, y contradicciones entre los diferentes proyectos etnocidarios. Prueba también que hay indigenismo e indigenismo.

Históricamente, en el Perú contemporáneo, el debate sobre el indigenismo se desarrolla entre el Estado centralizador y modernizador y la sociedad gamonalista provincial más conservadora, no alrededor de la cuestión de saber si es necesario o no suprimir al indio —masa de reserva explotable de la nación, encerrada en su cultura retardataria que es un freno al desarrollo del país— sino sobre las modalidades para llegar a ello. Por un lado están los juristas, los hombres de estado liberales herederos de Bolívar, *los científicos* y tecnócratas, los "progresistas" que insisten en nacionalizar, en los plazos más cortos, a la masa del campesinado indio mantenida por su cultura marginal fuera de la nación. Y muchos de entre ellos creen que un giro de las leyes y una política acelerada de escolarización serán suficientes, a condición de aunarse a los progresos técnicos y al desarrollo económico. Por otro lado están las élites provinciales, hacendados o miembros de profesiones liberales que dependen estrechamente de una sociedad dominada localmente por la gran propiedad territorial y sin posibilidad financiera de invertir en un programa de desarrollo económico rápido, que insisten en el hecho de que se necesitarán generaciones y esfuerzos pedagógicos paternales y pacientes antes de modernizar a "esa desgraciada raza india" tan cerrada a toda idea de progreso. Esperando esta hipotética solución arrojada a un porvenir lejano, esta sociedad provincial continúa sujetando más fuertemente que nunca, para hacer frente a la competencia ascendente del sector más moderno, al campesinado indio dentro de una red estrecha de dependencia personal, social, económica y cultural, lo que le permite proveerse de trabajo gratuito, de renta territorial pagada en parte con recolección gratuita, reduciendo así los gastos de compra de fuerza de trabajo agrícola al mínimo, al margen de todo mercado nacional de trabajo.

Entre los partidarios del Estado y del progreso económico y los *gamonales* provinciales, hay dos concepciones del indigenismo que se oponen: una, en nombre del progreso, apela al indígena para liquidar el poder de los *gamonales* intermediarios; la otra, en nombre de la tradición, apela al indígena para defender sus costumbres. Ahora bien, lo que es interesante notar desde nuestro punto de vista, es que una y otra son igualmente etnocidarias, en la medida en que pretenden hacer la felicidad del pueblo "indígena" sin consultarlo, y finalmente asestar el golpe, una y otra —en nombre de ideo-

logías e intereses de clase—, a las bases de la cultura
popular rural andina multimilenaria; pero sin cesar de
reducir, en un caso y en otro, a ese pueblo "indio" o
"cholicizado", al papel de reserva de mano de obra a
la que se viene a explotar en función de intereses económicos o políticos de clase, según el grado de las fluctuaciones circunstanciales. Entre los dos términos de
esta alternativa, en la historia del Perú contemporáneo
han sido raros aquellos que han considerado otra posibilidad que permita salir del dilema etnocidario: apelar
al pueblo campesino andino para que él mismo tome
en sus manos su destino nacional y cultural. Los que
lo han considerado, raramente han sido profetas en su
tierra, ya se trate de ciertos escritos de Luis González
Prada, de José Carlos Mariategui o más cerca de nosotros del llorado José María Arguedas. Los que lo han
intentado, con frecuencia han tenido un fin trágico,
como Juan Bustamante en el siglo pasado, Rumi Maki
a principios de este siglo, y otros todavía más cercanos a nosotros. Sin duda su fracaso, como el fracaso
del proyecto igualitario abstracto pero sincero y gene-
roso de Bolívar y San Martín, revela la consecuencia
más grave del etnocidio perpetrado durante un siglo y
medio por el Estado neocolonial: la ineptitud histórica
del pueblo campesino del Perú de tomar él mismo en
sus manos su destino nacional, al menos hasta una fecha reciente.

No obstante, las cosas a la larga cambian. El actual
gobierno peruano, no reconociendo ya comunidades "indígenas" sino solamente comunidades "campesinas", retoma el viejo programa igualitario bolivariano acompa-
ñándolo de una ley de reforma agraria cuyo texto, si
no la aplicación, es uno de los más audaces concebidos
en el continente sudamericano. ¿Se llegarán quizás a
extirpar las raíces del etnocidio perpetrado desde hace
tanto tiempo contra la cultura del pueblo campesino
del Perú? En todo caso, se permite desearlo con fervor
mientras todavía es tiempo.

En efecto, es alentador constatar la fidelidad de ese
pueblo con respecto a su propia cultura, a pesar de los
extraordinarios cambios —migraciones, urbanización,
proletarización, industrialización— que se producen en
su seno; a pesar de la competencia impuesta por los medios de comunicación de masas manipulados por la élite
criolla o los grupos extranjeros en favor de estilos de
vida mesocráticos imitados servilmente del extranjero.
Hay que haber visto en el teatro *Coliseo* de Lima, el do-

mingo en la tarde, los conjuntos folklóricos y el público de provincianos inmigrados a la capital peruana, mantener vivos cantos y danzas del pueblo campesino andino, para convencerse. Hay que recordar que José María Arguedas, etnólogo y escritor, poco tiempo antes de su muerte, grabó en ese extraordinario pueblo de Chimbote que creció como la espuma, arrojado de un solo golpe a la industria de la harina de pescado, pasando en diez años de 5 000 a 120 000 habitantes, el emocionante testimonio de un maestro artesano pescador de origen andino que le contó el mito del *Inkari*.

"El último inca —contaba en esencia ese representante del nuevo pueblo industrial y urbano del Perú—, después de haber sido prendido por los españoles, fue descuartizado y decapitado, dispersados sus miembros por las cuatro esquinas del imperio de los incas, y su cabeza enterrada en Cuzco. En el secreto de la tierra, bajo esa cabeza reposa un cuerpo y, el día que el cuerpo haya descansado, el Inkari saldrá de la tierra y reunirá sus miembros dispersos. Y entonces el pueblo indio del Perú reconquistará su imperio detrás del Inkari."

Y como el escritor preguntara a su informante, hombre maduro instalado desde hacía ya largo tiempo en el pueblo, si él pensaba que se trataba solamente de una fábula o si lo creía realmente, éste terminó por confesar que sí, decididamente lo creía.

Si se tratara de algo más que una anécdota aislada, abriría perspectivas extrañas sobre la trasmisión de una cultura de origen campesino en un medio urbano y sobre el destino del pueblo peruano; bastante diferentes en verdad de la imagen cultural de ese pueblo presentado por una parte por los "indígenas" reaccionarios, y por la otra diseñado a través de los modelos de desarrollo tecnocráticos y abstractos de nuestros modernos científicos y otros neopositivistas de las ciencias sociales para quienes el arte de acomodar un pueblo en el desarrollo es todo, pero para quienes ese pueblo en sí mismo no es nada; tan es verdad que a pesar de toda su ciencia, no comprenden lo que es un pueblo cargado de historia.

b] Amazonia

7

EL "AFRANCESAMIENTO" DE LOS INDIOS DE GUAYANA

JEAN HURAULT

1. LAS POBLACIONES TRIBALES DE GUAYANA FRANCESA

Hasta 1968, la Guayana francesa estaba dividida administrativamente en dos partes: la banda litoral, sometida al régimen ordinario, estaba dividida en comunas de antigua fundación. El interior del país (a partir del primer salto de cada río) era un vasto territorio patrimonial al cual se había dado el nombre de territorio del Inini.

Esta división se encontraba que correspondía bastante exactamente a la realidad geográfica y étnica. La Guayana litoral es un país de sabanas que presenta parajes de ricos suelos constituidos por aluviones cultivables en polders;[1] es ahí donde se establece la población criolla agrupada en comunas de estatuto francés. El interior del país (90 % de su superficie) es áspero y duro, enteramente cubierto por la selva ecuatorial. Los relieves muy divididos, los suelos pobres, deslavados por las lluvias torrenciales, la heterogeneidad de la selva donde varios cientos de esencias están estrechamente mezclados, son obstáculos para la explotación según las técnicas modernas. Poblado solamente a lo largo de los ríos fronterizos, el Inini sigue siendo del dominio exclusivo de las poblaciones tribales. Negros refugiados e indios cuya influencia sobre el medio natural, modo de vida y economía descansan en concepciones enteramente diferentes de las nuestras.

Los negros refugiados, descendientes de esclavos rebeldes escapados en el siglo XVIII de las plantaciones de Suriname, habiendo podido reconstituir un sistema de organización africano, ocupan de manera continua las riveras del Maroni en varios cientos de kilómetros. Los djouka, grupo principal cuyos pueblos más impor-

<hr/>

[1] Palabra holandesa que significa terreno ganado al mar o tierras pantanosas contenidas por medio de diques. [T.]

tantes están sobre el Tapanahoni, en territorio surinamés, jamás han podido ser empadronados pues se rehú-
san a cualquier censo nominativo. Según las más recientes evaluaciones, serán un total de 12 000, de los que
aproximadamente 2 000 están del lado francés.

Los boni, mucho menos numerosos (aproximadamente
1 000), tienen sus principales pueblos sobre la rivera
francesa, pero también ellos tienen una población muy
diseminada, repartida en las dos riveras.

Los indios del litoral, galibi, arawak y palikour, son
esencialmente pescadores de mar, principalmente los
galibi, establecidos en las playas. Hasta estos últimos
años, aunque habiendo estado siempre grandemente integrados a la actividad económica del país al que con-
tribuían a alimentar con pescado, vivían completamente
aparte, sin preocuparse en lo absoluto por participar en
el sistema político de las comunas.

Esos indios del litoral pueden ser actualmente un mi-
llar. En cuanto a los indios del interior, débil vestigio
de una numerosa población diezmada desde siglos por
los gérmenes y virus importados indirecta e involunta-
riamente por los europeos y los negros, representan actualmente, después de la aportación reciente de refugiados del Brasil, alrededor de 450 personas agrupadas
principalmente sobre los ríos fronterizos, Litani y
Oyapok.

No es solamente por el género de vida y el sistema
social por lo que las poblaciones tribales siguen siendo
extrañas a los otros grupos del litoral de Guayana. Han
establecido un sistema económico muy particular, notablemente adaptado al país y muy eficaz. Poco numerosos en vastos territorios, indios y negros refugiados
cultivan, cazan y pescan según técnicas perfectamente
adaptadas al medio, y testimoniando un conocimiento
profundo de los recursos del país. Se nutren bien, mucho más sanamente que los habitantes de las comunas
del litoral, los cuales hacen gran uso de salazones y de
conservas.

Esto no quiere decir que las poblaciones tribales se
acantonaran en una actividad primitiva en el sentido
propio del término, y que se les dejara en un estado de
subdesarrollo, sino todo lo contrario.

En efecto, los negros refugiados tienen la costumbre
de combinar esa actividad de subsistencia con trabajos
retribuidos y una migración temporal de los hombres
jóvenes hacia las obras forestales del litoral a razón de
algunos meses por año, haciéndose enviar víveres por

sus mujeres, que se quedan en el pueblo. Llevan su paga casi íntegra lo que explica la prosperidad de la que disfrutan y su elevado poder de inversión, demostrado por la posesión casi general de motores fuera de borda de gran potencia y herramientas diversas. Los indios wayana del Maroni se orientan por el mismo camino.

Esta asociación de proletariado temporal con la actividad de subsistencia constituye la economía mejor adaptada al país. Si se calcula, a precios del comercio local, el valor de los efectos producidos y consumidos en un año por una familia india de cinco personas, se llega a una cifra del orden de los 300 000 francos antiguos. El asalariado permanente, privado de este recurso y obligado a mantener mujer e hijos con su salario, cae, al contrario, en la miseria. Los indios del litoral que falsamente han sido comprometidos en el camino del proletariado permanente, viven en un estado miserable, a despecho de salarios elevados y subsidios, y dan un espectáculo de verdadera mendicidad.

Hasta 1968, las poblaciones tribales vivían bajo un régimen especial, el estatuto del Inini, que se aplicaba al conjunto del territorio de la Guayana al sur de la banda litoral ocupada por las comunas; el territorio del Inini dependía directamente del prefecto, representado en el interior por los puestos de gendarmería. No se admitía ninguna intervención de la política electoral, ventaja inmensa si se considera la influencia corruptora que ésta ejerce por todas partes en los departamentos de ultramar.

Bajo este régimen, las poblaciones tribales se beneficiaban de un estatuto de hecho perfectamente adaptado a sus necesidades y a su situación real. Esas poblaciones vivían bajo su derecho consuetudinario, se les dejaba perfectamente tranquilas y la única forma de administración consistía en pagar a los jefes de los pueblos un pequeño sueldo que no era una marca de dependencia, sino únicamente una marca de distinción.

Para administrar y atender a esas poblaciones, se habían creado en el interior, en 1949-1950, dos puestos: Maripasoula en el alto Maroni, cuya influencia se ejercía sobre los wayana y los boni, y Camopi en el Oyapok, que se ocupaba de los oyampi. En 1955 vino a agregarse a ese dispositivo el pequeño puesto de gendarmería de Grand Santi, establecido en el Maroni en la confluencia con el Tapanahoni, frente al puesto administrativo surinamés, en medio de una población muy densa de negros refugiados djouka con los cuales mantenía buenas relaciones, pero sobre los que no tenía sino muy débil influencia.

Las diversas tribus mantenían excelentes relaciones entre sí; no se cometían crímenes ni delitos. En suma, esas poblaciones sobre las que no se había hecho pesar ninguna presión cultural, daban una impresión de vitalidad y de salud económica verdaderamente notable. Con excepción de las preocupaciones que continuaba dando el estado sanitario de los indios, siempre amenazados por epidemias, la situación en el Inini era todo lo satisfactoria posible. Habría podido darse como ejemplo a la mayoría de los países de América del Sur.

Ahora bien, he aquí que hace unos diez años, se pusieron a considerar que ese régimen del Inini, que hacía la felicidad de esas poblaciones, no podía ya ser mantenido. En efecto, disgustaba considerablemente al Consejo General de Cayena que veía su actividad reducida a la pequeña banda litoral sobre la cual las comunas efectivamente dominaban. El Consejo General había insistido desde siempre para que el total del país fuera sometido a su control, para que se crearan comunas y que a ese efecto, todas las poblaciones estuvieran uniformemente asimiladas al estatuto francés.

Insistamos sobre este punto: la población criolla de Guayana no tiene más que desprecio para las poblaciones tribales, de las que, por otra parte, no conoce prácticamente nada y que engloba uniformemente bajo el nombre de "bosch", es decir gentes de los bosques; respecto a ellas, está dividida en dos tendencias: destruirlas por asimilación o explotarlas, principalmente por el lado del turismo.

Bajo la presión del Consejo General, fueron tomadas una serie de medidas, desde 1965, para someter a esas poblaciones a nuestra ley e "integrarlas" a nuestro sistema socioeconómico. Esas medidas, sobre las cuales volveremos más adelante, amenazan a las poblaciones tribales en su organización, en su equilibrio, pero ante todo en su adaptación al medio.

Puesto que los "civilizadores" están tan orgullosos de su obra, tan deseosos de extender sus efectos, nosotros tenemos el deber de decir lo que han obtenido en su propio dominio, el de la Guayana litoral, en el trascurso de los últimos veinticinco años.

2. LA ECONOMÍA GUAYANESA

Tocamos aquí un tema particularmente doloroso. En ninguna parte, ni en Francia ni en ultramar, una economía revela quiebra tan completa.

Los balances de exportación-importación son lo suficientemente elocuentes:

	(millones F.A.) Exportaciones	Cobertura Importaciones	(millones F.A.)
1952	2 780	128	4.6 %
1954	3 311	172	5.2 %
1956	2 644	242	9.1 %
1958	3 300	515	15.6 %
1960	3 438	485	14.1 %
1966	13 726	1 704	12.4 %
1968	25 696	1 701	6.7 %

Así pues, las exportaciones cubren apenas el 7 % de las importaciones. Y todavía la mayor parte de esta cifra está representada por el producto de la pesca en alta mar por una sociedad americana.

Lo que proviene del suelo guayanés no representa más que el 2 % de las importaciones anuales, cuyo monto total, acrecentado por los gastos de la base espacial de Kourou, sobrepasa los 25 mil millones de francos antiguos. *Eso es tanto como decir que la Guayana francesa prácticamente no produce nada.*

Hasta la industria forestal declina, a pesar de las considerables inyecciones de créditos. La producción de madera ha bajado, de 23 000 toneladas en 1965, a 12 000 toneladas en 1967, y a 9 500 toneladas en 1968.

Otras cifras atestiguan el carácter profundamente artificial de esta economía. El sector primario (trabajadores manuales y agricultores no asalariados) no representaba ya en 1967 más que el 17.5 % del total, contra el 25 % para el sector secundario y el 57.5 % para el terciario. Si se deduce el efectivo de las poblaciones tribales, la parte del sector primario baja al 12 %.

El porcentaje de funcionarios sobre el total de la población activa pasó del 20 % en 1957 al 22 % en 1967 y actualmente sobrepasa el 30 %.

El importe de los salarios públicos respecto al total

de las rentas es del 55 %. En otras palabras, casi toda
la población vive, directa o indirectamente, de los fondos públicos.

¿Cómo se ha podido llegar a eso? El país, en los siglos
XVIII y XIX, si no gozó nunca de una gran prosperidad,
al menos era autosuficiente y exportaba grandes exce-
dentes. La exigüidad del territorio y lo precario de los
recursos,[2] no son la explicación. Este fracaso proviene
de errores fundamentales de concepción, agravados por
una demagogia electoral sin límites.

La regla de oro de la economía guayanesa es que
toda actividad debe estar subvencionada. Se necesitan
subvenciones para cultivar la tierra, para pescar, para
construir, para transportar, etc. Por añadidura, numerosas personas solicitan ayuda para completar su presupuesto familiar. El presupuesto de la metrópoli se ve
como una fuente inagotable y disponible de misericor-
dia. Las considerables inversiones realizadas desde 1950,
han contribuido a afirmar esta idea.

Subvenciones y ayuda se otorgan con la mayor facilidad, y su distribución se deja en gran parte a la iniciativa de los elegidos del departamento.

Esta política ha tenido efectos catastróficos sobre la
economía local. Una joven socióloga, la señora Fau-
quenoy, escribía en 1968:

La economía guayanesa sigue estando caracterizada por una
profunda carencia de sectores de producción y un apoyo
pasivo del Estado que se manifiesta en las subvenciones que
paga y la ayuda que distribuye. Tal política conduce a una
trasferencia de las responsabilidades sociales del individuo
a la colectividad y se traduce en el debilitamiento del espíritu de empresa y en una actitud pasiva. Con seguridad
que el criollo, en su conjunto, ha sido fuertemente marcado
por esa política —evidentemente bien intencionada. La
prueba más evidente reside en el hecho de que regularmente se repite la fundación de empresas o incluso de pequeños comercios por los *no criollos*. No es más que una
simple cuestión de capitales. La mayoría de los criollos que
tienen una situación estable y razonablemente remunerada
son funcionarios. E igualmente actúan como funcionarios,
en el sentido peyorativo de la palabra.

La población criolla, como consecuencia de esas subvenciones y de los esfuerzos considerables de la fuerza pública

[2] Desgraciadamente los recursos del subsuelo parecen ser limitados. La
riqueza aluvial se agotó durante la excesiva explotación del siglo XIX. Las
exploraciones mineras realizadas durante más de veinte años con medios considerables en toda la superficie del país, hasta ahora no han permitido descubrir ningún yacimiento de explotación rentable.

en materia de ayuda social, ha contribuido a producir una mano de obra —poco laboriosa en su conjunto— muy exigente y muy costosa. Nosotros creemos que ese fenómeno de influencia sociológica de una política, vale la pena de ser examinado y que el caso de Guayana es un excelente ejemplo.

Este texto toma todo su sentido si se considera que en el momento de las fuertes explotaciones auríferas y de la balata (los últimos grandes movimientos económicos en el interior se remontan a 1920), los criollos guayaneses dieron pruebas de una audacia, de un coraje físico y de un espíritu de empresa, como pocos. Poseían un íntimo conocimiento de la selva, osando muchos de ellos permanecer y trabajar en su interior absolutamente solos durante meses, lejos de todo socorro, así como una agricultura sabia, más diversificada y más ingeniosa que la de los indios.

Todos esos valores espirituales, culturales y técnicos, poco a poco han desaparecido totalmente. La política de asistencia no es la única causa. Jamás se subrayará lo suficiente el papel nefasto de un sistema de enseñanza totalmente inadaptado al país, pretendiendo trasponer pura y simplemente el género de vida y las técnicas de la metrópoli en un medio físico y cultural absolutamente diferente. Ese sistema ha contribuido a revolver los espíritus, a separar a los individuos de su tierra natal y a hacerles perder las técnicas sin las cuales, en el severo ambiente de la selva ecuatorial, nadie puede vivir una vida independiente.

Por un movimiento que parece acelerarse inexorablemente, la población de las comunas deja la tierra para irse a reunir alrededor de Cayena, que reúne ya al 55 % de los 44 000 habitantes del departamento. Este movimiento tiene consecuencias infinitamente más graves que en la metrópoli. En toda Europa, la población rural disminuye, pero la tierra no se abandona; las superficies cultivadas se mantienen gracias a la mecanización y la producción agrícola aumenta. Aquí es el abandono puro y simple, la invasión por la vegetación de la selva de los desmontes abandonados.

La ruina de la producción agrícola, ya muy débil, es puesta en evidencia por el acrecentamiento rápido de las importaciones de víveres. Éstas (sin incluir vinos y licores espirituosos) pasan de 7 450 toneladas en 1965 a 8 200 toneladas en 1966, a 9 600 en 1967 y a 13 700 en 1968, para un total de alrededor de 42 000 personas, deduciendo a las poblaciones tribales.

Esta última cifra corresponde a cerca de 1.2 kg por consumidor adulto por día, es decir la casi totalidad de la ración alimenticia.

Se puede prever que en unos cuantos años casi toda la población se encontrará reunida alrededor de Cayena, ciudad bonita, atractiva, alegre, a la que cada noche las luces de los escaparates y la animación de la plaza de los Palmistas le dan un aire de fiesta. Efectivamente, brillante decorado puesto sobre un edificio en ruinas, que abriga a una población que ha perdido todo contacto con la naturaleza tropical y toda posibilidad de vivir en ella por sus propios medios. La ciudad sostenida y alimentada por el exterior, aparece cada vez más como un cuerpo extraño en un país en donde cada año que pasa, la vegetación de la selva borra más las huellas de la ocupación humana.

Las considerables inversiones efectuadas por la metrópoli han estado regularmente orientadas en direcciones falsas. Se ha podido escribir que la actividad ha estado sucesivamente polarizada en un cierto número de mitos:

En el trascurso de los años 1949-1950 reinaba el mito del desmonte de la selva. Se emprendió con bulldozer la erradicación de la selva, con miras a vastas plantaciones agrícolas. En la primera temporada de lluvias, se dieron cuenta de que la tierra, no estando ya fijada por las raíces, se deslizaba en masa, y que el suelo arable desaparecería en unos meses. Varios cientos de millones se despilfarraron en esta empresa, lo que se habría evitado con la simple consulta a un geógrafo especialista en trópicos.

Hubo en seguida el mito de la población blanca, inmigrantes europeos a los que se hizo venir para ocupar los locales desocupados por el presidio: también aquí, fracaso total y costoso.

Luego vino a aparecer el mito de la población antillana: se iban a poblar completamente las vastas soledades del Inini con esta población. Personalmente intentamos intervenir con los promotores de esta empresa para mostrar que tomando en cuenta la fragmentación del relieve, la pobreza de los suelos y la severidad del clima, estaba condenada al fracaso. Pero fue inútil, estaban persuadidos de que la fe mueve montañas e inaccesibles a cualquier razonamiento.

Más recientemente, hubo el mito de la bauxita, el mito de los "apoyos" de la base espacial de Kourou que iban a animar toda clase de industrias...

En todas estas empresas que hemos seguido de cerca

durante dieciocho años, existe un factor común fundamental: el desconocimiento sistemático de las realidades geográficas y étnicas, al cual se agrega la desconfianza con respecto a los técnicos, considerados como espíritus limitados y sin imaginación. O bien no se les consulta, o bien se les consulta de una manera falaz, pidiéndoles que definan la mejor manera de realizar una operación que desde el principio no les parece razonable. En todos los casos, las consideraciones de rentabilidad son vistas como secundarias o despreciables.

Cuando se comprueba el fracaso, cuando el medio geográfico impone sus leyes una vez más, uno no se desalienta, y gracias a los recursos del contribuyente metropolitano, se compromete la economía del país en un nuevo mito.

Algunos de los elegidos del departamento tienen grandes responsabilidades en este desastre. Disponiendo en las esferas políticas de un crédito que ningún fracaso parece poder cortar, han desarrollado las concepciones menos realistas, inspiradas en preferencias subjetivas o intereses electorales; regularmente han ahogado las protestas de las oficinas de finanzas y han sabido imponer sus puntos de vista a una administración prefectoral indecisa, mal informada, agitada por una incesante renovación de personal.

El mito en boga en estos últimos años es el turismo. Como la costa litoral es cenagosa, impropia para baños de mar e infestada de mosquitos, la codicia se vuelve naturalmente hacia el capital representado por las últimas tribus indias del interior. También aquí se han pisoteado los consejos de los especialistas, médicos y etnólogos, considerados como individuos molestos y limitados.

Este último mito se disipará como los otros, pero aquí ya no son los dineros del contribuyente los que están en juego, es la vida, la dignidad y el porvenir mismo de las poblaciones tribales.

Volveremos sobre el "afrancesamiento" en sus aspectos morales y jurídico. Contentémonos aquí con constatar el fracaso total, en el mismo litoral, de las concepciones económicas europeas. Está probado que, durante veinte años consecutivos, se pueden engullir sumas enormes sin crear ninguna fuente de riqueza, y empobreciendo a la población en el plan cultural.

Ahora bien, esta política de asistencia que ha arruinado la economía, esta enseñanza inadaptada que ha roto la relación entre el hombre y el medio natural,

es precisamente lo que se prepara para introducir, a
nombre del "afrancesamiento", en el interior del país,
entre poblaciones tribales sanas y dinámicas. Esta acción no puede conducir más que a la destrucción de su
economía, a su desorganización y finalmente a su concentración en barrios de barracas alrededor de Cayena
y Saint Laurent.

3. EL "AFRANCESAMIENTO" DE LAS POBLACIONES TRIBALES

La idea de "asimilación" descansa sobre fundamentos
erróneos, ilusorios, rechazados por el pensamiento científico moderno.

Considerar el estado social de los diferentes pueblos
como escalones en el camino de la "civilización", es
un absurdo denunciado desde hace mucho tiempo por
los etnólogos. Comparar su cultura con la nuestra, no
es menos absurdo: ellos corresponden a sistemas diferentes.

Nosotros no vamos a escoger la cultura que le conviene a un cierto pueblo. Esa cultura existe, es la suya
propia, elaborada a lo largo de milenios. Contiene una
solución completa al problema de la vida; es el bien
más precioso de ese grupo humano; destruirla es des-
pojarlo sin contrapartida.

La cultura espiritual de las poblaciones tribales está
íntimamente ligada a su modo de vida, y éste es casi
siempre el más apropiado para las condiciones impuestas por el medio natural. El modo de vida de los indios de la selva ecuatorial está tan perfectamente adaptado a ese medio, que las poblaciones importadas a la
Amazonia forestal han debido adoptarlo casi íntegramente.

Por humildes que nos parezcan, esas culturas tribales
son ricas en experiencia y en sabiduría; por su arte,
por su literatura oral, por su conocimiento de la naturaleza, forman parte del patrimonio común de la humanidad. Es nuestro deber preservarlas.

Se debe considerar como uno de los derechos más
sagrados del ser humano el que un grupo étnico pueda
conservar su cultura y vivir conforme a su ley.

No es verdad que un grupo tribal pueda renegar de
su cultura, como se deja un vestido por otro. No es
verdad que pueda evolucionar por la pura y simple imi-

tación de un modelo arbitrariamente impuesto. Un pueblo no puede evolucionar verdaderamente más que por su propia iniciativa, a partir de su propio fondo cultural, y según su propia dinámica. Fuera de este proceso, no hay sino sugestión, violencia e impostura.

Hay que decirlo claramente: el afrancesamiento colectivo de los indios y de los negros refugiados de Guayana es una iniquidad. Unos y otros son ajenos a nuestra cultura y a nuestra ley; las estructuras y el derecho consuetudinario de los diversos grupos son rigurosamente incompatibles con el derecho civil francés. Declararlos franceses unilateralmente, o incitarlos a declararse franceses seduciéndolos con promesas de subsidios o subvenciones diversos, en tanto que no tienen noción alguna de nuestra organización ni ninguna conciencia de las obligaciones que nos incumben, es contrario al derecho de gentes. El único criterio que debería tomarse en consideración para un acceso a la ciudadanía francesa enfocada de buena fe, sería una clara conciencia de las obligaciones inherentes a la calidad de ciudadano y una voluntad deliberada de someterse a ellas. Es fuerza reconocer que esas condiciones no las reúne más que un pequeño número de los interesados. Ninguno de ellos ha dado el menor paso espontáneamente en ese sentido, y el movimiento de "afrancesamiento" resulta únicamente de presiones exteriores.

El "afrancesamiento" no puede dejar de tener las consecuencias más nefastas sobre la vida social de esos grupos. Tomemos más particularmente el ejemplo de los negros refugiados, pues su sistema es diametralmente opuesto al nuestro y la contradicción es más palpable que con cualquier otro grupo. Su sociedad es matrilineal: el grupo de parentesco está constituido por los ascendientes por las mujeres de una misma abuela. Ese grupo, cuyo efectivo puede sobrepasar las cien personas, constituye una unidad indivisa. No hay lazo jurídico entre el padre y los hijos siendo, cada uno de éstos, tomado a su cargo por una persona de la familia de su madre, generalmente una mujer.

La herencia no pasa del padre al hijo sino que debe dispersarse por un procedimiento adivinatorio que equivale a sortearlo, dentro del grupo familiar. Sería suficiente que un individuo, valiéndose del derecho civil francés, reclamara la herencia de su padre para entrar en conflicto con su familia y crear un desorden inextricable.

Así pues, el derecho civil francés no podría ser aplicado sin una completa desorganización del sistema social.

La obligación escolar, inherente a la calidad de ciudadano francés, afectaría directamente en su principio el sistema de tutela. Las mujeres no se dejarían arrancar a los niños que han tomado a su cargo, que les siguen en todos sus desplazamientos y que trabajan con ellas, sin un profundo desgarramiento. Agreguemos que los boni no son de lengua francesa. Hablan el *taki-taki* de Suriname, lengua comprendida por más de 500 000 personas, que posee un sistema de escritura simple y práctico. Tienen absoluto derecho a conservarla.

En fin, los negros refugiados han elaborado una ley moral que incluye la prohibición completa de la violencia. Si se pretende incluirlos en el servicio militar, se verán obligados a rechazarlo y a huir a territorio surinamés.

Así pues, toda tentativa de aplicación de la ley civil francesa irá a parar inmediatamente a la constricción y a una violencia moral injustificable. O bien ni siquiera se intenta aplicarla, reconociendo *ipso facto* que el afrancesamiento no hace sino recubrir una maniobra electoral, o bien se aplica y se colocará a esta sociedad apacible y sana en la alternativa de la revuelta o de la desorganización.

En Francia toda cuestión que plantee problemas difíciles de orden humano, como por ejemplo el estatuto de los gitanos, es objeto de estudios muy serios con el concurso de sociólogos profesionales. Se podría creer que ha sido igual para un asunto tan grave, tan difícil como la trasformación del estatuto del Inini, pero no se hizo nada al respecto. Solamente un sociólogo, R. Jaulin, fue consultado en 1962. Éste dio una opinión formalmente desfavorable que pareció tomarse en cuenta. Pero simultáneamente el gobierno presentó ante las asambleas un proyecto que contemplaba la asimilación de las poblaciones tribales.

Este proyecto tropezó con claras reservas en su cometido. El gobierno pareció retirarlo o, al menos durante varios años, no se habló más de él. No habiendo sido constituida ninguna comisión de estudio, los sociólogos relacionados con esas poblaciones tuvieron la ingenuidad de creer que el asunto se había olvidado; pero no era así. El gobierno simplemente había decidido realizar por decreto lo que se arriesgaba a no poder hacer fácilmente por ley; ignoramos qué camino subterráneo siguió entonces el proyecto. No fue sino hasta unos días antes del Decreto del 17 de marzo de 1969 cuando tuvimos conocimiento de la creación de nuevas comunas y de la asimilación de las poblaciones tribales de la Guayana. Supimos también que con una discreción digna de mejor causa, la administración había acumulado, desde hacía tres años, varios cientos de juicios de estado civil fundados sobre simples censos, incluyendo la pregunta: "¿Tú estás por Francia, por Brasil o por Suriname?" Pregunta que no era susceptible de inquietar a los interesados, puesto que se consideraban como protegidos franceses. En ningún momento la administración les advirtió que una respuesta positiva entrañaría la aceptación del estatuto de ciudadano, y un juicio de estado civil atribuyendo la nacionalidad francesa. Estos juicios, en los cuales la magistratura mostró una singular ligereza, fueron pronunciados a espaldas de los interesados, y no les fueron notificados (con excepción de los indios galibi del litoral).

Esta empresa de "asimilación" guiada con todos los medios de presión de un Estado moderno respecto a pequeños grupos sin defensa, es un atentado a la dignidad del ser humano. Algunos se favorecieron con la aceptación, la que parece incluir ahora a una parte de los boni y de los indios galibi, seducidos por promesas de subsidios. A nuestros ojos, esta aceptación no tiene valor, dado que ni unos ni otros tienen la menor idea de nuestro sistema jurídico ni de las obligaciones inherentes a la calidad de ciudadano francés; aunque, por otra parte, no se les ha dado otra alternativa que la de aceptar la ciudadanía francesa, o declararse súbditos de una nación extranjera, Brasil o Suriname.

El "afrancesamiento" fue primero explotado en el plan electoral. Hasta se hizo votar a los indios y a los boni ¡sobre la reforma y la reorganización de Francia! Cada vez han votado en un 100 % en el sentido deseado. Pero esto no es lo más grave.

4. LAS COMUNAS FICTICIAS, INSTRUMENTOS DE EXPLOTACIÓN DE LAS POBLACIONES TRIBALES

Las nuevas comunas creadas en el Inini por el Decreto del 17 de marzo de 1968, son doblemente ficticias: primero, porque su corte no tiene en cuenta en lo absoluto

las realidades económicas y étnicas; segundo, porque
dan a un grupo humano poderes sobre un territorio muy
vasto que no corresponden para nada a su influencia
real sobre el medio. Tomemos el ejemplo de la comuna
de Maripasoula, cuyo territorio se extiende al total de
los creadores del Maroni, es decir a una superficie de
20 000 kms². Está poblada por dos grupos étnicos distintos, el pequeño grupo criollo constituido alrededor
del puesto administrativo, es decir, los funcionarios,
los obreros del puesto y una decena de taberneros, al-
canzando un total, con sus familias, de unas cien personas; dos pequeños pueblos criollos, Wacapou y Dorlin,
menos de cincuenta personas en total; y doscientos
cincuenta indios wayana aproximadamente, repartidos,
por otra parte, en las dos riveras, francesa y surinamesa.
    ¿Puede admitirse seriamente que ese grupo, real-
mente reducido a los cincuenta adultos criollos de Maripasoula pueda pretender ejercer sus poderes sobre un
territorio tan grande como muchos departamentos franceses? Pero hay más, la definición de esta comuna divide arbitrariamente el país boni; en efecto Maripasoula,
no hay que olvidarlo, está en el país boni; las tierras
cultivadas por los boni se extienden tanto al norte
como al sur de la localidad, la cual había sido creada
precisamente para administrarlas. En consecuencia, la
separación que se pretende hacer entre una comuna de
Maripasoula y una comuna de boni de Papaïston es ya
en sí misma una aberración.
    La comuna de Grand-Santi-Papaïston pretende englo-
bar en una misma unidad a dos grupos étnicos diferentes, los boni y los djouka. Sobre los djouka, los más
numerosos (por lo menos 2 000), la administración francesa no tiene ninguna influencia. Ni siquiera ha llegado
a censarlos. Se han contentado, pues, con ignorarlos;
es verdad que jamás han oído hablar de la "comuna de
Grand-Santi-Papaïston", y ¡se han cuidado muy bien
de comunicarles tan extraña decisión!
    En cuanto a la "comuna" de Camoni, su constitución
es todavía más extraña pues su superficie sobrepasa
los 15 000 km², mientras que no existe otra población
que los dos gendarmes, el enfermero y los dos o tres
obreros del puesto, y por otra parte, unos doscientos
indios oyampi repartidos en las riveras del Oyapok.
Estos indios son completamente ajenos a los movimientos políticos y no piden sino vivir tranquilos como en
el pasado. En el ejemplo de la comuna de Camopi se
llega al punto de lo absurdo en una empresa que llega

a dar a un grupo humano ínfimo, poder sobre un territorio tan vasto que no debería tener otra definición más que la de ser un dominio del Estado. La naturaleza de los derechos que deben ser reconocidos a los indios es en todo diferente: se trata simplemente de reservarles la exclusividad de la agricultura y de la pesca a lo largo del río. En el sistema comunal actual, esto es jurídicamente imposible.

La creación de una comuna no es, para sus "promotores", solamente un éxito partidario y una cantidad de electores, tiene implicaciones financieras muy importantes, pues en ausencia (y por causa) de toda fuente de rentas propias, estas comunas tienen derecho a subvenciones muy importantes, del orden de varias decenas de millones de francos antiguos. Estas subvenciones, calculadas a prorrata de su población real o supuesta, están basadas en la concesión del mar, es decir en un derecho de aduana percibido sobre los efectos importados ¡por la metrópoli de Guayana! También el hundimiento de la economía guayanesa, incluyendo un crecimiento masivo de las importaciones, tiene como consecuencia paradójica el desarrollo de las subvenciones de las comunas más allá de todo buen sentido. Estos extraños recursos dan lugar a toda suerte de ventajas directas o indirectas para los grupos político-financieros que se han constituido en los protectores de las comunas de las que, recordémoslo, los habitantes no hablan francés, ignoran todo de nuestras estructuras y son totalmente incapaces de manejar el instrumento administrativo puesto teóricamente entre sus manos.

Es así como los promotores de la comuna de Grand-Santi-Papaïston han tenido como primera preocupación la de pedir la inscripción en el presupuesto de un crédito de 80 millones de francos antiguos para crear un verdadero colegio ahí donde hasta ahora no había más que una escuela frecuentada por 25 alumnos únicamente.

De una manera general, los enormes créditos (treinta y dos mil millones de francos antiguos por año para la "comuna de Grant-Santi-Papaïston"), puestos a disposición de grupos primitivos que viven en autoconsumo, no corresponde a ninguna necesidad ni a ninguna utilización razonable. No pueden tener más que un efecto corruptor y desmoralizante. Como en el litoral, pero aquí de manera mucho más evidente, se derrochan los dineros del contribuyente haciendo el mal a las poblaciones, con la segunda intención de deslumbrarlas, de romper las últimas resistencias, de convertirlas en

el dócil instrumento de los grupos de intereses que han
suplantado a la administración.

Pero los hechos recogidos en la comuna de Maripasoula son mucho más graves pues se ve aparecer ahí una
tentativa sistemática de explotación de los indios wayana por medio de agencias de turismo. Los indios
wayana, quienes primero habían tenido una aceptación
de principio a la ciudadanía francesa, han tomado conciencia del peligro que los amenaza y han hecho saber
que la rehusaban. Llegado el momento de las eleccio-
nes municipales, se ha debido constatar su defección.
El Consejo Municipal de Maripasoula no fue pues ele-
gido más que por 42 electores, representando exclusivamente a los funcionarios y obreros del puesto, los taberneros de la localidad y sus familias. Desde su primera
reunión en el mes de mayo de 1969, el Consejo Municipal pidió la devolución de los edificios pertenecientes
al Estado situados en su territorio, constituidos esencialmente por la antigua gendarmería y las edificaciones anexas, edificaciones todas que costaron muchas
decenas de millones de francos antiguos. En su segunda reunión, la comuna proclamó la vocación turística de
Maripasoula. Sin tardar, utilizando una subvención de
15 millones de francos antiguos, calculada en función
de una población ficticia de 600 personas (la población de
estatuto francés no pasa de 150 personas) la comuna
emprendió la trasformación de la antigua gendarmería
en hotel, instalando unas diez habitaciones con agua
corriente y el mínimo de confort necesario para los
turistas. Utilizando los medios jurídicos que permiten
a una comuna francesa rentar o explotar todos los edificios que le pertenecen, la comuna de Maripasoula propone ahora paquetes de fin de semana que permiten a
los turistas llegados en aviones especiales vacacionar
entre los indios wayana; una orientación parecida fue
tomada por la comuna de Camopi en donde sin deliberación (qué deliberación válida se habría podido hacer entre los indios iletrados) las mismas personas
hicieron señalar como alcalde ¡al enfermero! Éste comenzó inmediatamente, utilizando la mano de obra india, la construcción si no de un hotel, por lo menos de
un paradero para turistas deportistas. Hay que señalar
que hasta el presente los prefectos que se han sucedido
en Guayana han evitado siempre el facilitar el acceso
y la estancia en Camopi, sabiendo que la llegada de turistas entre esas poblaciones que no presentan ninguna
inmunidad frente a gérmenes microbianos del viejo

mundo, sería nefasta. La comuna, es decir el grupo político-financiero que la anima, toma pues la iniciativa de anular, por motivos de interés, una política sanitaria fundada en la experiencia.

Resumamos los hechos para convencernos bien de que no soñamos: bajo el régimen del Inini han sido creados puestos para proteger y cuidar a los indios; se suprime ese régimen, se crean comunas que no representan más que al grupo de funcionarios y de taberneros establecidos alrededor de los puestos ¡y se utilizan esas comunas para explotar a los indios! No se sabría encontrar una justificación más clara del valor jurídico del estatuto del Inini, y esto debería ser suficiente para mostrar que bajo una u otra forma es necesario restablecer un régimen que proteja a las poblaciones tribales contra las empresas nefastas y desconsideradas de grupos político-financieros.

No creemos que el gobierno haya querido, ni siquiera previsto, esta evolución. Toda esta empresa ha sido concebida y realizada en plan local, por elegidos que han inducido a error a los poderes públicos respecto al estado social y a las aspiraciones de los indios y de los negros refugiados; buscando algunos de ellos la desaparición de las culturas tribales de las que tienen horror, otros obnubilados por la idea de desarrollar el turismo.

Creemos saber que el Ministerio de los Departamentos y Territorios de Ultramar, alertado por los reportes que le llegan sobre los desarrollos aberrantes de la política de afrancesamiento, se esfuerza por atenuar sus efectos y por preservar en la medida de lo posible el porvenir de los grupos tribales. Ni que decir que tres años de politización han tenido en esos grupos tan vulnerables alcances muy graves, quizá irreparables para algunos de ellos.

La situación más inquietante es la de los indios galibi del litoral; este grupo de 1 000 personas que poseen estructuras familiares muy sanas y muy sólidas (habían resistido durante 80 años la proximidad degradante del presidio de Saint-Laurent) ha sido traumatizado a tal punto que los galibi abandonan sus pueblos y tienden a caer en la condición de subproletariado urbano. Las visitas turísticas de las que sus pueblos han sido objeto, los han llenado de vergüenza hasta el punto de incitarlos a renegar de sus tradiciones y de su cultura.

El turismo aparece en definitiva como una de las empresas más nefastas y más destructivas de las que las poblaciones tribales pueden ser víctimas. No puede conducir más que a la destrucción, a la mendicidad, a la prostitución.

El total de los etnólogos estará de acuerdo conmigo en considerar que la explotación de un grupo primitivo, inconsciente del papel que se le hace desempeñar por financieros que lo entregan a la curiosidad de ricos ociosos, constituye una de las formas más viles de la explotación del hombre por el hombre. Esperamos firmemente que los poderes públicos no tolerarán la prosecución de tal empresa, y sabrán otorgar a las poblaciones tribales de la Guayana francesa la protección necesaria a su dignidad y a su seguridad.

8

EXACCIONES A LAS POBLACIONES INDIAS DE AMAZONIA

FRANÇOIS-XAVIER BEGHIN

Durante el mes de noviembre del año de 1948, después de haber realizado el primer contacto con los indios guaja, en el noreste del Brasil, tuve ocasión de recorrer el territorio de los indios urubu, situado en la región de los afluentes del pequeño río Tury-Assu, en el estado de Maranao. De los diez pueblos que visité sólo en compañía de los urubu, solamente dos eran conocidos de los blancos; el llamado Zé Mendes, jefe del puesto de servicio de protección a los indios del río Pindaré, había llegado hasta el pueblo de "Tapuré Corrap", cuyos jefes o "capitanes" se llamaban Joaquín y Mariano, y el pueblo del jefe José padecía la explotación de un hércules negro llamado Zé de Rosa. Los "capitanes" de los pueblos todavía intactos tenían nombres: Mariano, Soyé, Carapanan, Rémy, Irucu, Chiwang, Caro, Mira, Cipo e Iracambucu. El jefe Tucano acababa de fallecer cuando yo pasé.

A mi regreso de esta expedición, un campesino brasileño me dijo: "Antes, los urubu eran muy bravos y con frecuencia atacaban a los civilizados, pero un día un avión les lanzó algunas bombas y desde entonces se mantienen tranquilos. Algunos son ya cristianos: llevan pantalones y saben beber alcohol como nosotros. Por ótra parte, son menos numerosos que antes; se les han dado ropas que habían sido usadas por gentes atacadas de sarampión y muchos han muerto de eso." Este mismo campesino ofreció hospitalidad a los indios que se dirigían al puesto del SPI [1] aprovechándose para engañarlos: les hacía cambiar sus machetes nuevos recibidos del funcionario del Estado, por pedazos de tabaco en rama que valían infinitamente menos. Así pues, por primera vez yo oía hablar y me daba cuenta de exacciones cometidas a poblaciones silvícolas en América del Sur. La explotación comercial ciertamente está generalizada y, por otra parte, no se limita a los solos

---

1 SPI: Servicio (brasileño) de protección a los indios.

indígenas. Yo había ya leído informes con respecto a
la distribución de ropas contaminadas entre los pieles
rojas americanos, pero esa historia del bombardeo aéreo
me dejó más bien escéptico: los lugareños del sertão
¡contaban tantas fábulas y leyendas!

En el mes de junio del año de 1949, cuando yo vivía
en un lugar llamado "Porto Seguro", último establecimiento civilizado del Xingu medio frente al mundo
"salvaje" que se extendía hasta los creadores del gran
río, una india kayapo, viuda y conocedora de los rudi-
mentos de la lengua portuguesa, me hizo inquietantes
revelaciones. Para los "cristianos" brasileños ella se
llamaba Catarina, en vista de que había recibido un
poco de catequesis por parte del pastor inglés Horace
Banner, pero en el trascurso de sus lecciones de dialectos kayapo, me confesó que su verdadero nombre era
Co-Co-Nu. Un día que yo cavaba el suelo frente a su
choza, desenterré algunas viejas osamentas mezcladas
con cachivaches de alfarería primitiva. Un gran cementerio indígena ocultando numerosas urnas funerarias en
forma de cascarón de huevo, ocupaba todo el paraje de
"Porto Seguro". Son huesos de *Megbéno-cré*" (es decir: de gentes de su raza) me confió ella. Luego agregó: "Allá muy lejos, en la selva, existía un antiguo pueblo indio cubierto de osamentas de ese género. Un día,
un avión pasó (ella decía: una guacamaya con ruido
adentro) y dejó caer una bala enorme, una bala de ri-
fle gruesa como una choza, y todos los indios murieron.
Había muertos aquí y allá y en todos lados cadáveres,
y las cabañas se desplomaron unas sobre otras y se
incendiaron." Así habló Co-Co-Nu, la viuda kayapo.
Interrogué a ese respecto a los habitantes del villorrio
brasileño de pobres buscadores de caucho, y ellos afir-
maron que, efectivamente, algunos años antes habían
divisado un avión volando en dirección a las fuentes
del Xingu. Poco después del paso de ese misterioso
aeroplano, habían oído una explosión formidable, sin
poder explicarse la causa de ese fenómeno. La duda
subsiste, pero a decir verdad una duda inquietante.

En 1951, remonté el Amazonas en un paquebot minia-
tura hasta Manaos, y de ahí el río Madeira hasta Porto
Velho. Entré en Bolivia por Guayara-merin, remonté el
Guaporé o Itenez, después el río Blanco hasta su con-
fluencia con el río San Martín, en el caserío de Bella
Vista. Ahí los habitantes me informaron de la existen-
cia de una tribu salvaje que vivía en la zona del lago
"Jora". Las opiniones estaban divididas. Según unos,

esos indios desconocidos eran feroces; según otros, más bien se inclinaban a acercarse a los civilizados, pues algunos de ellos habían sido vistos llevando camisetas y haciendo señales a los cazadores de caimanes. Por lo tanto decidí acompañar a un equipo de esos cazadores para ir a reconocer los lugares e intentar, si era posible, un contacto con esos silvícolas. Mis compañeros de aventura se llamaban Miguel Paz, Gilberto Melgar y el peón Tiburcio. Remontamos durante seis días el río San Joaquín, afluente izquierdo del río San Martín y arribamos a una vasta región lacustre llamada el "Bolsón de Oro". De ahí es de donde partían pistas que revelaban la existencia de salvajes en las cercanías. Después de un fructuoso cambio de regalos que, salvo el caso siempre posible de una traición, era natural que provocara un contacto pacífico, me arriesgué solo por el sendero más hollado. Después de algunos rodeos, me condujo a la morada de los últimos indios jora: en total catorce individuos repartidos en tres grupos familiares. El recibimiento fue particularmente caluroso; yo no llevaba, por otra parte, ninguna arma de fuego, como durante todas mis expediciones entre los silvícolas. Los cazadores de caimanes vinieron a hacerme una visita al pueblo, declararon no conocer a esos indios, les prometieron vestidos y pantalones (lo que yo considero un atentado al pudor tratándose de gentes desnudas) y se retiraron rápidamente para regresar al poblado de Bella Vista. Les fijé cita "dentro de una luna" en el campamento del "Bolsón de Oro". Una vez solo, me entregué íntegramente a los azares de la vida salvaje. Esta experiencia hubo de durar dos meses, en vista de que los bolivianos no fueron puntuales a la cita. Siguiendo una costumbre bastante extendida entre los primitivos, los jora abandonaban su pueblo después de un fallecimiento. Esto no les impedía visitar con frecuencia sus hogares abandonados y sobre todo aprovechar plantaciones que continuaban proveyéndolos de plátanos, naranjas, papayas, yuca, maíz, caña de azúcar, algodón y un poco de tabaco. El pueblo actual no incluía más que tres chozas, pero yo descubrí uno de cuatro, otro de cinco y, al fin, el pueblo principal situado en las proximidades del misterioso lago Jora, donde conté por lo menos diez habitaciones. Mientras buscábamos la sombra de los techos de palmas todavía intactos, descifré con estupor, trazado con un carbón de madera sobre una de las estacas que sostenían la armadura, la siguiente inscripción:

RECUERDO DEL JEFE JOSÉ MANUEL P...
ANTONIO... (borrado)
MANUEL SUÁREZ N...
15 DE DICIEMBRE 1949. ¡VIVA EL PIR!
¡VIVA EL MNR! ¡VIVA BOLIVIA!

Civilizados que habían ya violado esas soledades... y que habían dejado ahí las marcas de sus luchas políticas: el "Partido de Izquierda Revolucionaria" y el famoso "Movimiento Nacionalista Revolucionario" que iría muy pronto a apoderarse del poder por un período de doce años. Estábamos en el mes de julio de 1951; esos intrusos de los que yo jamás había oído hablar, habían penetrado en el pueblo principal de los jora más de un año y medio antes. Una joven se aproximó a mí y yo le mostré la inscripción. Me llevó entonces hasta la cabaña mejor conservada y tomando entre sus manos un cráneo humano ennegrecido puesto sobre un madero horizontal, señaló tristemente las cabañas abandonadas repitiendo: "Mana... Mana... Mana-a..." (Muertos... muertos... muchos muertos...). Así pues, la población del gran pueblo jora había sido en parte exterminada por una de esas expediciones "punitivas" organizadas por blancos y mestizos para "reducir" y "domesticar" a las tribus que tienen la audacia de defender sus territorios de caza y sus cultivos de víveres.

La confirmación de ese estado de cosas me sería dada algunas semanas más tarde. El primer mes lunar de mi estancia entre los jora había pasado sin que mis compañeros de Bella Vista hubieran venido a encontrarme al "Bolsón de Oro" con el fin de regresarme al mundo civilizado. Mi aislamiento total comenzó a inquietarme y efectué algunas salidas a los alrededores inmediatos, sin descubrir la menor presencia de cazadores de caimanes. No fue sino hasta fines del segundo mes cuando vi venir en una piragua a una comisión encargada de investigar mi suerte. Se componía de un "blanco" local, un tal Néstor Chávez Ruiz que vivía en Orobayaya, y dos peones mestizos, Tiburcio, ya conocido, y Julio. Se alegraron de encontrarme todavía con vida y en tan buenos términos con los salvajes del lago Jora. Yo había logrado vivir en paz con ellos y, según las costumbres de las gentes del Beni, se habían vuelto de mi propiedad puesto que yo los había "domesticado". Néstor Chávez rápidamente se dio cuenta de que esa no era mi intención y resolvió aprovecharse de tan bella ocasión. No tuvo empacho en confiarme su plan de batalla: primero, había que eliminar a tiros de fusil a dos de los tres hombres adultos, uno por ser demasiado viejo para trabajar y el otro por juzgarlo rebelde a toda "domesticación". En seguida se subyugaría al tercero, considerado lo suficientemente dócil, se le ataría sólidamente con un lazo de vaquero y se le acostaría en la piragua para llevarlo hasta la estancia de Orobayaya en donde trabajaría como una bestia de carga; en fin, no quedaría más que ir en pos de las mujeres y de los niños con la intención de violar a las primeras y acostumbrar a los segundos a las tareas de los peones. Una mujer fuerte de piel muy clara interesaba sobre todo a don Néstor... Yo creía soñar al escuchar tales propósitos. ¿Sería posible semejante barbarie? Me opuse resueltamente, pero los esclavistas disponían de un viejo fusil Mauser que databa de la guerra del Chaco y de un excelente fusil de caza de fabricación belga. Podían liquidarme con toda tranquilidad incluyendo mi desaparición en la cuenta de los indios "feroces". Éstos, felizmente, habían notado las armas de fuego y desconfiaban de los recién llegados, después de haberles recibido, no obstante, con profusión de regalos. Las mujeres, los niños y el viejo hechicero no se mostraron ya en el campamento de los cazadores de caimanes. Cuando el peón Tiburcio llevaba a un lugar apartado a uno de los adultos para abatirlo, éste lo siguió muy cerca, le arrancó su fusil y su machete y huyó a dar la alarma al resto de la tribu. No tuvimos más que el tiempo de brincar a la piragua y ganar la mitad del lago en dirección al río San Joaquín. Apenas habíamos dejado la orilla cuando una espesa humareda se elevaba por encima de la selva hacia el azul del cielo. Los jora incendiaban la cabaña nueva que acababan de construir justamente para albergar a los civilizados de paso. Al caer la tarde, una cortina de fuego resplandecía crepitando en los límites de la selva, frente a la pampa. Era la cortina de odio y de venganza que los silvícolas colocaban entre su Edén violado y el país de los blancos que, una vez más, los habían engañado sin vergüenza a fin de hacerlos caer en la trampa de la muerte y de la esclavitud.

Esta vez no se trataba ya de informaciones recibidas de boca de gentes simples y crédulas, sino de un testimonio directo, ocular, que no me dejaba ya ninguna duda sobre la manera odiosa, incluso criminal, con que algunos civilizados tratan a las poblaciones aborígenes de América del Sur. Callarse, era de alguna manera

volverse cómplice de esos abusos, era traicionar villa-
namente la amistad que me habían testimoniados los
jora.

A mi llegada a Bella Vista, encontré al subprefecto
de la provincia de Itenez, don Francisco Komarec, reunido con los notables del lugar. Los puse inmediatamente al corriente de la trágica situación de los indios
jora y todos estuvieron de acuerdo en que había que
"hacer alguna cosa". Como era de preverse, no se hizo
nada: los silvícolas no eran electores, no ameritaban
ninguna atención por parte de los políticos...

Después de esta expedición entre los jora, me fui a
descansar a la acogedora morada de un viejo francés
habitante del pueblo de Baurés, el señor René Rousseau.
Cuando le hube contado la triste historia del "Bolsón
de Oro", me dijo: "Usted no ha visto lo que yo he visto
aquí, en la plaza del pueblo. Hace algunos años unos
indios salvajes salieron de la selva para venir a men-
digar un poco de comida y algunas herramientas a las
gentes de Baurés. Eran absolutamente pacíficos. Los
civilizados los masacraron a machetazos y disparos de
fusil, hombres, mujeres y niños, como se mata a los
puercos... Fue horrible. Los niños que escaparon fueron nuevamente atrapados y enviados como esclavos a
las estancias."

En el mes de octubre del mismo año de 1951, dirigién-
dome a El Carmen por el río Blanco, pasé por la estancia de Irobi, uno de los principales establecimientos
agrícolas del gran propietario terrateniente don Eduardo
Brückner, de origen alemán. A cierta distancia de la
casa del mayordomo, en una larga choza de techos de
paja y muros de adobe, se amontonaban en desorden
unos sesenta indios siriono, más o menos cubiertos de
repugnantes andrajos. Las mujeres, asustadas, se enco-
gían en las hamacas; los hombres, escuálidos y tímidos,
se arremolinaban alrededor de los fuegos; chiquillos
traviesos se pegaban a mí, me acariciaban, me suplica-
ban que me quedara con ellos... ¡Todos, indistintamente, no eran sino esclavos! Colgué mi hamaca en el "es-
tablo humano" y pasé la noche en medio del humo
acre, de los olores pesados y de las toses que desgarra-
ban los pechos. Desde el alba, unos peones llevaron
un enorme perol de metal lleno de una papilla digna del
ganado. Los siriono se arrojaron sobre esa pitanza co-
miendo como bestias, y luego fueron enviados inmediatamente al trabajo en las plantaciones. Irritado por las
muestras de simpatía que me prodigaban los indios, el

mayordomo me rogó secamente tuviera a bien continuar mi camino hacia El Carmen. "Y esos siriono, ¿no tratan de huir?" le pregunté a un vaquero más complaciente. "A veces, pero entonces se les persigue con fusiles y perros."

La revista española *Misiones franciscanas*, publicada en Oñate (Guipúzcoa), en su número 387 de fecha de agosto de 1952, da un breve informe de mi estancia entre los indios salvajes del "Bolsón de Oro" y cita un "establecimiento del río Blanco, propiedad de un blanco, donde trabaja una tribu salvaje ya pacificada, pero todavía pagana. Recientemente, dicha tribu fue visitada por el cura de Baurés". Después de algunas referencias a otras tribus "bárbaras" de la misma región, el comentarista tiene sin embargo la franqueza de terminar su artículo con esta pertinente observación: "Todos estos indios han sido objeto de una persecución despiadada por parte de los blancos."

En fin, como triste epílogo a esta historia de los jora, el señor René Rousseau me escribió de Bolivia el 5 de abril de 1955: "De los indios que vivían en las inmediaciones de Baurés, ese pequeño grupo está en vías de desaparecer, pues cada año los cazadores de esclavos se encargan de matar uno o dos de ellos. Yo creo que ahora el número de esos pobres indios no pasa de cinco personas. (Yo había contado catorce durante mi visita en 1951.) De los otros indios siriono, éstos continúan en silencio su esclavitud, para que sus amos puedan beber alcohol y jugar al poker. Y todo esto en pleno siglo xx... y sin esperanza de una situación mejor."

Desde el punto de vista científico, el llorado lingüista y etnólogo Cestmir Loukotka publicó en un estudio intitulado *Documentos y vocabularios inéditos de lenguas y dialectos sudamericanos* (Publicación de la Sociedad de Americanistas, tomo LII, 1963, París, en el Museo del Hombre) una noticia concerniente a los indios jora: "La señora Wanda Hanke, fallecida en Brasil en 1957, encontró en Bolivia, en el pueblo de Baurés, algunos niños de una tribu desconocida, jora, que vivía antes en la laguna del mismo nombre. Las informaciones sobre esta tribu están publicadas en un periódico científico checo, donde se encuentra también un vocabulario de la lengua de esos niños, desconocida hasta el presente; es un dialecto de la familia tupi, pariente del siriono y del guaraní. Se le encuentra también alguna influencia de los baré, de la familia arawak."

Ante tales hechos, se volvía urgente no solamente

hablar y escribir, sino, sobre todo, actuar. En ese año
de 1955, regresé al Beni, en Bolivia oriental, y busqué
apoyos del lado oficial. Es así como el jefe de distrito
de educación fundamental de Riberalta, dependiente del
Ministerio de Asuntos Campesinos de La Paz, me nom-
bró para el puesto de *maestro-catequizador* del centro
escolar silvícola de los chacobo. Para llegar hasta ahí
había que remontar en un barco de vapor, durante una
semana, el río Yata, afluente del Mamoré, y en seguida
el río Benicito, afluente izquierdo del Yata. El establecimiento del gobierno se llamaba "Puerto Limones" y no
comprendía más que una gran choza nueva edificada
sobre pilotes y una cabaña destartalada rodeada de
bellos limoneros. Ningún plantío para asegurar la subsistencia del personal "de enseñanza", compuesto por el
jefe de puesto y dos asistentes. Esta anomalía, en un
paraje tan perdido, me intrigaba, puesto que ese puesto
de catequesis laica existía desde hacía dos o tres años.
Uno de los asistentes me explicó que "Puerto Limones"
había sido creado muy recientemente, después de que
el antiguo puesto, situado a dos leguas hacia el interior
de las tierras, debió ser abandonado después de las
atrocidades cometidas con los indios por el propio "maestro", un tal Martorel. Los chacobo, aterrorizados, se habían dispersado en varias direcciones, según su grado
de aculturación. Los más "aculturados" habían ido a
trabajar como peones a la estancia de un llamado
"Papasote", en el Alto Benicito. La banda del "Taïta"
Rabi, considerada como la más "salvaje", se había asen-
tado provisionalmente en las inmediaciones del nuevo
puesto de "Puerto Limones" y aprovechaba los favores
de los primeros misioneros protestantes americanos,
conocidos bajo el nombre de "lingüistas", que se tras-
ladaban de Riberalta a bordo de su pequeño hidroavión.
En fin, los grupos dirigidos por los jefes Paï y Magoa,
se habían retirado a tres días de camino hacia el interior de las tierras, del lado de las fuentes de los ríos
Ivon y Genesuhaya, respectivamente afluente y sub-
afluente del Beni.

A fin de aprovisionarnos de yuca y plátanos, mi mujer
y yo visitamos el verdadero centro de educación de los
chacobo, a una docena de kilómetros de "Puerto Limones". Rodeadas de vastas plantaciones todavía en plena
producción, varias grandes chozas se agrupaban sobre
un terreno despejado, en un ambiente lúgubre, casi an-
gustioso. Por todas partes ese silencio de muerte, ese
vacío desértico, y allá, un poco apartadas, dos anónimas

cruces de madera plantadas sobre las tumbas de indios aparentemente muertos en la lucha de la sevicia. ¿Quién sabrá jamás lo que pasó en ese puesto totalmente aislado —el encargado Martorel lo había instalado a propósito a dos leguas del río— y que escapaba a todo control de las autoridades superiores? Los abusos eran tales, que el funcionario Martorel había sido finalmente despedido, sin estar por ello más inquieto por sus actos de barbarie. Me han citado casos de indios atados y ahogados por ese bruto en una laguna de los alrededores. Se necesitaba ahora reconquistar la confianza de los chacobo quienes, desamparados y desorientados, volvían, a pesar de todo, a buscar el contacto amistoso con los civilizados. Los misioneros del Instituto Lingüístico de Oklahoma se encargaron de integrarlos, mal que bien, a las normas de nuestra vida moderna. Los chacobo prefirieron sin embargo vivir apartados de los blancos y de los mestizos del Beni. En cuanto al puesto de "Puerto Limones", fue prontamente liquidado, privado a la vez de todo recurso y de los indios a los que se suponía que debería reagrupar.

Para continuar la lucha contra los opresores de las minorías indígenas —en lo que concierne a las poblaciones aborígenes silvícolas de América Latina— ¿no deberíamos inspirarnos en la sentencia de Guillermo el Taciturno?: "No es necesario esperar para emprender, ni triunfar para perseverar." Tenía ante mis ojos un artículo de Léon Cadogan, ecónomo de los indios del Guayra, publicado en el periódico El Surco de Villarica, en Paraguay (ediciones del 17 y 24 de abril de 1957). Era a propósito de los indios guayaquí, tenidos por la rama más primitiva del tronco lingüístico tupi-guaraní. Según ese informe, los antiguos misioneros jesuitas habían fracasado en sus esfuerzos para atraerlos a sus reducciones. Según las crónicas de la época, los raros individuos guaraníes de los que se logró obtener mediana colaboración en las misiones, se dejaron morir de hambre. Cuando el Paraguay comenzó la explotación de las ricas selvas de mate y de los vastos "campos" propicios para la cría del ganado, los guayaquí nómadas supieron de la invasión progresiva de sus territorios de caza y de recolección. Les llegaban a veces a lanzar flechas a las vacas y a los caballos, y a robar hachas o machetes que pertenecían a los peones que trabajaban en la extracción de la madera. Se les perseguía y ellos respondían a flechazos. Así comenzaron las persecuciones que diezmaron a la tribu. Después de largos y

pacientes esfuerzos, el alemán Frederico Mayntzhusen
fue el primero en entrar en contacto amistoso con los
guayaqui, en 1910. "En esa época, declaraba, no era
delito matar a un guayaqui y yo oí a un individuo jac-
tarse de haber matado a una mujer guayaqui con el fin
de apoderarse de sus pequeños." Mayntzhusen instaló
una pequeña colonia agrícola y los indios, laboriosos y
obedientes, se trasformaron en excelentes agricultores.
Pero el alemán debió regresar a su país para participar
en la primera guerra mundial. A su regreso al Paraguay,
en 1919, encontró a sus guayaqui dispersos, algunos
hasta sirviendo de carnada para los traficantes de indios
que abastecían de mano de obra barata a las empresas
forestales del Alto Paraná, aumentando así sus ingre-
sos con la venta de niños. Se arruinó después de un
litigio y murió en 1947, sin haber realizado su sueño de
fundar una colonia modelo de indios guayaqui. En 1950,
fue creada en Villarica la Tutela de los Indios del Guayra, dependiente del Ministerio de Educación y debida
a la iniciativa del Dr. Evaristo Zacarías Arza. Antes que
nada, esta institución solicitó medidas para refrenar el
mal secular de las persecuciones, obteniendo que fuesen
juzgados y sancionados muchos culpables de crímenes
para con los indios. Después se estudió la posibilidad de
fundar una colonia-escuela tal como la había planeado
Frederico Mayntzhusen, confiando el asunto al ecónomo Léon Cadogan. Las cosas estaban así cuando visité
el Paraguay en 1957. En una carta dirigida el 20 de julio
al general Marcial Samaniego, entonces Ministro de la
Defensa Nacional, Roberto Holden Jara, presidente de
la Asociación Indigenista del Paraguay, solicitaba una
ayuda efectiva en favor de los indios guayaqui desamparados que constantemente son víctimas de persecuciones y de actos de violencia por parte de nuestros campesinos. La falta de recursos, desgraciadamente no permitió realizar ese proyecto humanitario tan urgente, y
regresé nuevamente a Europa, a recomenzar gestiones
con los gobiernos "interesados".
    En el *Boletín Indigenista* publicado en México (se-
rie XVI, abril de 1957), el brasileño Darcy Ribeiro, director del *Museu do Indio* de Río de Janeiro, consta con
amargura: "Todas las tribus que han entrado en contacto pacífico con la civilización durante los últimos cincuenta años, así como las que han sido recibidas por el
Serviço de Proteção aos Indios (SPI) y las que fueron
asistidas por las misiones religiosas, se han extinguido
o están en vías de extinguirse." ¿Qué hacer entonces?

Perseverar, buscando soluciones más válidas, más adaptadas a la realidad indígena y menos sujetas a nuestros
prejuicios de blancos.

A principios de 1960, fui nombrado en Colombia para
el puesto de jefe de comisión de las comunidades indígenas de Pasto (Nariño y Putumayo) dependiente del
Ministerio de Agricultura. Después fui cambiado a Po-
payán como jefe de comisión de asistencia y protección
indígena del Cauca. No se trataba ya de los indios de
Amazonia, sino más bien de campesinos atrasados ex-
puestos a las dificultades resultantes del aparcelamien-
to de las tierras cultivables en "minifundios" no renta-
bles y de métodos de cultivo demasiado arcaicos. Sin
embargo noté las exacciones siguientes de las que son
víctimas las comunidades indígenas de las reservas Res-
guardos situadas en las regiones andinas del sur de
Colombia:[1]

1. Comunidad indígena de Aldana: Población: 1 612
individuos repartidos en 428 familias. Superficie de la
reserva: 676 hectáreas.

Las mejores praderas para la cría de ganado están
todas en manos de blancos latifundistas. Las minúscu-
las parcelas de los indígenas de la reserva sufren de
agotamiento por falta de abono y de instrumentos modernos (arados reversibles) para la labor. El impuesto
predial da lugar a cobros abusivos por parte de las autoridades locales.

2. Comunidad indígena de Aponte: Población: 673 individuos. Vasta reserva de tierras dotadas de zonas
ricamente arboladas y de numerosos arroyos de mon-
taña.

Los cultivos que les reportan más dinero son los del
anís, comprado por los blancos destiladores de licores.
Pero evidentemente es el comprador el que fija los precios, y no el pobre agricultor... Cuando el cura visita
la comunidad con ocasión, por ejemplo, de la Fiesta-
Dios, cobra 80 pesos de honorarios además de numerosos donativos en especie (legumbres, arroz, cebada, hue-
vos, manteca de cerdo, queso, etc.) que se elevan a veces hasta la suma de 50 pesos.

Las dos pequeñas tiendas mantenidas por blancos, venden sobre todo alcohol. Todos los blancos de las inmediaciones se oponen al sostenimiento del sistema de
"reserva", puesto que desean invadir las buenas tierras
no ocupadas por los indígenas. Arguyen que la "reserva"

[1] Ver V. D. Bonilla, "Serfs de Dieu et Maîtres d'Indiens", en la misma
colección.

debe ser considerada como zona de población y que el tesoro municipal pierde mucho dinero a causa de la exención de impuestos y de cargos de que disfrutan los indios. Los blancos tratan de beneficiarse de toda disensión entre los indígenas para apoderarse de sus tierras, sin el menor escrúpulo.

3. Comunidad indígena de Funes: Población: 773 individuos.

Problema crucial de los "minifundios": todas las buenas tierras de pastura están acaparadas por los blancos. En lugar de ayudar al indígena, el alcalde y los otros blancos que viven en Funes, no tienen otra preocupación que la de robarle sus tierras y crearle infinidad de problemas y molestias a propósito de los límites y de las cargas de sus tierras ya tan reducidas.

4. Grupo indígena de los indios *kwaiker*. Éstos no disfrutan del régimen de "reserva" y los blancos penetran cada día más a sus tierras ancestrales, ocupando las partes planas al borde de los ríos y rechazando a los tímidos *kwaiker* hacia los terrenos escarpados y difíciles. Los civilizados les llaman los "naturales", mientras que ellos son evidentemente los "racionales". Los blancos locales tratan de "domesticar" a los *kwaiker* con el fin de aprovecharse de una mano de obra gratuita.

5. Grupo indígena del valle de Sibundoy: Población: 1 865 individuos.

Aquí se trata ante todo de un feudo eclesiástico cuyas tierras han sido repartidas entre el clero misionero, los colonos blancos y algunos de los indígenas más ricos. Como siempre, los latifundistas blancos han acaparado las buenas tierras de pastura para su ganado.

Todos esos grupos indígenas viven en el Departamento de Nariño, cuya capital es la ciudad de Pasto. La acción en su favor se ve limitada por la exigüidad de los recursos financieros y las mezquinas formalidades burocráticas.

En una carta fechada el 4 de febrero de 1961, el Dr. Gregorio Hernández de Alba, jefe de la división del Ministerio de Gobierno de Bogotá, me escribía que una comisión debía estudiar muy especialmente el asunto de la protección de los indígenas de la Guajira, contra los abusos de los blancos, y que otra comisión debía trasladarse a la zona de los ríos Meta y Vichada, para ocuparse de la pacificación de los indios cuivas, por haber estallado la lucha armada entre estos últimos y los colonos mestizos de Orocué que han invadido sus tierras tradicionales.

A propósito de los indios del Meta, en Colombia, he conservado algunas notas recogidas en la prensa local en 1960. Se cita principalmente que uno de los medios más comunes para atraer a los indios a la vida civilizada consiste en obligarlos a vestirse. Una vez creada esta necesidad, el indio debe ponerse a trabajar a fin de poder continuar adquiriendo ropa, y así entra al servicio de los grandes propietarios blancos. En todas sus relaciones con los patrones y los traficantes, el indio sabe ya, por experiencia, que será siempre engañado y burlado. Cansado de ser vergonzosamente explotado, el indio alimenta un sordo rencor para con el blanco y trata de vengarse por todos los medios a su alcance. Y el comentarista concluye: "Deben establecerse fuertes sanciones para el castigo de los colombianos que abusan de la debilidad y de la ignorancia de los indígenas; para quienes les destruyen sus ranchos y sementeras; para los que atentan contra sus hogares."

Respecto a estos mismos indios de los Llanos Orientales de Colombia, un viajero escribía en otra parte: "El indio *guahibo* es sincero y desinteresado, cualidades que pierde inmediatamente a su contacto con el blanco. El blanco no ha ganado en prestigio entre los *guahibo*, quienes lo consideran como un intruso de mala fe. La piel clara les da la sensación de enfermedad. La presencia de un blanco provoca enfermedades... Después de las malhadadas experiencias de explotación y de malos tratos que han tenido que sufrir a causa de ese contacto, no llegan jamás a admitir que un extranjero, por magnánimo que sea, pueda acercarse a ellos sin prepararles una traición."

De Colombia, donde perdía el tiempo tratando de comprender las directivas nebulosas y fastidiosas de la división de asuntos indígenas, pasé al Ecuador. Ahí, durante tres años, el *Instituto Nacional de Colonización y la Junta Nacional de Planificación y Coordinación Económica* me proporcionaron contactos que me dejaron prácticamente "con la soga al cuello". Los jefes responsables deseaban realmente saber lo que pasaba en el país y aplicar las medidas necesarias para mejorar las cosas. Se me envió con los indios *cayapa* de la provincia de Esmeraldas, para estudiar su modo de vivir, conocer sus problemas y sus aspiraciones y proponer soluciones realistas. Los *cayapa* habitan principalmente la zona del río Cayapas y de sus afluentes, y cuentan con algunos grupos aislados en las regiones del río Verde, de Atacames, de Muisne, de Cojimíes y hasta las

orillas del río Esmeraldas. Su número está evaluado
muy aproximadamente en cerca de 2 000 almas. Viven
aisladamente a lo largo de los ríos, construyen excelentes piraguas se alimentan sobre todo de plátanos verdes y se reúnen en ocasión de festividades religiosas
"cristianas" que son siempre acompañadas de interminables orgías. Los hombres usan una especie de camisa
larga muy amplia encima de los pantalones; las mujeres, con frecuencia de una singular belleza, se conten-
tan con una falda dejando el pecho descubierto. Venden piraguas a los civilizados de la región, que son casi
en su totalidad negros. Aquí pues, paradójicamente,
los "blancos" son en realidad negros. Ellos se consideran como los racionales, no siendo los indios más que
naturales, y los casos de mestizaje entre ambos grupos étnicos son inexistentes. Los negros viven agrupados en pequeños villorrios de chozas miserables, llevan
una existencia indolente, pescan con dinamita a pesar
de la prohibición, venden algo de plátanos para exportación y están atiborrados de supersticiones.

Por regla general, los negros y mulatos menosprecian
a los cayapa. Los comerciantes y vendedores ambulantes que remontan los ríos, sólo tratan de engañar y explotar al indígena en todos sus negocios. Gran cantidad de objetos manufacturados, útiles, interesan a los
cayapa, pero les repugna comprar sabiendo que los precios serán siempre exorbitantes y con frecuencia la mercancía de mala calidad. Cada vez más, los negros invaden las tierras de los indios, empleando medios frau-
dulentos para apoderarse de ellas. Por ejemplo, piden
prestados lotes de terreno que pertenecen a los cayapa
para plantar en ellos yuca o caña de azúcar, prometien-
do desocupar los lugares una vez terminada la recolección. Pero el astuto mulato construye ahí su choza e
instala a su numerosa progenie, y sin el menor escrúpulo ocupa definitivamente la propiedad ajena. Como
los indígenas no poseen ningún título de propiedad
oficial, las cosas se quedan como están, lesionando gravemente los derechos de los primeros ocupantes. Y evidentemente no son las autoridades locales las que res-
tablecerán el reinado de la justicia, dado que son las primeras en explotar a los indios indefensos. Algunos *te-
nientes políticos* de la parroquia administrativa de Bor-
bón, cuya jurisdicción se extiende sobre el territorio
tradicional de los cayapa, recorren de cuando en cuando el río, infligiendo fuertes multas a los cayapa —que
llegan a 50, 100 y hasta 200 sucres— bajo el pretexto de

que la orilla frente a sus chozas no está bien limpia de la excesiva vegetación. Se les amenaza con enviarlos a prisión en Esmeraldas, cabecera de la provincia, si no se liberan inmediatamente de la multa. Para el indio, la prisión constituye el más horrible de los castigos, peor que la muerte o que el látigo. Las arbitrariedades y las exacciones de los "caciques" negros habían alcanzado ya tal grado, que las autoridades superiores se habían visto en la necesidad de suprimir la parroquia administrativa de San José del Cayapas, situada en pleno corazón del país de los cayapa. Un buen día, supuestos "amigos de los indios" vinieron a poner en una de sus chozas una extraña máquina con la cual, según decían, los cayapa podrían fabricar tantos billetes de banco como quisieran. El aparato no era en realidad más que una grosera imitación sin utilidad, pero un poco después, las autoridades del lugar, que estaban en connivencia en el asunto, llegaron hasta los indígenas y los acusaron de fabricación de moneda falsa, imponiéndoles multas cuyo monto llegó a ¡más de mil sucres! (aproximadamente 50 dólares US). Por miedo a la prisión, los inocentes indios pagaron...

Estos abusos y estas estafas no datan de ayer, puesto que ya en el año de 1891, un viajero, el ingeniero Santiago Basurco, señalaba: "Los abusos y extorsiones que los negros cometen a veces con ellos."

No hay que asombrarse por lo tanto, si los cayapa se muestran totalmente indiferentes e incluso absolutamente hostiles para con los negros y los extranjeros que pretenden representar a la *civilización*, y no están nada presurosos de "integrarse" a una sociedad que los acosa.

Algún tiempo después de haber realizado esta encuesta entre los cayapa, me encontré en Quito con un padre italiano perteneciente a la diócesis de Esmeraldas. "¿Sabe usted, me dijo, que las autoridades negras de Limones (cabecera del cantón del que dependen los cayapa) han ido a quejarse contra usted a las autoridades provinciales porque usted escribió en su informe que ellos cometían abusos y exacciones con los indígenas? Querían demandarlo por calumnia, pero las autoridades provinciales de la ciudad de Esmeraldas devolvieron a los quejosos, diciendo que todo lo que usted había escrito no era más que la pura verdad y que ellos deberían cesar de abusar vergonzosamente de los indios." Me alegré de esta sana reacción oficial, tanto más apreciable cuanto que osaba "cubrir" a un extranjero.

En ese mismo año de 1961, el Dr. Germánico Salgado, prestigioso director técnico de la *Junta Nacional de Planificación y Coordinación Económica* del Ecuador, me confió una misión de encuestas económico-sociales en el oriente ecuatoriano. Después de haber recibido el salvoconducto del comandante de la xi División de Selva autorizándome a viajar a través de las provincias de Napo y de Pastaza, salvo en zonas militares, comencé mi encuesta con una visita rápida a la comuna indígena de San Jacinto del Pindo, situada ocho kilómetros al sur del pueblo ecuatoriano de Puyo. Esta inmensa reserva se extiende sobre casi 14 000 hectáreas, no estando habitada más que por 500 yumbo o alamas, que hablan una especie de dialecto quechua. Esas cerca de 75 familias indígenas se habían beneficiado de la adjudicación de esas tierras hecha por el gobierno del Ecuador con fecha 12 de marzo de 1947. Estaba estipulado en esa adjudicación que: "No se harán concesiones de tierras, en concepto de baldías, dentro del perímetro de la superficie reservada, a ninguna persona extraña a la referida tribu." Los colonos blancos codiciaban de todas maneras esas tierras vírgenes, abundantemente boscosas y bien regadas, y uno de ellos reivindicaba ya su parte de las tierras comunales, por haberse casado con una mujer indígena habitante de la reserva. Trataba de voltear los derechos de los indígenas haciéndoles caer en las trampas de los procedimientos y de las cuestiones litigiosas.

Según la publicación *América Indígena* (México, octubre de 1959), el número total de los indios yumbo del oriente ecuatoriano se elevaría aproximadamente a cerca de 25 000 individuos. La más importante concentración de estos indígenas se observa en las regiones de Archidona, de Tena y del Alto Napo; otro grupo importante vegeta en la zona del río Bobonaza; pero aparte de algunas excepciones, todos esos yumbo son libres, agricultores seminómadas que viven aisladamente a lo largo de los ríos. No es lo mismo en la zona comprendida entre Coca y Nuevo Rocafuerte, dos pequeñas localidades situadas sobre las riberas del Napo, donde la mayoría de los 5 000 habitantes yumbo viven en estado de servidumbre bajo la férula de los patrones de las haciendas. De estos son de los que vamos a ocuparnos especialmente.

Desde hace una o dos generaciones, algunos ecuatorianos "blancos" han venido a instalarse en las tierras vírgenes de las regiones orientales, atraídos por las ganancias, antaño fabulosas, de las explotaciones del hule silvestre. En la época de la precipitación hacia el *oro verde*, durante los primeros decenios de este siglo, esas regiones del Napo estaban mucho más pobladas que ahora. Gentes de cierta edad recordaban haber conocido decenas de establecimientos comerciales escalonados sobre las riberas de ese afluente del Amazonas, en tanto que ahora no subsisten sino unos cuantos. Después del derrumbamiento del auge del hule silvestre, muchos de esos establecimientos de traficantes fueron cubiertos por la maleza y los que quedan no son más que un pálido reflejo de las actividades de otros tiempos.

Los patrones, señores y amos absolutos de esas lejanas soledades, tenían necesidad de una mano de obra abundante y barata, por no decir gratuita, y encontraron en el lugar a los indios yumbo. De carácter bastante tímido y un tanto servil, los yumbo fueron reducidos al estado de siervos, y esta modalidad feudal de trabajo subsistía todavía durante mi estancia, en noviembre de 1961. Antes de dejar la aldea de Puerto Napo, que es el lugar de embarque para las gentes de Tena y de los alrededores cuando descienden el gran río, un misionero italiano me había puesto discretamente al corriente de la situación de los esclavos yumbo y de sus patrones. Así es que pasando en piragua frente a ciertas haciendas, observé indígenas en harapos en ademán de lavar oro a lo largo de las playas y de las arenas próximas al río. Hombres, mujeres y niños, sumergidos hasta la cintura, maniobraban la artesa sin osar desviar las miradas hacia nosotros, sin hacer el menor gesto de salutación. Actitud extraña, caras de condenados, ambiente de fatalidad: eran esclavos. Yo viajaba con remeros yumbo, pero ellos tampoco osaron comunicarse con sus congéneres en esclavitud. Muchos de esos desgraciados, obligados a pasar jornadas enteras en el agua, sufrían de tisis. Informantes absolutamente dignos de fe me revelaron que los principales patrones esclavistas de esa zona comprendida entre Puerto Napo y Ahuano, eran dos... damas:

—La señora Arteaga, cerca de Puerto Napo, propietaria de un número indeterminado de familias.

—La señora Esther Sevilla, de la hacienda "Venecia", es propietaria de veinte a treinta familias indígenas, quizá más, manteniendo a los siervos apartados de la población local. Esta dama se muestra completamente opuesta al establecimiento de una escuela para indígenas en la vecindad. Evidentemente teme que los jóvenes indios, una vez influenciados por sus educadores, no se dejen ya "domesticar" tan fácilmente. A fin de acaparar un lote de tierra limítrofe con sus propiedades, forzó a diez familias indígenas a abandonar sus moradas y sus tierras cultivadas, sin la menor indemnización, e ir a instalarse sobre la ribera opuesta del Napo.

Prosiguiendo mi viaje fluvial, llegué a la región en donde la esclavitud hacía estragos en gran escala, entre el pueblo de Coca y el de Nuevo Rocafuerte, frente a la frontera peruana. En los establecimientos agrícolas y las granjas de cría o estancias, los yumbo eran empleados como peones y como domésticos para toda clase de trabajos. Sus amos los mantenían en lugares aislados y les prohibían toda relación con extraños. Próxima a la casa habitación de uno de esos patrones, pude furtivamente fotografiar a una joven esclava indígena que huyó tan pronto como hubo notado mi presencia. Otra vez, desembarcando en el terreno de una importante hacienda, divisé a unas mujeres indígenas quienes, de lejos, observaban tímidamente mi llegada. Desaparecieron inmediatamente hacia el interior de una choza, tan pronto apareció el amo. Los principales esclavistas de esa zona se reparten como sigue:

—Hacienda del señor Mejía (colombiano). Situada sobre el río Payamino, afluente izquierdo del Napo, esta propiedad fue comprada, incluyendo sus 35 familias indígenas, por la misión de los padres capuchinos españoles. Hay que entender por eso que para liberar a los yumbo de su estado de siervos, los misioneros los "rescataron", pagando sus deudas que se elevaban, globalmente, a alrededor de 35 000 sucres (o sea 1 750 dólares US aproximadamente).

Casi todos los antiguos siervos continúan trabajando para los padres italianos y argentinos, libremente, y por un salario regular de 10 sucres al día con comida, y de 14 sucres al día sin comida.

—Hacienda San Carlos, del patrón Carlos Sanmiguel. Posee de 50 a 60 familias yumbo que no reciben ningún salario. Industria principal: una fábrica rudimentaria de aguardiente.

—Hacienda "Primavera", del patrón Jorge Rodríguez. Está considerado en la región como el más duro de los patrones de hacienda. Posee unas cincuenta familias indígenas que tampoco reciben ningún salario.

—Hacienda "Providencia" del señor Ron. Posee alrededor de ocho familias de siervos.

—Hacienda "San Roque" de los patrones Leopoldo y Mario Ron. De 7 a 8 familias indígenas.

—Hacienda "Izurieta": alrededor de ocho familias de siervos.
—Hacienda del señor Saúl Gallardo: posee de 25 a 30 familias de yumbo.
—Hacienda "Nueva Armenia", del señor José Bernardo Crespo Pando (español). Poseía hasta 70 familias indígenas.
—Hacienda "Florencia": de 7 a 8 familias indígenas.
—Establecimiento del señor Rafael Urbina, sobre el río Tiputini, con unas 10 familias yumbo.

Hay que agregar a esta lista algunos patrones de menor importancia, pero incluye de todas maneras, *grosso modo*, el censo de aproximadamente 300 familias yumbo en estado de esclavitud. En la mayoría de los casos, las familias en servidumbre están disimuladas dentro de inmensas propiedades. El indio yumbo puede ser comprado y vendido como simple mercancía, según el capricho de su amo. He aquí, por otra parte, algunas precisiones respecto a las modalidades de la esclavitud:

A. FACTORES PROPICIOS A LA PRÁCTICA DE LA ESCLAVITUD EN LA ZONA DEL RÍO NAPO Y AFLUENTES

1. El aislamiento casi total de esta región, con relación al resto del Ecuador, permite a los patrones actuar con toda libertad, sin ninguna restricción por parte del poder central. Esta entera libertad de acción se orienta únicamente hacia necesidades frenéticas de lucro y de dominación.

2. La impotencia de las rarísimas autoridades locales y con frecuencia su connivencia con los patrones todopoderosos, dejan a los indígenas completamente desamparados frente a los abusos de sus opresores. Sujetas ellas también al mismo aislamiento y careciendo totalmente de fuerzas de represión, las autoridades locales no pueden oponerse a las actuaciones de los hacendados, ni hacer nada para defender al indio en esclavitud.

3. Por otra parte, por su carácter humilde, tímido y más bien dócil, el yumbo se inclina a buscar una tutela, un patrón que pueda ayudarlo a procurarse algún trabajo y algunos objetos necesarios a su existencia. Esto no es propiamente hablar de un silvícola, sino de un andino descendido hacia las planicies tropicales en una época no determinada. Los indios siona y secoya, por

ejemplo, que habitan las riberas del Putumayo, del Cuyabeno y del Aguarico, son mucho más altivos, independientes y también más inteligentes que los yumbo, y no soportan dejarse reducir a la esclavitud por los blancos.

B. BASE DEL SISTEMA DE ESCLAVITUD

La base del sistema de vasallaje reposa esencialmente en el *endeudamiento de por vida* del indígena para con su patrón. El yumbo no es un salvaje que vaga desnudo por las selvas. Poco desenvuelto y obligado a encontrar con qué adquirir sus ropas, sus cartuchos, su sal, su machete y su kerosene, se ve en la necesidad de encontrar un trabajo con un patrón que lo proveerá al mismo tiempo de los utensilios y de las herramientas de primera necesidad. El patrón en busca de mano de obra lo proveerá a la vez de trabajo a voluntad y de mercancías a discreción. Le procurará ropas nuevas, utensilios de casa, cuchillos, machetes, sedal y anzuelos, incluso un fusil y balas y algunos víveres, y le encomendará, como contrapartida, desbrozar un rincón de la selva, trabajar en sus plantaciones, acercar madera, recolectar el hule silvestre, lavar las arenas auríferas, reunir una cierta cantidad de pieles de animales salvajes. Así se trabará el primer eslabón del endeudamiento a perpetuidad. El indígena, atormentado por sus necesidades, seducido por la chapucería, aceptará el arreglo, y el astuto patrón anotará en su libro de cuentas los objetos proporcionados, con los precios cuidadosamente aumentados según el grado de su sed de lucro. Por ejemplo, una camisa que vale 30 sucres, verá su precio subir hasta 70 sucres en los libros de cuentas del amo todopoderoso y sin escrúpulos. El yumbo, analfabeta e ignorante, no podrá jamás controlar esas deudas, ni siquiera evaluar el salario que se le debe por su trabajo. Desde el instante en que se pone bajo la tutela "paternal" del patrón y acepta sus mercancías, cae bajo el régimen draconiano del endeudamiento de por vida, en vista de que su amo vela por multiplicar continuamente sus deudas, proveyéndole de comida, remedios, ropa, herramientas y engaños, a precios fabulosamente exagerados y contándole en casi nada sus horas de trabajo y el valor de sus productos. En razón de esa deuda, el indígena pertenece a su patrón como una cosa.

Cuando se refiere a sus esclavos yumbo, con frecuencia se oye decir al amo: "Son mi fundo", es decir: constituyen parte de mis bienes.

El patrón dará semillas al indio y le hará sembrar arroz o maíz en una cierta extensión de sus propias tierras. Le comprará después su cosecha pagándole en especie, nunca en dinero, y siempre evaluará su mercancía a un precio muy superior al valor en que estima el trabajo y los productos del indígena. Éste se verá atrapado en las redes de su deuda y hará todos los esfuerzos del mundo para salir de ella, y cada vez el patrón repetirá el mismo juego, en su propio beneficio. A fin de asegurarse el dominio absoluto del indio, el patrón tiene por costumbre auxiliarlo, en apariencia, en todas sus necesidades. Simulando actitudes "paternales", le da vestidos, herramientas, algunos medicamentos baratos, pero dinero, prácticamente nunca. El siervo puede continuar viviendo en sus tierras, en su propia choza, cultivando un pedazo de tierra para sacar de ahí el sustento de su familia, pero en cambio, todo lo que produce, cosecha, recoge, caza o pesca, pertenece de hecho a su amo. Todo el fruto de su trabajo, toda la madera que corta en la selva, todas las pieles de los animales que llega a matar, van a parar a su implacable amo y señor. Hay que agregar a todo esto que el endeudamiento es hereditario. Las deudas del marido muerto pasan a la viuda y a los hijos, de suerte que desde su primera juventud, el indígena debe trabajar para su patrón, sin esperanza de retiro ni de un salario justo que recompense sus penas.

C. OTROS ASPECTOS DEL SISTEMA DE VASALLAJE

1. Intromisión del patrón en la vida íntima de las familias indígenas:

Entre los indios yumbo, el número de hombres sobrepasa notablemente al de las mujeres. Aprovechándose de este fenómeno natural, el patrón se encarga de "negociar" los matrimonios. Por ejemplo, propondrá a un sólido y gallardo soltero, proporcionarle una complaciente jovenzuela tomada de entre "sus gentes", que con frecuencia no tendrá más de 12 o 13 años. Se organizará una gran fiesta en ocasión de las bodas y luego el recién casado recibirá trabajo en la hacienda, así

como todas las mercancías que desee. ¿Cómo rehusar
una ganga tal? Pero, ¡cuál será su precio!... La fiesta
será ciertamente muy animada y copiosamente "rocia-
da"; los gastos serán el primer eslabón que ligará al
joven indígena con su nuevo patrón. Los amos del
Napo tienen todas las ventajas al monopolizar el mayor número posible de jóvenes casaderos...

2. Influencia psicológica y moral:

Los patrones abusan de la ignorancia y de los temores
supersticiosos de los yumbo para ejercer una influencia
total y definitiva sobre ellos. Para dominarlos mejor,
frecuentemente los amenazarán con castigos y malas
influencias del hechicero. "Si tú haces eso, le diré al
hechicero y la mala suerte caerá sobre tu familia." Hay
que saber que los yumbo, aunque tradicionalmente de
religión católica, viven en pequeños grupos aislados, bajo
la autoridad de un jefe que al mismo tiempo cumple
las funciones de hechicero y, por lo tanto, ejerce un
poder más temible.

Está estrictamente prohibido a un siervo yumbo conversar con un extraño y si tal cosa sucede, está obligado a declarar que lleva una existencia completamente normal y que nada le falta. Es evidente, no obstante,
que el indígena en servidumbre resiente un profundo
descontento para con sus opresores. Se muestra triste,
amargo, malencarado. Algunos raros yumbo de espíritu más rebelde, alguna vez han tratado de cortar el
yugo de su "domesticación"; hasta ahora ha sido en
vano. Su embrutecimiento es tal, que se me ha citado
el ejemplo de indios yumbo que después de haber sido
liberados por misioneros, tardaron tres años en darse
cuenta plenamente de que eran verdaderamente libres
de pensar, decir y hacer lo que quisieran. Durante esos
tres años de recuperación, se dirigían todavía a sus
nuevos "patrones", los misioneros, para pedirles humil-
demente que les proporcionaran esposa, ya que su antiguo patrón no estaba ya ahí para hacerlo...

3. Los malos tratos:

El patrón no vacila en emplear castigos corporales
contra sus siervos yumbo. Todo acto de insubordina-
ción, toda infracción a las órdenes dadas, son implacablemente castigados con pena de látigo. Los trabajadores indígenas reciben duros castigos por insignifican-
cias. La represión debe ser permanente y cruel. En
caso de fuga, se utilizarán las armas de fuego y los
perros, sin el menor escrúpulo. El fugitivo será perseguido hasta que regrese a la hacienda.

Agreguemos a las brutalidades físicas la violación de las jóvenes indias, con frecuencia chiquillas de 12 a 13 años, que se realizan impunemente. Toda resistencia de parte de la joven o de sus padres, puede dar lugar a terribles venganzas.

Nada mejor para ilustrar este párrafo que publicar escritos recogidos directamente en los lugares y emanados de los propios interesados. He aquí pues una carta escrita por un pequeño patrón del Napo contra uno de los más poderosos esclavistas y dirigida al gobernador de la provincia Napo Pastaza. Estos dos patrones son hasta parientes entre ellos, ya que el autor de la carta el señor Antonio Llori se casó con la hija del gran patrón Carlos Sanmiguel (ver lista de los principales patrones). El señor Llori posee, por otra parte, algunos yumbo en su hacienda. (He respetado la construcción del texto original.)

Carta dirigida al gobernador de la provincia Napo Pastaza en Tena, por el patrón Antonio Llori M... Fechada el 8 de julio de 1958 en Puerto Bolívar:

He tenido conocimiento de que Carlos F. Sanmiguel ha presentado hace algún tiempo un escrito injurioso y perjudicial para mi reputación, el cual fue transmitido a las autoridades de esa provincia. Presento esta exposición a fin de refutar tales rumores falsos. Carlos F. Sanmiguel sorprende a las autoridades con sus quejas imputando delitos y otros actos ilícitos a los habitantes de esta parroquia, y esto sin ningún motivo, sino movido únicamente por bajas envidias y el deseo de acaparar para él solo todo lo que puede serle lucrativo.

El dicho Sanmiguel priva de su libertad a los indígenas que pretende son de su propiedad, pues ellos no pueden desplazarse a ningún otro lugar ni trabajar con ninguna otra persona, por el temor de que sabiéndolo él, inmediatamente los reprenda y los castigue. Agato Jipa y Luis Grefa se fueron a vender plátanos a "Limón Cocha" (importante misión evangelista americana) y a trabajar algunos días para ganar con qué cubrir sus necesidades. Sabiendo que se habían ido sin permiso, Sanmiguel los castigó, diciéndoles que eran sus peones y que no tenían derecho de disponer de lo que ellos mismos producían personalmente, hasta que no le debieran absolutamente nada.

Le haré también conocer brevemente las actuaciones de Sanmiguel para con algunos indígenas que están todavía en su casa, Leoncio y Salomón Gutiérrez. Nosotros los hemos ayudado, Renan Prías, Alejandro Torres, varios indígenas pertenecientes al personal de Sanmiguel y que él dice que son de su propiedad, y el suscrito. Los indígenas citados, viéndose medio desnudos y faltándoles artículos de pri-

mera necesidad, aprovecharon el momento oportuno para
irse a casa de los señores Ron, en donde su trabajo sería
remunerado. Cuando Sanmiguel supo que los indios se encontraban en casa de Ron, envió una comisión a capturar-
los, empleando para ello los medios que él ordenara. Se les
encontró a corta distancia de Providencia, y como no los
podían alcanzar, los perseguidores utilizaron una carabina
Winchester 44, tirando contra ellos. Éstos, aterrorizados,
se dejaron capturar. Fueron conducidos a San Carlos, a
presencia del patrón Sanmiguel. Una vez regañados, les ordenó entrar con él en un cuarto cuya puerta cerró con llave.
Al primer indígena, Leoncio Gutiérrez, le ordenó arrodi-
llarse, le quitó la camisa y empezó a azotarlo con duros
garrotes. Cubierto de sangre, lanzaba gritos de dolor, im-
plorando el perdón de Sanmiguel pero éste le decía: "Vuelve a huir otra vez, y te haré atrapar donde sea, pues la
autoridad está conmigo." Cuando terminó con éste, comenzó de igual manera con Salomón Gutiérrez. Luego trató
también con el hermano mayor de ambos, Benancio Gutiérrez, gravemente enfermo de anemia. Nosotros tomábamos
parte observándolo, no creyendo posible que pudiese continuar con el último ese castigo salvaje. Sanmiguel tenía espuma en la boca, parecía un animal feroz capaz de lanzarse contra los que asistían si se hubieran opuesto.
   En cierta época, Sanmiguel vivía en la isla de Huama-
chicta, y un día que llegaba yo a su casa, lo encontré con
un grupo de indios bebiendo una botella de aguardiente. Estando ya bajo la influencia de la bebida, le ordenó a la
sierva Bolicha Noteno que entrara en el cuarto de la tienda
para satisfacer sus deseos con ella. Como a la *chola* no le
gustó la proposición, él tomó una cadena y la castigó rom-
piéndole la cabeza. Viéndose bañada en sangre, la desgraciada joven se dejó hacer para satisfacer los deseos de Sanmiguel. Desde entonces la tomó como concubina y la tiene
en esa condición.
   También envió a sus hijos Homero y Carlos Miguel Sanmiguel a atacar, con la ayuda de cuatro indios armados, al
señor Amado Cox V. cuando se encontraba en la casa de
la señora Lolita Villena. El asaltante Carlos Miguel declaró
que había venido a beber sangre por orden de su padre.
Como Cox se encontraba en compañía de mi hermano Meli-
tón y del suscrito, nosotros nos opusimos y no permitimos
que fuera asaltado. Cox puede certificar este hecho en cualquier momento, como yo mismo doy cuenta de él.
   Como tenía negocios con el personal de Sanmiguel cuando
estaba de paso en la casa de Homero Sanmiguel, el señor
Fabio Llerena fue llamado con subterfugios y después de
haberle dado aguardiente, fue terriblemente maltratado, hasta con una tabla de chonta.[2] La queja de Llerena debe haber sido depositada en la dirección política de Nuevo Rocafuerte. Además de todo lo que ya se ha dicho, Sanmiguel
tiene la costumbre de llevarse a su casa a la mujer cuyo

_____
[2] Palmera de madera muy dura. [T.]

marido acaba de morir, y esto por la fuerza; o bien se lleva a los hijos para hacerlos sus criados, y le quita a la viuda los objetos dejados por el marido difunto, cosa inusitada que solamente puede suceder aquí.

Si una persona, por humanidad, ofrece medicamentos o cualquier otra cosa a los indígenas, Sanmiguel informa inmediatamente a las autoridades, dando a ese acto un carácter distinto, es decir pretende que uno trata de seducir (subvencionar) a su personal, ocasionando por lo tanto interrupciones en el trabajo obligatorio de sus peones. Igualmente debo confesar a usted que el ex gobernador Jorge Vallejos, pasando por encima de las disposiciones legales en favor de la raza indígena, dio carta blanca a Sanmiguel para que pudiera satisfacer sus objetivos de opresión en contra de los aborígenes. Es evidente que los indígenas en cuestión quieren emigrar al Perú o a Colombia, como algunos lo han hecho ya, y esta región, a falta de trabajadores manuales, se despoblará.

Yo desearía, señor Gobernador, que fuera nombrada una comisión de la que el suscrito formara parte, ya que conozco en detalle los acontecimientos descritos, y que no se permita que Sanmiguel asista a las declaraciones de los indígenas, quienes tienen miedo de decir la verdad y ser castigados. Es tiempo de poner fin a todos estos abusos para establecer normas de corrección y de justicia. En general, los habitantes de esta parroquia desean la incorporación del indígena, sin discriminación, sin abominaciones ni odio, a la nacionalidad ecuatoriana. En cuanto a lo que yo he expuesto en la presente carta, si es necesario, lo certificaré bajo la fe del juramento.

Con mis sentimientos de consideración distinguida, etc.

(firmado) Antonio Llori M.

D. FACTORES NUEVOS SUSCEPTIBLES DE DEBILITAR Y ANIQUILAR EL PODER ABSOLUTO DE LOS PATRONES SOBRE LOS INDÍGENAS

Desde el último decenio (1950-1960), han aparecido factores nuevos en la región del Napo que son susceptibles de contrarrestar y minar la dominación feudal de los patrones de hacienda. Esta amenaza está, no obstante, en estado latente, todavía muy limitada en sus efectos; pero puede llevar a un trastocamiento brutal de la situación. Actualmente, las personas e instituciones capaces de acelerar el deterioro del sistema de servidumbre no tienen ni los recursos ni la autoridad suficientes para atacar de frente al poder absoluto de los patrones. He aquí cuáles son esos nuevos factores:

1. La instalación de pistas de aterrizaje para la aviación civil, especialmente las de Tena, Coca, Limón Cocha y Nuevo Rocafuerte, permiten conexiones aéreas más o menos regulares con el resto del país, principalmente con Quito, la capital. Extranjeros, incluso personalidades importantes, pueden visitar esas regiones lejanas y recibir informaciones con respecto a las condiciones de vida y de trabajo de las poblaciones indígenas. El aislamiento propicio que favorecía las actuaciones de los patrones, tiende así a desaparecer y este hecho nuevo es susceptible de frenar la audacia y los abusos de los esclavistas.

2. El establecimiento de numerosas guarniciones militares (toda la región es zona militar desde el litigio fronterizo con el Perú), el llamamiento de los indígenas al servicio activo y el reclutamiento de trabajadores yumbo para las necesidades del ejército, han revelado al indio algo distinto de su patrón y de la hacienda en donde era mantenido cautivo. Descubre una autoridad diferente de la de su amo tradicional, que creía absoluta; escucha las conversaciones libres de soldados mestizos y percibe por su trabajo un salario en dinero, más o menos justo, aunque a ese respecto algunas autoridades militares abusen igualmente de la docilidad y del temor servil del yumbo. La instalación de una guarnición, a veces provoca la huida de los indígenas de los alrededores. También es claro que los patrones tratan de escamotear como pueden a los indígenas que deben ser llamados al reclutamiento militar. Esto constituye para ellos una pérdida de autoridad y de mano de obra gratuita.

3. Adversarios encarnizados de la escolarización de los indígenas, los patrones ven fundarse numerosas escuelas establecidas por misiones religiosas extranjeras y nacionales. Algunos patrones, por dar el cambio, admiten la educación primaria de los indígenas de la hacienda, pero solamente hasta tercer año. Ahora bien, se ha demostrado que el joven yumbo no está ya dispuesto a dejarse "domesticar" por un blanco después de haber seguido regularmente los seis años de primaria.

Durante mi visita en 1961, había en las escuelas misioneras del pueblo de Archidona, reconocidas por el Estado, cerca de 350 niños yumbo de ambos sexos. En el pueblo de Tena se contaban más de 500 y debía haber alrededor de 450 repartidos en la zona del Napo comprendida entre los pueblos de Coca y Nuevo Rocafuerte. No se constataba discriminación racial entre alumnos "blancos" (en realidad bastante amestizados) e indígenas.

De acuerdo a sus posibilidades, las misiones religiosas ofrecían al indígena la oportunidad de trabajar libremente, según el horario legal de ocho horas diarias y con un salario justo de 10 sucres por día con alimentación y de 14 sucres sin alimentación. A fin de contrarrestar la desvergonzada explotación de los comerciantes blancos, los misioneros capuchinos españoles mantenían pequeñas tiendas donde los trabajadores indígenas podían procurarse objetos útiles a un precio razonable y económico. Así ellos se daban cuenta del valor real de las mercancías. Los patrones prohibían formalmente a los yumbo criar ganado. Actualmente, esos mismos capuchinos españoles han comenzado la cría de ganado bajo un sistema de cooperativas agrícolas, con un cierto número de familias yumbo recientemente liberadas. También han montado una pequeña fábrica moderna de ladrillos, tejas y tubos de terracota para mejorar las habitaciones de los indígenas y los locales escolares. Todos esos factores de progreso vienen a minar la dominación feudal de los patrones, aunque muy lenta y localmente. Además de eso, existe una disposición *legal*, desgraciadamente poco puesta en práctica, que actúa en favor de la liberación del indígena mantenido en estado de servidumbre. Esta base legal se llama la *liquidación de cuentas*. El indígena en servidumbre tiene derecho a solicitar la liquidación de su cuenta, a fin de poner término a la cadena sin fin de su endeudamiento perpetuo. Esta liquidación debe hacerse en presencia de los miembros de la junta de protección indígena, compuesta como sigue: el jefe político del lugar, un representante de la instrucción pública, un misionero y un representante de los indígenas. En ese grupo, sólo el misionero representa un valor positivo en favor de la defensa de los indios. En cuanto a éstos, por temor a las terribles represalias del patrón, prácticamente jamás se arriesgan a solicitar esta liquidación. Aun en el caso en que les es concedida, el patrón tiene todo el tiempo para falsificar sus libros y dar datos tan oscuros que es muy difícil llegar a un arreglo favorable a los interesados. Sucede de otro modo, por ejemplo, cuando una institución como la Misión de los padres capuchinos se encarga de "rescatar" al personal indígena de una hacienda, que expresa el deseo de ponerse a su servicio. Es suficiente pagar las deudas de los indígenas. El patrón no desea en absoluto que otros paguen las deudas de sus sujetos para liberarlos, pero cuando el asunto está llevado por una institución semioficial muy conocida en la región y apoyada por las autoridades superiores, debe finalmente ejecutarse siguiendo las prescripciones previstas por la legislación en vigor. Por otra parte, el indígena liberado se compromete a trabajar para la institución "liberadora" hasta la extinción de sus deudas, y según el salario legal.

El esclavo liberado no es verdaderamente recuperable para la sociedad más que si una nueva tutela lo toma a su cargo para inculcarle la confianza en la vida, enseñarle los medios de desenvolverse para asegurar independientemente su existencia y no volver a caer bajo el yugo de un explotador.

A guisa de epílogo de esta relación sobre el vasallaje de los indios, es interesante agregar que el gobierno mismo del Ecuador ha hecho publicar este "escándalo" en la prensa de la capital. Como extranjero, yo jamás habría osado hacerlo. Publicando íntegramente mi informe, el periódico *El Comercio* de Quito, sacó el siguiente editorial, intitulado *Esclavitud en la región oriental*.

La denuncia hecha por el investigador François-Xavier Beghin sobre las condiciones sociales de los indígenas de la región oriental, exige una investigación inmediata del Estado. Las medidas que se deben tomar no son tan simples como podría parecer a primera vista, estando las modalidades de esclavitud que han hecho estragos ahí tan profundamente arraigadas en las costumbres como métodos de explotación de la ignorancia y los mitos que subsisten entre los hombres de las selvas.

Es necesaria una intervención profunda por parte de las autoridades para que los trabajadores, a pesar de los patrones, estén seguros de no perder su trabajo y de que sus productos lleguen al mercado. Es increíble pensar que todavía hoy en día los propietarios de esas plantaciones puedan someter con toda impunidad a sus peones a castigos corporales, inmiscuirse en su vida familiar y abusar no solamente de sus bienes sino también de las personas.

Todo lo que revela este documento, acreditado por la junta de planificación, ya que es esta misma junta la que ha encargado la realización de esta encuesta, causa repugnancia. Es inculpar la presencia gubernamental en las provincias orientales, puesto que todo eso se produce desde tiempos inmemoriales. Lo esencial de esta acusación contra el Estado reside en que sus funcionarios no han puesto en vigor las leyes nacionales que regulan todos los casos descritos, en lo que concierne a las relaciones entre patrones y trabajadores, y suprimen las obligaciones personales en caso de deudas, etc.

La denuncia debe servir de base para establecer un plan de acción integral con la participación de todas las autoridades gubernamentales que operan en el oriente. En las circunstancias actuales, como fase preliminar será necesario examinar la conducta de los funcionarios orientales en lo que concierne a su participación en la perpetración de la esclavitud.

Un padre capuchino argentino de la misión de Napo, igualmente hizo publicar un estudio corroborando mis denuncias, pero uno de los patrones afectados, un tal Mejía, de nacionalidad colombiana, me atacó personalmente en la prensa, tratándome de mal intencionado, mentiroso, falsario, calumniador y *gringo* que no comprende nada pero se mezcla en cosas que no le importan. Ese Mejía se dirigió a un abogado con el fin de hacerme comparecer ante la justicia por difamación, pero el asunto no pasó de ahí ya que las autoridades ecuatorianas me protegieron oficialmente. "Si un día debe regresar al oriente, me dijo el Dr. Germánico Salgado, director ejecutivo de la junta nacional de planificación y de coordinación económica, le daremos una escolta militar." En efecto, habría muchas oportunidades para que yo no regresara vivo...

Antes de dejar el Ecuador, he aquí algunas informaciones respecto a los famosos indios auca de los que se habló hace algunos años a raíz del asesinato de cinco pastores evangelistas americanos en las selvas del río Curaray, afluente derecho del río Napo. Estos silvícolas, considerados como particularmente hostiles, atacan y masacran inmediatamente a toda persona que se aventura en su inmenso territorio, comprendido entre la ribera derecha del Napo y la ribera izquierda del Curaray. Según la opinión general, están entre los salvajes más feroces de América del Sur. En el pueblo de Puyo, situado al pie del único camino que en esa época descendía de los Andes hacia el oriente, conversé amistosamente con un viejo buscador de hule quien me dijo lo siguiente: "En los tiempos del hule y de la balata, nosotros entrábamos a todas esas selvas y matábamos con carabina a todo indio visto." Y agregó: "Hubo también caza del indio para sacar esclavos y aprovechar de las hembras." Gentes del lugar me revelaron que: "En tiempos de las exploraciones de la compañía petrolera Shell, fueron cometidas tales atrocidades contra los auca, hasta llegar a emplear bombas

contra los pueblos de los salvajes." De esto, evidentemente, nadie habló. Y ahora uno se sorprende y se
indigna de que esos mismos auca sean tan feroces y
hostiles con los extraños. Como resultado, las bandas
auca, que no serán sino unos cuantos cientos de individuos, a juzgar por las chozas divisadas desde el avión,
mantienen un dominio absoluto sobre un inmenso territorio forestal en el oriente ecuatoriano.

En el mismo orden de ideas, tengo justamente ante
mis ojos una información referente a los indios chi-
riana o chirango que habitan la región de los manan-
tiales del Paca Igarape, afluente derecho del Alto Uau-
pés. En el mes de julio del año de 1926, esos silvícolas
mataron a dos colombianos que habían penetrado a
uno de sus pueblos "para llevarse indios a la fuerza
para el servicio de un buscador de balata al que ellos,
con toda razón, detestaban. El magistrado colombiano
organizó entonces una expedición de 15 hombres con
el fin de castigar a ese pueblo, que fue destruido, habiéndose refugiado los indios hacia el río Tiquié en territorio brasileño".

Así es como los años pasan y el calvario de los indios
continúa sin la menor restricción de parte de los poderes públicos. Los indios "feroces" simplemente defienden sus territorios de caza —se diría: su espacio vital—,
sus familias, sus bienes, su civilización propia. Los indios "pacíficos" se ven inmediatamente explotados, maltratados, siempre arrojados lejos de sus hogares, exterminados sin piedad por los blancos. En el periódico
El Comercio de Quito (Ecuador), leía el 26 de enero
de 1964, en un reportaje sobre los indios colorado, esta
pequeña reflexión que dice mucho: "Son demasiado pacíficos, quizá por ello muchos les han robado y explotado." Y el corresponsal del periódico concluía: "Actualmente tienden a mejorarse y ya tienen una idea de
cómo 'defenderse de los hombres malos'"... Los blancos, evidentemente.

Del Ecuador, llego de nuevo a Bolivia, después de doce
años de ausencia. En un comentario de prensa del periódico El Diario del 3 de febrero de 1967, se analiza
una información aparecida en el diario Prensa Libre de
Cochabamba de fecha 7 de enero del mismo año. Dice
lo siguiente:

UN CASO INCONCEBIBLE. Prensa Libre de Cochabamba publica
una información insólita y horrible bajo el título "Se enve-
nena a los siriono en Todos Santos". Se dice en esta crónica

que en el Chapare, sector de Todos Santos, algunos agricultores para defenderse de las frecuentes incursiones de la tribu de salvajes nómadas sirionó, han recurrido al sistema de envenenamiento de sus productos, causando implacablemente muertes entre los bárbaros, quienes fustigados por el hambre, merodean en las propiedades para hurtar productos tales como yuca, plátanos, maíz...

Si la noticia es insólita, prosigue el comentarista, más insólita todavía es la indiferencia de las autoridades nacionales, departamentales y provinciales, de los organismos civiles y religiosos que han dejado pasar la información como si se tratara de un caso común y corriente, como si la muerte de los sirionó por envenenamiento fuera parecida a la muerte de los perros vagabundos y atacados de rabia que constituyen un peligro para los seres humanos. No ha habido reacción más que en una sola lectora humanitaria de este diario. Las informaciones proporcionadas a *Prensa Libre* por testigos de lo que reportamos, permiten darse cuenta de que en efecto, los sirionó se han visto obligados por el hambre a penetrar en diversas propiedades para tomar los alimentos del árbol ajeno (*sic*). Y el único medio de defensa de sus propiedades al que han recurrido los granjeros, es el de poner trampas como si se tratara de cazar lobos. Han puesto en lugares estratégicos alimentos apetitosos a la vista de los sirionó. Esos "manjares" estaban envenenados y muchos salvajes fueron encontrados muertos a algunos pasos de la trampa; sin duda otros habrán llevado alimentos envenenados a sus hijos. ¿Cuántos habrán muerto? ¿Es que hay alguna ley —divina o humana— que permita que eso suceda, que se recurra a tales medios para exterminar a seres humanos hambrientos?

Nuestro país está considerado como uno de los más ricos en productos agrícolas inexplotados; tenemos un promedio de cuatro habitantes por kilómetro cuadrado; si recorremos las tierras del Chapare o del oriente, nos daremos cuenta hasta qué punto los productos se pierden y cuán fértil es la tierra hasta el punto de poder alimentar diez veces nuestra población actual, a condición de saber trabajar a conciencia. He aquí toda la macabra ironía de esta noticia...

¿No son seres humanos los sirionó? ¿No son tan bolivianos como todos los que viven dentro de las fronteras de la patria? ¿No tienen derecho a la vida? Las autoridades deben intervenir inmediatamente. Primero, para castigar a los asesinos de los sirionó; luego, para garantizar a estos últimos una extensión de tierra de la que puedan sacar sus alimentos; en fin, para proporcionarles la asistencia necesaria para que se integren a la sociedad civilizada, esa misma sociedad "civilizada" que hoy los masacra como chacales. Y es necesario hacerlo rápidamente, puesto que la justicia es para todos.

Excelentes resoluciones emitidas por un diario boliviano en 1967. Hénos aquí ahora asegurados por una

cierta reacción pública contra nuevas masacres de aborígenes. Reacción desgraciadamente muy limitada y
perfectamente ineficaz "sobre el terreno". Existe no
obstante el decreto-ley núm. 07765 del 31 de julio de
1966, firmado por el general del ejército Alfredo Ovan-
do Candia, entonces presidente de la junta militar de
gobierno, cuyo título xi: *De los grupos étnicos marginales*, comprende los artículos siguientes:

Artículo 91. Se da el nombre de grupos étnicos marginales a las tribus o grupos sociales que en estado
nómada o seminómada tienen sus territorios tradicionales de dispersión en las regiones selváticas del territorio de la república.

Artículo 92. El Instituto (de Colonización), some-
tiéndose a las disposiciones contenidas en el capítulo iii,
título x de la ley fundamental de la Reforma Agraria,
asegurará la protección de los grupos étnicos asenta-
dos en las zonas de colonización.

Artículo 93. Delimitando las tierras destinadas a la
instalación de colonos, el Instituto respetará de manera
absoluta las zonas de explotación colectiva o individual
de los grupos étnicos marginales.

Artículo 94. El Instituto ofrecerá facilidades a las
organizaciones que se encarguen de promover el desarrollo de los grupos étnicos marginales y su incorporación a la vida nacional.

Artículo 95. Se estipula, como condición esencial, que
la labor de las organizaciones señaladas en el artículo
precedente será gradual, velando por no violentar la organización tradicional de los grupos mencionados, lo
mismo que sus costumbres y sus formas de expresión
colectiva.

...el señor ministro de Agricultura y el señor director del Instituto de Colonización y Desarrollo de las
Comunidades Rurales, están encargados de la ejecución y del cumplimiento del presente decreto supremo.

Disposiciones legales promulgadas en La Paz por hombres deseosos de proteger a las poblaciones silvícolas
y de evitar su exterminio, pero cuán poco respetadas en
las inmensas selvas del Beni o en las sabanas desérticas
de los confines del Chaco. En ese mismo año de 1967,
recogí todavía en la prensa de la capital pequeños hechos diversos de este género: "En los alrededores del
villorrio de Bambarral, a ciento veinte kilómetros al
sur de Corumba, los empleados del servicio de malaria
encontraron cinco cadáveres de salvajes de la tribu

de los ayoreo. Los cadáveres tenían orificios de balas, lo que hace presumir que fueron abatidos por desconocidos armados con armas de fuego." O este otro: "En el norte del departamento de Santa Cruz, un número elevado de salvajes de la tribu siriono está en vías de asolar varios pueblos de la zona de Cuatro Ojos, habiendo atacado el aserradero Carvajal en donde hirieron a dos obreros e incendiaron chozas. En el lugar del aserradero *se encontraba su pueblo.* Se han mostrado hostiles y opuestos a hacer contacto con los civilizados y se piensa que andan en busca de zonas más elevadas a fin de escapar a las inundaciones. El aserradero Carvajal está situado a 80 kilómetros al norte de Santa Rosa del Sara."

Al margen de esos asesinatos crapulosos y de esos despojos de tierras y de bienes, un nuevo aspecto diferente e inesperado por su contenido: "Dirigentes de la tribu silvícola de los mosetene han solicitado al Instituto de Colonización la adopción del sistema de reservación de tierras en el Alto Beni (región de Santa Ana del Huachi). Las adjudicaciones de terreno serían de 20 hectáreas por familia." Hay que decir que los mosetene no son ya "salvajes" que vagan desnudos en las selvas como los siriono o los ayoreo. Usan camisa y pantalones, pero la invasión reciente de colonos serranos en sus territorios tradicionales, los ha forzado a solicitar la adjudicación legal de sus propias tierras ancestrales.

Como investigador asociado al Instituto Indigenista Boliviano, recibí del director de esa repartición que dependía del Instituto de Colonización, una carta de recomendación autorizándome a efectuar investigaciones socioculturales entre grupos silvícolas del país. Esos informes serían después utilizados para emprender una acción concreta y eficaz en favor de los aborígenes. La caja del Instituto Indigenista estaba vacía, como todas las cajas del Estado boliviano. El único recurso era dirigirse a una organización de las Naciones Unidas. Por medio del representante residente del programa de las Naciones Unidas para el desarrollo, las autoridades bolivianas presentaron, en febrero de 1967, una solicitud de asistencia técnica a la Organización Internacional del Trabajo, OIT, firmada por el ministro de Agricultura, el ministro de Planificación y Coordinación y el ministro de Asuntos Extranjeros; la OIT tiene entre sus atribuciones un servicio a las poblaciones aborígenes y tribales. El experto debería analizar los factores que intervienen

en el aislamiento y la "marginalización" de los 29 grupos tribales de Bolivia con el fin de determinar los
criterios de una política a seguir a ese respecto, ya que
hasta entonces, la acción de los poderes públicos no se
había dirigido más que hacia las zonas tradicionales
de los Andes. Los nuevos programas de colonización de
las tierras tropicales, a medida que se extiendan hacia
el oriente, con seguridad entrarán en contacto con grupos marginales silvícolas creando la posibilidad de conflictos entre colonos e indios, los cuales convendrá
evitar con medidas apropiadas.

En efecto, es necesario actuar antes que las cosas se
deterioren; la realización del programa solicitado podría muy bien evitar sinsabores futuros. El doctor Luis
López Galarete, asesor de la OIT en el Instituto de Colonización y Desarrollo de las Comunidades Rurales se
mostró, sin embargo, formalmente opuesto a esa solicitud. No podía concebir más que programas "andinos".
En la oficina regional de Lima la solicitud boliviana se
juzgó sin interés, fuera de propósito, y se archivó en
un cajón por tiempo indefinido...

En octubre de ese mismo año de 1967, el diario *El
Diario* de La Paz, anunció en estos términos el gran
escándalo que acababa de estallar en Brasil:

Brasilia. Un investigador del Ministerio del Interior ha
declarado hoy (28 de octubre) que durante los últimos 20
años, los indios brasileños han sido estafados por agentes
del gobierno, quienes vendían tierras pertenecientes a los
aborígenes, negociaban con sus bosques, su ganado y sus
plantaciones, y en ciertos casos vendían a los propios indios
como esclavos. Según el procurador federal Jader Correa,
quien dirige la encuesta del servicio de protección a los indios, un agente del Estado vendió una niña de once años
a un granjero blanco a cambio de una estufa de petróleo.
Los indios, por otra parte, llaman al SPI el "Servicio de Persecución de los Indios".
La encuesta ha revelado la existencia de un vasto sistema
de soborno, torturas y abusos para con las jóvenes indias
colocadas en salvaguarda con los agentes del gobierno. Es
manifiesto que esos funcionarios pervertidos tenían la costumbre de ganar dinero obligando a las jóvenes indias a
bailar desnudas para divertir a los turistas. En ciertos casos, declara todavía el procurador Correa, funcionarios del
servicio indígena, so pretexto de hacerlas pasar exámenes
ginecológicos, abusaron de la ignorancia de las jóvenes inde-
fensas. El hecho se ha repetido muchas veces en una misma *maloca* (pueblo indígena).
La opinión pública brasileña está consternada por esas
revelaciones, ya que los agentes del servicio indígena ha-

bían sido siempre considerados como modelos de abnegación a quienes se admiraba por haber aceptado vivir en condiciones tan primitivas en medio de la selva amazónica. En lugar de eso, declara Correa, los agentes realizan jugosos negocios. Se evalúa en cuatro millones de dólares el monto de las estafas cometidas con los indios. En general se ignora la extensión exacta de las reservaciones indígenas, pero es común que comprendan cientos de haciendas de ganado. Unos diez o doce de estos establecimientos de cría son tan grandes como la República de El Salvador (alrededor de 21 500 kilómetros cuadrados). Como el Servicio de Protección a los Indios no lleva contabilidad, jamás ha sido posible a los controladores federales evaluar la amplitud de tales operaciones.

Después de esta investigación, el Ministerio del Interior procedió a hacer dieciocho arrestos entre los expertos y funcionarios de los AI. En los próximos días se espera el arresto de otros veinte funcionarios, pero se cree que al menos hay unos cien empleados implicados en este asunto. Uno de los tres expertos arrestados es el famoso Francisco Meireles, el pacificador de la tribu de los chavantes en la región del Alto Xingu. Un general, un coronel y un mayor del ejército nacional están también mezclados en esto. Un funcionario fue acusado de haber vendido 150 000 travesaños de ferrocarril fabricados en una reservación india sin jamás haber rendido cuentas del dinero ganado. El presidente del Brasil, Costa e Silva, se ha ocupado personalmente de esta cuestión. Ha solicitado al Congreso la supresión del Servicio de Protección a los Indios y su remplazo por una fundación nacional india semiautónoma, libre de presiones políticas, que pueda aceptar donativos privados nacionales o extranjeros. El servicio incriminado contaba con 665 funcionarios de los cuales 300 eran blancos y el resto asistentes de sangre india.

Las exacciones a las poblaciones indias se han practicado pues, tanto por agentes del gobierno como por particulares, y esto continúa infatigable e impunemente. Después del escándalo de Brasil, informaciones de prensa provenientes de Bogotá y fechadas el 16 de enero de 1968 nos indican que: "Unidades de la policía colombiana y de la policía federal venezolana han localizado los restos de dieciocho indígenas asesinados en la zona fronteriza del Arauca y del estado de Apure. Casi todos los cadáveres estaban desfigurados por las llamas. Sin embargo, según los reportes redactados por el grupo mixto de policías colombianos y venezolanos, los indígenas pertenecían a la tribu de los cuiva, cuyos miembros disfrutan, de hecho, de la doble nacionalidad, ya que pasan de un país al otro, sin tener, por eso, documentos de identificación. La masacre tuvo lugar en la propiedad de cierto Tomás Guerrero, denominada La Rubiela. Ese Guerrero, latifundista colombiano de la región (fuerte propietario terrateniente no residente), se encontraba en Bogotá en el momento .de los hechos cuyo origen, parece ser, partía de rivalidades entre contrabandistas de ganado. Los presuntos autores de este crimen colectivo —cuatro colombianos y dos venezolanos— están detenidos en la prisión de Arauca, población situada en la ribera colombiana del río Arauca."

Cada vez se elevan más voces para denunciar los abusos y los crímenes cometidos con las poblaciones indias de América del Sur. Así pues, el ministro de Justicia del Brasil declaró que existe conexión entre las masacres y expulsiones de poblaciones indígenas y la adquisición por extranjeros de vastas comarcas de territorio brasileño. Reveló a los periodistas que durante los últimos años han sido vendidas a extranjeros 16 millones de hectáreas de tierra, es decir el 1.9 % del territorio nacional. Alrededor de la quinta parte de esas tierras pertenecían a los indios, y éstos fueron exterminados o expulsados para poder venderlas ilegalmente.

La ley de Reforma Agraria del Perú dice textualmente en su artículo 37: "Son inafectables las tierras ocupadas por las tribus aborígenes de la selva, sobre todo la extensión requerida para cubrir las necesidades de su población, necesidades que serán determinadas por el Instituto (Instituto de la Reforma Agraria), de manera prioritaria. Igualmente, se procederá con la misma prioridad al otorgamiento de los títulos de propiedad correspondientes. Con esa mira, el Ejecutivo dictará las medidas apropiadas para la ejecución del levantamiento cartográfico de las zonas afectadas."

Llegamos así al vi Congreso Indigenista Interamericano celebrado en Pátzcuaro (México) en el mes de abril de 1968. En una alocución pronunciada en asamblea plenaria, el Dr. Alfonso Caso, de México, declaró que "la discriminación devastadora contra 30 millones de indígenas del continente americano era errónea, estúpida e inmoral". Y reconoció que en veintiocho años de existencia, el Instituto Indigenista Interamericano no había avanzado ni un paso en la resolución de los problemas de la población aborigen del continente. El sociólogo mexicano suplicó a los delegados de dieciocho naciones exigieran a sus respectivos gobiernos la promulgaciones de leyes destinadas a proteger la existencia y los bienes de las poblaciones aborígenes. (En general esas leyes existen, pero no se respetan).

El delegado brasileño, a su vez, anunció que habían cesado las masacres de indígenas en las regiones de Amazonia y Mato Grosso, en las que fueron exterminados hombres, mujeres y niños. El Dr. João Queiroz contó en seguida cómo fueron eliminados los aborígenes de su país, de una manera espantosa, por las personas que precisamente estaban encargadas de protegerlos. Arrojó la responsabilidad de esa situación sobre el gobierno de Castello Branco, que no había defendido a la población indígena y confesó que cientos de aborígenes habían sido exterminados en el Mato Grosso por la contaminación intencional de las aguas de los ríos, principalmente con bacterias de viruela. El número de víctimas era tal, que misioneros americanos que visitaron la región afectada quedaron de tal manera horrorizados por las masacres, que lanzaron un llamado a los funcionarios del gobierno. Actualmente, agentes del Estado tratan de hacer regresar a sus antiguos lugares de residencia a los miles de indígenas sobrevivientes que, presas del pánico y temiendo la muerte, huyeron hacia las selvas del interior del Brasil, en donde muchos de ellos perecieron por falta de alimentos.

Queiroz afirmó a los periodistas que el mayor Vinhais Neves, ex presidente del Servicio de Protección a los Indios, fue uno de los que dirigieron las matanzas en masa. Jamás ha comparecido ante la justicia por el crimen de genocidio. En una entrevista publicada por el diario *El Universal*, el delegado brasileño admitió que el mayor Vinhais Neves se había jactado con orgullo de haber matado personalmente decenas de indígenas... Después de las instrucciones dadas por el ministro del Interior, Albuquerque Lima, cientos de criminales deberán comparecer ante la justicia para responder por las matanzas y la explotación de los indígenas.

Los miembros del congreso escucharon, estupefactos, las declaraciones de Queiroz y la prensa mexicana les hizo eco ampliamente, bajo el título: "Genocidio en las selvas del Brasil." Ese sexto congreso indigenista terminó con la siguiente conclusión: "Arrojados implacablemente al fondo de las selvas tropicales y subtropicales, los aborígenes del continente mueren como moscas a consecuencia de las enfermedades, la mayoría introducidas por el hombre blanco, por deficiencia alimenticia y por el abandono total de parte de los gobiernos. Perseguidos y explotados por el hombre blanco, huyen hacia un *no man's land* en donde son fácilmente olvidados... Pero los trescientos delegados representantes de dieciocho países reconocieron sin embargo que no tienen más que el derecho de hablar, de exponer la situación, de formular recomendaciones; no pueden obligar a los gobiernos 'interesados' a poner en práctica las medidas sugeridas. El Dr. Caso propuso la integración como solución ideal, pero teniendo cuidado de atenuar su veredicto precisando que nosotros, los civilizados, debemos ante todo aprender a respetar las costumbres y las culturas indígenas, y a no forzarlos jamás a formar parte integrante de nuestra 'comunidad'. La integración debe ser voluntaria. Con esa mira, los indígenas deben ser preparados mental y físicamente, deben recibir una educación adecuada, una alimentación diversificada y atención médica acompañada de medidas de higiene. Pero lo más importante, y lo más difícil de obtener, después de los siglos de opresión, es actuar de manera que los indígenas se sientan entre amigos. La ayuda debe venir rápidamente, antes que sea demasiado tarde."

Mientras tanto, ciertos grupos silvícolas clasificados como "bravos", es decir "feroces, hostiles", se defienden con sus propios medios. Así pues, una breve noticia de prensa de La Paz, de fecha 18 de marzo de 1969, nos informa que

En Bolivia, en el departamento de Santa Cruz, un considerable grupo indio ha rodeado el centro de readaptación de Ichilo en el que se encuentran más de veinte malandrines con sus guardianes, a quienes les faltan las armas necesarias para defenderse. Es la segunda vez que los salvajes invaden la finca sin causar, sin embargo, pérdidas entre sus habitantes. Se tiene listo un helicóptero para enviar refuerzos a la plaza.

La situación de los sitiados se considera seria, habiéndose acrecentado la agresividad de los indígenas a raíz de la invasión de los blancos y de frecuentes encuentros en los que los cazadores recibían a los indios a tiros. Se teme que estos últimos traten de expulsar a los habitantes del centro de readaptación, pues la finca fue establecida sobre una cumbre que anteriormente era su único refugio durante las inundaciones en la estación de lluvias.

Después de tres días de sitio, una comisión militar llegó en helicóptero hasta la colonia penal y pudo constatar que los indios habían colocado una barrera de púas bastante alta alrededor del centro. Un guía pudo verificar la existencia de un campamento a una distancia de seis kilómetros de la colonia. Durante los días precedentes los asaltantes se habían acercado hasta a unos cien metros de la finca, pero un perro dio la alarma y recibió una flecha que le atravesó las fosas nasales. El helicóptero no llegó a localizar con exactitud la guarida de los indígenas, y dejó a los guardias armas de fuego y una buena cantidad de municiones.

El esperado asalto no tuvo lugar, pero por un despacho del 26 de mayo nos enteramos de que por orden del ministro del Interior, el centro de delincuentes de Ichilo debía ser trasferido inmediatamente a un lugar mucho más cercano a la ciudad de Santa Cruz de la Sierra.

A raíz de ese VI Congreso se decidió también la formación de una comisión de las cuencas del Orinoco y del Amazonas, encargada de estudiar los problemas indígenas de esas zonas y proponer recomendaciones prácticas. Esta decisión, debida a la iniciativa de los gobiernos interesados, en este caso los de Bolivia, Brasil, Colombia, Ecuador y Venezuela, no parece haber tenido ningún resultado concreto hasta ahora.

Entre tanto, un oscuro comunicado de prensa de enero de 1969 hablaba de una rebelión de indios guayaneses ante la amenaza de despojo de sus tierras, rebelión debidamente aplastada por las tropas gubernamentales enviadas de Georgetown.

En Bolivia también, en mayo de 1969, un cazador llamado Carmelo Anahilé Egüez denunció el asesinato de por lo menos nueve yanahiguas por "exploradores extranjeros" en los alrededores de Puerto San Lino, en el río Grande, a unos 300 kilómetros al norte de Santa Cruz de la Sierra. Dijo haber encontrado los cuerpos de los indios perforados por balas, diseminados cerca de una playa del gran río. En veintiocho años de vida de cazador en esas zonas aisladas, ha sido testigo de numerosos crímenes contra los silvícolas. "He visto exterminar a tribus enteras, cuenta; a veces se les mataba simplemente para apoderarse de sus arcos y flechas." Y prosigue: "Los yanahigua generalmente huyen del hombre blanco. Con frecuencia he denunciado, en otras ocasiones, esos hechos a las autoridades locales, pero jamás los han tenido en cuenta."

Esa vez, las autoridades locales se declararon listas para realizar la investigación "hasta sus últimas consecuencias". El mismo ministro de Agricultura pidió a las autoridades competentes que efectuaran una minuciosa investigación con el fin de descubrir a los autores de la matanza. Yo dejé Bolivia un mes más tarde e ignoro el resultado de este asunto.

En su edición del 26 de junio de 1969, el diario *Hoy*

de La Paz publica una entrevista del Dr. David Farah, director del *Instituto Lingüístico de Verano* en Bolivia. Principalmente dice: "La tribu de los pacahuara, que vive en la zona del río Abuná (departamento de Pando), es perseguida por cazadores tanto brasileños como bolivianos, lo mismo que los araona en la provincia Iturralde (departamento de La Paz) en donde los cazadores que recorren la región en busca de animales salvajes, matan igualmente a los indios. Otros factores que ocasionan la desaparición de los indígenas son las epidemias, las enfermedades y la alimentación deficiente, como los indígenas del Itenez que fueron casi enteramente diezmados por una epidemia de viruela en 1959. Entre los indios siriono se presentan, entre otras enfermedades, casos de fiebre *dengue*, que hasta ahora no era conocida más que en África, y entre los mismos siriono, se cuenta hasta el 75 % de tuberculosos. En cambio, la tribu de los chacobo, bajo control médico de los misioneros lingüistas americanos ha pasado, de 139 individuos en 1955, a 175 en 1968. Ésta habita en la provincia de Vaca Diez del departamento de Beni."

Tres pequeños acontecimientos más, antes de terminar este reporte:

I. De Brasilia, una noticia de prensa nos informa que: "Los indios gavioes han atacado nuevamente a los blancos en el estado de Pará y han matado a dos. Habían ya abatido a tres blancos quince días antes, después de haber sembrado el pánico en un pueblo cuyas cien familias huyeron hacia un puesto del gobierno. Esos indios gavioes acababan de ser pacificados, pero inmediatamente entraron en conflicto con los buscadores de diamantes que invadieron su territorio. En represalia por las violencias perpetradas contra su jefe por los buscadores de diamantes, fue por lo que los gavioes decidieron no aceptar la paz de los blancos y volverlos a atacar."

Esto pasó en julio de 1969, pero la historia se repite. Cuando yo descendía por el Tocantins en octubre de 1950, los indios gavioes acababan de matar a dos hombres de Jacunda que se habían alejado del pueblo para recoger frutos de una palmera. Uno de ellos no tenía menos de 68 flechas en el cuerpo; yo vi la foto. Se llamaba José Alvéz da Cunha. El otro, gravemente herido, pudo alcanzar el pueblo antes de morir. Uno de los habitantes me dijo confidencialmente: "Es horrible, pero no hay duda de que los buscadores de caucho volvieron a hacerles alguna mala jugada a los gavioes.

A menos que se trate de una venganza, ellos no desperdician 68 flechas en la piel de un tipo..." Creo que cualquier comentario sale sobrando...

II. El señor Vanko-Stefan Rouda, presidente del Comité Internacional Cíngaro, cuya sede está en Montreuil-sous-Bois, Francia, declaró recientemente a la prensa: "Lo que nosotros pedimos es ser reconocidos como un pueblo que tiene razón de ser. Los viejos defectos gitanos ustedes los conocen; pero no se detengan demasiado en ellos, vean también nuestras cualidades que están ligadas a nuestra idea de la familia, a nuestro sentido de la hospitalidad y a nuestro sentimiento del honor. Nuestros problemas actuales son problemas de supervivencia. Parten del hecho de que somos anacrónicos en el mundo actual. Se tiene la impresión de que, como los indios, los cíngaros desaparecerán un día, o serán reunidos en reservaciones. Nosotros RECHAZAMOS TODA IDEA DE INTEGRACIÓN. Reclamamos el derecho a vivir como nosotros lo entendemos, el derecho al nomadismo, el derecho al coche-casa."

III. En fin, al salir de una conferencia de tres días que reunió en Denver en el mes de agosto a cuarenta médicos, abogados y profesores de extracción india, un portavoz declaró: "Nosotros no queremos que el hombre blanco nos diga cuáles son nuestras necesidades ni cómo deberíamos resolver nuestros problemas." En una declaración publicada después de la conferencia, reprochó a la población blanca de los Estados Unidos "haber quitado a los indios la posibilidad de sobrevivir como pueblo, por una política de negación y destrucción, haber destruido su vida social y haber dejado crecer a sus hijos en la desesperanza".

Crecer en la desesperanza, ¿no es la cosa más atroz? He ahí con qué hacer reflexionar a los que, entre los blancos, tienen todavía la independencia de hacerlo libremente, y con qué provocar la reacción de los no conformistas sinceros que buscan la realización de su ideal de justicia para TODOS indistintamente.

9

CONTRIBUCIÓN AL DEBATE SOBRE EL ETNOCIDIO DE LOS INDIOS DE AMAZONIA

PIERRE-YVES JACOPIN

Decir actualmente que el problema del etnocidio de las poblaciones indias es en realidad el de su integración a nuestra sociedad, se ha vuelto casi una perogrullada. Puesto que para esas comunidades que poco a poco, con el trascurso del tiempo han logrado adaptarse a su medio de manera tan estrecha y perfecta que a primera vista nos parecen sin historia, todo pasa como si no soportaran nuestro "contacto", como si su entrada en nuestra historia provocara infaliblemente su extinción. Es curioso notar entonces que los antropólogos (u otros especialistas) no saquen las consecuencias de ello más que raramente. ¿Es porque éstos finalmente parecen más preocupados por estudiar a las sociedades indígenas que por conocer los mecanismos de su propia sociedad? Plantear esta pregunta nos conduciría sin embargo, inmediatamente, al campo de la epistemología de las ciencias sociales. No iremos tan lejos. Tampoco trataremos de saber arbitrariamente y en abstracto (de alguna manera moralmente), si es necesario o no (y sobre todo cómo) integrar a las minorías indias. Nuestra meta más modesta es simplemente intentar discernir cuáles son los agentes de la "aculturación" y aportar así un poco de claridad al debate.

Distinguiremos cuatro clases de actores: los caucheros, los misioneros, los policías y delegados de gobiernos, y... los antropólogos. Precisemos también de inmediato que no se trata de ninguna manera de detenernos en consideraciones de personas, sino más bien, por encima de los casos particulares, de entender la lógica del "sistema".

Pero antes de entrar verdaderamente en materia, es necesario advertir que si durante mucho tiempo muchos grupos indígenas siguieron siendo desconocidos para nosotros, no formando parte todavía de nuestra historia, en cuanto a nosotros, habíamos ya entrado inconsciente e indirectamente en la suya; en efecto, los colonizadores, al conquistar nuevas tierras, no cesaron, desde su llegada al continente sudamericano, de modificar y desordenar el equilibrio territorial de los indios, arrojándolos (cuando no los destruían) hacia otros sitios, forzándolos a emigrar y a veces a cambiar de modo de existencia (cf. los goajiros, los carijonas, etc.).

Se comprenderá por lo tanto que lo que nos interesa no es tanto denunciar, una vez más, la desaparición física y las matanzas de las poblaciones indígenas, como despejar sus causas más generales. Entre el asesinato de un pueblo en diez minutos, con ametralladora, y su desaparición lenta en diez años por la explotación de sus habitantes, no vemos diferencia de ninguna naturaleza.

1. LOS CAUCHEROS

Evidentemente, los caucheros se han convertido en tristemente célebres desde el asunto de la Casa Arana. Aun después del "boom" del caucho siguen siendo todavía el elemento de "aculturación" más característico; y aunque naturalmente, haya caucheros más o menos duros, más o menos "humanos", todos obedecen, sin embargo, a la misma lógica: la explotación de los indios. En toda la Amazonia no existe casi ningún indio "civilizado" que al menos una vez en su vida no haya trabajado el caucho, ya sea como *seringueiro libre* o como *empleado*. Estos términos de *libre* y *empleado* han podido hacer pensar en relaciones de explotación feudales, incluso esclavistas, por el hecho de que cada trabajador, como todos sabemos, está ligado personalmente a su patrón por un sistema de deudas que este último perpetúa de año en año, lo que obliga al indio a no tratar ni comerciar más que con *su caucho* (para más detalles cf. Huxley: *Farewell to Eden*, Harper and Row, N. Y., 1964); en el Vaupés colombiano es inclusive del dominio público que los patrones intercambian por ese medio a los indios, comprándose mutuamente las deudas de sus "obreros". Pero si ese sistema puede hacer pensar en la esclavitud o en el vasallaje, no son más que apariencias. Puesto que actualmente el cauchero no dispone directamente de la vida de sus trabajadores, y les paga *siempre* un salario (la situación parece ser diferente en Perú y más al sur de Brasil, Juruai, donde el sometimiento parece todavía mucho más estrecho; las consecuencias no son diferentes, solamente son más rápidas...); aun si éste es irrisorio y aunque sea pagado en "especie" (en realidad, representa el trabajo de toda una "temporada"); por las mismas razones ese trabajo no puede emparentarse con las labores de la Edad Media; el indígena no está atado a un feudo y permanece relativamente libre en su trabajo, por la simple razón de que puede prescindir de él completamente. Para vivir, no tiene necesidad ni del caucho ni del cauchero. Así pues, "durante las vacaciones", se reincorpora a la vida social tradicional con sus fiestas, sus ritos, la caza, la pesca, etc., y no son raros los ejemplos de hombres que cesan completamente de "trabajar". Cada comunidad encuentra, pues, una especie de *modus vivendi* con los occidentales y su sociedad.

No obstante, lo que puede inducirnos a error y comprometernos a confiar en las apariencias (empíricas), es que en las condiciones particulares de la selva amazónica, el cauchero parece todopoderoso y su influencia ilimitada. Esto proviene sobre todo de los bienes de consumo *superfluos* que introdujo y que fascinan a la mayoría de los indígenas. Para adquirirlos, el indio acepta ahora voluntariamente vender su fuerza de trabajo. Ése es el problema. Puesto que haciendo uso de esos bienes, poco a poco va a cesar y a olvidar la confección de sus herramientas y objetos tradicionales, de superfluos, esos bienes se le convertirán en *relativamente necesarios*. Poco a poco irá dependiendo de lo que le aporte el cauchero (sal, azúcar). Poco a poco el equilibrio económico se perturbará cada vez más profundamente y perderá su autonomía. La sociedad indígena se integrará a la nuestra y los cambios entre ambas, cuantitativa y cualitativamente, aumentarán los riesgos de epidemias endémicas, la disparidad cultural entre jóvenes y viejos, etc. Lo más trágico es que la mayoría de los indígenas encaran así la destrucción de la esencia misma de su comunidad, *sin disgusto...* Frente a nuestra potente sociedad, las dimensiones restringidas de la suya, que era justamente una de las condiciones de adaptación al medio, va a ser una grave desventaja que finalmente le será fatal.

Porque volviéndose ese grupo cada vez más independiente del medio, toda la ideología que le era propia va también a perder poco a poco su función y a desaparecer; hasta las relaciones de parentesco serán remplazadas por criterios de relaciones de producción occidentales; por ejemplo, la propiedad territorial acabará por volverse privada a consecuencia de la modificación del régimen de herencia; tras las diferencias de riquezas entre familias, consecuencias por ejemplo de una disparidad de mano de obra, se establecerán relaciones mercantiles; las condiciones son entonces las adecuadas para que se instale una estructura de clases sociales. En todos esos procesos, los misioneros y los agentes del gobierno no permanecen inactivos, como vamos a ver...

No obstante, por falsa que sea la analogía con el sistema feudal o antiguo, no deja de tener interés. Indica, en efecto, que puesto que se trata de relaciones sociales, jamás es posible considerar a un individuo separado del sistema del que proviene. Así pues, el cauchero no es un "ciudadano" que dispone con toda libertad de sus esclavos, ni un "noble" y todavía menos un "jefe de corporación". Lo que hemos dicho más arriba indica, al contrario, que él también obedece a la lógica del sistema económico capitalista; efectivamente, su existencia está ligada al precio de costo del caucho. Ser cauchero hoy en día no es pues el mejor medio de hacerse rico. El precio del kilo de caucho lo fija el Estado, que controla la calidad de la producción y compra o hace comprar toda la recolección. Evidentemente, el precio se fija en función de la competencia internacional. Ahora bien, los Estados Unidos producen con medios modernos un caucho indonesio cuyo precio es inferior, aproximadamente en una tercera parte, al precio indígena. Garantizar el precio es pues, para el gobierno, una manera de sostener a los caucheros. Por otra parte, éstos están sometidos además a las fluctuaciones de los precios del transporte, de los motores de barco, etc.; cuando están establecidos, no regresan fácilmente a la "civilización", quizá porque no están calificados y lo que les espera en la ciudad, dada la degradación creciente de los términos de intercambio impuestos por los Estados Unidos y los países occidentales, es el desempleo...

No se trata aquí de compadecer o de disculpar a los caucheros, sino de mostrar que el problema no es simple y que aunque se aprovechan, no son menos víctimas de un sistema que, en última instancia, depende de la potencia económica de los Estados Unidos.

2. LOS MISIONEROS

Entre las misiones también se pueden distinguir varios
estilos de apostolado: los evangelistas ambulantes que
suplen la escasez de sus efectivos viajando sin cesar
(por ejemplo las misiones protestantes inglesas del
Japurai brasileño), la actividad más difusa del *Summer
Institute of Linguistics* (traducción y difusión de la
Biblia en lengua indígena) y sobre todo el establecimiento de las escuelas católicas (internados). Pero también en esto, cualquiera que sea la personalidad de los
misioneros o el funcionamiento de las misiones, obedecen todos a la misma lógica: la destrucción de la ideología indígena. Si los aspectos directos pueden parecer
menos palpables, su lado indirecto vuelve, al contrario,
mucho más clara la racionalidad de las relaciones que
nuestra sociedad mantiene con las otras culturas; aquí
tampoco hay que fiarse de las apariencias. Ahora bien,
la actividad de las misiones no se reduce solamente al
aspecto negativo de la destrucción de las tradiciones
orales, sino al mismo tiempo desempeña un papel mucho más concreto y positivo de preparación y de "poner
en condiciones" ideológicas a cada comunidad, con miras a su integración particular a nuestro sistema. En
efecto, desde la revolución industrial (y de cierta manera desde el Renacimiento), la racionalidad no ha
cambiado, es siempre la del liberalismo conquistador.
   Así pues, durante todo su desarrollo, las Iglesias cristianas no han cesado de utilizar sus tradiciones here-
dadas de la Edad Media con fines de sometimiento y
de integración social: en un principio con los siervos
y los campesinos, luego con los primeros obreros y los
proletarios, y después con los esclavos y los pueblos
colonizados. El principio del capitalismo que pretende
que una experiencia rentable puede ser buena en todos
los terrenos, y su corolario ideológico que quiere que
el Hombre sea Uno en todas sus partes, fundamento
de la filosofía idealista, han llevado al Occidente a someter al mundo entero. Pero como la realidad no siempre correspondía a esas justificaciones, aparecieron contradicciones, con frecuencia resueltas por la fuerza, por
lo mismo que no podían serlo justamente por medios
ideológicos; pues el cristianismo, producto del Occidente, mientras más se quería "católico" permanecía con
más frecuencia inadaptado e incapaz de "arreglar" los
conflictos; así pues, mientras más violenta era la contradicción, más brutal era la "respuesta" (cf. la escla-

vitud, la exterminación de los indios de América del Norte, etc.). Por naturaleza e independientemente de sus protagonistas, el apostolado es pues imperialista. En ese dominio las Iglesias representan así una sólida tradición de imperialismo ideológico aun antes de que fuera inventado el imperialismo económico.

Se trata de romper el orden tradicional y de hacer desaparecer todos los elementos que impidan el establecimiento del orden occidental. Todas las razones son buenas para justificar esta intervención: la religión y la lengua indígenas son demasiado pobres en conceptos, el Hombre es una gran familia de la que todos los hermanos deben unirse, etc. Como lo muestra toda la historia del colonialismo y como acabamos de verlo en un caso particular, el orden nuevo es siempre un orden económico. Aparentemente los misioneros no tratan en realidad de hacer comprender la teología que invocan; son raros aquellos que se preocupan y que, aun después de muchos años, conocen verdaderamente la cultura, la religión y la lengua de los indígenas a los que predican, tanto más cuanto que en esos últimos bastiones que escapan todavía parcialmente a nuestra influencia, las ideologías de los indios están tan alejadas de la nuestra como lo está su modo de producción; es de creerse que los misioneros no se preocupan por saber lo que los indios retienen de su enseñanza, ni cómo se elabora un sincretismo eventual, etc. (¡una oportunidad todavía para los indios!). Como la mayor parte del tiempo no tienen ni siquiera un dispensario, su acción prácticamente se reduce a la destrucción progresiva de la organización social; ésta se opera por el medio muy concreto de la escuela; se "deporta" a los niños durante la mayor parte del año lejos de su medio natural y familiar; son llevados al internado en el que reciben la alimentación *espiritual y material* del Occidente. El contenido de la enseñanza no tiene relación con el marco de su futura existencia, siendo el objetivo esencial con frecuencia el de "escolarizar" al mayor número de jóvenes indios; se aprende en cambio el español y se familiarizan con los bienes de nuestra sociedad de consumo... El proceso de "aculturación" colonialista se encuentra pues, ahí, acelerado.

Pero como es casi siempre el caso, ese proceso oculta al mismo tiempo sus propias contradicciones, ya que aprendiendo a contar y a hablar la lengua del cauchero, los indios adquieren los medios de defensa que les permiten a veces hasta retrasar, en una medida nada despreciable, la degradación de su sistema social. Sin embargo, con frecuencia esos medios resultan a fin de cuentas en el crecimiento siempre más rápido de los cambios interculturales. Cuando el individuo no esté ya integrado a su comunidad, cuando se vuelva un individuo aislado que ha perdido sus tradiciones *sin haber adquirido otras,* será presa fácil de nuestro sistema. (Este fenómeno, por lo demás, es general en los países subdesarrollados: compárense las ideologías filosóficas y políticas, marxismos occidentales, "coexistencia pacífica", "alianza para el progreso", etc.).

Actualmente todo eso no existe sin contradicciones (hasta en Colombia, a pesar —o más bien después— de la prórroga del "Concordato" con el Vaticano, que hace de la mayor parte del país "territorios de misión"). Las contradicciones que sacuden actualmente a las Iglesias y que son consecuencia del imperialismo económico (empobrecimiento, colonialismo interno, etc.), tienen su efecto sobre los jóvenes "padres" misioneros (y a veces hasta sobre los obispos); algunos, cuyo número aumenta, llegan poco a poco a reconsiderar el sentido de su "misión", lo que no deja de tener problemas... Asimismo la ideología cristiana llega también periódicamente a contradecir la explotación de los caucheros o de la policía; por ciertos medios (comercio competidor con el de los caucheros, denuncias en la prensa, etc.), el misionero limita en alguna medida los abusos. Pero, sin embargo, sucede también que sea un agente directo de la explotación;[1] lo que muestra una vez más que las dos actividades no son en absoluto contradictorias. El problema del imperialismo de nuestra sociedad subsiste, pues, entero.

3. LOS AGENTES DEL GOBIERNO

Bajo esta denominación designamos a los representantes del Ministerio del Interior (corregidor, etc.), la policía y los servicios de erradicación de la malaria. Los primeros son con frecuencia antiguos caucheros que han dejado provisionalmente su profesión para aceptar este cargo; frente a los indígenas, su actitud y su mentalidad evidentemente siguen siendo las mismas; la única

[1] Cf. en la misma colección, V. D. Bonilla, *Serfs de Dieu et Maîtres d'Indiens.*

diferencia es que en principio pagan en especie a los obreros que emplean (no es raro, sin embargo, verles utilizar sus prerrogativas para tomar a su servicio personal, indios o indias sin pagarles); no volveremos pues sobre el tema. (Con frecuencia designan, no obstante, un capitán indígena responsable, el que sigue siendo, empero, ineficiente, por temor a las autoridades y porque es considerado por éstas más como el último subalterno del gobierno que como un verdadero representante de sus conciudadanos.)

Los policías son en raros casos gente del lugar; en general son enviados a la selva para purgar una pena administrativa a la que han sido condenados por delitos menores (alcoholismo, adulterio, etc.); son pues los últimos susceptibles de entender cualquier cosa referente a los problemas indigenistas; sus intervenciones, la mayor parte del tiempo son muy torpes y acrecientan el malestar y la incomprensión de los indígenas hacia los occidentales.

La "malaria", es decir, los funcionarios encargados de la prevención y erradicación del paludismo, no están más que indirectamente implicados; con todo, los señalamos porque estando sin cesar desplazándose entre las poblaciones, son también "conductores" del contacto intercultural y, paradójicamente, de epidemias endémicas, gripe, sarampión, etc. (las que no pueden detener puesto que *jamás* llevan más que antipalúdicos; esto es tan cierto que hemos visto a familias abandonar su maloca por algún tiempo ante el anuncio de la llegada de empleados de "malaria"...).

Así pues, la lógica común de esos funcionarios es, en realidad, el desinterés casi completo por las cuestiones indígenas. Esta pasividad, en efecto, no es más que el reflejo de la propia pasividad de los gobernantes que están más preocupados por encontrar y conservar un apoyo electoral conciliable con los intereses extranjeros, que por esas regiones sin electorado (este aspecto de la situación ¿no es en realidad, paradójicamente, una oportunidad de salvaguarda de la vida tradicional indígena?). Con la mayor frecuencia, los responsables "caídos" en esas regiones no consideran sus puestos más que como un escalón o una etapa de su carrera política (de ahí el frecuente remplazo, los escándalos financieros, etcétera). La única administración que funciona realmente sigue siendo la administración eclesiástica (sin embargo, parece que en Brasil, desde el advenimiento del régimen militar, las cosas marchan de otra manera...).

De todos modos lo esencial es que los gobiernos consideran la Amazonia como una *región para colonizar*; la ley que reina ahí es la del "Far West" y las "soluciones" aplicadas no son muy diferentes a las que se encontraban en los Estados Unidos en los tiempos de la colonización interior (cf. V. Chiara: *Le Processus d'extermination des Indiens du Bresil*, en *Les Temps Modernes*, París, diciembre de 1968).

4. LOS ANTROPÓLOGOS

No me avergonzaría de criticar a los miembros de nuestra corporación; por lo tanto es necesario hacer ciertas observaciones.

No pienso que haya muchos antropólogos que crean todavía en la existencia de sociedades libres de toda "aculturación"; en efecto, como hemos visto, aun cuando el "contacto" no haya sido establecido, cualquier población, si no padece todavía nuestra dominación, tiene sin embargo todas las probabilidades de haber tenido conocimiento de sus efectos indirectos. Creer pues, que se puede estudiar una sociedad escapando a estos problemas es pura ilusión e infaliblemente hace pensar en las creencias de la "ciencia objetiva" del siglo XIX; creer que es posible encontrar un término medio, una categoría general, un concepto de base, un dominio privilegiado, por sutil e indirecto que sea el método para llegar a él, que permita comparar sistemas sociales independientemente de sus modificaciones específicas (a pesar de todo se les justificaría fuera de tiempo), hace más bien referencia a la ideología idealista del positivismo que a un método científico.

Ahora bien, si teóricamente la mayoría de nosotros está de acuerdo sobre este punto, no es lo mismo en cuanto a las consecuencias prácticas, y son todavía numerosos los que se rehusan a admitir que la antropología "aplicada" forma parte de la "antropología", bajo el pretexto de que es "política". En sí, esta actitud no tendría importancia y se reduciría simplemente a la actitud epistemológica idealista que prefiere la interpretación filosófica a las verificaciones de la práctica, si no ocultara una cierta irresponsabilidad con respecto a los indígenas. Pues cuando el antropólogo llega a un grupo, la mayor parte del tiempo se integra justamente aprovechando el malestar de los indios respecto al Occidente. Finalmente es siempre él quien impone las reglas del cambio, ¿no será mas que porque es el más rico e, implícitamente, el más fuerte? Siempre "cazador" (de fotografías, de tradiciones, de tiempo, de objetos de colección, etc.), es un donante mezquino, y finalmente su comercio, con ser más legítimo que el del cauchero, es de la misma naturaleza; porque aun si dentro de nuestra sociedad estas dos actividades están en *completa contradicción*, no son comprendidas así por el indígena, quien frecuentemente no ve en ellas más que un beneficio a sus expensas (como le decía un indio a uno de mis amigos: "Cuando regreses a tu tierra, con lo que sabes de nosotros, te volverás más importante..."). En realidad, si este último está con frecuencia orgulloso de "explicar" su cultura, también, a cambio, saca de ello una cierta toma de conciencia de su situación, que acaba por acrecentar su sentimiento de frustración y de impotencia, y esto tanto más cuanto que el antropólogo está "de paso".

No es éste el lugar para buscar la solución a este particular problema, pero creer que con atribuirse motivos "científicos" y "desinteresados" el antropólogo pueda escapar a los perjuicios de su sociedad, no es sino una ilusión etnocéntrica e irresponsable.

CONCLUSIONES

Como se ve, los indios de Amazonia están en lucha contra factores *internos y externos* que se combinan y concurren todos a su desaparición. En las condiciones actuales y una vez establecido el "contacto", la destrucción más o menos rápida de sus comunidades parece inexorable; ya sea física (matanzas, epidemias) o ideológicamente, entre ambas no hay más que una diferencia de tiempo y el resultado final es el mismo. Sin que puedan darse cuenta, al hacerlos entrar en nuestra historia los inscribimos al mismo tiempo en nuestros conflictos, en nuestras luchas, de las que con frecuencias se convierten en el objeto (cf. la "trasplantación de las poblaciones fronterizas", la despoblación regional, el asunto de la "Casa Arana", etc.). Entre el etnocidio y el genocidio, la diferencia es tenue. Por lo demás, uno se puede preguntar cómo, frente a tal coalición, esas sociedades han logrado sobrevivir, mal que bien, hasta nuestros días. En un futuro casi inmediato es dudoso que con el acrecentamiento de las presiones económicas imperialistas de los Estados Unidos y de los países occidentales, la colonización interna no se extienda todavía más y que esta dialéctica no se acelere, La conclusión es pues evidente: detrás del aspecto humano, el etnocidio es un problema político cuyas raíces son, en última instancia, ajenas a América Latina.

10

LA ETNOLOGÍA DEL DESHONOR

JAQUES LIZOT

> "Lo que usted ha tomado por mis obras no era más que los
> desechos de mí mismo, esas raspaduras del alma que el hom-
> bre normal no acoge."
>
> A. ARTAUD

Hace algún tiempo, publiqué en la revista *Critique* [1] una
breve apreciación del libro que el señor Ettore Biocca
consagró a los yanoama. Cuando más tarde releí el
texto, el análisis no me pareció ni bastante convincente,
ni bastante completo, ni bastante agudo. Estaba claro
que había omitido explicaciones que hubieran podido
aclarar el comportamiento de los indios en cuestión y
los propósitos sostenidos por Helena Valero. Me pareció
igualmente que había tratado con demasiados miramien-
tos al hombre que, pensando que era suficiente con
recoger los preciosos propósitos de Valero, se había evitado la pena de una estancia solitaria y efectiva entre
los yanoama.

Ésa es la razón por la que quisiera retomar hoy en
día esa crítica y desarrollarla, con el fin de mostrar
que se inserta perfectamente en la práctica habitual de
la etnología neocolonial. Que en este asunto, el señor
Biocca se comportó frente a su colaboradora como un
explotador, es una evidencia que haremos aparecer.

En un momento en que las publicaciones que evocan
el problema de la supervivencia de los indios y, más
generalmente, el del respeto a sus civilizaciones, se hacen cada vez más numerosas; en un momento en que
se acumulan los testimonios y las acusaciones llevadas
contra los que actúan en nuestro nombre como mandatarios de nuestra civilización al lado de los pueblos ama-
zónicos, es tiempo de señalar las prácticas deshonestas
de los que se reivindican con la etnología. Es tiempo de

---

[1] Jacques Lizot, *Les Indiens Yanoama et la raison des blancs*, *Critique*,
agosto-septiembre de 1970, núms. 279-280.

sacudir a un Occidente seguro de su superioridad y
de despertar la conciencia adormecida de aquellos a
quienes sus actividades profesionales colocan en una situación de cómplices o de testigos: los misioneros y los
practicantes de la etnología tradicional. Los primeros,
convencidos de la necesidad de exportar su fe, intentan
la evangelización de los últimos "salvajes"; los segundos, refugiados detrás de las seudocertidumbres de la
ideología científica decretan, impasibles, la necesidad
de una etnología de urgencia. Es evidente que tanto a
unos como a otros, la muerte lenta de los indios les
importa poco puesto que, si les creen, la religión y la
ciencia sacarán provecho, y de todas maneras el Occidente será el beneficiario.

Conviene desenmascarar esta ultrajante tranquilidad.
Lo que quiero mostrar en las páginas que siguen —y que
el señor Biocca quiere deliberadamente ignorar— es que
su libro *Yanoama*, tal como está presentado, responde
perfectamente, y bien se lo tenga, a la acusación de estar al servicio de las ideologías dominantes, y que esas
ideologías se inscriben en el contexto de la expansión
ciega y estúpida del capitalismo sudamericano, haciendo
posibles y justificando así las prácticas genocidas o etnocidas.

En efecto, los crímenes de los que los amerindios son
víctimas, lejos de ser accidentes deplorables, son la consecuencia de la agresión permanente que el sistema capitalista [2] hace padecer al género humano y a la naturaleza y, más precisamente, porque son más vulnerables
a las minorías étnicas que oculta (minorías campesinas,
gitanas, etc.) o que constituyen su más allá y del que

[2] En América del Sur, es al sistema capitalista al que es directamenet impu-
table la matanza de los indios y la destrucción de su universo cultural. No
queremos negar, por otra parte, que los regímenes socialistas se han revelado
igualmente etnocidas y negadores de las minorías étnicas, ni que el marxismo
no oculta las justificaciones de esta negación. Y esto en la medida en que
esa ideología permite considerar a los "primitivos" como retrasados destinados
a la desaparición, en nombre del interés superior de la nación y de los progresos tecnológicos y económicos; en la medida, igualmente, en que los marxistas y socialistas de todas clases pretenden imponer su propio modelo al resto
del universo, aun no industrial, se puede prever que ellos pondrán —y lo han
puesto— el mismo encarnizamiento para hacer desaparecer las civilizaciones que
han sabido permanecer al abrigo de la locura del trabajo forzado y del consumo artificial de bienes, con frecuencia confundido con el "progreso". Pero
lejos de los breviarios y de los catecismos, reconsideremos radicalmente el
porvenir de nuestra sociedad. La humanidad ha sobrepasado lo que se podría
llamar "el punto del no regreso"; si quiere sobrevivir en un futuro más o
menos lejano será bajo la forma de una sociedad que no será ni capitalista ni
comunista. Los primitivos, lejos de ser retrasados, podrían, al contrario, pre-
figurar de cierta manera el modelo de un porvenir posible.

los amerindios son el ejemplo más doloroso. Esta agresión del mundo occidental capitalista, que toma la forma de matanzas o de asimilaciones forzadas, es sostenida y confirmada por la ideología cristiana de la cual los misioneros no constituyen sino una forma y por la ideología científica dentro de la que la etnología no parece ser más que una dudosa justificación.

Cuando se lee con atención el libro de Biocca, y si se conoce bien de lo que él quiere hablar y los valores subyacentes a los que se refiere implícitamente, se siente que su libro, de manera aparente o latente, oculta todos los defectos de un trabajo chapucero, deshonesto y negador de la civilización que pretende describirnos. *Yanoama* abunda en errores etnográficos, el testimonio que se nos presenta, evidentemente es trunco y presentado fuera del contexto social que habría podido volvérnoslo comprensible. En fin, aunque el señor Biocca se defiende de ello, se arroga la calidad de autor, impone su corte y su versión de los acontecimientos y, aunque la narración conserva a pesar de eso una sorprendente frescura, comete innumerables equivocaciones.

Helena Valero es raptada por los yanoama en 1937. En esa época los indios acababan de comenzar una expansión que los conduciría a la ocupación de las zonas central y meridional del área geográfica en la que viven actualmente. Los accesos del Orinoco estaban todavía deshabitados y los grupos ya instalados en la parte meridional de ese territorio —uno de ellos se apoderaría de Helena Valero— acababan apenas de llegar ahí después de haber franqueado el Orinoco río abajo del raudal de Peñascal, es decir en un lugar en donde el río es todavía un gran torrente lleno de rocas, cortado por numerosos rápidos y caídas de agua.

Esa ocupación de territorios deshabitados, parece que era inducida y sostenida por una expansión demográfica excepcional en la historia reciente de los indios de Amazonia pero que, sola, puede dar cuenta de la dinámica de las migraciones y de las fisiones de los grupos yanoama.

Limitada al norte y al oeste por los indios caribes, los makiritare, la ocupación de esos nuevos territorios no estaba limitada en su parte meridional por ninguna presencia humana. De los blancos, nada atestiguaba que estuviesen presentes. El encuentro de Helena Valero y sus padres con un grupo indio no fue más que la consecuencia de un encuentro fortuito entre dos grupos que se desplazaban fuera de sus límites territoriales; se produjo en una zona marginal que ni unos ni otros frecuentaban habitualmente. Es necesario tener en cuenta que en esa época, conquistadora de nuevos espacios y en progresión demográfica, la civilización yanoama podía parecer triunfante y tratar con altivez a un pequeño grupo de blancos extraviados.

Visitados esporádicamente por algunos viajeros que pudieron hacer contacto con grupos septentrionales, los yanoama jamás habían chocado de frente con los blancos y el ataque del que la familia de Helena Valero fue víctima no puede explicarse como una respuesta al cerco de los indios por los blancos, ni como una venganza por crímenes cometidos por éstos. Las personas con las cuales un yanoama entra en relación pertenecen a diferentes clases de parientes, clases frente a las que se exige un comportamiento adecuado. Así pues la comunidad local a la que una persona pertenece, tanto como las comunidades vecinas, están compuestas únicamente de parientes y de allegados (los afines): es lo cercano, lo familiar. El más allá es a la vez la amenaza y el espacio hacia el que se puede proyectar impunemente la hostilidad cuando se descubre ahí la debilidad. Y los yanoama confunden en una misma categoría los grupos de los que son enemigos, aquellos con los que no tienen ninguna relación, los otros grupos étnicos y los blancos: son todos extraños, enemigos virtuales. Ahora bien, cara a cara con sus enemigos, los yanoama tienen una táctica simple: tenderles emboscadas y plagiar a sus mujeres, si esto puede realizarse con el menor riesgo.

Pero a los desconocidos, los yanoama generalmente les otorgan el beneficio de la duda; tratan primero de ver en qué pueden ser útiles los intercambios comerciales entre ellos, pues pueden constituir el cebo para intercambios matrimoniales.

Cuando encontraron el pequeño grupo de blancos que remontaba el río Dimiti, vieron que era débil: poco numeroso y aparentemente sin armas. En cambio, los indios eran un gran número y no habían traído mujeres ni niños, a quienes habían dejado en otra parte.

Desde que divisaron al pequeño grupo indefenso acompañado de dos mujeres, no titubearon: atacaron. Tengo la convicción de que si la jovencita, todavía impúber, no hubiera estado ahí, su familia no hubiera estado intranquila. Los yanoama se hubieran aproximado, burlándose del aspecto, los ademanes y los ridículos atavíos de los extranjeros, se hubieran contentado con pedir, cambiar o robar objetos: vestidos, cuchillos o machetes. También estoy persuadido de que si Helena Valero fue herida, lo fue por inadvertencia, o bien le lanzaron flechas con el objeto de herirla para retardar su marcha, evitando así que se escapara. Que solamente la chica interesaba a los indios, me parece una evidencia; a fin de cuentas fue ella sola la que fue capturada, mientras que el resto de su familia llegó a escapar. Conozco demasiado la habilidad de los yanoama para descubrir las huellas de una pista y perseguir fugitivos, para saber que si realmente hubieran querido matarlos, los extranjeros no hubieran podido huir.

Sabemos ahora qué sentido dar a la captura de la muchachita: los yanoama actuaron frente a los blancos exactamente como hubieran actuado en las mismas circunstancias con otro grupo indio situado fuera de su círculo de parentesco.

Helena Valero es entonces arrastrada a la selva en donde compartiría durante veintidós años la vida libre de los indios. Sin padres para defenderla o socorrerla, no debe su supervivencia más que a un coraje y una tenacidad excepcionales. Amenazada, es forzada a huir y a vivir muchas veces sola en la selva para escapar a la muerte que le anuncian. Allá, privada de fuego, vaga en busca de frutas salvajes; en la noche, se aterroriza con los jaguares, de los que tiene la sensación de estar rodeada; igual se tira en los agujeros que se refugia en las ramas de los árboles.

Después de haber cumplido el rito de la primera menstruación, se convierte en la quinta esposa de un importante jefe de familia, Fousiwe, a quien da dos hijos varones. Primeramente escarnecida y ultrajada, su coraje acaba por imponer respeto al guerrero templado que es su marido. Pero después de algunos años de paz y de vida casi feliz y cuando ambos esposos se tienen mutuo afecto, Fousiwe es arrastrado a una situación inextricable: denigrado por los hombres de su comunidad cansados de su comportamiento tiránico, éstos lo obligan a dar siempre nuevas pruebas de su valentía; es así como Fousiwe debe matar a un adolescente al que había criado y al que quería como a un hijo, y sufrir solo la venganza de un grupo rival. Así, heroicamente, y para no pasar por blando a los ojos de sus compañeros y parientes, se arroja ciegamente a una lucha sin salida en la que encuentra una muerte terrible.

Entonces, privada de la eficaz protección de la que disfrutaba al lado de Fousiwe, Helena Valero seguida

de sus hijos, perseguida, huye de grupo en grupo en un
vagabundeo que parece no terminar y que la conduce
hasta las riberas del Orinoco en donde se ve obligada a
unirse a un hombre brutal, Akawe, a quien da otros
hijos. Si se cree la versión de Biocca, su segundo marido, por razones que se explican mal, la determina a
buscar refugio al lado de los blancos quienes, entre tanto, se habían establecido en las riberas del Orinoco y a
quienes ella encuentra al mismo tiempo que llega al
gran río.

La obra de Ettore Biocca cuenta esta aventura ejemplar bajo la forma de una autobiografía de Helena Valero. Cuando después de haber compartido durante dos
años la vida de los indios yanoama, leo el testimonio
de ella, no puedo más que admirar la riqueza y la intensidad dramática de la narración que refuerza la precisión de la observación. Su inteligencia y su memoria
de los hechos son excepcionales y causan en mí una
emoción intensa: por una abundancia de detalles fiel-
mente informados revivo experiencias conocidas y vuel-
vo a sentir sentimientos experimentados en el transcurso de mi vida en la selva con los indios. En esto Helena
Valero, y me complace subrayarlo, se demuestra irremplazable: sabe volver a dar vida a los acontecimientos
a veces temporalmente distantes, con frecuencia trágicos que salpicaron su vida con los yanoama. Su testimonio desborda por instantes una vida intensa y es
lamentable que la incomprensión y las infortunadas
supresiones hechas·por ese intermediario del cual son
mensaje, se nos trasmita desfigurando el sentido.

Porque hay que decirlo, Ettore Biocca, quien ha firmado con su nombre la obra de otro, no ha sabido tras-
mitirnos íntegramente la herencia que recibió, ni explicarnos, a no ser por boca de su colaboradora, escenas
que podrían provocar en un lector impreparado o mal
informado, una virtuosa indignación. Posteriormente re-
gresaremos sobre este aspecto de la cuestión. Es pues
al señor Biocca al que dirigimos las críticas que siguen,
pues sólo él tiene la responsabilidad de los errores y
de las insuficiencias del libro que con frecuencia vuelve
misteriosa e inexplicable la actitud de los indios. Hay
hechos y acontecimientos sobre cuya significación Helena Valero no podía equivocarse y no podemos imputarle
burdos errores de los cuales ella no es responsable.

Es así como vanamente esperamos del señor Biocca
que se explique sobre la selección de los textos que publica y sobre su disposición. ¿Cómo procedió él con

Helena Valero? ¿Cuál fue el marco de su trabajo? Él
confiesa ignorar completamente la lengua indígena, confiesa el gran miedo de los miembros de su expedición
y su propia incapacidad para establecerse y vivir dentro
de un grupo yanoama:

> En el curso de mi primer viaje entre los indios del Alto
> río Negro no me ha sido posible aproximarme a los yanoama;
> a lo largo de cientos de kilómetros, no he podido pasar la
> noche sobre la ribera septentrional del inmenso río, por
> la magnitud del miedo a las incursiones nocturnas, de aque-
> llos que me acompañaban (p. 446).

Una decena de años antes, la expedición francovene-
zolana que remontó el Orinoco en busca de su origen,
había vivido los mismos miedos, y el libro de Gheerbrant [3] sobre la expedición Orinoco-Amazonas resuena
con la misma ansiedad. Esta angustia de los blancos
ante los indios, la selva, lo desconocido, ¿está justifi-
cada? Yo no lo pienso así. Un misionero evangelista,
J. Barker, vivió numerosos años entre los indios; el
etnólogo N. A. Chagnon y yo mismo, vivimos solos, y a
veces muy lejos en la selva, en lugares en los que nuestra desaparición no habría sido siquiera advertida. Además llevábamos objetos que los indios codiciaban.

Para Ettore Biocca, después de su incapacidad para
establecer contacto, el encuentro con Helena Valero fue
una oportunidad inesperada. Notemos que la conoció
por medio de un misionero salesiano italiano como él.
A este solo conocimiento indirecto —y cuán interesado—
de la vida social de los indios, es al que hay que impu-
tar la imagen un tanto deformada que el señor Biocca
nos da de esta civilización selvática. Pues en efecto, aunque el señor Biocca se definiera como antropólogo e in-
sistiera sobre el carácter científico de su expedición, por
las críticas más prosaicas es por lo que pondremos en
evidencia su descuido y su increíble menosprecio de los
hechos.

La trascripción de las palabras indias es completamente fantasiosa; se encuentra una indiscernible mezcla
de palabras sacadas del vocabulario yanoama y de la
lengua geral hablada por Helena Valero y si no aparece
ninguna distinción en el léxico dado al final de la obra,
aparentemente es porque el autor no era capaz de hacerla. Tomemos algunos ejemplos al azar: quién reco-
nocería /peik nó uhudibi/ (el alma) en "nohotipe" (p. 47),
/korita-theri/ (nombre de una comunidad) en "kourita-

---

[3] Alain Gheerbrant. l'Expédition Orénoque-Amazone, Gallimard.

tari" (p. 405), /*kamiya so*/ (yo también) en "*kamigna echo*" (p. 342), etc. La palabra "*kahkrekehi*" (quizá *herohi ka hi*) (nombre de un árbol) es completamente impronunciable en yanoama. Y si la notación es defectuosa, el sentido de las palabras no está mejor expresado; por ejemplo Fousiwe, nombre del primer esposo de la Valero, significa "labio" como se afirma (p. 162); /*peik fu*/ es la nariz y /*fusi*/ el pico. Por otra parte, en el área geográfica en donde vivió Helena Valero, el fonema /*f*/ no existe, y Fousiwe debe pronunciarse /*husiwe*/.

Las ilustraciones nos presentan objetos que no están nombrados adecuadamente o a los cuales se asigna un uso mal definido. Por ejemplo, la figura 2 nos muestra una "bandeja para ahumar los alimentos", y los alimentos no se ahuman sobre una bandeja sino que se secan sobre una parrilla puesta directamente en el suelo; los dijes de la página 21 son excepcionales; los "tomanake" (debería escribirse /*tomi naki*/) de la figura 9 no son cuchillos sino buriles; la bolsa de piel de jaguar de la figura 28 es rarísima. ¿Por qué nos son presentados objetos excepcionales como representativos de la cultura material de los yanoama?

En la relación de los hechos, Biocca es completamente víctima de su ignorancia. Así pues, la carne se despedaza y luego se ahuma, no al contrario, como él afirma (p. 19). La lectura del libro da la impresión de que ciertos grupos yanoama (cf. p. 39) practicaran la horticultura y otros no, lo que es falso: los yanoama tienen una economía basada en la horticultura de monte quemado, la caza, la pesca y la recolección de frutas silvestres; y la subsistencia de una comunidad no podría asegurarse sin un mínimo de agricultura. Los niños (p. 48) no imitan al halcón sino al buitre, que desempeña un papel importante en el ritual y en la mitología: la pluma blanca del buitre es lo que se utiliza, pegada sobre los cabellos de los participantes, durante un rito funerario y es su espíritu caníbal el que se apodera de las almas para devorarlas si los *hekura*, espíritus de la naturaleza, no son lanzados en su persecución por el chamán. Contrariamente a la afirmación de Biocca (p. 81), durante una iniciación, un novicio no tiene en absoluto derecho a levantarse. Los términos de "primo" (p. 289) y de "tía" empleados en la obra, merecerían ser explicados, lo que Biocca no hace; no existen en el vocabulario de parentesco de los yanoama y es necesario hablar ya sea de "hermano" y de "hermana", ya de "cuñado" y de esposa: los yanoama dividen los parientes en dos grupos irreductibles, los consanguíneos (los "padres", las "madres", los "hermanos" y las "hermanas") por una parte, y los allegados (o afines) por la otra (los suegros, los cuñados y las esposas potenciales); los términos "primo" y "tía" son improcedentes. Los grupos indios no constituyen pueblos —palabra que remite a un tipo preciso de organización social y territorial— y el "chapouno" (/sabono/) no es el cobertizo, sino el asiento central de éste. El curare no se prepara con raíces, sino con el tejido fibroso de dos lianas del género strychnos. En fin, perro se dice /hima/ y no "ihina". En este punto de la demostración, nos parece inútil prolongar la lista de errores que comete el señor Biocca.

Uno puede igualmente asombrarse de que el nombre mismo que los indios daban a Helena Valero no se nos dé. Por una parte, "Napagnouma" (hay que leer /naba yoma/) significa "la mujer de los extranjeros" o "la mujer de los enemigos" y no solamente "la mujer de los blancos"; ese nombre, además, no tiene nada de excepcional y conozco indios que lo llevan, justamente aquellos que fueron arrebatados a grupos enemigos. Napagnouma (puesto que así dice Biocca) parece en realidad haber sido una especie de apodo que se aplicaba a Helena Valero, pero el verdadero nombre que ella llevaba entre los yanoama era Yapaima. Es muy probable que todos los nombres dados en la obra sean sobrenombres en lugar de nombres verdaderos, hábilmente mantenidos en secreto. ¿Tuvo Helena Valero la extrema delicadeza de no descubrir los nombres de las personas con las que había vivido, sabiendo que al hacerlo habría violado un secreto al que son apegados los indios?

Pero todos estos errores, queremos creerlo, no son imputables más que a la ignorancia y a la negligencia de Biocca. Hay otros que son menos perdonables porque parecen derivar de la publicidad comercial. Es así como se encuentran títulos aberrantes, como por ejemplo: "El sacrificio humano" (p. 311), ya que no se trata de tal sacrificio ni en el texto, ni en la realidad. O bien: "El endocanibalismo y la supresión de las viudas" (p. 351); ahora, las viudas, Helena Valero no podía ignorarlo, pueden ya sea vivir con los hermanos de su marido, ya desposar uno de ellos, ya regresar a vivir a su grupo de origen. La situación trágica de Helena Valero a la muerte de su marido no es pues, lo hemos ya subrayado, más que un caso particular: jamás tuvo entre los indios más que un estatuto de extranjera, el más bajo. En realidad parece que la selección de los títulos deriva de una

práctica escandalosa: la que consiste en "enganchar" al
lector por el título de un capítulo, aun si este título
no corresponde a ninguna realidad. Y esta selección es
completamente consecuente con la supresión que Biocca
hace de la narración de Valero: quiere, mediante una
exhibición de violencia y de sangre, mediante el anuncio
de prácticas que repugnan a la moral occidental, provocar y atraer al lector. Para Biocca ese libro es un
producto comercial que arrojó al consumo.

Cómo explicar de otra manera la acumulación de rasgos que acentúan la ferocidad de los yanoama, la intensidad de la guerra, el horror de ciertas escenas; acumulación que da la impresión de que esta sociedad no conoce tregua ni respiro, que la brutalidad y la muerte
reinan en ella permanentemente. El lector puede preguntarse si los yanoama conocen la calma, la paz, el amor,
si tal sociedad es "viable". ¿No será posible para un hombre morir ahí de muerte no violenta? Ciertamente; pero
no se creería. Durante los dos años que duró mi estancia
entre esos indios, estudié quince comunidades, o sea una
población de 702 personas: del total de las incursiones
emprendidas —cada comunidad lanza por lo menos dos
incursiones al año— solamente dos fueron llevadas a
término, provocando una muerte. Es que la mayoría de
las incursiones son detenidas por presagios desfavora-
bles. De manera general, los decesos provocados por las
incursiones representan el 10 % de la totalidad de las
muertes.[4] Pierre Clastres, reseñando el libro para la
revista L'Homme,[5] lo había observado bien, ya que había anotado:

Para empezar, la narración de Helena Valero se refiere a
veintidós años; luego, ella probablemente reportó dando
prioridad a lo que la impresionó más, a saber, los combates.

Agregaremos que Biocca se aprovechó de ello. Queda,
sin embargo, un episodio oscuro y casi increíble, el pasaje al principio del libro (pp. 27 a 29) en el que Valero
relata una matanza de niños en condiciones particular-

---

[4] En el artículo de *Critique* ya citado, yo había dado, a partir de datos parciales, la cifra del 6 %. La cifra real del 10 % se obtiene a partir de la totalidad de los informes que poseo sobre quince comunidades residenciales. Es
verdad que ese porcentaje es claramente más elevado si se efectúa el cálculo,
como conviene hacerlo, solamente sobre los adultos masculinos: en ese caso
las muertes consecutivas a las incursiones representan el 24 % de los decesos.
No negamos pues que la guerra y la violencia sean importantes en la sociedad
yanoama, pero protestamos contra la imagen que da Biocca y lamentamos que
no proporcione ninguna explicación.

[5] Pierre Clastres, "Une ethnologie sauvage", *L'Homme*, vol. IX, Cahier 1.

mente horribles. Se me ha preguntado muchas veces lo que yo pensaba al respecto y debo confesar mi apuro. Lo que puedo afirmar es que se trata de un caso completamente excepcional del que está ausente el contexto que hubiera podido esclarecer los motivos; jamás he sabido de otro caso igual.

Ya sea que Helena Valero lo haya hecho por propia iniciativa o que haya sido animada por Biocca que entreveía ya la posibilidad de una explotación comercial de los resultados de su expedición, hay que decir que el libro exagera el papel de la violencia entre los yanoama. Las 421 páginas de la narración ofrecen un condensado de todas las violencias posibles, pero no dan ninguna explicación ni hacen ningún análisis de los mecanismos que permiten evitarlas. ¿Por qué no se dice que el combate con mazo es un procedimiento para evitar la guerra, que existen grados de violencia y que ciertos combates no tienen otra función que la de apaciguar conflictos y permitir a las facciones rivales recuperar su vida normal?

Esta acumulación de barbarie confirma la mala opinión en la que se tiene a esos indios a los que en Venezuela se llama con desprecio los "waika",[6] término propagado, por otra parte, por los misioneros; en yanoama, /waikai/ significa "matar", "poner fin a". Debo aquí encomiar a Ettore Biocca por haber sabido resistir a la opinión general y haber escogido la denominación yanoama en lugar de waika que es empleada más generalmente, aun si haciéndolo deformaba el nombre que los yanoama se dan a sí mismos y que es yanómami.

Sin embargo, se comprende mejor cómo esta barbarie real o supuesta de la que se acusa a los yanoama puede servir de justificación, entre otras, para la presencia de los misioneros y para la buena conciencia que el "blanco" extrae de la acción civilizadora de esos mandatarios dudosos. No es la primera vez que la ferocidad de la que se acusa a ciertos grupos amerindios sirve de coartada para su destrucción y la apropiación de sus territorios por parte de los blancos.

Así como es culpable la falsificación de la realidad por Biocca, así los tests por los que se pretende (p. 454) haber medido el grado de "aculturación" de los yanoama —o determinado la "idea de color"— son nada menos que inocentes. Los tests, es ocioso subrayarlo, no.

[6] Los yanoama centrales, entre los que yo llevé mi investigación etnográfica, llaman *waika* a sus vecinos septentrionales quienes, a su vez, cuando se les interroga se defienden muy bien de serlo. El *waika* es siempre el otro, y, el término tiene una connotación peyorativa.

son neutros; están culturalmente marcados y operan
una reducción de los hechos sociales o (y) "psicológi-
cos".[7] Biocca nos engaña a la vez por exceso y por falta
de ciencia; por exceso cuando emplea implementos de
análisis muy refinados pero inadecuados; por falta,
cuando renuncia a establecer la comunicación de las
manifestaciones de agresividad de los indios yanoama
con el conjunto del sistema social. En tanto que el
psicoanálisis se complace en reconocer una función de
adaptación en la agresividad humana y la explica en
relación con la historia de las violencias sociales o individuales que actúan en el momento de la socializa-
ción, Biocca niega a la vez esa función y esa realización.
Esta negación no puede explicarse más que si Biocca
no sabe explicar la agresividad en su relación particular con la sociedad yanoama o si, conociendo el gusto
muy afirmado del público por los acontecimientos vio-
lentos y dramáticos, resolvió explotar el testimonio de
Helena Valero para fabricar un libro de éxito. Haciendo esto, y cualesquiera que sean las razones profundas,
Biocca traiciona no solamente a Helena Valero sino
también, y sobre todo, a los yanoama.

Dejando por un instante la crítica directa del libro,
quiero abrir mi cuaderno de notas y revelar un aspecto
de la realidad tangible, la que Biocca nos oculta: la
ternura y la delicadeza de ese pueblo.

Era el mes de marzo. Durante varias semanas *Maruwe* había vivido en *Kerohi-theri* en donde visitaba a unos parientes
y, en particular, a su cuñado *Shiweriwe*. Uno y otro no
tenían más de quince años. Pasaron largos momentos juntos; se dedicaban a las mismas actividades, a los mismos
juegos, se tendían uno al lado del otro en la misma hamaca
y pasaban así la noche. Cada día *Shiweriwe* llevaba comida
a su cuñado y se privaba de carne para ofrecérsela.

Pero la comunidad continuaba viviendo y fue tomada la
decisión entre los hombres adultos, de ir a recolectar las
frutas que maduraban en la selva. Era necesario que *Maruwe* dejara sus huéspedes para ir a reunirse con los suyos
y, en la mañana de un desagradable día, desprendió su
hamaca, la hizo una bola y se la echó a la espalda, luego
partió bruscamente, sin mirar a nadie. El sol estaba todavía
bajo y la bruma flotaba por encima del río. Todo *Karohi-
theri* se introdujo en la selva, primero los hombres, luego

7 Son los psicólogos mismos los que han mostrado la mayor reticencia a la utilización de tests de proyección en pueblos sin escritura. Lantz califica tal utilización de "especulación sin fundamento científico real". Herman Lantz, "Rorschach testing in Preliterates cultures", en *American Journal of Ortho-psychiatry*, XVIII, pp. 287-91.

las mujeres cargadas con sus pesadas canastas y con sus hijos. *Shiweriwe* caminaba entre su padre y yo. Sentí en él una vaga e indefinible tristeza: contra su costumbre, no hablaba ni sonreía y sólo respondía a las preguntas con unas cuantas palabras. Encontramos una banda de monos y él se quedó sentado sobre las hojas húmedas apartado de los cazadores que se lanzaron a perseguirlos.

Hacia el mediodía —los rayos del sol que se filtraban a través del follaje venían directamente a herir el suave mantillo del suelo— alcanzamos la colonia de árboles salvajes e instalamos el campamento al borde del camino. En la tarde, el hermano mayor de *Shiweriwe* me pidió le acompañara para ir a cazar ese pájaro que en Venezuela se llama "la poncha" y cuya carne es tan delicada. Se acecha al pájaro a la hora del crepúsculo escuchando su canto y se aproxima uno silenciosamente para lanzarle una flecha. Cuando regresamos, la selva estaba ya oscura. El humo del campamento se extendía en velos azules entre los árboles y su olor acre se manifestó mucho antes de que nos fuera posible escuchar los ruidos de las gentes.

Sin decir una palabra, como es la costumbre, entré en el alojamiento que compartíamos *Shiweriwe*, sus padres y yo. Me senté en su hamaca, deseoso de conversar con él; al rozar su cara con la mano sentí sus mejillas húmedas. Lo interrogué suavemente. Permaneció un instante silencioso y luego me respondió con una voz ahogada por la angustia: *Shoriwe, ya buhi no hushuo* (estoy triste por mi cuñado...).

Me acuerdo de los padres de este muchacho, cuando se peleaban, disputaban uno y otro con una vocecita quejumbrosa y desasosegada. Sus disputas terminaban siempre de la misma manera: se tendían ambos en la misma hamaca y se acusaban, riendo, de las peores taras físicas...

Shiweriwe, su hermano y el hijo del hermano de su padre, me acompañaban en las visitas que hacía a otras comunidades. Durante más de un año, fueron los tres colaboradores inteligentes y cautelosos. Cuando nos quedábamos largo tiempo con alguno de esos grupos, infaliblemente terminaban por enamorarse de alguna joven a la que iban a encontrar después que caía la noche... Cuando al fin decidíamos partir, venían a pedirme cuentas para ofrecérselas a sus compañeras y me confiaban entonces: "estamos muy tristes por tener que dejarlas". La última comida se hacía en silencio, masticaban lentamente sus alimentos con la mirada perdida en la noche. Una vez, sincero y espontáneo, *Shiweriwe* me dijo: "Me quedaría aquí y me casaría con ella. Le daría mucha carne a su padre..."

Aprendieron muy pronto a utilizar mi fusil de caza, el cual tomaban libremente; sabían desarmarlo, limpiarlo, aceitarlo. También aprendieron a manejar el motor del barco, a desmontar ciertas piezas, a vaciar el agua cuando entraba en el carburador y, en su lengua, encontraban nombres pintorescos para nombrar las piezas y las herramientas...

El día de mi partida de *Karochi-theri*, la madre de *Shiwe-*

riwe —había conocido a Helena Valero cuando ambas vivían
en *Patanawe-theri*— permaneció sentada en el suelo con su
hijita sentada sobre ella. Lloraba. Me hizo prometerle que re-
gresaría y que no haría la guerra con los blancos pues, decía,
quería que yo regresara con ellos. Los muchachos quisieron
acompañarme hasta la pista de aterrizaje de una misión, río
abajo, en el Orinoco. Un poco antes de la llegada del avión,
los tres se me acercaron; las miradas de reojo, aparentemente indiferentes. Uno de ellos me dijo: "Nos vamos ahora;
si vemos el avión, si te vemos partir, no podremos evitar
llorar. Y aquí hay algunos yanoama que nosotros no conocemos". Luego se fueron, muy rápidamente, sin volverse, según
su costumbre...

He aquí cómo viven los salvajes yanoama. Seres
tiernos, en verdad. ¿Cómo explicarnos entonces que
el libro *Yanoama* nos dé la impresión de que son seres
detestables?

La hipótesis según la cual los yanoama son bárbaros
se sostiene también porque Biocca vuelve su organización política literalmente incomprensible. ¿Por qué hablar de "touchawa", es decir de jefe, si no existe en
esa sociedad? ¿Hay que creer a Biocca cuando afirma
que Helena Valero persistió en utilizar ese término?
¿Por qué, desde ese momento, si el papel de jefe no
existe, el lector queda de tal manera convencido de
su existencia una vez que cierra el libro? Quizá porque
Biocca lo retoma por su cuenta, por ejemplo en el
título de un capítulo: "Riokowe, nuevo jefe chamatari"
(p. 373). ¿Hay que recordar que la palabra "touchawa"
no pertenece a la lengua yanoama, sino a la lengua
geral hablada por Helena Valero?

Las comunidades yanoama están en general compuestas de varios grupos de hermanos repartidos entre
varias líneas de esposos y descendientes de éstos. Un
mayor (un padre o un hermano mayor) puede, en determinadas circunstancias, imponer su autoridad a un
menor. Pero jamás, salvo en el caso en que la comunidad sea tan pequeña que se reduzca a un sólo grupo
de hermanos, un individuo puede imponer su autoridad al total de un grupo residente; la participación en
tareas específicas es lo que determina el liderazgo,
más que una posición estable en una jerarquía política.
En especial, la decisión de participar en una incursión,
depende de una referencia al código moral más que de
la sumisión a una autoridad.

Desde ese momento, ¿cómo explicar la actitud de
Valero que se obstina en hablar de "jefes"? Se puede
suponer que ella sufre algunas dificultades para ex-

presar en los términos que le eran impuestos algo tan
difuso e impalpable como la noción de autoridad en
una comunidad yanoama; y la palabra "touchawa" servía ahí de cómoda mediadora. Se puede suponer igualmente que esas cuestiones podían parecerle oscuras en
la medida en que no eran planteadas por ella; en fin,
Biocca no nos revela cuáles fueron los procedimientos
de investigación. ¿Quizá Helena Valero sabía ya, por
haber tenido la experiencia, que la ausencia de jerarquía es insoportable a los blancos? Recuerdo la llegada
inopinada de un misionero a un grupo donde yo vivía.
Para penetrar en la habitación comunitaria de los yanoama, es necesario salvar el fango, escalar y avanzar
haciendo equilibrio sobre los troncos de árbol que pro-
tegen contra eventuales asaltantes obstruyendo el camino y retardando la marcha. Y las torpezas del misionero provocaron las risas socarronas de los indios que
observaban su marcha. Cuando por fin llegó al lugar
central del cobertizo, sofocado y sudoroso, preguntó
inmediatamente, en español, dónde estaba el "capitán".[8] Un indio, riendo, le respondió en su lengua:
"Mira, he aquí a tu capitán", y le señaló a un débil
mental que estaba en cuclillas cerca de él.

Es necesario, en fin, interrogarse sobre la versión que
da el libro del regreso de Valero con los blancos, sobre
todo cuando se ha escuchado la de los indios, como yo
lo he hecho. Ellos afirman que un hombre armado,
acompañado de un sacerdote, llegó a buscarla y se la
llevó con sus hijos. Por otra parte, ¿a quién pertenecían éstos, a los indios o a los blancos? Helena Valero
no pareció muy segura de la respuesta.

Comenzada con los hijos de Helena Valero y prose-
guida con otros niños conducidos por la fuerza, a espaldas de sus padres, en centros especializados maneja-
dos por misioneros para la "educación" de los pequeños
indios, la destrucción de uno de los últimos pueblos
libres de Amazonia se organizó así metódicamente. El
libro de Biocca, presentado crudamente a un público
mal preparado, provocó un sentimiento de horror apenas contenido, y confirmó la opinión profesada en las
comunidades religiosas: los indios "son salvajes, no
son seres humanos".[9] Justificó la necesidad, emitida
demasiado frecuentemente, de civilizar a esos seres su-
puestamente bárbaros e ignorantes.

[8] El jefe. La mayoría de los indios conocen esa palabra.
[9] El padre Berno, misión de Mavaca, 1968.

Cuando se conoce el éxito de la obra de Biocca, traducida al francés, al inglés, al español, etc., se le pueden plantear dos preguntas: ¿por qué el libro no lleva el nombre de Valero, en quien deben recaer en realidad los derechos de autor? ¿es Biocca responsable del probable uso de su escrito por la ideología de los misioneros?

TERCERA PARTE

EL OCCIDENTE

DE LA DESTRUCCIÓN DE LOS INDIOS
A LA CIVILIZACIÓN DE LOS SALVAJES

MICHÈLE DUCHET

I. LA DESTRUCCIÓN DE LOS INDIOS Y LA DISPUTA DEL NUEVO MUNDO

Sébastien Mercier, en su obra titulada *L'an 2440*, se imagina un "monumento singular" donde "las naciones representadas [piden] perdón a la humanidad" por su crueldad.[1] Entre ellas, España, que gime por "haber cubierto al nuevo continente de treinta y cinco millones de cadáveres, de haber perseguido a los tristes restos de mil naciones hasta el fondo de los bosques y los agujeros de los roquedales, de haber acostumbrado a animales, menos feroces que ellos, a beber sangre humana".[2] Basta con comparar este texto con el célebre capítulo titulado "Des Coches" para ver que las cifras no carecen de importancia. Cuando Montaigne evoca "tantas villas arrasadas, tantas naciones exterminadas, tantos millones de personas muertas por la espada",[3] sugiere la amplitud de la matanza, pero no ofrece la medida exacta, y si denuncia con verdadera violencia estas "horribles hostilidades y calamidades", esta "carnicería, como sobre bestias salvajes, universal, de todo lo que alcanzaron el fuego y la espada",[4] no parece haberse sospechado todo el horror de la verdad. Es verdad que desde Gomara hasta Benzoni, a quien utiliza preferentemente, se observa un *crescendo* en la actitud crítica respecto a los conquistadores del Nuevo Mundo,[5] pero Benzoni no es Las Casas. Ahora bien, lo que da fuerza a las acusaciones de Las Casas

[1] *L'an 2440*. Londres, 1771, capítulo 22, p. 144, nota.
[2] *Ibíd.*, pp. 143-144. En la p. 145, Mercier habla de 20 millones de hombres "pasados a cuchillo por algunos españoles".
[3] *Essais*, libro III, capítulo 6, ed. Pléiade, p. 883.
[4] *Ibíd.*, p. 886.
[5] Véase Marcel Bataillon, "Montaigne et les conquérants de l'or", en *Studi Francesi*, diciembre de 1959. Para Marcel Bataillon es imposible saber si Montaigne leyó o no a Las Casas.

—y al mismo tiempo las hace sospechosas para muchos
historiadores del Nuevo Mundo— es que tienen una
exactitud terrible: de acuerdo con Las Casas, la destrucción de los indios no se nos manifiesta solamente
como uno de los episodios más crueles de la historia
humana, sino, a escala de un continente, como un ho-
micidio colectivo de amplitud sin precedentes. De golpe, la presencia o no presencia de datos cuantitativos
en un texto —independientemente de que la referencia
a Las Casas sea explícita o se mantenga implícita— lo
sitúa en un determinado contexto. Es este sistema sub-
yacente el que quiero estudiar aquí.

Es sabido que todavía hoy se agita una viva contro-
versia en torno a Bartolomé de Las Casas. Mientras
que unos historiadores le reprochan haber exagerado
gravemente el número de víctimas, otros, fundándose
en trabajos recientes, descubren en su obra "una mina
incomparable de detalles cifrados" "una fuente cuantitativa de valor inapreciable".[6] Las obras de Las Casas
con excesiva frecuencia han servido de arma contra la
España católica y el imperialismo español, contribuido
demasiado a la formación de la "leyenda negra",[7] anti-
hispánica, para que sea fácil separar "el mito Las Casas" del "verdadero Las Casas".[8]

Otro tanto ocurre en el siglo XVIII. Hemos visto que,
por muchos conceptos, su testimonio se considera poco
digno de confianza. Prévost opone la "ecuanimidad" de
Benzoni al "celo agrio" del obispo de Chiapas. Cita el
parecer del jesuita Charlevoix que le reprocha el haber
confirmado a los rebeldes de los Países Bajos en su
odio contra los españoles, de haber servido de arma
a los protestantes en su lucha contra la catolicidad.[9]
El nombre de Las Casas no se cita en ninguno de los
artículos que la *Encyclopédie* consagra a América. Después de la abundancia de ediciones francesas e inglesas
de los últimos años del siglo XVII, que corresponde al

[6] Véase Marianne Mahn-Lot, "Controverses autour de Bartolomé de Las
Casas", en *Annales*, julio-agosto de 1966, y, para una defensa del verdadero
Las Casas, Pierre Chaunu, "Las Casas et la première crise structurale de la
colonisation espagnole", en la *Revue historique*, febrero-marzo de 1963, pp. 59-
102. Esto importante artículo analiza los trabajos recientes de Manuel Giménez
Fernández sobre Las Casas.

[7] El libro de Rómulo D. Carbia, *Historia de la leyenda negra hispano-
americana*, Buenos Aires, 1943, en 8º, hace de Las Casas el responsable principal de esta leyenda. Pierre Chaunu muestra que este odio apasionado contra
Las Casas está injustificado, aparte de las preocupaciones políticas que inspiraron
al autor (*art. cit.*, p. 62, nota 6).

[8] *Ibid.*, p. 66.

[9] *Histoire des voyages*, tomo XII, pp. IX y XI, nota 10.

ventilamiento de la cuestión de la sucesión de España,[10] este silencio es signo de un olvido voluntario. La obra despierta pasiones, referirse a ella es tomar partido y se procura no hacerlo, pero, de pronto, todo cambia: los historiadores del Nuevo Mundo vuelven a descubrir a Las Casas como personaje legendario y, a la vez, como "fuente cuantitativa".

La *Histoire admirable des horribles insolences, cruautés et tyrannies exercées par les Espagnols en Indes Occidentales*[11] es objeto de cuatro menciones en los capítulos del *Essai sur les moeurs* consagrados a América. Voltaire toma de él detalles muy impresionantes:

Bartolomé de Las Casas, obispo de Chiapas, testigo de estas destrucciones, cuenta que salían a cazar hombres con perros. Estos desdichados salvajes, casi desnudos y sin armas, eran perseguidos como venados hasta el fondo de los bosques, devorados por dogos y muertos a tiros o sorprendidos y quemados en sus habitaciones.

Este testigo ocular cuenta para la posteridad que a menudo un dominico o un franciscano conminaban a estos miserables a someterse a la religión cristiana y al rey de España, y, después de esta formalidad, que no era sino una injusticia más, los degollaban sin remordimiento,[12]

o también la terrible anécdota de los indios a los que colgaban de trece en trece en horquillas patibularias, "en honor, decían, de los trece apóstoles".[13] Pero también, y sobre todo, ofrece cifras: "(...) despoblaron en unos cuantos años la Hispaniola, que tenía tres millones de habitantes, y Cuba que tenía más de seiscientos mil".[14] "(...) En Cuba, en Jamaica, en las islas vecinas, hicieron perecer a más de un millón doscientos mil hombres, como cazadores que despueblan una tierra de bestias salvajes."[15] "Por último, este testigo ocular afirma que en las islas y en la tierra firme este corto número de europeos ha hecho morir a más de doce mi-

[10] Véase en el artículo citado de Pierre Chaunu, pp. 68-73, el análisis de la *Bibliografía crítica* (...) de Las Casas, establecida por Lewis Hanke y Manuel Giménez Fernández, Santiago de Chile, Fondo... *José Toribio Medina*, 1954, Gr., en 4º. Naturalmente, hay que distinguir entre los tratados polémicos y la *Historia de las Indias*, publicada apenas en el siglo xix.

[11] Es decir, la traducción por Jacques de Migrodde de la *Brevísima relación de la destrucción de las Indias*, el más famoso de los tratados polémicos (Biblioteca de Voltaire, número 646).

[12] Ed. cit., p. 339.

[13] *Ibid.*, p. 360. Voltaire, evidentemente, quiso decir en honor de Cristo y los doce apóstoles.

[14] *Essai*, ed. cit., ii, p. 339.

[15] *Ibid.*, p 360.

llones de americanos."[16] Aunque crea que el relato de
Las Casas es "exagerado en más de una cosa", Voltaire
no vacila en hablar, en lo que respecta a Santo Domin-
go, de la "extinción total de una raza de hombres".[17]
Señala en varias ocasiones la sorprendente desproporción entre el pequeño número de conquistadores y las
multitudes con las que tuvieron que combatir. Cortés,
con 600 hombres y un refuerzo de 6 000 tlaxcaltecas
que se le habían unido, se apodera de México defen-
dida por tres millones de americanos;[18] 80 españoles
le bastan para sofocar la rebelión de 200 000 mexicanos;[19] con nueve canoas y 300 hombres se enfrenta a
la flota de Guatimozin que sumaba de cuatro a cinco
mil canoas, en cada una de las cuales había dos hombres.[20] Con 300 hombres, Pizarro vence a 40 000 peruanos.[21] Pero la visión de los caballos y el ruido de los
cañones explican estas sorprendentes victorias sobre
multitudes mal armadas. Voltaire no duda de las cifras que cita, según los historiadores de la conquista,
porque no se le manifiesta en su totalidad la significación de tales cifras. De América, dirá solamente que
estaba muy poblada en su parte central y casi desierta
en el resto, lo cual es, como se verá, la tesis de Buffon.
    Todavía no se ha advertido que tal hecatombe supone
una numerosa población y que hay una contradicción
interna entre la idea de un continente casi vacío de
habitantes y la destrucción de multitudes de americanos. Otra contradicción: se estigmatiza la crueldad
de los españoles, pero el artículo "Cruauté" de la Encyclopédie [22] coloca en un mismo plan las "barbaridades
increíbles cometidas por los españoles, con los moros,
los americanos, y los habitantes de los Países Bajos".
Es como si las cifras verdaderamente no hablasen:
millones de americanos exterminados, la extinción total de una raza son menos índice de una barbarie aún
inaudita que efecto de un "celo destructor", inspirado
por "falsos principios" y por una superstición ciega. El
artículo "Férocité" denuncia al hombre "que dirige contra sus semejantes la misma violencia y la misma
crueldad que la especie humana ejerce sobre todos los
seres sensibles y vivientes",[23] y es en este sentido como

[16] *Ibid.*, p. 361.
[17] *Ibid.*, p. 339.
[18] *Ibid.*, p. 347.
[19] *Ibid.*, p. 351.
[20] *Ibid.*, p. 352.
[21] *Ibid.*, p. 356.
[22] Redactado por De Jaucourt.

Voltaire habla de la "ferocidad" de los españoles, que trataban a los americanos como bestias, y no como hombres, al hacer que los devorasen sus perros. Pero "el tirano que devora a los hombres"[24] es también "feroz": la política y la religión, el despotismo y el fanatismo llevan a los pueblos más refinados a la inhumanidad. La matanza de San Bartolomé, las cruzadas, las guerras civiles y religiosas, son ilustraciones de la barbarie de los civilizados tan a menudo como los crímenes de la Conquista, cuya amplitud real, en última instancia, no se mide bien. Esto ocurre porque, como no están referidas a un sistema numérico, las cifras ofrecidas son perfectamente abstractas. Así cuando, en 1768, Cornelius de Pauw se pregunta por la población del Nuevo Mundo en el momento del descubrimiento, todos los datos del problema quedan de golpe modificados. De Pauw no discute de ninguna manera los hechos:

No ha quedado casi nada de la antigua América, escribe en su *Discours préliminaire*, salvo el cielo, la tierra y el recuerdo de sus terribles desgracias.[25]

Reconoce que en la América septentrional los europeos han destruido cerca de la treceava parte de los naturales, que no se ha dejado ninguno en Las Antillas y casi ninguno en las Caribes y las Lucayas, que en el Perú, en México y en Brasil exterminaron a dos terceras partes de los habitantes.[26] Saca en conclusión que la cifra de doce millones de víctimas ofrecida por Las Casas no es exagerada, pero a condición de referirla al conjunto del continente americano e incluir en tal número a todos aquellos a quienes degollaron los franceses, ingleses, portugueses y holandeses de punta a cabo de las Indias Occidentales.[27] Y refutando tanto a Riccioli, "calculador impertinente" que estimaba en trescientos millones de hombres la población de las Américas antes de la llegada de los europeos, como a los "aritméticos políticos" que no cuentan más que cien millones y los cálculos del alemán Susmilch que cuenta ciento cincuenta millones,[28] de Pauw evalúa, en

---

[23] El artículo da como autor a Diderot.
[24] Artículo "Férocité".
[25] *Recherches sur les Américains...*, ed. de Berlín, 1774, en-12, I, p. VIII.
[26] *Ibid.*, pp. 78-79.
[27] *Ibid.*
[28] Su *Table des vivants* asigna 130 millones de habitantes a Europa, 150 a África y 650 millones a Asia; *Recherches...*, I, p. 49, nota I. Se cita elogiosa-

efecto, la población total de los indios occidentales en
30 o 40 millones. Así pues, el relato de Las Casas es
verídico y, a la vez, falso. Verídico porque, a escala
de un continente, sí se produjo una "destrucción" de
los indios, igual a un tercio de la población, falso porque los españoles no pudieron dar muerte a doce millones únicamente en sus colonias. Así Las Casas, ya muy
maltratado en las *Recherches*,[29] es violentamente denunciado en el artículo "Amérique", redactado por de
Pauw para los *Suppléments* y la *Encyclopédie*.

Se atreve a decir, en un tratado titulado *De la destrucción
de las Indias Occidentales por los castellanos* y que está en
la colección de sus obras, impresas en las colonias, que
en cuarenta años sus compatriotas han degollado a cincuenta millones de indios, pero nosotros respondemos que
es sólo una burda exageración. Y he aquí por qué ha exagerado tanto Las Casas: quería establecer en América una
orden semimilitar, semieclesiástica. Luego quería ser gran-
maestre de esta orden y hacer pagar a los americanos un
prodigioso tributo en plata. Para convencer a la corte de la
utilidad de este proyecto, que sólo hubiese sido útil para
él, elevaba el número de indios degollados a cifras increíbles (...). Quienes creen en relatos tan extravagantes, sin
duda no conciben que tal sea esa cantidad; Alemania, Ho-
landa, los Países Bajos, Francia y España, juntos, no contie-
nen hoy exactamente cincuenta millones de habitantes.[30]

De hecho, no es solamente el testimonio de Las Casas el que queda de dicha manera recusado, sino el de
todos los historiadores españoles, que exageraron su
relato para hacer valer más sus victorias. La imagen
de una América fabulosa, rica en hombres y en monumentos prodigiosos, tal como la pintaron, siguiendo a
Montaigne, quienes hablaron de esta "especie de creación nueva":[31] el descubrimiento de un nuevo mundo,
la América de los conquistadores y de la historia de
los incas, se borra tras la de un continente inmenso
y desolado, dejado en barbecho perpetuo por pueblos

mente a este libro en el artículo "Population" de los *Suppléments* a la *Encyclopédie*. Había salido en Alemania en 1765, con el título de *Die Götliche
Ordnung* (...) *des menschichen Geschlecht*.

[29] Se le acusa de haber tratado de forjarse un imperio en América y de ser
el primero en haber propuesto que se llevasen esclavos negros, I, p. 101.

[30] Al parecer, de Pauw consultó una edición española de las obras de Las
Casas. Sin embargo, sorprende la cifra de 50 millones. La que figura en varios
títulos de traducciones es de 20 millones. Sobre este problema, véase Pierre
Chaunu, art. cit. La exactitud de las cifras ofrecidas por Las Casas está com-
probada por lo que toca a la *Historia de las Indias...*, pero no a la *Brevísima
historia*.

[31] *Essais sur les moeurs*, ed. cit., II, p. 330.

incultos y dispersos, donde algunas ciudades reducidas, al rango de aldea ya no ilusionan a nadie. El mito de la Conquista se viene abajo: el despoblamiento de América, la debilidad y la cobardía de sus habitantes la entregaron indefensa a un puñado de aventureros. Despojada de sus ornamentos preciosos, explorada hasta sus profundidades, la América de los viajeros y de los naturalistas está a punto de convertirse en ese "mundo fragmentado y quimérico"[32] de que hablan hoy los historiadores de las Américas precolombinas.

II. COLONIZACIÓN Y CIVILIZACIÓN: CONSTRUCCIÓN DE UN MODELO

En ninguna parte esta sustitución de imágenes destaca más que en la *Histoire des Indes*, verdadero crisol donde se amalgaman las distintas versiones de una misma historia. En 1770 se representa a México como una "espléndida ciudad":

Sus murallas encerraban trescientas mil casas, una inmensa población, bellos edificios. El palacio del jefe del Estado, de mármol y jaspe, tenía una dimensión prodigiosa. Baños, fuentes, estatuas lo decoraban (...).

Cien mil canoas recorren el lago, en cuyas riberas se levantan cincuenta ciudades y una multitud de pueblos y aldeas.[33] Raynal se apega a la *Histoire des voyages* y toma unas veces de Gemelli Carreri, y otras veces de Antonio de Solís estos rasgos de "espantable magnificencia" como decía Montaigne.[34] El artículo "México" de los *Suppléments* de la *Encyclopédie*[35] reproduce el texto de la edición de 1780, que acentúa el efecto producido por el artículo "México" de la *Encyclopédie* de Diderot, cuya materia sacó de Voltaire. Tenemos ahí una primera visión, perfectamente coherente, nutrida por la lectura de los historiadores españoles. Pero en 1784 y más aún, en 1780, Raynal denuncia

(...) la falsedad de esta descripción pomposa, trazada en monumentos de vanidad, por un vencedor inclinado natu-

[32] Pierre Chaunu, *L'Amérique et les Amériques*, Colin, 1954, p. 15.
[33] Ed. cit., tomo III, p. 185.
[34] *Essais*, ed. cit., p. 882, libro III, cap. 6.
[35] Edición de Ginebra, Pelliet y Nuchatel, 1778, tomo XXI.

ralmente a la exageración, o engañado por la gran superioridad que tenía un estado regularmente ordenado sobre las
regiones salvajes, hasta entonces devastadas en el otro he-
misferio.[36]

y se esfuerza en despojar a México de "todo lo que
relatos fabulosos le han prestado".[37] Los pretendidos
palacios no tienen "ni comodidad, ni elegancia, ni siquiera ventanas", la multitud no' tiene más que "chozas", ni la pintura ni la arquitectura habían realizado
grandes progresos. La escritura era muy imperfecta, la
agricultura muy limitada, los mexicanos aún no habían domado ningún animal y, por último, el imperio
estaba sometido a un "despotismo tan cruel como mal
dispuesto".[38]

Aunque el "despotismo" de los incas, "fundado en
una confianza mutua entre el soberano y los pueblos"[39]
sobrevive a su leyenda, también se niega el esplendor
del antiguo Perú, en las ediciones de 1774 y 1780. Los
testimonios de los primeros historiadores, "desmenti-
dos por quienes los siguieron"[40] son destruidos por
"los hombres ilustrados" que han andado por estos
lugares, es decir, La Condamine y Ulloa. Así pues, hay
que "relegar a la categoría de fábulas" a las ciudades
soberbias, a los majestuosos palacios, a las fortalezas
del alto Perú, con los acueductos, las calzadas y los
puentes tan ensalzados, los baños y los jardines de
árboles de oro y de plata, la belleza de los bajo relieves, de las joyas, los vasos y las telas. Todo esto corresponde a un arte muy burdo, como los *quipos*, de
los que se puede dudar mucho que hayan servido de
anales.[41]

De hecho, la mayoría de los autores cuyo testimonio
se prefiere aquí, habían sido ya preferidos por Prévost
en vez de otros menos dignos de confianza,[42] pero lo
esencial no es evidentemente esta disputa en torno a
las fuentes. Se trata menos de restablecer la verdad
de los hechos que de destruir un mito que, poco a poco,
ha llegado a contaminar a toda la historia del Nuevo

[36] III, pp. 186-187.
[37] P. 188.
[38] III, pp. 188-194, *pássim.*
[39] III, p. 309.
[40] *Ibid.,* p. 310.
[41] *Ibid.,* pp. 310-314, *pássim.*
[42] En el tomo XII, cap. 5 de la *Histoire des voyages,* se encuentran extractos
de Ulloa y de La Condamine, y Prévost se ciñe a Ulloa más que a Garcilaso.
Pero Prévost no saca de estas lecturas las mismas conclusiones que Raynal.

Mundo hasta el extremo de hacerla incomprensible. En efecto, cómo conciliar la majestuosidad del antiguo Perú y del antiguo México con todo lo que se sabe del continente y del hombre americano. Esto explica la tentación de volver a escribir por completo la historia de América, o, más bien, de escribir la de la América precolombina partiendo ya no de los relatos de los conquistadores sino de los datos proporcionados por la historia natural. A pesar de las apariencias, es en este terreno donde se sitúa toda la "disputa del Nuevo Mundo" de la que es sólo un episodio la polémica en torno a los "monumentos" de México y del Perú.

Se conoce la tesis de Buffon: todos los americanos proceden de una y la misma cepa, eran, y todavía son, salvajes; los mexicanos y los peruanos, en el momento del descubrimiento, "hacía tan poco que se habían civilizado que no constituyen excepción".

Los americanos son pueblos nuevos, me parece que no puede dudarse de esto, cuando se presta atención a su escaso número, su ignorancia y a los pocos adelantos que los más civilizados de ellos habían realizado en las artes.[43]

La naturaleza misma del país, "salvaje, inculto, cubierto de bosques", los "pocos monumentos que quedan de la presunta grandeza de estos pueblos", sus tradiciones mismas, que no remontan a más de trescientos años la fundación del Imperio inca, todo concurre a demostrar que el continente americano estaba poblado desde hacía poco tiempo. "La facilidad con que se apoderaron de América"[44] confirma esta hipótesis. Pero, sobre todo, esta hipótesis coincide con toda la antropología social de Buffon:[45] sin que se reúnan en sociedad grandes números de hombres, ninguna civilización puede nacer y desarrollarse. Así pues, es el pequeño número de salvajes americanos lo que explica su "salvajismo" y, a la inversa, los mexicanos y los peruanos no podían ser tan numerosos como dicen los españoles, puesto que se habían civilizado hacía tan poco tiempo.

En la *Histoire naturelle*, el hombre americano se nos manifiesta, pues, como un ser desarrollado que

[43] O. C., IX, p. 261.
[44] P. 262.
[45] Véase mi capítulo sobre "La antropología de Buffon", en *Antropología e historia en el Siglo de las Luces*, Siglo XXI, México, 1975.

no existía para la naturaleza más que como un ser sin importancia, una especie de autómata inconsciente (...) [46]

en un mundo en estado bruto, donde la influencia conjugada de la tierra, del cielo, de la humedad, la elevación de las montañas y la extensión de los bosques, impedían el desarrollo de las grandes especies de cuadrúpedos y la multiplicación de los hombres. Carente de pasión por su "hembra" y de amor por sus semejantes, poco robusto y más cobarde que el europeo,[47] el hombre del Nuevo Mundo no ha podido desarrollar aún las cualidades eminentes que distinguen a su especie entre todas.

Es esta tesis la que Cornelius de Pauw desarrollará en sus *Recherches sur les Américains* en 1768. El clima malsano del Nuevo Mundo explica la "complexión quebrada" de los naturales y la "despoblación", sin que sea necesario imaginarse que este continente fue poblado mucho más tarde que Europa y Asia por migraciones recientes. "El vicio radical que, en esta parte del universo, detiene la propagación" [48] influye sobre las facultades morales y físicas de los americanos y los hace cobardes y flojos. Eso explica la facilidad con que los españoles pudieron imponerse a millares de indios:

Si se reflexiona en la manera como se ejecutó la conquista de los españoles en las Indias Occidentales, se estará de acuerdo en que los americanos, divididos y facciosos, no estaban capacitados para hacerles resistencia con sus armas de madera y sus ejércitos indisciplinados; pero no es menos cierto que estos ejércitos estaban integrados por hombres cobardísimos y de una flojera increíble, lo cual no puede tener como causa plausible más que la degeneración de la especie humana en esta parte del globo.[49]

Esa "tranquilidad singular" que para algunos viajeros expresa grandeza de alma, no es en los indios sino "efecto maquinal de su organización quebrada".[50] Así también, sin pretender dudar en lo más mínimo de la

(...) multitud de indios realmente degollados por los españoles, devorados por los perros, quemados por los dominicos de la Inquisición, ahogados en la pesca de perlas, asfixia-

---

[46] "Animaux communs aux deux continents", xi, p. 370.
[47] *Ibid.*, pp. 371-372.
[48] Ed. cit., i, p. 23.
[49] *Recherches...*, i, p. 62. Véase también iii, pp. 43-45.
[50] *Ibid.*, p. 60.

dos en las minas, aplastados bajo el peso de las cargas y de las exacciones (...),[51]

de Pauw, recuerda que cada uno de ellos prefirió el suicidio a los riesgos del combate y a las penas de la servidumbre. Invirtiendo la tesis que hasta entonces se había aceptado, sostiene que las conquistas fueron tanto más rápidas cuanto más densa era la población, mientras que los lugares menos poblados hicieron resistencia durante más tiempo, "porque había que buscar a los hombres para vencerlos".[52] Paradójicamente, es la despoblación de América, "soledad prodigiosa en la que la raza humana no ocupaba sino un punto",[53] lo que la protegió de una destrucción total.

El mérito singular de Cornelius de Pauw es el de haber comprendido que la "destrucción de los indios" no era, ni podía ser, solamente un tema polémico, y haberse interrogado acerca de la realidad que encubría, en toda la extensión del mundo salvaje: la extrema fragilidad de un equilibrio bruscamente deshecho por la invasión de los europeos. En efecto, se observa que donde quiera que los llevaron sus pasos, en la misma proporción disminuyó el número de salvajes y tribus enteras quedaron aniquiladas: los dos tercios de las tribus hotentotes, las tres cuartas partes de los groenlandeses y los lapones, la mitad de los tunguses, contaminados por las naciones civilizadas que les llevaron la viruela, perecieron.

Su comercio con los europeos les dio un golpe mortal, como si fuese destino de todos los pueblos salvajes extinguirse en cuanto las naciones civilizadas se meten en sus asuntos y se establecen entre ellos.[54]

La población de los iroqueses y de los hurones ha disminuido considerablemente desde que los europeos les venden licores, aguardiente y ratafía.[55] Así pues, más aún que la crueldad de los conquistadores, es el encuentro de un mundo todavía salvaje, donde la influencia todopoderosa del clima no era corregida por la acción del hombre sobre la naturaleza, y de un mundo civilizado desde antiguo, donde las facultades físicas y morales de la especie se habían desarrollado ple-

[51] *Ibid.*, p. 61.
[52] *Ibid.*, p. 63.
[53] *Ibid.*, p. 48.
[54] *Recherches...*, t. I, pp. 235-236. La idea reaparece en la *Défense...*, escrita para contestar a Pernety, III, p. 19.
[55] I, p. 191.

namente, lo que acarreó la destrucción de los indios.
Al subrayar vigorosamente esta idea, idea presente en
Buffon, de un determinado "fracaso de la humanidad
indiana",[56] de Pauw orientó la historia de la América
precolombina en una nueva dirección.

A su juicio, las causas de este fracaso son dobles.
Son, a la vez, de orden histórico y de orden antropológico. En primer lugar, de orden histórico: de Pauw
no admite la tesis de Buffon, no cree en una población
más reciente del nuevo continente a partir del antiguo,
"suposición insostenible":

¿Por qué el vasto continente de las Indias Occidentales habría permanecido vacío, inútil y despoblado desde el instante
de la creación hasta el año 800 de nuestra era, la cual no
posee antigüedad ninguna? [57]

Si se rechaza la hipótesis de las migraciones, habría
que admitir "una formación sucesiva de seres organi-
zados", siendo que

(...) los gérmenes son tan antiguos como las especies, y las
especies parecen ser tan antiguas como el globo.[58]

De Pauw piensa, entonces, que el continente americano sufrió más tarde que el antiguo, grandes trastor-
nos y catástrofes: inundaciones y terremotos y que,
aunque tuviese un origen tan antiguo como los pueblos
de Europa y de Asia, los americanos aún no habían
podido salir del estado salvaje donde el clima es rey.
Se parecían a los primeros hombres:

(...) llevando en sí el germen de la perfectibilidad, estaban
muy lejos de la perfección,[59]

y es en este sentido como puede decirse que eran "más
modernos que las naciones del Viejo Mundo".[60]

Pero esta larga cronología descansa en una certeza
antropológica, y en esto, de Pauw es evidentemente
discípulo de Buffon. En lo que respecta a los americanos, como en lo tocante a casi todas las naciones,
"falta la historia" cuando quiere uno remontarse hasta
los orígenes,[61] y no hay ningún "monumento" que pueda ilustrarnos. La historia del hombre salvaje, por con-

[56] Pierre Chaunu, *L'Amérique et les Amériques*, París, Colin, 1964, p. 15.
[57] *Recherches...*, I, p. 80.
[58] I, pp. 80-81.
[59] P. 82.
[60] P. 89.
[61] P. 81.

siguiente, es la historia del hombre en lucha con la naturaleza:

Hay pueblos que nunca han salido de la infancia y del estado original: el cielo y la tierra se han opuesto a sus esfuerzos y la dificultad de civilizarse ha sido invencible y lo es aún para ellos.[62]

Para los americanos aún no había llegado el tiempo de civilizarse:

Su clima tenía que mejorar ante todo; los valles y los campos tenían que secarse más, su constitución fortalecerse y su sangre depurarse.[63]

Así pues, es "la complexión quebrada" de los ameri-- canos lo que demuestra, en definitiva, no su escasa antigüedad, sino su modernidad, es decir, la brevedad de su *historia,* en el sentido que los civilizados dan a este término. En esta larga cronología que comprende a "infinidad de siglos" se inserta una cronología corta, que puede establecerse indagando en los monumentos y en los anales de los peruanos y de los mexicanos, únicos pueblos del Nuevo Mundo que hayan salido del estado salvaje, acrónico por definición. Pero no hay que enredar el orden de los tiempos, ni juzgar estos imperios como si tuviesen tras de sí un espesor de tiempo histórico equiparable al de las más antiguas civilizaciones de Europa o de Asia:

Si comparamos peruanos con iroqueses, entonces es indudable que en algunos aspectos eran muy superiores a los iroqueses; pero si se les compara con los pueblos europeos del siglo XVI, veremos entonces que no tenían industria, artes ni ciencia. No sabían leer ni escribir; no habían descubierto el arte de trabajar el hierro.[64]

Se ha insistido demasiado en la exageración de las tesis defendidas por de Pauw en sus *Recherches sur les Américains,*[65] y no suficientemente en el vigor de un análisis que devolvía al espacio y al tiempo americanos sus verdaderas dimensiones. De Pauw ha visto

[62] P. 82.
[63] *Recherches...,* I, p. 89.
[64] *Ibid.,* III, p. 136.
[65] Más aún que la idea de una "degeneración" (el término está tomado de Buffon) de los americanos, parece ser que es la de la decadencia de los criollos lo que provocó la cólera de sus adversarios. Véase a este respecto el libro ya citado de Antonello Gerbi.

con mucha claridad que era necesario repensar la historia del Nuevo Mundo, situando los fenómenos en otra escala, y fue el primero que trató de construir un modelo que le permitió superar las contradicciones en que se debatían sus contemporáneos. Y mientras hacía esto, sacó a luz algunos de los datos esenciales de la situación americana, que están reunidos en el artículo "Amérique" de los *Suppléments* de la *Encyclopédie*: inmensidad de los horizontes, dispersión de los indios, multiplicidad de lenguas, dificultad de comunicaciones entre las diferentes tribus, debilidad del hombre americano y aspereza de la naturaleza, antigüedad del poblamiento y retraso histórico.[66] Visión europeocentrista, se dirá, como la de Buffon, cuya antropología dispone a las diferentes "variedades de hombres" en círculos concéntricos alrededor de la figura central del hombre blanco, y sobre un eje temporal donde se suceden, con orden inmutable, las "edades" de la humanidad. Pero, en este caso, el sentimiento de la diferencia se impone a la idea de una aventura común a la especie: el mundo americano comienza a existir, tiene sus fenómenos específicos, la historia se vive conforme a otro ritmo y el hombre se mueve de acuerdo a otras leyes.

La debilidad del hombre americano en América, la degradación irreversible del indio, es una de las reglas más importantes de este primer pasado humano del Nuevo Mundo.

Estas líneas de un historiador actual,[67] sólo de Pauw hubiese sido capaz de escribirlas en el siglo XVIII:

El drama de la humanidad amerindia es no haber podido aprovechar la experiencia de los demás hombres, del Antiguo Mundo, el más numeroso (...). Las civilizaciones amerindias son otras tantas unidades que durante largo tiempo no mantuvieron comunicaciones entre sí (...). El aislamiento en unos quince receptáculos culturales en el interior del continente americano, la maldición del número escaso, durante largo tiempo, hasta llegar a los crecimientos demográficos que precedieron a la Conquista, tal es la razón profunda de la inferioridad fundamental de los amerindios. El desafío del espacio americano (...) resultó aplastante sobre los frágiles hombres del primer hombre americano.[68]

₆₆ Ed. cit., tomo II. A de Pauw le llama mucho la atención "el poco comercio y ligazón" de las tribus entre sí, el "número increíble de idiomas que hablaban los salvajes" y la desolación de tantos lugares. Es el primero en ver en la endogamia, inevitable en hordas pequeñas, sin comercio con sus vecinas, una de las causas de la "degeneración" de los americanos.

₆₇ Pierre Chaunu, *op. cit.*, p. 15.
₆₈ *Ibid.*, p. 17.

No queda duda de que fueron primero Buffon y después y sobre todo de Pauw los que impusieron esta imagen de un espacio americano que coincide con la magnitud del continente y ya no encogido hasta coincidir con las fronteras del mundo colonial. Buffon y de Pauw, es decir, dos "antropólogos", cuya visión se extiende más allá de los tiempos históricos hasta el pasado humano del Nuevo Mundo: poco importa que no estén de acuerdo acerca de su duración, que para uno cuenta apenas unos siglos en tanto que, para el otro, es una "infinidad". Para aquellos que los leyeron entonces, la humanidad amerindia, como diríamos hoy, se convirtió en realidad.

La *Histoire naturelle*, las *Recherches sur les Américains*, la *Histoire des deux Indes* y el artículo "Amérique" constituyen un solo y el mismo discurso sobre el hombre americano, y este discurso no tiene nada en común con el que le precedió. Desde 1770, Raynal hace eco a las ideas de Buffon sobre el clima del Nuevo Mundo y la "degeneración" de sus habitantes,[69] pero conserva la tesis de de Pauw de un diluvio más tardío, que impidió los progresos de la población, y la de la "antigüedad muy grande" de los americanos.[70] Ya se trate de los peruanos, o de los mexicanos, de los esquimales[71] o de los canadienses,[72] la imagen de una constitución degenerada y de un "vicio radical" que detiene la propagación proviene, a la vez, de Buffon y de de Pauw: la red de "préstamos" no hace sino poner de relieve la continuidad del discurso.

III. PRINCIPIO DE UNA POLÍTICA

En el interior de tal discurso, el tema de la destrucción de los indios no puede conservar ni la misma estructura ni la misma significación: antes de ser víctimas de la crueldad de los conquistadores, los americanos lo fueron de su clima, de su suelo, de la inmensidad

[69] Ed. cit., VIII, p. 18. Cf. Buffon, ed. cit., XI, 371, *Animaux communs aux deux continents*.

[70] *Ibid.*, pp. 19, 20, 21.

[71] La descripción de los esquimales, "nación débil y degradada por la naturaleza", VIII, pp. 31-34. Se inspira en la que ofrece de Pauw acerca de los "pigmeos septentrionales", I, pp. 217 ss.

[72] VIII, p. 142. Cf. Buffon, XI, 372-373.

de un continente que desafiaba a la industria humana.

Una suerte de fatalidad pesó sobre estos pueblos, a quienes su debilidad, finalmente, entregó sin defensa a los invasores. De Pauw mide exactamente los efectos de esta conjura de la naturaleza y de la industria, cuando habla de pueblos "maltratados igualmente por la naturaleza y por la fortuna".[73] Si la conquista del Nuevo Mundo le parece ser una desgracia sin precedentes, es porque no existía "ningún equilibrio entre el ataque y la defensa":

Toda la fuerza y toda la injusticia estaban de parte de los europeos: los americanos no tenían sino debilidad; así pues, debían ser exterminados y exterminados en un momento. Ya sea que fuese una combinación funesta de nuestros destinos, o una secuela necesaria de tantos crímenes y de tantas faltas, es verdad que la conquista del Nuevo Mundo, tan famosa y tan injusta, ha sido la más grande de las desgracias que le haya tocado a la humanidad.[74]

Sin que se la dispense, en lo más mínimo, de su "inaudita barbarie", a España se la acusa, por lo contrario, de la matanza más grande que haya conocido jamás la historia, porque en ningún otro tiempo, ni en ningún otro lugar, tanta fuerza se enfrentó a tanta debilidad: los españoles se valieron "ávidamente del desorden de los indios, como de un pretexto legítimo para aniquilarlos".

Mejor hubiese sido persistir en la opinión de que los americanos eran monos, que no reconocerlos como hombres y arrogarse el derecho espantoso de asesinarlos en nombre de Dios.[75]

Así pues, es el exterminio sistemático de los indios, en los primeros combates, lo que hace a los españoles merecedores de la execración de todas las naciones civilizadas. El crimen mayor ya no es la matanza de indios armados, sino más bien el etnocidio, el cual hizo posible, en resumidas cuentas, la increíble desproporción entre vencedores y vencidos.

Así, en la *Histoire des Indes*, la gesta de la destrucción de los indios no se ordena tanto alrededor de los episodios principales: toma de México y conquista del Perú, como se desenvuelve en todo el espacio americano y en el tiempo que va desde el descubrimiento hasta

[73] *Recherches...*, I, p. 28.
[74] *Discours préliminaire*, pp. IV-V.
[75] *Recherches...*, I, pp. 55-56.

las primeras leyes en favor de los indios.[76] A los historiadores españoles se les llama "relatores estúpidos" cuyas "extrañas contradicciones" alimentaron la leyenda negra:

(...) cuando el odio que se apoderaba de vosotros os llevaba a añadir una fe entera a vuestras locas exageraciones, el universo, que no veía más que un desierto en México, estaba convencido de que habíais precipitado a la tumba a innumerables generaciones (...) vuestras crueldades fueron menores que lo que los historiadores de vuestros estragos han autorizado a las naciones a pensar.[77]

Pero "el espantoso sistema" que, so capa de religión y de política, habría de culminar en el exterminio de los indios en las colonias españolas, es objeto de una denuncia rigurosísima.[78] Las causas morales y políticas de esta barbarie estúpida se analizan despiadadamente: orgullo de una nación "idólatra de sus prejuicios",[79] fanatismo religioso, ignorancia de los "verdaderos principios del comercio" y sed insaciable de oro, al que se prefiere más que a las riquezas que son producto de la industria humana [80] y, por último, "ferocidad natural del hombre" que, lejos del mundo civilizado, retorna a sus primeros instintos:[81]

La despoblación de América fue el efecto lamentable de esta confusión. Los primeros pasos de los conquistadores quedaron señalados por ríos de sangre. Tan sorprendidos de sus victorias como lo estaba el vencido de su derrota, en la embriaguez de su éxito, tomaron la decisión de exterminar a los que habían despojado. Innumerables pueblos desaparecieron de la tierra a la llegada de estos bárbaros.[82]

Despoblación: en un siglo poblacionista, la palabra es una condena. Para los filósofos, discípulos de los economistas, la *despoblación de América*, consecuencia de la *destrucción de los indios*, es el hecho capital de la historia de la colonización: más que un crimen, es una "falta irreparable", un error político cometido por

---

[76] Tomo III, pp. 156-161: matanzas de Santo-Domingo, según Charlevoix y Las Casas, sometimiento de los indios; VI, p. 27, matanzas en Cuba; IV, pp. 163-169, vejaciones y atrocidades en el gobierno de los indios.

[77] III, pp. 196-197.

[78] III, p. 161.

[79] III, pp. 172-173.

[80] IV, pp. 192 y 195-197.

[81] *Ibid.*, pp. 196-197. Este pasaje es de Diderot. Véase "Fragments échappés", *Oeuvres*, ed. Assézat-Torneux, VI, pp. 451-452. Igualmente p. 197, el pasaje sobre la inutilidad del oro es de los "Fragments Politiques", *Oeuvres*, IV, p. 49.

[82] *Ibid.*, p. 196.

naciones profundamente ignorantes de sus verdaderos
intereses. Su concepción de la historia, un seguro en-
cadenamiento de causas y efectos, ve en ella la fuente
de males innumerables:

[Se] ha destruido hasta el último hombre, la raza de cien
naciones, dirá con amargura el presidente De Brosses, como
si se pudiese sacar alguna ganancia de la propiedad de un
país que carece de habitantes.[83]

La humanidad y el interés hubieran debido conjugar-
se para prevenir tales abusos: la sustitución, casi general, del término *destrucción*, que ya no se emplea más
que en sentido pasivo y no en el sentido activo que
llevaba en Las Casas,[84] por un término tomado del vocabulario de los economistas, indica la evolución del
tema. De su estructura inicial quedan las figuras de
una retórica que denuncia el pecado de la violencia y
la barbarie de los civilizados, pero su historicidad se ha
diluido, de cierta manera, en una historia que sigue
haciéndose. En el interior del sistema colonial se ha
instalado el mal, se ha convertido en enfermedad en-
démica, en vicio de constitución, cuyos efectos se sienten por doquier: después de la despoblación de América, vino la de África, vaciada de gran número de sus
habitantes para abastecer al trabajo en las plantaciones,
donde la mortalidad es espantosa. La inhumanidad de
los conquistadores y la de los colonos han arruinado
establecimientos que podrían haber sido prósperos:

No nos cansaríamos de repetir, escribe de Pauw, que al destruir a los americanos se ha cometido, inclusive políticamente, una falta irreparable: se les debería haber permitido
subsistir e incorporarse, como se ha hecho en las Indias
Orientales con los javaneses, los malayos, los malabares, los
mogoles y todos los demás pueblos de esta parte de Asia.[85]

¡Que no se haya obrado como los holandeses, que
han domesticado a los hotentotes en lugar de exter-
minarlos! [86]

[83] *Histoire des navigations aux terres australes.* I, p. 17.
[84] *Histoire des Indes,* IV, p. 21, "La destrucción total de los indios (...)"
es el hecho consumado y no el drama del que fue actor Las Casas.
[85] *Recherches* (...), I, p. 100.
[86] *Ibid.,* pp. 99-100.

IV. LA IDEA DE CIVILIZACIÓN Y SU FRACASO

En busca de un modelo de colonización, los filósofos se preguntan por la "civilización" de los indios: en
vez de destruirlos, habría sido bueno civilizarlos, sa-
carlos del estado salvaje para acostumbrarlos poco a
poco al trabajo y a su nueva condición. Pero no están
de acuerdo acerca de los medios más convenientes para
realizar un cambio tan grande. Una vez más, el personaje de Las Casas es objeto de un debate apasionado.
Mientras que de Pauw no ve en él más que a un "in-
trigante que ocultaba 'designios orgullosos e inmensos'
bajo un plan dictado, en apariencia por la humanidad
y la modestia",[87] Raynal elogia su conducta y sus intenciones:

(...) esperaba lograr sin guerra, sin violencia y sin esclavitud, *civilizar a los indios*, convertirlos y acostumbrarlos
al trabajo, a la explotación de las minas.[88]

La obra de los jesuitas del Paraguay despierta las
mismas reservas y los mismos elogios. De Pauw les
reprocha haberse llevado por la fuerza a 60 000 indios
para constituir su estado, y haberlos gobernado con el
máximo rigor:

Varias personas han admirado y admirarán aún el establecimiento del Paraguay como una obra superior de la política
y de la industria; pero no es tan difícil someter a salvajes
embrutecidos cuando se acerca uno hasta ellos armado con
la fuerza de la religión. Nunca es glorioso lograr convertir
a otros en esclavos.[89]

En la *Histoire des Indes*, las misiones y los establecimientos de los jesuitas de Paraguay, California y Brasil se ponen como ejemplos de lo que pueden conseguir
"la humanidad y la benevolencia" para con los pueblos
salvajes:

Mientras que miles de soldados cambiaron dos grandes imperios civilizados en desiertos de salvajes errantes, unos
cuantos misioneros han trocado pequeñas naciones errantes
en varios grandes pueblos civilizados.[90]

[87] *Ibíd.*, p. 101.
[88] *Histoire des Deux Indes*, ed. cit., IV, p. 21. El pasaje está tomado de
Charlevoix, *Histoire de Saint-Domingue*, I, p. 354.
[89] *Recherches...*, II, p. 303, en *Lettre à M... sur le Paraguay*, II, pp. 292-304.
[90] *Histoire...*, IV, p. 253. Véase también pp. 149-153. Sobre las misiones,
p. 285, Misiones del Amazonas; p. 138, misiones de los mojos en California.

Sobre todo en Paraguay, los jesuitas, basándose en las máximas de los incas, han fundado un gobierno digno de admiración.[91] Tal vez han conservado demasiado de los usos monásticos, pero jamás se hizo "tanto bien a los hombres con tan poco mal".[92]

Esta defensa de los misioneros, y en particular de los jesuitas, por parte de filósofos poco inclinados a elogiar los buenos efectos de la religión y de un poder teocrático,[93] nos muestra claramente la dificultad de concebir un modelo de colonización que fuese puramente laico. No sólo porque la historia no ofrecía un ejemplo, sino porque la imagen misma de los salvajes sensibles a la persuasión, comunicada durante siglos por el espíritu misionero, está indisolublemente ligada a un ideal de evangelización.

Las misiones —escribe Buffon, por ejemplo— han formado más hombres en estas naciones bárbaras que los ejércitos victoriosos que las han subyugado. Paraguay ha sido conquistado de esta manera. La bondad, el buen ejemplo, la caridad y el ejercicio de la virtud, constantemente practicados por los misioneros, han impresionado a estos salvajes y vencido su ferocidad. A menudo, por su propio pie, se han acercado y han pedido conocer la ley que hacía tan perfectos a los hombres, se han sometido a esta ley y reunido en sociedad. Nada honra más a la religión que el haber civilizado a estas naciones y puesto el fundamento de un imperio sin más armas que las de la virtud.[94]

Esta religión que se preocupa más por los hombres que por las almas y cuyas virtudes principales son la humanidad y la benevolencia, es algo que, en el fondo, basta con privarla de su soporte temporal para que sirva a designios colonizadores. Así por ejemplo, Las Casas "más hombre que sacerdote" [95] que ha entregado a la indignación pública "a hombres de estado piadoso, a los que acusaba de haber sacrificado la humanidad a la política",[96] se convierte en el campeón de la más justa de las causas y su nombre queda grabado "en todas las almas sensibles".[97] Mientras que se estigmatiza al "Pontífice abominable" que entregó a

[91] *Ibid.*, pp. 139-140.
[92] P. 140.
[93] *Ibid.*
[94] *Histoire naturelle*, ed. cit., IX, p. 258.
[95] *Histoire des Deux Indes*, IV, p. 20.
[96] *Ibid.*, p. 162.
[97] *Ibid.*, p. 163.

América al despotismo de los Reyes Católicos[98] y a
los monjes codiciosos que consiguieron tierras y esclavos[99] se admira la equidad y la humanidad de los
cuáqueros que llenaron de felicidad a Pennsylvania al
ganarse la confianza de los salvajes a quienes compra-
ron las tierras.[100]

El paralelo que establece Voltaire entre la obra de los
cuáqueros y la de los jesuitas nos muestra, sin embargo, que más allá de las diferencias de método, se es sensible a una misma práctica civilizadora:

> Los cuáqueros en la América septentrional, y los jesuitas
> en la meridional, han ofrecido un nuevo espectáculo al mun-
> do. Los primitivos o cuáqueros han dulcificado las costum-
> bres de los salvajes vecinos de la Pennsylvania; los han
> instruido solamente con el ejemplo, sin atentar contra su
> libertad y les han procurado nuevas cosas agradables para
> la vida mediante el comercio. Los jesuitas, en verdad, se
> han valido de la religión para quitarles su libertad a los
> pueblos del Paraguay, pero los han civilizado, los han hecho
> industriosos y han llegado a gobernar un vasto país como
> en Europa se gobierna un convento. Al parecer, los cuá-
> queros han sido más justos y los jesuitas más políticos.[101]

Sabemos perfectamente cuáles son las preferencias de
Voltaire, pero, cuando se pone a juzgar como político,
no puede sino señalar la superioridad de los jesuitas.
No cabe duda de que el modelo del Paraguay es superior al primitivismo de los cuáqueros, y que no se re-
curre al segundo más que cuando falta el primero.

Los administradores de la Oficina de Colonias no deberán olvidar los servicios que pueden prestar los misioneros, si se mantiene a su celo dentro de justos
límites: conocen las lenguas de los salvajes, poseen el
arte de persuadirlos. El naturalista Commerson es de
esta opinión cuando escribe, a propósito de los naturales de la isla de Madagascar, donde el Conde de
Maudave acababa de fundar un establecimiento (1768):

> La conversión de los malgaches al cristianismo es el ma-
> yor bien que podamos desear. Naturalizaría, en cierta ma-
> nera, nuestra actuación y nuestra política entre estos pue-
> blos.[102]

[98] III, p. 287. Como lo anterior, este pasaje fue escrito de nuevo por Diderot.
[99] III, pp. 4-5.
[100] VIII, pp. 134-135.
[101] *Essai sur les moeurs...*, ed. cit., II, p. 387 (cap. CLIV).
[102] *Mémoire sur Madagascar*, Muséum d'Histoire Naturelle, ms. 888, f. 55.

En 1765, el barón de Bessner propone, inclusive, que se utilice en la Guayana a los jesuitas expulsados de los establecimientos españoles y portugueses, claro que "sin que lo sepa el público y de manera que también la Corte pueda simular que lo ignora". Sus conocimientos serían "infinitamente valiosos en lo relativo a los diversos idiomas de estos pueblos, su genio y la manera de gobernarlos".[103] Malouet llegará al extremo de decir que el talento de los jesuitas consistía en hacer "esclavos civilizados" y que faltando ellos sólo los cuáqueros podrían lograr gobernar a salvajes.[104] Las instrucciones de 1787, relativas a la "civilización de los indios" en la Guayana francesa, trazan un plan de conducta para los misioneros "en torno a los cuales gira totalmente la civilización y el bienestar de los indios". No deben tratar de catequizar y de ganar prosélitos demasiado pronto, sino de conquistarse ante todo la confianza de los salvajes para fijarlos en establecimientos y dedicarlos al cultivo de las tierras y a la ganadería. Deberán llevar al día una lista nominativa de los indios de su distrito, tratar de conseguir, a través de éstos, relaciones con los indios del interior de las tierras, atraerlos y aumentar de tal manera la población confiada a sus cuidados.[105] Evangelizar o civilizar es una y la misma cosa: el papel de los misioneros consiste en preparar a los indios para que se conviertan en súbditos leales.[106] Qué no podrá hacer un "misionero inteligente" para vencer los prejuicios que tienen estos pueblos respecto de las ocupaciones sedentarias reservadas a las mujeres:

Ennoblecería el cultivo, trabajando él mismo con los niños; y lograría, mediante esta noble y feliz estratagema, dar a los jóvenes costumbres nuevas.[107]

Pero no se puede fundar esta política más que sobre la obediencia absoluta de los misioneros a las órdenes reales; es preciso "prescribir reglas para su conducta. Inspectores velarán porque no se aparten de ellas".

[103] *Précis sur les Indiens*, Arch. Nat. Fonds des Colonies, F 3, 95, f. 76.
[104] Memoria publicada con el título de "Voyage dans les forêts et rivières de la Guyane", en los *Mélanges de Litérature* de J. B. Suard. París, 1803, pp. 240-253. Paraguay es para él un modelo perfectamente logrado de civilización de los indios (pp. 238-239).
[105] *Instructions a Fitz Maurice... et Daniel Lescallier*, Arch. Nat., Colonies F 3, 95, ff. 59 ss.
[106] *Ibd., in fine.*
[107] Bessner, *Précis sur les indiens*, loc. cit., f. 75. Este pasaje lo copia Raynal, *Histoire...*, VI, p. 145.

Así por ejemplo, si se pusiesen a prohibir la poligamia, lo único que conseguirían sería hacer huir a los indios. Sólo después de haberlos hecho hombres podrán, si lo desean, hacer cristianos.[108]

Así pues, no se trata de reproducir un modelo, sino de adaptarlo a intenciones políticas, y hacer que la idea de una civilización de los salvajes se imponga al ideal de la evangelización. Los misioneros podrán ser instrumentos de esta política, pero ya no sus inspiradores. De la Oficina de Colonias parten estos planes de civilización cuyo número aumenta después de la llegada de Jean Dubuq y de los que se hará eco la *Histoire des Indes*.[109] El objetivo de estos "administradores-filósofos", como los llama J. Raimond, es el de fundar o desarrollar establecimientos sobre bases nuevas, conciliando la humanidad y el interés. Ahora bien, existe entre todos estos planes una semejanza innegable. Ya se trate de los proyectos de Maudave y de Commerson en lo concerniente a Madagascar, o de los de Bessner, que conciernen a la Guayana, o también de la población de Luisiana o de Florida, se cree en la posibilidad de sustituir una colonización por la violencia mediante una política de asimilación, que haría prosperar a los establecimientos del Nuevo Mundo. Se rechaza, a la vez, la destrucción de los indios a sangre y fuego, como en los tiempos de la conquista y esa destrucción lenta que amenaza a los salvajes dondequiera que [los europeos] se mezclan con ellos:

Así pues ¿querrían los ingleses verse reducidos perpetuamente a la cruel alternativa de que les quemen las cosechas y les maten a los agricultores o perseguir sin cesar, exterminar sin piedad a hordas errantes?

pregunta Raynal, que no puede admitir, como tampoco lo admite de Pauw, que sea "destino de los pueblos salvajes extinguirse a medida que naciones civilizadas pasan a establecerse en sus territorios".[110]

Así pues hay que unirse a los indios por lazos matrimoniales [111] y conquistarlos con buenos tratos. Nada

---

[108] *Ibid.*

[109] Tanto para Madagascar (II, pp. 98-100) como para la Guayana (II, pp. 142-146). Una frase de Raynal expresa este carácter laico del proyecto civilizador. Señala que, con el tiempo, los jóvenes malgaches podrían convertirse en "misioneros políticos" que multiplicarían "a los prosélitos del gobierno".

[110] *Histoire des Deux Indes*, VIII, p. 208, a propósito de la Florida.

[111] Esta solución preconizada por Raynal (*ibid.*) se vuelve a encontrar por doquier, como veremos.

se opone a esta feliz política, en favor de la cual hablan el buen sentido y la humanidad.

No obstante, es preciso que el fin propuesto, civilizar naciones salvajes o bárbaras, tenga posibilidad de ser alcanzado, pues esta política contradice, finalmente, la imagen realista de los americanos "degenerados", o también la de naciones estúpidas y feroces, que se dotaron de dioses crueles y practican los sacrificios humanos o la antropofagia. Por consiguiente, según los casos, habrá que refutar las tesis de de Pauw en lo que tienen de exageradas, o dar nueva vida a la imagen tranquilizadora de los salvajes buenos y hospitalarios, "los menos viciosos, los más sociables" de los hombres, según el padre Du Tertre.[112]

Más matizada, más abierta que la de De Pauw, la antropología de Buffon da fundamento a una teoría de la civilización. Mientras que de Pauw atribuía a los vicios del clima no sólo la degradación de los americanos, sino también la degeneración de los criollos,[113] Buffon ligaba fuertemente la idea de una naturaleza todavía bruta a la de un hombre mantenido en estado salvaje; la raza de los americanos no había podido perfeccionarse, porque una vida dispersada y errante no les había permitido vencer los obstáculos naturales y convertirlos en amos del continente en el que vivían:

(...) lejos de usar como amo este territorio, como si fuese su dominio, no tenían ningún imperio sobre él; (...) no habiendo sometido ni a los animales, ni a los elementos, no habiendo, ni domado los mares, ni dirigido los ríos, ni trabajado la tierra, en sí mismo no era sino un animal de primer rango y no existía, para la naturaleza, más que como un ser sin importancia, una especie de autómata impotente, incapaz de reformarla o de secundarla (...).[114]

Si las especies animales, por efecto del clima, sufren alteraciones a las que no se puede poner remedio, no ocurre otro tanto a la especie humana que "tiene más fuerza, más amplitud, más flexibilidad" y que sobre todo vive en sociedad.[115] En una naturaleza transformada

[112] *Histoire générale des îles...*, París, 1654.

[113] *Recherches...*, II, pp. 140-142, y III, pp. 6-7.

[114] Buffon tomará partido contra de Pauw en 1777 en las *Additions* al capítulo las *Variétés dans l'espèce humaine*. Pero, a pesar de los textos anteriores sobre la *Dégénération des animaux* (1766), Buffon no se contradice. Para él, los americanos eran todavía salvajes porque se habían establecido en el Nuevo Mundo en fecha reciente.

[115] Según Buffon, ninguna variedad de la especie humana tiene pecado original. Véase *Histoire naturelle*, ed. Porruat, XIV, p. 178.

por la actividad humana, dondequiera que el clima no se opone a sus progresos con un frío o un calor excesivos, el hombre no puede sino perfeccionarse civilizándose. En el caso límite, la conquista del Nuevo Mundo por los europeos puede ser una oportunidad histórica para este continente, al acelerar este proceso natural.[116] De tal manera, en la *Histoire des Indes*, al triste cuadro de una tierra "inútil para el hombre" se opone el de un mundo fecundado por el trabajo y propicio a la aventura humana:

De golpe, el hombre apareció y la América septentrional cambió de rostro. Llevó la regla y la ilusión de la simetría, con los instrumentos de todas las artes. Inmediatamente, bosques impracticables se abren y reciben, en grandes claros, cómodas habitaciones. Los animales destructores ceden su lugar a animales domésticos; y los zarzales áridos a las cosechas abundantes. Las aguas abandonan parte de su dominio y se escurren en el seno de la tierra o hacia el mar, y mediante canales profundos las costas se llenan de ciudades, las caletas de navíos; y el Nuevo Mundo soporta el yugo del hombre, a ejemplo del antiguo.[117]

En el tiempo de la *Encyclopédie*, este elogio de las artes y de las técnicas, esta exaltación de la industria humana contribuyen a disfrazar el hecho colonial, para dejar únicamente la imagen de una nueva civilización. En América del Norte, donde los colonos europeos son suficientemente numerosos para esta revolución, esta civilización puede nacer sin que sea necesario civilizar a los indios. Pero dondequiera que sea necesario recurrir a la mano de obra indígena, el problema de la civilización de los salvajes será prioritario respecto del de la población europea. Basta con comparar las *Mémoires* de Bougainville, sobre las tribus del Canadá, con los *planes* de Maudave o de Bessner, para apreciar la distancia que media entre las dos políticas. Para Bougainville se trata de empadronar a los indios, hacerlos sedentarios en caso de ser posible, aprender su lengua y conocer sus costumbres, para anudar con ellos lazos de amistad y conseguir aliados;[118] aunque haya mes-

---

[116] Véase *Histoire des Indes*, IX, p. 41: "Todos los pueblos civilizados han sido salvajes y todos los pueblos salvajes, abandonados a su impulso natural estaban destinados a civilizarse."

[117] *Histoire...*, ed. cit., VIII, pp. 28-29. Véase también *ibid.*, III, pp. 269-270.

[118] Estas memorias han sido publicadas por Pierre Margry, *Relations et Mémoires inédits* (...) *tirés des Archives du ministère de la Marine et des Colonies*, París, 1867, y en el *Rapport de l'Archiviste de la province de Québec*, 1923-1924.

tizaje, de hecho [119] no se trata de ninguna manera de *incorporar* a los hurones o a los abaquis a los colonos, siendo que este término —y la política de asimilación que implica— figura en todos los proyectos posteriores a 1773. Así pues, se pasa de la idea de una coexistencia pacífica entre mundo civilizado y mundo salvaje, a la idea de su reconciliación y de una integración progresiva de los indios o de los negros libres al universo de los civilizados.

Entonces comienzan a dedicarse a destruir la imagen del salvaje feroz y cruel, del que todo horror pueden esperar los blancos. Metamorfosis sorprendente a veces: los jalofs —o ualofs— que en la *Histoire des voyages* aparecen dibujados con las más negras tintas: son "disolutos, cobardes, vengativos", venden a sus hijos y se traicionan unos a otros,[120] se convierten para el naturalista Adanson en un pueblo dulce y hospitalario.[121] No se puede negar que haya pueblos antropófagos, ni que los canadienses torturen cruelmente a sus enemigos,[122] pero la antropofagia tiene como causa menos costumbres feroces que la dura condición del hombre salvaje,[123] pues el furor de la venganza es natural en pequeñas naciones, donde cada individuo desempeña un papel esencial.[124] Por lo que toca a las crueldades de que son víctimas los europeos, los únicos responsables son ellos mismos; su conducta odiosa, la torpeza con que han "penetrado en el bosque" han echado sobre sí el odio de los salvajes, y han dado lugar a esta "antipatía de resentimiento" que no hay que confundir con el "natural" de los salvajes:

Todos los que han pintado las costumbres salvajes no han estampado la benevolencia en sus cuadros. Pero ¿la predisposición no los ha llevado a confundir, con el carácter natural, una *antipatía por resentimiento*? (...) se han convertido, por represalias, en duros y crueles con nosotros. La aversión y el desprecio que hemos despertado en ellos para nuestras costumbres los han alejado siempre de nuestra sociedad.[125]

[119] Véase Marcel Giraud, *Le métis canadien*, París, Institu d'Éthnologie, 1945.
[120] Tomo III, p. 140.
[121] *Histoire naturelle du Sénégal*, París, 1757, pp. 33 ss.
[122] Véanse dos ejemplos de "ferocidad" en la *Histoire des Indes*, VII, pp. 158-161.
[123] Véase el artículo "Anthropophages" de *Dictionnaire philosophique* de Voltaire, y en la *Histoire des Indes*, IV, pp. 250-251.
[124] *Histoire des Indes*, VII, pp. 160-161 (es decir, Diderot, *Pensés détachés sur les nations sauvages*, véase más adelante).
[125] *Ibid.*, pp. 138-139.

Commerson asegura, inclusive, que si los portugueses, los holandeses y los franceses sucesivamente han sido muertos por los malgaches, es porque se les ha obligado a "salir de su carácter", a causa de vejaciones atroces, pues "estos insulares son realmente buenos y hospitalarios":[126]

Se ha calumniado a los malgaches cuando por un pequeño número de actos aislados de arrebato y de cólera, cometidos en plena pasión violenta, no se ha temido acusar a toda la nación de ferocidad. Son *naturalmente* sociables, vivaces, alegres, vanos y aun agradecidos.[127]

Así pues, la maldad de los salvajes no es sino signo de una perversión, de una alteración de su *natural*, debido a causas históricas sobre las cuales puede obrarse. Corrompidos por los europeos, atacan a sus corruptores y los que eran *salvajes* se convierten en *bárbaros*. Pero conquistados por la persuasión y la benignidad, incorporados a la nación prudente que sepa civilizarlos, volverán a encontrar sus virtudes, cuyo germen ha sido asfixiado. En los pueblos reducidos a la esclavitud, subsisten, bajo una aparente apatía. Así por ejemplo, los peruanos no son por *naturaleza* esos seres degradados y decadentes de que habla de Pauw. Su "indiferencia estúpida y universal" no es prueba, de ninguna manera, del genio embrutecido de los americanos, sino ejemplo de ese "profundo embrutecimiento en que la tiranía puede hundir a los hombres (...) "todos los resortes de su alma están quebrados".[128] En esta pasividad, como en la revuelta y en la ferocidad, el hombre salvaje asume su condición histórica, y su verdadera naturaleza se corrompe o se pierde.

En el surco de la palabra *civilización* —antónimo de *barbarie*—, el mito del buen salvaje cobra de nuevo vigor. Pero nos equivocaríamos mucho si advirtiésemos en este resurgimiento una consecuencia del rousseaunismo. El salvaje de Rousseau no es más que una abstracción, su bondad puramente negativa es la de un

[126] Véase la *Mémoire* ya citada y la carta a De Lalande, publicada por De Fróville en la obra titulada *Supplément au voyage de Bougainville*, París, 1772, III, p. 261. Nótese el desplazamiento del adjetivo; epíteto de naturaleza en la expresión "buen salvaje", queda aquí separado del ser al cual califica. Esta bondad es cualidad adquirida, hecho cultural, le llega al individuo del ser del grupo.

[127] *Histoire des Deux Indes*, II, p. 97. El texto es una carta de la *Mémoire* de Commerson.

[128] *Ibid.*, IV, pp. 56-57.

ser aislado, situado en un tiempo anterior a la existencia de las sociedades. Por lo contrario, las virtudes del hombre salvaje, que elogian Commerson o Maudave, son virtudes sociales, activas, positivas y manifiestan aptitud para la civilización. El mito funciona aquí como rito de conjuración: al borrar la imagen negativa, nacida del pecado de violencia, permite el retorno a un estado primitivo, y la reconciliación del mundo salvaje y del mundo civilizado con fundamento en un nuevo contrato. Es un instrumento al servicio de una política.

Los principios de esta política están sacados de la experiencia: es posible *civilizar* a las naciones salvajes, puesto que los jesuitas ya lo han hecho. Encuentran también un fundamento teórico en la antropología de los filósofos,[129] en particular, en la de Buffon: el estado salvaje no es, ni un estado de inocencia, ni un estado de equilibrio, sino un momento de la historia de las sociedades, del que es necesario salir. El papel de las naciones civilizadas consistirá en acelerar esta evolución, con medios adecuados a las circunstancias. Si es vano esperar éxito, cuando se trata de pueblos "obstinadamente aferrados a su idioma, sus costumbres y sus usos", como los maynas, cuya indolencia ni siquiera los jesuitas han logrado vencer,[130] puede esperarse todo de un plan de civilización que no tropiece ni con el obstáculo del clima ni con el del terreno.

El arte de conducir a pueblos todavía salvajes desde el estado de la infancia hasta el estado de la civilización que es el de las sociedades adultas, se inspira en un modelo educativo y a este respecto se impone también la referencia a los jesuitas.

La política se parece, por su finalidad y por su objeto, a la educación de la juventud. Así la una como la otra tienden a formar hombres. Por muchos conceptos, deben asemejarse por los medios. Los pueblos salvajes, cuando se han reunido en sociedades, quieren, como los niños, que se les conduzca benévolamente y se les reprima por la fuerza (...) el gobierno debe ser ilustrado para ellos y conducirlos, por la autoridad, hasta la edad de las luces.[131]

Mediante la voz amable de la persuasión y la autoridad de la razón, es preciso convencerlos insensiblemente para que abandonen su estado y disfruten de las ventajas de la vida civilizada.

[129] Véase segunda parte de *Antropología c historia...*, *op. cit.*
[130] *Histoire des Indes*, IV, p. 282.
[131] *Histoire des Deux Indes*, VIII, p. 242.

En los diversos proyectos, la identidad del vocabulario refleja la de los principios, válidos universalmente, porque todas las naciones salvajes se parecen. En la Guayana, en Florida, en Luisiana y en Madagascar se trata de que recorran las mismas etapas. Así pues, se hablará de la necesidad de *reunir* a los salvajes, de constituirlos en *nación*, de *fijarlos*, de *incorporarlos* a los colonos mediante *matrimonios*, de crearles *nuevas necesidades*, para que se vean obligados a satisfacerlas mediante el *cambio* y el *comercio*. Es cierto que la tarea será más difícil en la Guayana, donde los pueblos del interior de las tierras son todavía nómadas en su totalidad, que en Madagascar, donde los indígenas tienen "incipientes luces e industrias",[132] o en Luisiana, cuyos habitantes son "naturalmente industriosos, valientes, amigos de los franceses".[133] Éstas son sólo diferencias de detalle, debidas a las condiciones locales o a los malos efectos de una administración ignorante de los verdaderos principios. Por doquier reaparece la palabra *civilización*, noción clave en torno a la cual se organizan todos los planes propuestos:

La civilización de los americanos septentrionales, sin duda alguna, debería haber sido considerada como uno de los primeros objetivos de la política que dirigía a nuestras colonias, escribe el abate Baudeau. Hubiese sido preciso "convertirlos no sólo a la fe cristiana, sino también a la civilización europea (...). El objetivo más importante para el éxito de una colonia tan excelente [la Luisiana] sería civilizar a los naturales lo más perfectamente posible e incorporarlos a las naciones de Europa, que se transportarían (...)". Prolongadas y felices experiencias demuestran que los pueblos naturales de América se prestan a la civilización propuesta por nosotros.[134]

Cansados del estado de guerra y de la anarquía en que viven, los malgaches se someterán con gusto "a los esfuerzos que se desea hacer para su civilización";[185] el

---

[132] *Ibid.*, II, p. 97. El proyecto expuesto en Raynal es el de Maudave, véase Pouget de Saint-André, *op. cit.*, pp. 18-23 (1768).

[133] *Éphémérides du citoyen*, 1765, tomo III, proyecto de los fisiócratas para Luisiana, que se acababa de ceder a los españoles (p. 17).

[134] *Éphémérides du citoyen*, art. cit., M. Dupront, continuando las investigaciones de Lucien Febvre sobre la palabra civilización ("Civilisation, le mont et l'idée", *Centre international de synthèse*, 1ª semana, 2º fas., 1930, en-8º), ha mostrado que fue Mirabeau el que naturalizó la palabra, para designar un estado, en el *Ami des hommes*, en 1756. Al parecer fueron también los fisiócratas quienes difundieron el empleo activo del término. Dupront ve en el nacimiento del término un esfuerzo por quitar el carácter sagrado a los valores sociales (conferencia pronunciada en la ENS de Saint-Cloud en 1954).

[185] *Histoire des Indes*, III, p. 98.

matrimonio de las jóvenes malgaches con colonos franceses favorecerá ese "gran sistema de civilización".[136] Esta manera de "civilizar a las naciones bárbaras, tan felizmente empleada por los políticos más ilustrados" contribuirá a los progresos de la Florida.[137] La "civilización de los indios en la Guayana francesa" es el objeto oficial de las Instrucciones de 1787 y a este respecto están de acuerdo el barón de Bessner y el gobernador Béhague:

"No hay nada más importante que dedicarse a civilizar a estos pueblos" escribe Bessner, y Béhague dice: "es esencial esforzarse en reunirlos, fijarlos y unirlos a la colonia, permitiéndoles probar las ventajas de ser civilizados, de formar parte de un cuerpo político y de disfrutar del estado de ciudadano."[138]

El lugar importante que ocupa la palabra en la *Histoire des Indes* de Raynal, por consiguiente, sólo tiene valor en relación con estas diferentes Memorias que copió. Pero, a lo largo de las páginas, es impresionante el efecto de eco: la palabra se convierte en tema, en concepto, resume y sustenta toda una ideología, exactamente contraria a la de la Conquista. En esta enciclopedia del mundo colonial, hace las veces de contrapunto al tema de la destrucción de los indios, es su antítesis y su antídoto.

Esta nueva política, que concilia la humanidad y el interés —al igual que los proyectos sobre la emancipación de los negros, que se multiplican hacia la misma época, y en los mismos círculos— es igualmente interesante por los medios propuestos. La práctica se adelanta a la teoría, la experiencia se impone a la autoridad de un modelo. Así, el barón de Bessner distingue cuidadosamente tres "especies" de naturales, a las que no pueden aplicarse los mismos principios de conducta:

Una de estas especies está constituida por los naturales del interior de las tierras, que todavía no han tenido ningún trato con los europeos; otra "comprende a todos los indios que ya han recibido instrucciones de los misioneros"; otra, por último, "a los indios que viven en la vecindad de la colonia y respecto de los cuales ya se han tomado algunas providencias, que no se han mantenido. Deben vivir en régimen diferente. La frecuentación de los europeos ha hecho sufrir a estos hombres un cambio parecido al que la domes-

[136] *Ibid.*, p. 100.
[137] *Ibid.*, III, p. 208.
[138] Bessner, *Mémoire sommaire sur la colonie de Cayenne* (1774), Arch. Col. F 4-19. Béhague, *Mémoire...* (1763?), *ibid.*, C 14, art. 26, ff. 35 ss.

ticidad produce en los animales: el régimen de los hombres naturales no les conviene ya. Son hombres diversamente enfermos, que necesitan tratamientos diversos.[139]

Así pues, en el interior del mundo salvaje se ha practicado una escisión, que hay que tomar en consideración para obrar eficazmente. El mismo trato no puede convenir a pueblos errantes y dispersos, a salvajes semicivilizados ya, y a hombres degradados y corrompidos, que de los europeos sólo han copiado los vicios. Los pueblos del interior de las tierras están divididos en naciones pequeñas "que a menudo se tienen odios implacables". Hay que evitar reunirlos, se les debe fijar en establecimientos distintos, y colocarlos de manera que formen una especie de barrera que los mismos cimarrones —numerosos en los bosques de la Guayana— no puedan atravesar.

Hasta ahora no se ha logrado mantener mucho tiempo en el mismo lugar a estos indios (...) para prevenir semejante inconstancia (...) se ha propuesto distribuirles vacas en cada aldea. Llegará el momento en que, para alimentar a estas vacas, se verán obligados a desmontar bosques y convertirlos en praderas. Una vez formadas estas praderas, los obligarán a mantenerse en sus cercanías, pues no les será posible alimentar en otra parte a sus bestias. Hasta ahora, los indios no tienen ninguna suerte de ganado; es presumible que rápidamente aprenderán a criarlo, y que esta ocupación contribuirá a hacerlos más sedentarios, a dispensarlos de ir a buscar su alimento lejos, mediante la caza y la pesca.[140]

En la primera etapa, por consiguiente, hay que hacer pasar a estos pueblos, como hicieron los jesuitas en Paraguay, "de una vida errante al estado social",[141] modificando un equilibrio que descansa sobre todo en la caza y la pesca; es la vida pastoral la que, a la larga, los convertirá en agricultores, cuando, predicando con el ejemplo, los misioneros hayan logrado vencer su repugnancia al cultivo de las tierras, que en la economía primitiva se reserva a las mujeres.[142]

Su indolencia natural, a la que se ha considerado como obstáculo insuperable para civilizarlos, no es, cuando se la observa atentamente, sino consecuencia de la *falta de necesi-*

[139] *Précis sur les Indiens,* Arch. Col. F 3-95.
[140] Cito el texto del *Précis sur les Indiens,* Arch. Col. F 3-95, ff. 74 ss., pero se encuentra, apenas modificado, en Raynal, *Histoire...,* VI, pp. 144-145.
[141] *Histoire...,* IV, p. 148, a propósito del Paraguay.
[142] *Histoire...,* VI, p. 145.

dades (...), desaparecerá a medida que las vayan contrayendo.[143]

Por último, el aumento de sus necesidades los obligará a aumentar los cultivos

para tener géneros que puedan cambiar por las mercancías cuyos usos se habrán hecho necesarios para ellos, y que no podrán conseguir en otras condiciones.[144]

Así pues, creando, a fuerza de arte, las condiciones económicas de un paso a la vida social, fundada totalmente en la producción y el cambio, se llegará a civilizar a estos pueblos errantes: formado en la escuela fisiocrática, Bessner reconoce a los factores económicos un lugar primordial. Antes de asimilar a un pueblo salvaje, hay que llenar la laguna que lo separa de los colonos, y llevarlo a que renuncie por sí mismo a un modo de vida primitivo para "abrazar" el de los europeos. Sólo entonces, en una segunda etapa, podrá establecerse un *comercio* fructífero, tanto para unos como para otros. Una fórmula de las *Instrucciones* de 1787 enuncia muy bien este principio: "(...) la política exige que se les inculquen nuestras necesidades".[145]

"La administración espiritual"[146] es sólo un medio para favorecer esta revolución: la educación de la juventud, algunas instrucciones morales que impidan la embriaguez, que demuestren "las ventajas temporales" que nacen de la práctica de las virtudes sociales, "el amor al prójimo, la beneficencia, la compasión y la humanidad, el respeto a los padres y las madres, los deberes recíprocos de los esposos", los inconvenientes de la poligamia. El paso desde la sociedad primitiva hasta la familia conyugal, núcleo de producción en una economía agrícola, y la evolución de las costumbres serán sus resultados, harán imposible el retorno a una etapa anterior y consolidarán los progresos realizados.[147] Por último, se podrá actuar sobre el "natural" de los indios y modificar su comportamiento utilizando medios adecuados: Bessner propone la música.

Entre los medios de que se puede disponer para civilizar a estos pueblos, la música será uno de los más eficaces. Su música se resiente hoy de la indolencia de su carácter y la

[143] *Précis sur les Indiens, loc. cit.*, o *Histoire...*, VI, p. 145.
[144] *Ibid.*
[145] *Loc. cit.*
[146] Es el título de otra memoria de Bessner (Arch. Col. C 14-56).
[147] *Instructions...* de 1787 para la Guayana.

expresa perfectamente. Aunque tengan instrumentos, que son especies de flautas que mucho les complace tocar, no las utilizan más que para hacer ruido de manera muy desagradable, sin medida alguna y sin melodía. En sus danzas, los sonidos largos y lúgubres de las flautas entorpecen los pasos de los danzantes, en lugar de animarlos. Al parecer, una música viva y alegre, a la que sería fácil acostumbrarlos, influiría en su carácter, como su carácter ha influido hasta ahora en su música. Para realizar este cambio, bastará con que cada misionero se provea de un pequeño órgano portátil, en el que estarán anotadas tonadas convenientes.[148]

Se me perdonará que cite por extenso este plan que, además de su pintoresquismo, es sin duda el documento más sorprendente que tengamos sobre la idea de la *civilización* en el siglo XVIII, entendida en sentido activo, y sobre la visión del mundo salvaje que expresa. Encontramos revueltas las concepciones económicas de los fisiócratas, la teoría de las "necesidades" que desde Condillac hasta Helvecio es la de los sensualistas, teoría que opone en una dialéctica de la vida social, el principio de inercia y el principio de actividad[149] y hasta una concepción de la música, que acompaña con signos vocales las actividades de una sociedad armoniosa que, en Rousseau, es uno de los elementos de la vida feliz en las primeras sociedades o en Clarens.[150] Encontramos de nuevo también los principios de una antropología dinámica, que descubre en la sucesión de los diferentes "estados" la gran ley de las sociedades humanas y el sentido de su progreso, y para la cual, finalmente, no hay sociedad fría, ni sociedad sin historia, sino únicamente sociedades condenadas a perecer, en cuanto no se perfeccionen.

Se entienden mejor todas las certidumbres, independientemente de que pertenezcan al campo del saber o correspondan a la ideología, de que se nutre la idea de civilización. Para Bessner, como para de Pauw, las sociedades salvajes son sociedades *enfermas*, que sólo la civilización puede arrancar a una muerte segura. Los viajeros que han penetrado en el interior de los bosques de la Guayana han advertido por doquier "la opresión de las mujeres, supersticiones que impiden la mul-

---

[148] *Précis sur les Indiens*, *loc. cit.*

[149] Véase el capítulo consagrado a la antropología de Helvecio, en *Antropología e historia*... p. 379.

[150] Ya he señalado tales correspondencias entre el universo de Rousseau y el proyecto Poivre acerca del mejoramiento de la suerte de los esclavos en la Île de France.

tiplicación de los hombres, odios que no se extinguen
sino tras la extinción de las familias y los pueblos, el
abandono repugnante de los ancianos y los enfermos,
el uso habitual de los venenos más variados y sutiles;
y otros cien desórdenes, de los que la naturaleza bruta
ofrece, con excesiva generalidad, un cuadro aborreci-
ble".[151]

Los indios corrompidos por los europeos están también "enfermos" y hay que tratarlos como a tales. Entre
la destrucción natural de que son víctimas los primeros,
y la degeneración que afecta a los segundos, hay lugar para una política humana y hábil a la vez, que salvaría a sociedades amenazadas, tanto desde el interior
como desde el exterior. De tal manera se repararían los
crímenes de los conquistadores, y, habiendo recuperado
una buena conciencia, se poblaría a los nuevos establecimientos con hombres capaces de hacerlos prosperar:

la ejecución de este proyecto —señala Bessner— poblaría la
Guayana en unos cuantos años, con un número considerable
de hombres valiosísimos.[152]

A muchos, estos proyectos les parecieron perfectamente quiméricos. Malouet, por ejemplo, subraya la dificultad de la empresa y cree que está condenada al fracaso.[153] Pero es notable que el debate no verse sobre
la idea misma de civilización:

No es que yo ponga en tela de juicio la posibilidad de la
civilización de cualquier parte de la especie humana. Sin
duda alguna, en Europa comenzamos siendo lo que son
ahora los indios de América (...).

Pero sí hay que cuidarse de confundir un proceso natural, que supone infinidad de siglos, con un *plan de
civilización*, que se esfuerza en crear artificialmente las
condiciones de un paso del estado salvaje al estado
civilizado:

(...) cuán lenta debe ser la sucesión de acontecimientos y
de circunstancias que reúne a los hombres dispersos en
sociedades políticas que traen y fijan en medio de ellas al
trabajo, la industria, las artes, la ley, la servidumbre.

[151] *Précis sur les Indiens*, loc. cit., e *Histoire des Indes*, VI, p. 144.
[152] *Précis sur les Indiens.*
[153] *Lettre de M. Malouet sur la proposition des administrateurs de Cayenne
relativement a la civilisation des indiens*, Toulon, 16 de julio de 1786, Arch.
Nat. F 3-95, ff. 53 ss.

Siendo que Bessner había planteado el problema en términos puramente económicos, Malouet entiende perfectamente que se plantea en términos políticos. El vicio del proyecto es que perpetúa una desigualdad fundamental y que no ofrece al hombre salvaje más que un contrato falsificado:

(...) ¿cómo vanagloriarse de que un puñado de salvajes, dispersados por un vasto continente, dichosos en su libertad, por la facilidad de alimentarse sin muchos esfuerzos, se *constituya voluntariamente* en la última clase de nuestras sociedades, aquella a la que no le corresponde más que el trabajo, la necesidad, la obediencia? En el momento en que se quiera poner un azadón en las manos de estos indios, que se los lleve a guardar rebaños, ¿no quedarán entonces asimilados a nuestros esclavos? Indudablemente, sería menos difícil dedicarlos a que se convirtiesen en burgueses o rentistas (...).

Así pues, en el interior del sistema colonial, no hay reconciliación posible: no hay sino amos y esclavos. Aun *asimilados o incorporados* a los europeos, los indios, en este cuerpo político constituido artificialmente, no serán sino hombres de ínfima categoría. Es vano esperar que se les pueda *civilizar* a cambio de su libertad. Si se le da al término toda la amplitud de su sentido —sin exceptuar su sentido político—, la idea de civilización, aplicada al mundo salvaje, acaba por destruirse a sí misma. No es sino un avatar de la idea colonial.

Así pues, Malouet es perfectamente consecuente consigo mismo cuando se opone a la civilización de los salvajes, como se opone a la emancipación de los negros esclavos, reclamada también por el barón de Bessner y sus amigos filósofos.[154] Si entiende claramente qué es lo que la humanidad saldría ganando, en cambio ya no está tan seguro de la eficacia de estos planes a largo plazo. Ligada a la idea del progreso y a la de libertad, la idea de civilización le parece incompatible con la realidad de una situación colonial.

En la *Histoire des Indes*, Diderot plantea el problema en términos políticos a propósito de la civilización de Rusia. En 1768 le había escrito a Falconet:

Preferiría tener que civilizar salvajes que civilizar a rusos, y antes rusos que ingleses, franceses, españoles o portugueses. Encontraría en ellos el campo más o menos limpio.[155]

[154] Véase el capítulo 3 de *Antropología e historia...* y en *Histoire des Indes*, el proyecto Bessner, expuesto en el capítulo v, pp. 285-286.

[155] *Correspondance*, ed. G. Roth y J. Varloot, viii, p. 117.

La dificultad principal que advierte en los planes de Catalina II obedece, en efecto, a la naturaleza del poder, tal y como se ejerce en Rusia.

La esclavitud, cualquiera que sea el sentido que se le quiera dar a esta expresión, es el estado en que ha caído toda la nación.[156]

Corrompida por el despotismo, la nación rusa se encuentra en un estado de barbarie que se opone a las intenciones civilizadoras de un déspota, aunque fuese ilustrado. "La *emancipación*, o lo que es lo mismo, con otro nombre, la *civilización* de un imperio, es una obra larga y difícil" señala en 1780.[157] Es notable que los dos términos: emancipación y civilización se ofrezcan aquí como sinónimos y que la temática del bárbaro y del civilizado se constituya a partir de la misma red semántica que la del salvaje y del civilizado. Y es que, tanto en Rusia como en la Guayana, el cuerpo político se encuentra "dividido en dos clases de hombres, la de los amos y la de los esclavos".[158] Para civilizar Rusia, por consiguiente, es preciso que la "levadura de la libertad"[159] germine en todo el imperio, que reine la justicia[160] y que de la "aniquilación de toda clase de esclavitud" nazca "un tercer estado, sin el cual jamás han existido, en ningún pueblo, ni artes, ni costumbres, ni luces".[161]

La desigualdad de condiciones, obstáculo principal de los que se oponen a la civilización de Rusia, es también lo que debe alejar más a los salvajes americanos de la vida civilizada. Es "a juicio de un salvaje, el colmo de la demencia".

Pero lo que les parece ser una bajeza, un envilecimiento que está por debajo de la estupidez de las bestias, es que hombres, iguales por naturaleza, se degraden hasta depender de las voluntades o de los caprichos de un solo hombre.[162]

---

[156] *Histoire...*, III, p. 46, y *Fonds Vandeul*, N.a.fr. 13-766, *Sur la civilisation de la Russie*, p. 81.

[157] *Ibid.*, IX, p. 53, y *Sur la civilisation de la Russie, loc. cit.*, p. 76.

[158] *Histoire...*, IX, p. 54.

[159] *Ibid.*, III, p. 50. Los fragmentos sobre la civilización de Rusia están dispersos, en efecto, entre el libro V y el libro XIX. Los más críticos se encuentran en el libro XIX. El conjunto se encuentra de nuevo en las *Observations sur le Nakaz* (Diderot, *Oeuvres politiques*, ed. Vernière, Garnier, 1963). Véase segunda parte, capítulo V.

[160] *Ibid.*, IX, p. 55: "Nos preguntamos si puede haber civilización sin justicia".

[161] *Ibid.*, III, p. 51. En la misma página: "(...) el comienzo consiste en poner en vigor a las artes mecánicas y a las clases bajas."

[162] *Ibid.*, VII, pp. 138-139.

Cuando compara la condición del hombre salvaje con la del hombre civilizado, es "la injusticia que reina en la desigualdad artificiosa de las fortunas y de las condiciones" [163] lo que hace que se incline la balanza del lado del estado salvaje. En el estado civil, la multitud que carga con todo el peso de la vida social está expuesta a todos los ultrajes y a todas las vejaciones, mientras que el salvaje no padece más males que los de la naturaleza. De tal manera será más fácil que un europeo caiga en el estado de naturaleza que salvajes, enamorados sobre todo de su independencia, renuncien a su estilo de vida.[164]

Si se hace el balance de estas esperanzas y de estas dudas, se llegará a la conclusión de que, en la segunda mitad del Siglo de las Luces, la idea de una civilización del mundo salvaje todavía no logra imponerse. Mientras que algunos quieren reunir a los salvajes para convertirlos en "hombres", otros temen que se les convierta únicamente en esclavos, en el momento en que la población de negros disminuye peligrosamente. Para éstos, estos designios civilizadores no serían, so capa de humanidad, sino un ingenioso paliativo que pondría remedio, a la vez, a la destrucción de los indios y a los vicios del sistema esclavista.

La impresión dominante es que el mundo salvaje no puede escapar a su destrucción. Herido de muerte por la ferocidad de la conquista, asolado por enfermedades y vicios que les trasmitieron los europeos, desgarrado por luchas internas, empujado a la rebelión o a la desesperación, se aleja cada vez más de una historia que nunca será su historia. En un siglo que apenas se acuerda del estado primitivo del Nuevo Mundo y que, tras el brillo artificioso de imperios en plena decadencia, presiente el fracaso del hombre americano, los pueblos salvajes comienzan a parecerse a su destino. "...la imagen de la naturaleza bruta y salvaje está ya desfigurada. Hay que apresurarse a reunir los rasgos semiborrados", exclama Diderot.[165]

Si se piensa en el odio que las hordas salvajes se tienen unas a otras, en su vida dura y de penurias, en la continuidad de sus guerras, en su escasa población, en las innumerables trampas que constantemente les tendemos, no pue-

---

[163] *Ibid.*, VIII, p. 25.

[164] *Ibid.*, p. 26. Cf. de Pauw, *Recherches...*, I, pp. 106-107. De Pauw insiste también en las causas políticas del "malestar" de los civilizados.

[165] *Histoire...*, III, p. 139, y Diderot, "Fragments politiques", *Oeuvres*, ed. A. T. IV, p. 45.

de menos de preverse que, antes de que hayan transcurrido
tres siglos, habrán desaparecido de la tierra. Entonces ¿qué
pensarán nuestros descendientes de esta especie de hombres,
que ya no existirán más que en la historia de los viajeros?
¿No serán los tiempos del hombre salvaje, para la posteridad, lo que para nosotros son los fabulosos tiempos de la
antigüedad? ¿No se hablará de él, como nosotros hablamos
de los centauros y de los lapitas? ¿Cuántas contradicciones
no se encontrarán en sus costumbres y en sus usos? ¿Aquellos de nuestros escritos que hayan logrado escapar al olvido
del tiempo, no pasarán por novelas semejantes a la que nos
dejó Platón acerca de la antigua Atlántida? [166]

De este mundo que se va hundiendo, lo único que
podrá salvarse será lo que rescaten la memoria, el sueño, el patrimonio que, a pesar de todo, recoge la filosofía de las luces, desde Buffon y Rousseau hasta Diderot y Helvecio: La imagen de las sociedades humanas
que todavía no han ingresado en el movimiento periódico, que desde la barbarie hasta la anarquía, pasando
por la civilización y el despotismo, las conduce a todas de su nacimiento a su destrucción.

---

[166] *Histoire...*, VII, pp. 162-163 y *Pensées détachées*, "Sur les nations sauvages".

12

EL MITO DE VIERNES. UNA PREMEDITACIÓN DEL ETNOCIDIO: LOS MITOS DEL BUEN Y DEL MAL SALVAJE

ANNE-MARIE SAVARIN Y JACQUES MEUNIER

En poco tiempo empecé a hablarle y a enseñarle a hablarme. Primero le hice saber que su nombre sería Viernes; era el día en que le había salvado la vida, y lo llamé así en recuerdo de ese día. También le enseñé a llamarme amo, a decir sí y no, y le enseñé lo que esas palabras significaban.

Con el decorado lentamente instalado, sabiamente arreglado, Robinson Crusoe pudo al fin acoger al segundo personaje de una aventura inaudita. Los papeles están distribuidos: a los pies del blanco, o más bien la nuca bajo su pie —pues ese fue el primer gesto del indio arrancado al suplicio que se le destinaba— se colocó el salvaje.

Proponemos, a lo largo de una lectura atenta y nueva, redescubrir a Robinson y Viernes más allá de los estereotipos donde la celebridad los ha situado, bajo el mito que los desfigura; redefinir las relaciones que les unieron e insertar su diálogo en el vasto debate donde el Occidente se enfrenta a las diferentes civilizaciones, jugando al amo y al esclavo sin reconocerse. Una versión reciente del tema de Robinson aclarará esta lectura: *Viernes o los limbos del Pacífico,* publicada hace tres años por Michel Tournier.

Novela experimental: así se presentó la novela que Daniel Defoe escribió en 1719; así se les presenta todavía a los niños, ensalzando la admirable facultad de adaptación de Robinson, el glorioso náufrago. Solo, lejos de todo lo que hasta entonces constituía su universo, ¿no llega a reconstruir un mundo ordenado y próspero? Sin embargo, esa apología del blanco, del inglés que sabe hacerlo todo, del marino que el mar puede llevar a donde sea, provoca objeciones. Robinson, ciertamente, recomienza el mundo en sus principios. Pero toma posesión de su isla como se visita una nueva morada, buscando dónde colocar los muebles y los retratos de familia. "La imagen del origen presupone lo que pretende engendrar" escribió Gilles Deleuze a propósito de eso. De los restos del navío, Robinson saca los elementos esenciales para su existencia: granos, herramientas, una Biblia, oro y todos sus prejuicios.

Importunado por una libertad con la que no sabe qué hacer, se dedica a reproducir el mundo que ha dejado. Mucho más que un aventurero, es un hombre serio que se asusta cuando desaparecen las señales que marcaban su camino. Para no perderse, se cree obligado a establecer un conjunto de leyes y a plegarse a un código exigente. Habiendo renegado de su libertad, se instala en la comodidad de una etiqueta cuya rigidez le tranquiliza. La isla está todavía desierta, pero es así como los aventureros se hacen tiranos, o inquisidores fanáticos...

"Mi victoria es el orden moral que debo imponer en Speranza[1] contra su orden natural, que no es más que el otro nombre del desorden absoluto" declara el Robinson de Michel Tournier.

Solo, respetuoso de un orden ilusorio que él mismo ha creado, Robinson trabaja, llena sus graneros y da gracias al Señor. Protestante escrupuloso, instaura una moral de acumulación que se puede resumir lapidariamente: la producción es el bien, el consumo es el mal. En suma, el precapitalismo erigido en regla de conducta.

Se viste, pues la desnudez es también un desorden que le amedrenta. Sus ropas "originarias de muchos milenios e impregnadas de humanidad" son una armadura contra la naturaleza incontrolable que sólo le causa desazón.

En suma, para retomar la fórmula de Gilles Lapouge, Robinson ha "tapado todas las hendiduras por donde amenazaba brotar el mal".

Sin hombres, desierto, el imperio colonial de Robinson es singular. Es una estructura de recibimiento, una estructura de expectación. Es también la historia.

¿Quién vendrá a confirmarle su éxito? ¿Quién será el compañero del que tiene tanta necesidad? Después de quince años de soledad, un día nota una huella de pie sobre la arena. Lejos de alegrarse, helo ahí presa de un pánico loco. Puesto que es una huella de salvaje no se permite ninguna ilusión. ¿Y qué lugar tiene para los salvajes la religión escultista de Robinson? No está hecha para el pagano, el bárbaro, el enemigo del

[1] *Speranza* es el nombre que Michel Tournier da a la isla de Robinson.

género humano en una palabra, puesto que el género humano es el mundo cristiano. Y Robinson, aterrado, erige sus defensas, asegura sus trincheras, acecha.

Después de tres años de angustia, ve el espantoso espectáculo de un grupo de indios llevando prisioneros por la ribera para asarlos y devorarlos. ¡Antropófagos! ¿No es ésa la prueba de que de humanos no tienen sino una engañosa apariencia?

En su Occidente reconstruido, Robinson teme a aquellos cuyo sólo aspecto implica una dependencia a un sistema diferente, a aquellos que Dios abandonó a la inhumanidad. En un mundo en el que reina la *razón*, un mundo al que la *verdad* le ha sido revelada, todo lo que es diferente es condenable, incluso diabólico. Con valor y obstinación, Robinson se ha esforzado en frustrar los maleficios de una naturaleza desordenada. La presencia de esas criaturas extrañas pone en peligro todo ese piadoso trabajo.

En una palabra, Robinson tiene miedo. Miedo por su vida, miedo por sus rebaños y sus cosechas. La fertilidad de su universo domesticado es una garantía de su derecho. Anárquicos e inmorales ¿van a ponerlo en duda esos hombres desnudos, poseídos por el diablo?

Poco a poco, el miedo da paso a la indignación. Robinson piensa seriamente que su deber de buen cristiano es exterminar a esos seres abominables. Pero la voluntad de Dios ¿es verdaderamente que él desempeñe el papel de un caballero mártir? ¿No sería mejor capturar a la víctima de uno de sus festines monstruosos? Al mismo tiempo le salvaría la vida, ganaría un servidor y cumpliría sus deberes religiosos convirtiendo a un pagano.

Así aparece Viernes. "A algunos metros de ahí, en un macizo de helechos arborescentes, un hombre negro y desnudo, devastado el espíritu del pánico, inclinaba su frente hasta el suelo, y su mano buscaba colocar sobre su nuca el pie de un hombre blanco y barbado, erizado de armas, vestido con pieles de cabra, la cabeza cubierta con un gorro de piel y repleta de tres milenios de civilización occidental..." Puesto que la Providencia lo ha querido, Robinson será el amo. Pero esta criatura temblorosa y desvalida que se declara su esclavo, ¿quién es? No importa lo que era antes; en el instante en que Robinson se ha apoderado de él, ha comenzado a existir el esclavo.

"Había que hallarle un nombre al recién llegado —le hace decir Michel Tournier—; yo no quería darle un

EL OCCIDENTE

nombre cristiano antes de que mereciera esa dignidad.
Un salvaje no es un ser humano del todo. Tampoco podía decentemente imponerle un nombre de cosa, aunque eso hubiera sido quizá la mejor solución. Creo haber resuelto bastante elegantemente ese dilema dándole
el nombre del día de la semana en que lo salvé: Viernes. No es ni un nombre de persona ni un nombre común, está a medio camino entre los dos, entre una enti-
dad semiviva y una semiabstracta, fuertemente marcada por su carácter temporal, fortuita y como episó-
dica..."

Antes que nada, Viernes aparece y le es otorgado su
nombre. Se le nombra sin ser reconocido. La ausencia
de nombre propio, el nombre mismo que se le escoge,
lo señala como un acontecimiento. Viernes, día de
Venus, diosa salida del mar, inquietante por las seduc-
ciones con que se adorna. Viernes, día de la pasión de
Cristo y día de ayuno para el Occidente cristiano. Para
sobrevivir, Viernes deberá hacerse cristiano. En realidad, Viernes, antes que nada, es negado. Significa tanto
el esclavo como el bárbaro, el impío o el infiel. Significa su género: el de todos los géneros por venir. Es,
ante todo, el rechazo de la identidad del Otro, de la
Otredad.

¿Qué es el salvaje sino el extraño más extraño? Alter-
nativamente monstruo y bufón, según inquiete o divier-
ta, ¿sabríamos reconocerlo como hombre?

"Propongamos a todos los hombres escoger las costumbres más bellas y cada quien señalará las del propio país." Así hablaba Herodoto, quien sabía ya que "el
bárbaro es el otro". Por otra parte, agregaba, los griegos no son los egipcios más que bárbaros, puesto
que ellos "tratan de bárbaros a todos los pueblos que
no hablan su lengua". Pero el mundo griego todavía
era fragmentario. Muy pronto, el centro se afirma en
su perfección. En ondas concéntricas a partir de Ate-
nas, los bárbaros se alejan, siendo tanto más bárbaros
cuanto más lejos están del centro, hasta las regiones
míticas de los confines del mundo, en donde viven los
monstruos y las quimeras.

Después de Aristóteles, el judeocristianismo definió
la frontera entre el animal y el hombre: la razón. Pero
desde los grandes descubrimientos del siglo XVI, esta
frontera se vuelve dudosa en los enfrentamientos entre
seres demasiado diferentes. Los aventureros la juzgaban
según una imaginería ingenua y aterradora, la de la
cristiandad medieval que no había desterrado de sus

libros los monstruos fantásticos que le legó la Antigüedad; se habían convertido en las turbas del Maligno.
Los primeros indios parecieron a nuestros viajeros
más próximos a esas imágenes que a ellos mismos.
"¿Tienen alma?", se preguntaron. A pesar de la bula
pontificia *Sublimis Deus* de 1537 que les acordaba el
título de hombres, los indios no han cesado de ser
problema ya que desarreglan el orden instaurado.
El salvaje, en el siglo XVI, es el pagano, el infiel,
incluso la criatura del diablo. Tal es, exactamente, la
primera reacción de Robinson asistiendo al desembarco
de las piraguas sobre su isla. Tales serán las narracio-
nes de los viajeros aterrorizados ante los que Thévet
debe restablecer la verdad asegurando que los indios no
son velludos, ni tienen cola, ni pies hendidos... Se observa que la figura de Satán no está lejos, parecida a
Pan y a los sátiros de la Antigüedad.
Aunque esos seres inquietantes sean verdaderamente
hombres, más bien se emparientan con los locos. Las
relaciones entre civilizados y salvajes no comienzan en
realidad hasta el siglo XVI. Pero en Europa misma existía una infrahumanidad grotesca e inquietante. Con
frecuencia excluidos por las municipalidades, los locos
erraban por los bosques de los alrededores de las ciudades y simbolizaban una animalidad sometida a los
instintos que la ley cristiana no había podido domesticar. Niños perdidos devueltos a la naturaleza, locos
ridículos y monstruosos, tal es la figura del hombre
salvaje para el Occidente cristiano medieval: la antítesis del caballero. Al lado de los locos, dentro de la misma marginalidad escandalosa se colocará a los salvajes
descubiertos en el Renacimiento. Las primeras narra-
ciones de viajes dan cuenta de esas criaturas ambiguas
en las que el hombre logró apenas traspasar la animalidad que lo anonada. El salvaje aparece como algo
contra natura que pone en peligro la ordenada sabiduría de la naturaleza. Pues la civilización se desea una
segunda naturaleza. Y es en nombre de la naturaleza
que Robinson condena a los salvajes: "La aversión que
me prestaba naturaleza por esos abominables salvajes
era tal, que temía tanto verlos como ver al diablo".
Todo lo que hay de hombre en él detesta esas criaturas
que tienen por guía "sus propias pasiones perversas y
abominables". Ve en ellos "una degradación de la naturaleza humana", les reconoce "una naturaleza enteramente abandonada del cielo y arrastrada por una
depravación infernal". En suma, legitima la formidable

alabanza que se otorga a sí mismo y al Occidente cristiano.

Frente a "esas bestias irracionales" como los definía Villegaignon, a esos "irracionales" como los llaman todavía los sudamericanos, no hay ninguna necesidad de molestarse con escrúpulos. Las leyes de la esclavitud natural rigen las relaciones entre los salvajes y los civilizados.

Así pues, el mundo cristiano, rechazando en los limbos de la *razón* todo lo que es diferente, iría a legitimar todos los crímenes de derecho común que su deseo de dominio le haría cometer. En nombre de la fe se ataca a los sarracenos. En nombre de Cristo fueron llevadas esas vastas operaciones de razias que piadosamente se llaman "las Cruzadas". Detentando la *verdad* revelada, la afamada España se arrojó al asalto de las tierras nuevas. Acusar a los indios de ser criaturas del diablo hacía legítima la apropiación de las tierras que ocupaban y que eran la obra del Señor. Jehová es un dios celoso que rechaza la repartición. La Inquisición sabrá, grave y despiadadamente, desembarazar a la cristiandad de todos aquellos que no aceptan su ley, para la mayor prosperidad de sus fieles.

Robinson se convierte en rey de su isla por la justa Providencia. El Occidente reina sobre el Nuevo Mundo en nombre de la civilización y del progreso. Frente a tal absolutismo, ¿con qué derecho podrían las últimas tribus indias reivindicar la propiedad de los territorios que todavía ocupan? Y se invocará su ignorancia, su inmoralidad, su "salvajismo" en fin, para arrogarse el derecho de ponerlas bajo tutela. El lenguaje popular ilustra bastante ese movimiento que consiste en acusar *a priori* para justificar la condena: nótese el uso que se hace de nombres como "apaches", "hurones" o "indios" en América Latina, comparables a "judíos", "bicots", "bougnoules"[2] y otros "metecos" de la vieja Europa.

La historia de la propagación de Occidente es la de la destrucción progresiva y sistemática de los jirones de humanidad cuya sola existencia le parece la negación insolente de todo lo que la constituye.

Sigamos un momento a los piratas y filibusteros cuya revuelta los condenó a vagar y que comparten con los salvajes la marginalidad en el mundo occidental que soportan tan mal. Gilles Lapouge, en el muy fino aná-

[2] Bicot y bougnoule se usa despectivamente para los naturales del norte de África. [T.]

lisis que hace de la piratería, insiste sobre su anti-
rracismo. Ciertamente, "se mata a los indios si su presencia molesta al pirata en su arte... (Pero) en su
mayoría las gentes de mar no son crueles con los indios. La ferocidad, en esos tiempos y en esos lugares,
está reservada a los militantes de la civilización occidental, a los soldados españoles, por ejemplo, que se
extenuaban tratando de introducir al Buen Dios entre
los paganos, y los mataban si Jesús no podía anidar en
ellos... Ese comportamiento es razonable: los piratas,
como los salvajes, son parias de la civilización". Re-
cordemos que los filibusteros franceses se entendían
bien —un poco demasiado, a gusto de las autoridades
portuguesas— con los indios del noreste del Brasil. Y
los piratas hicieron pagar caro a los españoles los malos tratos que habían infligido a los indígenas.

¿Veían los piratas en los indios a escapados del paraíso terrenal antes de la caída? ¿Pensaban encontrar
la edad de oro al lado de esos hombres "puros y desnudos"?

La Antigüedad había ya desarrollado ese tema de pueblos idílicos que no conocían la propiedad privada y
eran buenos y felices. Esquilo, Platón, Virgilio, Ovidio,
Tácito... hacen la apología nostálgica de su pureza original, buen pretexto para ennegrecer las costumbres
de sus contemporáneos. Paralelamente al mito del Mal
Salvaje, encarnación de todo lo que las Escrituras es-
tigmatizaban, se desarrolló el mito del Buen Salvaje,
al que nada corrompía.

Viernes, digámoslo ya, no fue reconocido por lo mismo. Contratipo del buen cristiano o contratipo del hombre que la sociedad ha pervertido, su existencia no siempre le es concedida.

En el Renacimiento es cuando reflorecen las leyendas
de la Edad de Oro. La Edad Media había intentado
edificar un mundo escrupulosamente conforme a los
mandamientos de la Iglesia. El buen caballero era el
modelo admirable: puro y franco, su lealtad con frecuencia lo condenaba a una castidad glacial. Su ideal
lo conducía a actos de heroismo gratuito que no tenían
otro objeto que rechazar los instintos mal dominados
de una humanidad a la que había contaminado el pecado original. Su recompensa: el paraíso. A decir verdad, la realidad era bastante diferente a las novelas de
caballería. Pero los infiernos estaban ahí para recibir
a los que infringían la ley.

Esa argolla demasiado apretada incomodó a los hu-

EL OCCIDENTE

manistas. En nombre de la "naturaleza", la cristiandad
arrojó al hombre salvaje al infierno. En nombre de una
naturaleza más auténtica, la *phusis* de los griegos, los
humanistas hicieron del hombre salvaje un modelo de
pureza. El ideal austero de la caballería suponía una
vida elemental, exuberante e indómita de la que el
hombre piadoso desconfiaba. Progresivamente, es esta
exuberancia y la franqueza brutal lo que se admira en
el salvaje. Se convierte en el símbolo de la espontanei-
dad, de la alegría de vivir que la ética medieval había
sofocado. Se preconiza la inocencia de una vida más
auténtica en la que los instintos no aparecerán ya como
trampas tendidas por el demonio.

El descubrimiento de América daría a propósito ejemplos de sociedades armoniosas en las que el individuo
no se siente la eterna víctima del pecado original. Poco
importa que Montaigne no haya conocido a los tupi-
namba más que los griegos conocieron a los escitas,
los indios no les interesaban más que por lo que les
servían para dudar de la perfección del sistema en el
que eran obligados a vivir. Y Ronsard no tenía necesidad de haberlos visto para extasiarse ante el hombre
natural "que vaga inocentemente, bravío, (...) y tan
desnudo de ropa como de malicia".

Desde entonces la vida salvaje se presenta como la
antítesis del estado social. En el siglo XVIII sobre todo,
es cuando el tema será explotado en toda su magnitud.
Hagamos justicia a Rousseau: no era inocente del uso
que de ello se hacía. El estado natural, para él, perte-
necía a un pasado mítico; era una hipótesis de trabajo
para denunciar mejor la vanidad y la codicia de que
se sentía rodeado. No obstante, sus sucesores se ape-
garon a la imagen enternecedora del hombre al que las
ciudades no han pervertido. El hombre primitivo es el
hombre tal como debía ser. Chateaubriand, los román-
ticos de Europa o los de América, criollos de alma
sensible, enriquecieron el tema con una literatura de
agua de rosas, machacona hasta la repugnancia. Este
indianismo insípido y estéril poco se preocupa del verdadero indio en el que tendría sin duda alguna dificultad para encontrar a sus héroes.

¿Es una prueba de interés considerar al indio como
un fósil viviente, como una especie prehistórica?
Si los humanistas y los filósofos han buscado al verdadero hombre fuera de la Iglesia, los adeptos de la
Iglesia reformada que encarecieron el dogma católico,
no encontraron en el hombre "natural" ningún sujeto

de admiración. El triste destino de los indios de América del Norte da fe de ello. Daniel Defoe, por británico que sea, no deja de estigmatizar la conducta aterradora de sus compatriotas. Los españoles, ciertamente han excedido sus derechos jugando a los soldados de Dios, pero los misioneros católicos tienen el alma generosa. Testigo, ese padre francés que apareció en la segunda parte de Robinson Crusoe y cuya humanidad se opone a la rigidez implacable de los pastores protestantes. Los misioneros católicos creían en realidad que los salvajes eran buenos salvajes. Pero dieron a ese mito una forma más flexible que la que le habían dado los pensadores y teóricos del orden social. Puesto que también la corte de Roma lo había decidido así, los indios son hombres. O, más bien, tienen todo para convertirse en hombres por poco que se les ayude. El salvaje es un niño al que hay que educar para hacer de él un hombre. De todas maneras, es "recuperable".

En Europa, en la misma época, se encerraba a los pobres y a los locos, esos marginados que habían sido hasta entonces vagabundos. En adelante, alojados, alimentados, asegurada su salud, debían asumir en contrapartida su parte de la maldición del pecado original: aprender que el trabajo es una virtud. Puesto que la moral condena la ociosidad, hay que eliminar todas las formas de la inutilidad social. Los salvajes también deberán someterse a esta ley.

Liberado de sus primeros terrores, Robinson considera que ha llegado la hora de tener un servidor y se apodera de Viernes. Había un salvaje; no hay más que un esclavo. A ese título es como Viernes entra en la historia. No tenía donde escoger: salvaje, estaba destinado a la muerte; esclavo, pierde su identidad pero conserva la existencia.

Y Robinson se enternece con la buena naturaleza de su protegido: "sin pasiones, sin obstinación, sin voluntad, complaciente y afectuoso, su apego por mí era el de un niño por su padre". Presa de un celoso paternalismo, el amo emprende el cultivo de un terreno tan propicio. Ha plegado la isla a su orden, formará al salvaje a su manera. Necesita "incorporar a su esclavo al sistema que perfecciona desde hace años".

"¡Los blancos desembarcan!... ¡Hay que someterse al bautismo, vestirse, trabajar!" Sacada de *Una temporada en el infierno*, he ahí lo que podría resumir la política seguida por los misioneros, y principalmente por los jesuitas en Brasil y Paraguay. Creían en las virtudes de la educación vigilada. En sus reducciones, se encerraba a los salvajes para modelar sus conciencias y enseñarles el arte de vivir como buenos cristianos: trabajo, obediencia y respeto a la propiedad. Lo que aquivale a decir hacerlos esclavos.

El salvaje es bueno en la medida en que es receptivo a lo que se le pretende inculcar. Puesto que la única razón es la de Occidente, el buen salvaje es el salvaje convertido. Importa poco que no tenga libertad de escoger. ¿Se deja a un niño decidir lo que le conviene? Lo que se admira en él es el adulto en que se convertirá.

Cuando los países sudamericanos se desligaron de la tutela española en el siglo XIX, se forjaron legislaciones impregnadas de ideas de la Revolución francesa. Los indios no fueron olvidados en ese bello arranque de generosidad. Todos los hombres debían ser iguales ante la ley, disposición que para los indios equivalía a una sujeción todavía más rigurosa, ya que el estatuto de excepción que hasta entonces había regido, implicaba para ellos algunas vagas medidas de protección. El reconocimiento de su igualdad jurídica no servía sino para mantener la desigualdad de hecho, incluso para acentuarla, pues al liberarse de Europa, las repúblicas sudamericanas no habían cambiado nada de sus estructuras coloniales internas.

A principios del siglo XX, se intenta animosamente mejorar la suerte de las poblaciones indígenas. Fueron elaboradas legislaciones para ellas que asimilan al indio como una persona menor cuyo mantenimiento, bajo régimen de tutela, deberá durar hasta que haya evolucionado lo suficiente como para ser integrado a la sociedad nacional. El código brasileño de 1916 lo declaraba totalmente irresponsable; el de 1942 le reconocía una responsabilidad parcial comparable a la de los menores y la de las mujeres casadas. En Paraguay, los indios dependen de los tribunales para niños... Gracias a lo cual, sin duda, son tratados con una cierta indulgencia cuando tienen asuntos con la justicia; pero ¿no es rechazar su derecho a la existencia el considerarlos como blancos en potencia?

Siendo el modelo el blanco, adulto, varón y normal, no se juzga al resto de la humanidad más que según su desviación de esta perfección.

¡Pobre Robinson, a quien la Providencia no ofrece por compañero más que a un salvaje! En la novela de Michel Tournier tiene todavía menos oportunidad:

"Dios me ha enviado un compañero; pero, por un oscuro giro de su santa voluntad, lo ha escogido del grado
más bajo de la escala humana. No solamente se trata
de un hombre de color, sino que este araucano costeño
está muy lejos de ser un pura sangre, ¡y todo en él
traiciona al mestizo negro! ¡Un indio cruzado de negro!
¡Y si fuera todavía de edad asentada, capaz de medir
calmadamente su nulidad frente a la civilización que
yo encarno! Pero me asombraría que tuviera más de
quince años —teniendo en cuenta la extrema precoci-
dad de estas razas inferiores— y su infancia le hace
reírse insolentemente de mis enseñanzas."

Puesto que el Occidente se constituyó según un dogma, un hombre es tanto más digno del nombre de
hombre cuanto más próximo está al modelo fijado por
la ley. Mientras más se aparta de él, hay más problema.
Buen o mal salvaje, Viernes conduce a la frontera de
la humanidad, es aquel del que se niega la existencia.
Es el mismo gesto de rechazo que se le hace a un no-
hombre o todavía-no-es-hombre.

Buen salvaje, es dócil. Porque está muerto desde el
día en que para salvar su vida renegó de sí mismo para
plegarse a los caprichos de un amo. Tales son los per-
sonajes inconsistentes de las novelas indianistas del brasileño José de Alencar: discípulos incondicionales de
los buenos jesuitas.

Mal salvaje, es el niño rebelde, imposible de domar,
como Viernes cuando ríe: "Estalla en una risa temible, una risa que desenmascara y confunde al serio
embustero con el que se adornan el gobernador y su
isla administrada. Robinson odia esas explosiones juve-
niles que condenan su orden y minan su autoridad." He
ahí lo que el Occidente no puede admitir: que no se le
reconozca, que no se le tome en serio.

En las dos caricaturas que ha hecho del indio, lo que
neutraliza es una mirada incrédula. Robinson es un
pequeñoburgués, en el sentido en que lo entendía Gor-
ki: "El que es el preferido." Devolviendo a la naturaleza lo que es historia, el mito de Viernes proporciona
una coartada: porque el salvaje es malo, hay que domi-
narlo; porque es un niño, hay que educarlo. La imagen del indio se trasforma por su uso teórico. Para
retomar la definición de Roland Barthes: "El mito es
una palabra escogida por la Historia." Su uso es social
y su función deformar.

Robinson el occidental tiene necesidad del otro para
afirmarse. Pero, incapaz de imaginarlo, lo niega. De ese

paso de lo real a la representación, nace el mito de
Viernes. Y, como buen mitómano, Robinson olvida que
él mismo ha creado el mito.

En el mundo de la pequeña burguesía, el mito de Viernes ha encontrado su ambiente. El exotismo le ha dado
un matiz nuevo: a falta de poder utilizar lo "primitivo", se le considera como un espectáculo. Sus diferencias no inquietan ya, puesto que tienen por objeto divertir.

Los etnólogos mismos han contribuido al mito pri-
vando al objeto de sus estudios de toda historia, vol-
viéndole irresponsable. El Occidente de nuestros días
multiplica sus emisarios en territorio indio. ¿Se abrirá
paso la verdad? Desgraciadamente, sean turistas afor-
tunados o aventureros sin dinero, la Amazonia atrae
demasiados mitómanos y no bastantes mitólogos.

¿Estamos verdaderamente condenados a no ver en
el indio más que una parte del hombre, su parte mal-
dita?

Al término de la novela de Michel Tournier, Speranza, la isla de Robinson, queda desembarazada del orden que se había pretendido imponerle. Robinson renuncia a ser el amo y el padre de Viernes. "En algunos
días, se había convertido en el hermano —y no estaba
seguro de que fuera su hermano mayor." Vuelto a la
humildad, comprueba: "Speranza no es ya una tierra
yerma que hay que hacer fructificar; Viernes no es ya
un salvaje al que es mi deber amonestar. Una y otro
requieren toda mi atención, una atención contemplativa, una vigilancia maravillada, pues me parece —no,
tengo la certeza— que los descubro a cada instante
por primera vez y que nada empaña jamás su mágica
novedad."

El blanco ha fracasado en su tentativa de reconstruir el mundo económico del que venía. No ha logrado
matar al salvaje en Viernes. Es él el que se trasforma llegando a una felicidad extraña en la que ha vuelto
a los elementos bajo la influencia de Viernes. No
dejará ya jamás Speranza.

Sigamos la vía que nos indica Michel Tournier: valido
de su tecnología, el Occidente ha creído que había inventado todo. Está colocado como inmóvil fiel de una
balanza en la que el universo necesariamente debía
evaluarse. El etnocidio, en esas condiciones, era inevitable.

El mundo occidental no obstante, se tambalea por sus
insuficiencias y sus contradicciones. Se nos habla de

"desazón", de "crisis de civilización". ¿Es todavía realista no hablar más que en términos de utilidad y de rentabilidad? Es tiempo de que la humanidad se ensanche más allá de los límites que le fueron fijados hace más de dos mil años. Viernes entonces, cesaría de ser el "inferior", o el "primitivo", y aparecería tal como es, rico en toda la diferencia de su experiencia única e irremplazable. De esta nueva definición de la humanidad es de la que depende la vida de todas las minorías étnicas del globo. La nostalgia de la indianidad perdida que se manifiesta actualmente en los Estados Unidos debería servirnos de advertencia. No nos condenemos a lamentar un día no haber sabido comprender la lección de Viernes cuando todavía era tiempo.

13

EL MITO DE ROBINSON O LA PREMEDITACIÓN DE UNA NUEVA CIVILIZACIÓN

PIERRE-BERNARD

Anne-Marie Savarin y Jacques Meunier terminan su exposición evocando la evolución insólita seguida por Robinson en la obra que les ha servido de guía, *Viernes o los limbos del Pacífico*.[1]

¿Qué sentido dar a esta sorprendente conversión de un Robinson que sigue un camino tan diferente del de su predecesor del siglo XVIII quien termina por rehusarse a dejar la isla cuando se le ofrece la ocasión de hacerlo? Pregunta delicada, ya que el personaje es tan enigmático como desconcertante la metamorfosis que sufre a lo largo de la narración. Haciendo de Robinson el representante típico de la civilización occidental, y evocando la crisis que está en vías de atravesar, A.-M. Savarin y J. Meunier invitan a ver en tal metamorfosis la trasformación casi inesperada que llevaría a nuestra civilización a modificar por completo su actitud con respecto a otras civilizaciones y a poner así término al etnocidio que se obstina en perpetuar.

Apenas puede imaginarse la magnitud de los desquiciamientos que entrañaría una trasformación de ese orden, pues lo que se pone en duda son los fundamentos de nuestra civilización, los principios constitutivos que en el curso de las Edades no ha cesado de perfeccionar y de reforzar y sobre los cuales reposan todas nuestras concepciones y nuestras empresas; apenas se osa creer que tal desquiciamiento pueda producirse. El mérito de Michel Tournier no es insignificante, si pensamos que su intención es proponernos al menos soñar con tal trasformación, y aplicarse, como lo hace, a un problema que se impone por todas partes pero que, por su magnitud misma, es siempre más o menos esquivado, escamoteado, abandonado. La forma novelesca adoptada en el caso presente no tiene nada que ofenda; el problema es tan vasto que bien

---

[1] Gallimard, 1967.

puede ser abordado de todas las maneras posibles e ima-
ginables, y no hay razón para que el novelista y el
poeta no tuvieran qué decir cuando las bases de una
cultura están en duda y se trata de ensanchar la humanidad "más allá de los límites que le fueron fijados
hace más de dos mil años" y de reconocer en Viernes,
como en toda cultura "primitiva" o no, "una experiencia
única e irremplazable".

¿No le ocurre a un escritor examinar lo que hay en
la cabeza de un Robinson "rellena... de tres milenios
de civilización occidental" (p. 120) y volver a ver con
una mirada nueva las lecciones de vida que ese personaje extrae de la Biblia en toda circunstancia, y el
sentido exacto de "esa dosis masiva de racionalidad"
(p. 57) que el mismo Robinson quiere imponer a la
isla cuyos recursos explota intensamente a la manera
del mejor empresario de nuestro mundo industrial? Los
componentes judeo-cristianos y racionales de nuestra
civilización son recordados a todo lo largo de la novela
y, si hay metamorfosis de Robinson, es en la medida en
que "él descubre y acepta" en la Biblia, significaciones
muy poco tradicionales, encuentra "soluciones originales, más o menos provisionales y como titubeantes pero
que se parecen cada vez menos al modelo humano del
cual parten" (p. 97), en la medida en que reconoce la
distancia que lo separa de los "mensajes parleros que
la sociedad humana le trasmite todavía a través de su
propia memoria, la Biblia y la imagen que una y otra
proyectan sobre la isla" (p. 148), en la medida, en fin,
en que contribuye, tanto como puede, al "advenimiento
de cosas absolutamente nuevas, inauditas e imprevisi-
bles" (id.).

Parece que Tournier trata de aprehender los rasgos
más significativos de nuestra cultura para, con mayor
preocupación, preguntarse si pueden ser modificados y
a qué precio. Su narración se parece de alguna manera a
esos escenarios que, desde hace poco, los futuristas ela-
boran para ilustrar la evolución por venir en nuestras
sociedades. La única diferencia es que Tournier contem-
pla una capa mucho más profunda de nuestra civilización y en consecuencia una trasformación más radical,
que los economistas y los sociólogos se cuidan bien de
tomar en consideración por temor a perderse ya que
implicaría un problema que estos últimos son incapaces
de abordar, como es una trasformación de fondo en
nuestras relaciones con las otras culturas y reuniría
las intenciones dominantes de este coloquio sobre el et-

nocidio y, en particular, el análisis de nuestra civilización que propone Robert Jaulin. Por lo tanto, lo que
se ha denunciado es bastante; la pretensión de Robinson
de "poseer" a Viernes, de negarlo en su ser verdadero
y asimilarlo a sí mismo: "Poseído. Sí, Viernes está poseído. Y aun doblemente poseído; pues hay que reconocer que fuera de sus estrépitos diabólicos, es mi yo
entero el que actúa y piensa en él" (pp. 127-128); tal es
la primera impresión de Robinson ante "un cuerpo sin
alma, un cuerpo ciego... Pero ese cuerpo inanimado
no ha huido al azar. Ha corrido a reunirse con su alma,
y su alma se encontraba entre las manos del hombre
blanco. Desde entonces, Viernes pertenece en cuerpo y
alma al hombre blanco. Todo lo que su amo le ordena
está bien, todo lo que él defiende está mal. Está bien
trabajar día y noche para el funcionamiento de una
organización delicada y desprovista de sentido. Está mal
comer más de la porción medida por el amo. Está
bien ser soldado cuando el amo es general, acólito cuando él ora, albañil cuando él construye, mozo de labranza
cuando él se consagra a sus tierras, pastor cuando él se
preocupa de sus rebaños, vigilante cuando él viaja, cu-
randero cuando él sufre, y accionar para él el abanico
y el matamoscas. Está mal fumar pipa, pasearse desnudo y esconderse para dormir cuando hay quehacer"
(pp. 123-124).

A través de la subordinación absoluta, "cuerpo y alma",
de Viernes a su amo, las relaciones del mundo blanco
con el resto de la humanidad son presentadas como un
sistema de negación total del otro; pero la originalidad
de Tournier reside menos en la denuncia propiamente
dicha de ese sistema que en el esfuerzo por adivinar
su exceso, por imaginar una situación nueva —nueva
con relación a los milenios evocados— en donde relaciones hasta entonces inimaginables unirían a ambos
protagonistas.

¿A qué precio? ¿Es al precio de una subversión del
orden establecido por Robinson? La pregunta no puede
dejar de plantearse tan pronto como, por trasposición,
se consideran las relaciones del mundo occidental con
el resto de la humanidad. Cada uno es libre de ver en
esta narración sólo una utopía entre otras; bien considerado, una novela se presenta como una ficción y, al
menos, nosotros no estamos invitados a entender una
historia idílica. En efecto, ninguna prueba se ha ahorra-
do al amo blanco, el cual, para terminar la obra "civilizadora" vuela en pedazos después de una fantástica

explosión provocada accidentalmente por un Viernes des-
obediente. ¿Se debe trasponer y pensar en una insurrección del Tercer Mundo contra el imperialismo occidental? Eso no es lo que sueña Michel Tournier. Las
revoluciones en curso y por venir en las nuevas naciones
implican una evolución política y cultural de su parte
ya cercana a la de los países occidentales; Viernes no
está ahí; está escogido "entre lo más bajo de la escala
humana", no es más que "un indio cruzado de negro"
(p. 122), como se burla Robinson, de tal suerte que toda
perspectiva de enfrentamiento organizado está excluida
de antemano.

Aquí se hace necesaria una explicación: es cierto que
el mundo blanco no pondrá término a tantos siglos de
dominación, a tantos milenios de expansión más que si
es obligado a ello por la fuerza; desde ese punto de vista, la acción revolucionaria del Tercer Mundo es hoy
en día primordial. Dicho esto, el problema de las relaciones del mundo blanco con el resto de la humanidad
y la calidad de esas relaciones, subsiste enteramente. En
efecto, se puede imaginar fácilmente que, atacado en lo
vivo, el mundo blanco se repliegue con rabia sobre sí
mismo y sobreviva, aunque vegete teniendo por todo
horizonte su grandeza pasada, en cuyo caso no modi-
ficará en nada sus relaciones con los otros, contentán-
dose con vivirlas de cualquier suerte, negativamente.
Puede también —pero ésta es una solución de otra ín-
dole— tratar de inventar, en parte seguramente bajo la
presión de las circunstancias, relaciones muy diferentes;
esta vez, la coacción exterior, indispensable, no es ya
suficiente, debe agregársele una contribución activa,
autónoma, *constructiva*, una evolución interior del mundo occidental, una voluntad de participar en su propia
trasformación, de destruir él mismo lo que le debe
ser extirpado, de llevar a su término, con obstinación,
disponibilidad y lucidez, una evolución que, al principio,
le es impuesta desde el exterior. No es sino en esa eventualidad donde relaciones significativamente nuevas pueden establecerse, porque habrán sido el resultado de una
paciente y radical trasformación, de una "larga y do-
lorosa metamorfosis" (p. 182), de una maduración audaz
y reflexiva, de una verdadera creación que presenta todas las cualidades requeridas por el objetivo considerado.
Tal es la vía que intenta Michel Tournier y por lo que
describe con una minuciosidad admirable las etapas de
la mutación que hace aparecer un hombre nuevo en el
primer Robinson. Toda la narración está organizada para

dar cuenta del menor cambio y para subrayar la extrema complejidad de la operación que se desarrolla; pues
se trata efectivamente de una trasformación total que
concierne a todo el ser de Robinson; se nos precisa su
carne, su corazón, sus concepciones. Por lo demás, una
civilización o una cultura, forman un conjunto complejo
que ordena numerosos aspectos, y toda modificación importante en uno entraña progresivamente la de los otros;
la civilización occidental no sabría poner término al
etnocidio sin modificar completamente sus componentes
esenciales, sin una alteración decisiva de su ser profundo.

El trabajo al que se dedica Robinson sobre sí mismo
es, desde ese punto de vista, ejemplar; consiste en dejarse llevar por un movimiento muy amplio que le sobrepasa, sin deglutirlo jamás no obstante, aunque más de
una vez esté a punto de zozobrar, y del que nunca
percibe enteramente los pormenores pero del que trata,
como puede, de controlar todas las etapas, una tras otra.
¿Tenemos razón para evocar aquí el ejemplo vivido por
el padre Daniel Berrigan, ese sacerdote católico norteamericano, condenado a seis años de prisión por su acción contra la guerra de Vietnam, a quien las autoridades fijaron una fecha límite para constituirse en prisionero, no sin prometerle una reducción de la pena, y
que, en abril de 1970, escogió la clandestinidad? El texto[2] en que él se explica, nos parece que hace pensar
más de una vez en las razones que se da este otro clan-
destino en el que se convierte poco a poco Robinson al
principio tan decidido a jugar a fondo el juego de su
sociedad de origen. Robinson demuestra la misma voluntad de "buscar nuevas vías", lo que le conduce a comprometerse en un camino *que no sabe a dónde le llevará*,
pero que su deseo de una trasformación radical de todo
su ser le empuja imperiosamente a seguir, no importa
lo que le cueste: "Algunos entre los nuestros —escribe
Daniel Berrigan—, han decidido proseguir la resistencia
y rechazar la prisión. Por cuánto tiempo, y cuál será
el resultado de este rechazo, no lo sabemos. ¿Podremos
crear en nuestro favor un movimiento de opinión, de
apoyo, que nos permita hacer oír nuestra voz, hacer
hablar a la prensa, ser escuchados? No lo sabemos. Hay
que crear todo en todas sus partes, improvisar todo;
pero debemos intentarlo al menos". La soledad priva a
Robinson de toda comunicación y lo lleva a "crear todo

[2] Publicado en *Africasia*, núm. 16 del 25 de mayo al 7 de junio de 1970, pp. 30-33.

en todas sus partes", sin saber jamás exactamente el
alcance de sus actos, pero sin retroceder jamás, aunque
más de una vez esté aterrado por lo que se le presenta,
por "la novedad de lo que descubre y que sin embargo
acepta" (p. 44). "Existe otro criterio, más misterioso, de
nuestra acción —escribe Daniel Berrigan—. Se trata
simplemente de esa *fidelidad sufrida* de la que hablaba
Bonhoeffer, a propósito de la Alemania hitleriana: hay
momentos en que se debe tener confianza en la precisión de su comportamiento únicamente por razones humanas. Y esto podría revelarse con el tiempo como la
única cosa útil en este momento." Robinson costea sin
cesar el abismo en el que teme zozobrar, pues es el teatro, en razón de su soledad absoluta, de un "proceso
de deshumanización" (p. 46) en el que siente en él "el
inexorable trabajo" y que sigue "con una horrible fascinación" porque si esta degradación va, en un sentido,
al encuentro de todas sus concepciones, de todos sus
esfuerzos, de toda su tradición, la resiente como la condición necesaria de *otra* realidad que no hace sino entrever. D. Berrigan insiste sobre la necesidad de "una alta
dosis de esas cualidades que no florecen más que cuando un pueblo se ha vuelto consciente de su propia
degradación y comienza a crear los instrumentos para
su rectificación. Nosotros no hemos perdido todavía lo
suficiente, no hemos sufrido lo suficiente para volvernos
realmente conscientes. En consecuencia, nos falta espíritu de solidaridad, imaginación, fervor, inteligencia, pensamiento, compasión, coraje, esperanza, ingenio. Por el
momento, *para ser curada, nuestra enfermedad debe
todavía agravarse.*

Esta tensión entre acentuarse la degradación y susci-
tarse la rectificación, entre un "destruir" y un "construir", es exactamente lo que obsesiona al héroe de
Tournier. Se diría que en Robinson todo lo que es degradación, decadencia, deterioro, se trasmuta insensiblemente en medio de rectificación; la cura viene, en
efecto, después de una intensificación de la enfermedad; el tema de la novela no es el desmantelamiento
de una civilización, sino el de la primera instauración de una civilización en gestación; que esta instauración implique una destrucción total de lo que subsista del viejo mundo, es cierto, pero obliga a no limi-
tarse a una perspectiva de simple demolición, como se
hace con frecuencia.

Robinson es un creador, un constructor; si llega a
desear la destrucción de su obra, no es por el gusto de

EL OCCIDENTE

la subversión o bajo la influencia de la desesperación
o de la rebelión, sino porque presiente la existencia de
otro mundo y termina por comprender que "la libertad
de Viernes... no era más que la negación del orden
borrado de la superficie de la isla por la explosión"
(p. 156). Acepta que sea destruido todo lo que impida
construir un nuevo sistema de relaciones entre los hombres y con el mundo; pero de extremo a extremo, no
cesa de construir. Desde el principio, despliega una
gran actividad en la construcción del barco que le permitiría huir de la isla y describe su trabajo con cuidado.
Después, se consagra a la exploración metódica de la
isla, al recuento de sus recursos y su explotación sistemática; se convierte en un organizador preocupado por
asegurar el desarrollo económico más intenso y no se
detiene ante las tareas materiales; para él solo, re-
construye las piezas maestras de su civilización, pone
las bases para una escuela de pesas y medidas, redacta
un código, edifica un palacio de justicia, un templo,
emprende trabajos de fortificación; construir, organizar, legislar, es su preocupación dominante. Hasta ahí
su empresa se sitúa enteramente en el horizonte de la
civilización occidental; pero la explosión que devasta
la isla y toda su obra, no sobreviene sino a partir del
momento en que él está listo para reconocer que, además del suyo, otro orden, igualmente coherente, es
posible. En efecto, Robinson vigila con cuidado su
metamorfosis a fin de evitar que una forma establecida no desaparezca antes de que otra nueva esté lista
en su lugar; puede tanto mejor abatir lo que está condenado, ya que ha proporcionado todo el esfuerzo de
creación necesario: "el peor peligro hubiera sido que el
primer (Robinson)... desapareciera para siempre antes
de que el hombre nuevo fuese viable... Había que continuar trabajando pacientemente, acechando en sí mismo los síntomas de su metamorfosis" (p. 105). Así Robinson no caerá en el vacío; aun para la catástrofe que
desata Viernes, estaba secretamente preparado desde
tiempo atrás; en sus momentos de cansancio, de confusión, había ya soñado "con algún sismo que pulveri-
zara Speranza, y el mar cerrara sus aguas benéficas
sobre esta corteza purulenta de la que él era la conciencia doliente" (p. 104) y, justamente antes de sobre-
venir la explosión, "la palabra que está en él, que jamás
lo ha engañado, le susurra quedamente que está en un
recodo de su historia" (p. 148).
Hay serias razones para estar fascinado por la asom-

brosa docilidad de Robinson a los acontecimientos, a los
cambios de toda suerte, lo que le permitirá principalmente meterse a la escuela de Viernes, por su aptitud
de crear, de crearse, de inventar el porvenir, no porque
lo prevea, sino porque está abierto, porque en todas las
cosas logra poco a poco presentir *otra cosa* que lo que
había al principio: detrás de la isla de Speranza, se per-
fila "otra isla" (p. 79), como en él se forma un hombre
nuevo, como en Viernes descubrirá más tarde "otro
Viernes" (p. 149), el que desde entonces podrá "arras-
trarlo hacia *otra cosa*" (p. 155). La alegría que inunda
a Robinson al final, se explica por la otredad reencon-
trada en todas las cosas y en sí mismo: "Los breves
deslumbramientos que a veces tenía y que yo llamaba
—no sin una intuición adivinadora— *mis momentos de
inocencia*. Me parecía entonces entrever durante un
breve instante *otra isla* escondida bajo el taller de
construcción y la explotación agrícola de la que había
cubierto a Speranza. En adelante, me trasporto a esa
otra Speranza, me instalo fijamente en mis momentos
de inocencia. Speranza no es ya una tierra yerma que
hay que hacer fructificar, Viernes no es ya un salvaje
al que es mi deber amonestar. Una y otro requieren
toda mi atención, una atención contemplativa, una vigilancia maravillada, pues me parece —no, tengo la
certeza— de que los descubro a cada instante por primera vez y que nada empaña jamás su mágica novedad" (pp. 177-178).
     Abandonando su rigidez primera y su voluntad de
imponer a todos los seres y a todas las cosas el orden
que le había enseñado su civilización, y que les impedía
ser otra cosa que lo que él había decidido, Robinson
los libera, descubre en los otros "la armonía escondida"
de la que les había privado y, más todavía, descubre
los principios de una civilización nueva en donde el
etnocidio no tendría ya derecho de ciudadanía. Tal es
la interpretación que de buena gana llamaríamos socio-
cultural, si el término no estuviera envilecido, a la que
cumplen las observaciones de Anne-Marie Savarin y
J. Meunier, así como, en otros aspectos también, la obra
de Michel Tournier.
     Al principio, aludimos al carácter enigmático de este
relato; en realidad, por el momento nada ha justificado
plenamente ese juicio. No es ya lo mismo si tenemos
conocimiento de la interpretación propuesta por Gilles
Deleuze, tan discordante con la que acaba de ser bos-
quejada que hay razones para preguntarse en ocasiones

si se trata de la misma obra. Primero, Deleuze pone en
evidencia un hecho que no ha tenido todavía ningún
lugar en nuestro comentario, a saber, que el Robinson
de Tournier —y es lo que lo diferenciaba ante todo de
su predecesor del siglo xviii— es un ser sexuado; ahora
bien, las trasformaciones citadas afectan también la
sexualidad de nuestro héroe y la evolución que experimenta no le llevará sino a la perversión: "Hay que imaginar a Robinson perverso; la única robinsonada es la
perversión misma." [3]

Deleuze es el primero en reconocer que la obra tiene
algo de insólita y que se presta a las interpretaciones
más inesperadas: "¿Se trata de una novela filosófica?
También de una novela de aventuras, de metamorfosis
espirituales, una novela naturista, una novela cómica,
perversa, elemental, cósmica, una novela romántica, en
la perfección del estilo en donde todo es rigor e him-
no" (p. 519). Estas pocas líneas, subrayando el carácter
—que no puede ser más polimorfo— de la novela, quizá
tranquilizarán al lector respecto a la divergencia de las
interpretaciones opuestas. Tournier juega de manera
superior, y precisamente juega al nivel de las significaciones cuyos desplazamientos participan en el gran juego
de la metamorfosis. La pretensión de detener la explicación verdadera sería muy mal recibida frente a un
juego de tal calidad, y esa no es nuestra intención.

Si hacemos esta confrontación, es porque nos reserva
una nueva sorpresa al mostrarnos que ambas interpretaciones, discordantes, giran alrededor de un mismo problema de fondo, lo que no arregla las cosas en absoluto, ya que los caminos seguidos por Robinson según
uno y otro se encuentran exactamente invertidos: un
Robinson se convierte al final en lo que el otro es al
principio, y viceversa. Expliquémonos.

Para Deleuze, el Robinson incriminado es perverso
"no constitucionalmente, sino al salir de una aventura
en la que seguramente ha pasado por la neurosis y ro-
zado la psicosis" (p. 525). Antes de naufragar en la isla
desierta, Robinson ha vivido normalmente entre sus
semejantes; ha tenido la experiencia de un mundo completamente constituido, organizado por la presencia de
los otros, en el cual "los otros son la estructura que
condiciona el conjunto del campo (de la percepción) y
el funcionamiento de ese conjunto" (p. 511); esto es, al
menos, lo que permite concluir la "novela experimental

[3] Gilles Deleuze: Una teoría de los otros (los otros, Robinson y el perverso), en Critique núm. 241, junio de 1967, pp. 503-525.

inductiva" de Tournier, que sigue paso a paso los efectos
disolventes de la ausencia de los otros y da a entender,
por consecuencia, cuáles son los efectos de su presencia.

En este contexto, la metamorfosis de Robinson se
acompaña de la destrucción progresiva de esa estructura central de nuestro campo de percepción que Deleuze llama "la estructura-Otro" y de su remplazo por
"la estructura perversa", la que presupone *una ausencia
fundamental de los otros;* la libido de Robinson, normalmente dirigida, como él mismo dice, hacia "la mujer
o nada" (p. 111), se desvía extrañamente en cuanto a
sus objetivos. En el curso de un primer período llamado "telúrico", se desvía hacia la tierra, hacia la isla
de Speranza que se convierte sucesivamente en madre
y luego en esposa de Robinson; después de la llegada
de Viernes, de la explosión de la isla —explosión que
en sí misma es un salto de la isla hacia el cielo— toma
una dirección todavía más insólita; se vuelve, se en-
dereza hacia el cielo, hacia el Sol, convirtiéndose Robinson en un "ser del Sol" (p. 182) "(abriéndose) a la
fecundación del astro mayor" (p. 185). La llegada de
Viernes, lejos de contrariar esta evolución, no hace
sino llevarla a consecuencias extremas; lejos de "regresar hacia amores humanos", Robinson se empeña
en una conversión radical: "Tratándose de mi sexualidad, no me ha ocurrido ni una sola vez que Viernes
haya despertado en mí una tentación sodomita... llegó
demasiado tarde: mi sexualidad se había vuelto *elemental,* y era hacia Speranza a donde se volvía" (p. 184).
A la Tierra, que sustituye al Cielo Urano; ya elemental, la sexualidad no hace sino "cambiar de elemento".
Para Deleuze, la perversión es manifiesta: "la conjugación de la libido con los elementos es la desviación
de Robinson"; y, según él, la relación entre Robinson
y Viernes no hace sino confirmarlo: "lo esencial es que
Viernes no funciona en absoluto como otro yo vuelto
a encontrar. Es demasiado tarde habiendo desaparecido
la estructura (la estructura-Otro). A veces funciona
como un objeto insólito, a veces como un extraño cómplice. Robinson lo trata a veces como un esclavo que
intenta integrar al orden económico de la isla, a veces
como al detentador de un secreto nuevo que amenaza
el orden. A veces casi como un objeto o un animal,
otras como si Viernes estuviera más allá de sí mismo...
A veces más acá de su otro yo, a veces más allá...
No otro yo ajeno, sino diferente del otro" (pp. 518-519).

Ahora está claro que la evolución seguida por ese

Robinson perverso es exactamente inversa a la que
habíamos visto en la primera parte; el Robinson perverso se aleja poco a poco del mundo dado por normal
en el que la presencia del otro desempeña el papel
esencial y se compromete en un camino que lo lleva
hasta la anulación del otro, hasta lo que Deleuze llama
el otricidio, el altericidio. El promotor de una nueva
civilización se separa de una situación en la que *el
etnocidio* no es una práctica accidental sino un com-
ponente esencial, e intenta inventar relaciones frater-
nales con todo lo que hasta entonces estaba considerado como parte del mundo salvaje: la isla, sus animales,
sus plantas, su sol implacable, los indígenas. En un
caso, la negación del otro es psicológica, sobreviene
durante el camino, no pone en duda más que un itine-
rario individual; en el otro es colectiva, histórica, cultural; supone la existencia de una complicidad entre los
miembros de una sociedad que se desea superior; funciona implícitamente desde el principio de la narración,
o más bien la preexiste. Quebrantada poco a poco, res-
quebrajada, cede el lugar a relaciones humanas, frater-
nales, entre la víctima y el verdugo.

¿Hay que escoger entre dos interpretaciones que ape-
lan a registros tan diferentes de la experiencia humana?
Los dos niveles, psicoanalítico e histórico-cultural, ¿no
son hoy en día mantenidos inexorablemente a gran distancia uno del otro, si bien nosotros mismos no tenemos ni siquiera deseos de preguntarnos si, por ejemplo,
el etnocidio no se asemeja en cierta medida (¿pero
cuál?) con una inmensa perversión colectiva? Está bien
que el acercamiento de ambas interpretaciones suscite
ya ciertas preguntas desacostumbradas, aun si a justo
título aconseja la mayor prudencia a aquellos que se
apresuraban a responder. La demostración de Deleuze
es notable, ilumina brutalmente un texto que queda en
su reserva; ¿quizá minimiza —esa sería su única falla—
el cambio completo de actitud de Robinson con respecto a Viernes, cuando presenta a éste como *a veces*
una víctima, *a veces* un cómplice? Víctima, Viernes lo
es desde que encuentra al hombre blanco; si incontes-
tablemente cesa de serlo al término de una evolución
de Robinson ya largamente preparada, al término de
una devastación que es lo más decisivo de toda la narración ¿es para convertirse en cómplice de los extraños ejercicios solares de su antiguo amo, o bien su compañero de equipo en la elaboración común de una nueva cultura, una y plural? La primera interpretación

propuesta llevaba esencialmente a las relaciones entre
Robinson y Viernes y a la evolución de esas relaciones.
La de Deleuze otorga un lugar importante —y la novela
lo requiere— a las relaciones entre Robinson y el mundo físico: la isla, la tierra, los elementos..., pero no ve
en ellos más que la expresión de una aventura psicótica.
Esas últimas relaciones con la naturaleza, tal como
las presenta Tournier, ¿tienen sentido, si se persiste en
hacer de Robinson el artesano muy torpe pero muy decidido, de una nueva civilización? tal es la pregunta que
tendrá más adeptos aunque nos obligue a detenernos
cierto tiempo sobre la evolución presente del mundo
moderno.

A primera vista, esta preocupación no parecerá de
gran interés: las relaciones entre los hombres, si se las
juzga por la multiplicación de los conflictos de toda
suerte entre las clases sociales, entre las naciones, entre las razas, entre las culturas, ¿no tienen una importancia, en otra forma, mayor que nuestros conflictos
con la naturaleza? Por lo demás, nuestras relaciones con
ésta, por lo que se piensa, están hoy en día reguladas
de una manera definitiva y casi satisfactoria; el conocimiento científico de sus leyes nos ha dado un dominio técnico sin precedente sobre ella y el desarrollo científico y técnico de esta segunda mitad del siglo XX no
puede sino aumentar la potencia de los hombres en este
dominio. Si susbsiste algún problema importante, concierne a la repartición entre todos los hombres de las
ventajas aportadas por el progreso; pero he ´ahí de
nuevo un problema que pone en duda las solas relaciones de los hombres entre sí.

Y sin embargo, no es necesario reflexionar largamente para darse cuenta de que no es posible disociar a tal
punto ambos tipos de relaciones. Hay que recordar que
esta conciencia prometeica es constitutiva de la civilización occidental y que tiene su buena parte de responsabilidad en nuestra actitud con respecto a otras civilizaciones que no tienen la misma capacidad técnica y
son consideradas, por ello, como sujetas a la naturaleza
e identificadas con ella. La separación típicamente occidental del hombre y la naturaleza, ya presente en la
tradición judeocristiana con la idea de creación divina,
y llevada al extremo con el desarrollo científico, técnico e industrial de los tiempos modernos, se encuentra
bajo otra forma; la de la separación entre el hombre
occidental y todos los otros hombres; creemos que la
debilidad técnica de estos últimos les impide dominar

la naturaleza, rechazar el yugo que hace pesar sobre
ellos y los mantiene en un estado llamado "natural"
o "salvaje". El antropocentrismo —la idea de que el
hombre, amo de la naturaleza, es el centro preminente
de toda actividad— está así estrechamente ligada a
nuestro etnocentrismo, a la idea de que nuestra civilización es la única civilización digna de ese nombre. La
consecuencia más importante de esa liga es que una
de esas actitudes no puede evolucionar sin la otra, ya
sea también que *nuestras relaciones con las otras culturas no sufran un cambio decisivo sólo si paralelamente nuestras relaciones con la naturaleza conocen una
trasformación decisiva.* Pero, se preguntará, en la situación presente dominada por la ciencia, la técnica, la
industria, nuestras relaciones con la naturaleza, ¿pueden
modificarse?, y ¿de qué manera?; es lo que veremos
en seguida. Contentémonos por el momento con notar
que esta interdependencia entre los dos tipos de relaciones está claramente subrayada en la novela de Tournier, si se consiente en ver en todo lo que se dice de
la isla, de sus plantas, de sus animales, del aire, de la
tierra, del cielo, no ya los fantasmas de una imaginación
enfermiza, sino la búsqueda de nuevas relaciones entre
el hombre y la naturaleza que sean compatibles con relaciones interhumanas que no lleven la marca del etnocidio.

En esta perspectiva, las aventuras de Robinson se presentan bajo una nueva luz. Desde la primera página,
cuando él está todavía en el mar antes del naufragio,
un juego de tarot lo presenta como un "demiurgo",
como un "organizador" (luchando) "contra un universo
en desorden que se esfuerza en dominar", (obteniendo)
"una victoria ostensible sobre la naturaleza", (triunfante) "por la fuerza e" (imponiendo) "alrededor de él un
orden hecho a su imagen" (p. 7); "Robinson-rey", he
ahí lo que es al principio, "revestido de un poder absoluto gracias al cual puede imponer su voluntad sin obstáculos" (p. 8). Es en la isla en donde comienza por
imponer ese orden, esa voluntad, explorándola metódicamente, procediendo al censo de sus recursos antes de
explotarlos frenéticamente. Sus aspiraciones se hacen
eco de las del hombre moderno, convertirse en "Amo
y Señor" (p. 49) de la isla, de la tierra. "La afirmación de sí mismo, la dominación de las cosas" (p. 44),
tal es a sus ojos el objetivo a seguir; su paso es el del
hombre racional, construyendo una clepsidra a fin de
que el tiempo sea "en adelante regularizado, domina-

do, en suma, domesticado también" (p. 57) para que
todo se inserte en un sistema de relaciones abstractas:
"Quiero, exijo, que todo alrededor de mí sea desde
ahora medido, probado, certificado, matemático, racional. Habrá que proceder a la agrimensura de la isla,
establecer la imagen reducida de la proyección horizontal de todas sus tierras, consignar esos datos en un
catastro. Quisiera que cada planta fuera etiquetada,
cada pájaro anillado, cada mamífero marcado a fuego.
No pararé hasta que esta isla opaca, impenetrable, plena de sordas fermentaciones y de estelas maléficas, sea
trasformada en una construcción abstracta, trasparente,
¡inteligible hasta los huesos!" (p. 57).

Lo que se dice de un Robinson "campesino" y "administrador" se deja fácilmente trasponer en el dominio
industrial y se da como característica del mundo moderno, pero se sabe también que este "proceso de racionalización del mundo" (p. 83) no aporta, como algunos
habían esperado, el remedio a todos nuestros males,
y que presenta un gran número de insuficiencias. Denunciado, impugnado, es hoy en día objeto de numerosas críticas a su vez insuficientes, ya que no enfrentan con frecuencia más que las consecuencias *sociales*
del proceso y dejan pues, nuevamente de lado, el problema de la relación del hombre con la naturaleza, relación considerada como, repitámoslo, definitivamente
regulada. Es dentro de tal contexto como la novela de
Tournier toma todo su sentido abordando el problema
bajo un ángulo desacostumbrado y buscando una salida
a la crisis actual o, más modestamente, el cebo de
una primera trasformación. Si deja de lado por su
parte los conflictos internos de las sociedades modernas, suscitados por el desarrollo de la racionalidad, ataca en cambio a las relaciones que esas sociedades mantienen por una parte con las que se sitúan manifiesta-
mente fuera del marco de nuestra racionalidad y por la
otra, con la naturaleza, con el mundo físico, con el
mundo de los seres vivos. El mismo proceso de racionalización del mundo parece, en efecto, tener el mismo
papel destructor sobre las otras culturas tanto como sobre la naturaleza; Robinson, en el momento de sus
primeros contactos, adopta la misma actitud negadora
respecto a la isla de Speranza y a Viernes, viendo en
ellos la misma manifestación de salvajismo y de desorden absoluto; les rehúsa toda realidad propia y les impone el mismo orden sin jamás preguntarse si tienen
en su presencia un principio cualquiera de unidad. Esta

negación no es un fenómeno accidental, juega igualmente en ambos casos, si bien no puede tener una verdadera trasformación por un lado sin una modificación comparable por el otro.

Que el acceso, en el curso de los últimos decenios, de los pueblos del Tercer Mundo a esta historia universal de la que teníamos la pretensión de ser los únicos protagonistas, así como un mejor conocimiento de las culturas "primitivas", sean factores importantes para la modificación de nuestra relación con el resto de la humanidad, es hoy en día una cosa que es bastante fácil de reconocer y de admitir. En cambio, de qué manera nuestras relaciones con la naturaleza pueden modificarse, sigue siendo una pregunta más misteriosa mientras no se tome en consideración la evolución de la investigación científica desde hace medio siglo, en primer lugar en las ciencias físicas y biológicas, así como una concepción demasiado estrecha de la ciencia nos impide interpretar el desorden, significativo desde el punto de vista en el que nosotros nos situamos, que está operándose en las principales orientaciones de la investigación.

Expliquémonos en unas cuantas palabras sobre un tema que por sí solo demandaría un largo desarrollo: hasta una fecha reciente, el trabajo científico en física, en química y en biología, principalmente, se preocupaba por identificar, aislar, observar, analizar, descomponer fenómenos que eran aprehendidos únicamente en laboratorio; la delimitación de los fenómenos y de las disciplinas, la determinación de los métodos y del material, la afinación de los instrumentos, la experimentación y la elaboración teórica retenían la atención sobre el avance científico mismo en vías de buscar su camino; el laboratorio intervenía por su lado como una especie de filtro que no dejaba pasar los fenómenos más que en la medida en que no excedieran de ciertas dimensiones. Esta situación mantenía naturalmente la idea de que el hombre capaz de tal actividad era el amo indudable de los fenómenos que podía manipular, dirigir, domesticar; en suma era, como Robinson, el verdadero demiurgo. Esta concepción impone la imagen que nuestros contemporáneos, en su gran mayoría, se hacen de la ciencia y de nuestras relaciones con la naturaleza. En otros términos, una modificación de esas relaciones no puede sobrevivir más que de una modificación de la ciencia (y en consecuencia de la imagen que tenemos de ella).

El desarrollo desde hace una treintena de años y la
convergencia progresiva de cierto número de disciplinas, como la geofísica, la astrofísica, la radioastrono-
mía, la cosmología observacional, el reagrupamiento
de un gran número de disciplinas alrededor de la biología molecular, el advenimiento de una física, de una
química y de una biología cósmicas, el desarrollo de la
investigación espacial, la acumulación de datos enteramente nuevos sobre la actividad solar, sobre el sistema
solar, sobre su formación, su evolución, sobre la aparición de la vida en la atmósfera primitiva de la Tierra
y en ciertas regiones del universo, y muchas otras investigaciones, constituyen los primeros signos de un
cambio significativo en las orientaciones de la ciencia
que otorgan como tarea principal la de confrontarse con
un universo en el que, después de más de diez mil millones de años, los elementos se despliegan al fin en
toda libertad en su medio real, dando pruebas de una
actividad peculiarmente fantástica que sobrepasa con
mucho todo lo que los hombres habían podido imaginar hasta entonces, y frente a la que nuestra propia
especie jamás pudo llegar a parecer más minúscula.

Los problemas metodológicos e instrumentales, el
paso mismo de la ciencia, cesan de retener esencialmente la atención; poco a poco, el universo que se
está poniendo en evidencia, se convierte en el tema
más cautivador para los investigadores, así como el más
desconcertante para nuestra imaginación terrestre; es
todavía demasiado pronto para que una revolución de
tal orden sea comprendida, más todavía para que sus
efectos se hagan sentir en la conciencia y las estructuras mentales de los hombres. Pero ya se puede decir,
sin arriesgarse demasiado, que las relaciones del hombre con la naturaleza jamás podrán ser concebidas en
los términos que nos son familiares; la idea de que el
hombre es amo y señor de la naturaleza, que la domina
por su saber y su técnica, pronto aparecerá como irri-
soria a más no poder. El antropocentrismo, que pone
al hombre, y particularmente al hombre occidental, en
el centro de todo, debe ceder su lugar a una concepción que devolverá a la dimensión cósmica de la experiencia humana un lugar preponderante que no ha cesado de serle negado desde el principio de los tiempos
modernos. La afirmación exacerbada de la fuerza del
hombre no tendrá ya razón de ser, y la cuestión de la
inserción de su actividad en el conjunto tan complejo
de las actividades del universo contará mucho más y

obligará a inventar formas completamente nuevas de
pensar y actuar, de las cuales hoy en día apenas tenemos una idea. El hombre no podrá ya concebirse como
un observador mirando y dirigiendo todas las cosas del
exterior y de lo alto; estará siempre *dentro*, en el interior del universo; para él no será ya cuestión de *luchar
contra* la naturaleza ni de imponerle un orden a su
imagen, sino que deberá reconocer el orden propio del
universo, plegarse a sus exigencias, unirse a él, con-
cordar sus actividades y sus ritmos a los suyos.
Esto de ninguna manera significa que la actividad de
los hombres sea minimizada sino solamente vuelta a
colocar en un conjunto mucho más vasto; deja de ser
la única actividad digna de interés; junto a ella, otros
centros de actividad pueden existir. Desde el punto de
vista del etnocidio en el que nosotros nos situamos, esta
perspectiva evidentemente es capital puesto que pone
en duda, en un dominio esencial, el monopolio que
pretendemos conservar; muestra cómo el reconocimiento de *otro universo* detrás del que habíamos domesticado es una condición indispensable, si no suficiente,
del reconocimiento de *otra humanidad* detrás de la que
hemos sometido.

El problema que acabamos de esbozar ligeramente
a lo sumo, es de gran envergadura; obliga a descifrar
toda una serie de cuestiones tan difíciles de aprehender
que todo el mundo evita abordarlas: la estructura de
nuestra civilización, sus relaciones con la naturaleza, la
evolución presente de la ciencia, sus verdaderos objetivos, sus relaciones con la cultura, con el arte, su papel
nuevo en la elaboración de un nuevo sistema cultural.
Por el momento nos es suficiente comprobar que la obra
de Tournier lleva la huella de esta mutación y que en
ese sentido es un documento cultural de calidad.

En muchos aspectos, la suerte de Robinson esclarece
la del mundo moderno desde hace poco confrontado con
un nuevo universo, comenzando apenas a resentir los
primeros efectos de su aparición bajo la forma de perturbaciones diversas más o menos preocupantes, prosiguiendo con una energía jamás igualada su desarrollo
industrial, desplegando una actividad considerable en
innumerables luchas, como si no fuera nada. El advenimiento de un nuevo universo cuya exploración, según
parece, demandará muchos siglos, no es un fenómeno
fácil de aprehender, tanto más cuanto que continuamos viviendo, pensando y actuando bajo el horizonte
de lo antiguo; somos más sensibles al desmantelamien-

to de las estructuras mentales pasadas que a las nuevas en proceso de situarse; percibimos mejor, nos ata-
mos más a lo que se desploma y que nos es familiar
que a lo que se construye y que en gran parte nos es
desconocido; así, profundamente estremecidos, encontramos un refugio pasajero en actividades a las que
estamos habituados y que al menos nos evitan caer en
el vacío, pero al mismo tiempo estamos obligados a
avanzar a tientas por un camino que no conocemos
y obligados a un difícil *trabajo de creación*, a una larga
metamorfosis de la que no vemos el final; este universo nuevo, demasiado nuevo, no es el desorden absoluto;
pero tampoco es un terreno familiar con señales por
todas partes: "Hay en mí, anota Robinson, un cosmos
en gestación; pero un cosmos en gestación se llama
caos. Contra ese caos, la isla *administrada* —más y más
administrada, pues en esta materia uno no se queda
parado más que avanzando— es mi único refugio, mi
única salvaguarda. Me ha salvado. Todavía me salva
cada día. Sin embargo el cosmos puede investigarse.
Tal o cual parte del caos se ordena provisionalmente.
Por ejemplo, yo había creído encontrar en la gruta una
fórmula viable. Era un error pero la experiencia ha
sido útil. Habrá otras. No sé a dónde me va a llevar
esta continua creación de mí mismo. Si lo supiera sig-
nificaría que estaba consumada, completa y definitiva"
(p. 98).

El advenimiento de un nuevo universo significa la
llegada masiva de datos brutos provenientes de ese
mundo "inhumano, elemental, absoluto" (p. 148) en
el que se hunde Robinson, ¿y qué es ese universo en el
cual la ciencia nos incita a entrar sino el verdadero
mundo sin los otros? La soledad que rodea al cosmonauta en el espacio no es individual ni psicológica y,
en un sentido, pocos individuos son vigilados tan de
cerca en todos sus hechos y gestos, y mantenidos unidos a cada momento a tan gran número de sus semejantes; su soledad es de otro orden, es colectiva, histórica, cultural, es la de la humanidad entera *frente a
elementos encontrados en su propio medio.* "La ley
sumaria del todo o nada" (p. 32) que la desaparición
del otro hace reinar en la isla de Speranza, ¿no es todavía mejor que la obra sobre el suelo de la Luna pisoteado por el hombre? Esta ley sitúa cada objeto percibido bajo un día brutal, retira todas las transiciones
que facilitan el paso de un objeto a otro en el campo de
la percepción. Ordinariamente, como lo anota Deleuze,

"la parte del objeto que yo no veo, la pongo al mismo tiempo como visible para el otro; si bien que, cuando yo hubiera dado la vuelta para alcanzar esa parte escondida, habría encontrado al otro detrás del objeto para hacer una totalidad. Y siento que se encrespan los objetos a mis espaldas y forman un mundo, precisamente por visibles y vistos por el otro" (p. 508). Se podría decir mejor que, en ese mundo familiar, todo está completamente humanizado, que los objetos no reflejan jamás más que a otro ser humano, que todo contacto con los elementos está prohibido. Tal es el mundo y su "rumor benévolo" que abandona Robinson, o el cosmonauta. "Hoy, es cosa hecha. Mi visión de la isla está reducida a sí misma. Lo que no veo en ella es un *absoluto desconocido*. Dondequiera que yo no esté actualmente, reina una noche insondable. Por otra parte, compruebo escribiendo estas líneas que la experiencia que intentan restituir, no solamente es sin precedente sino contraria en su esencia misma a las palabras que empleo. En efecto, el lenguaje deriva de una manera fundamental de ese universo *poblado* en el que los otros son como otros tantos faros que crean alrededor de ellos un islote luminoso en cuyo interior todo es —si no conocido— al menos conocible. Los faros han desaparecido de mi campo... Ahora, es un hecho, las tinieblas me rodean" (p. 47).

Esas tinieblas terminan por disiparse, en la novela, en beneficio de un universo en el que el Sol ocupa un lugar central. También ahí es grande la tentación de proponer un acercamiento entre la narración y la renovación extremadamente importante de nuestros conocimientos acerca de todo lo que concierne al Sol, su atmósfera, sus actividades, sus erupciones, sus emisiones de partículas, su radiación, sus ciclos, los efectos de su actividad sobre la Tierra, sobre el mundo vivo, sobre los hombres mismos. ¿No tiene Robinson razón de pensar que él no vuelve "al culto del Sol al que se dedicaban ciertos paganos"? (p. 181); no son lazos místicos los que hoy en día son puestos en evidencia entre nosotros y el Sol, sino lazos mucho más físicos, orgánicos, vitales y de los que, bien considerado, el coito solar de Robinson no resulta tan mal. En esta perspectiva, las trasformaciones que sufre la sexualidad interesan menos a la psicología individual, por lo menos al principio, que el carácter biológico, material, de sus relaciones con el nuevo universo. Robinson no aspira, como quisiera Deleuze, a convertirse en "un ángel radiante de helio y de fuego" por odio a la tierra, por odio a la fecundación y a los objetos de deseo, sino que busca cómo su nueva dependencia cósmica, puesta en evidencia por la ciencia moderna, trasforma su comprensión de todas las cosas y de sí mismo, incluyendo su sexualidad, cómo el punto de vista, no de un Sirio abstracto, sino de un espacio real, centro de una actividad incesante, modifica profundamente nuestras estructuras mentales, nuestras relaciones con el mundo y con los otros, contribuye a formar una nueva sensibilidad, una nueva poética, a alimentar ante la mágica novedad de todas las cosas esa vigilancia maravillada, esa atención contemplativa que parece la última palabra de nuestro héroe, de nuestro poeta de una nueva edad del mundo.

Deleuze no ignora el aspecto cósmico de la novela de Tournier, pero "el mundo de las moléculas" no es para él nada más que lo que era para Sade o hasta para Henry Miller, un mundo de helio y de oxígeno que el trabajo de laboratorio alcanza al término de una descomposición sistemática en cuerpos puros, en elementos fundamentales. Las investigaciones que se prosiguen desde hace una treintena de años marcan un giro importante para nuestra representación del universo y nuestra comprensión de la humanidad en este universo, desde que la ciencia puede interesarse en el medio completo en el que evolucionan esos elementos y en su organización en conjuntos extraordinariamente complejos; no hay ya la oposición irreductible entre objetos familiares (ellos mismos en proceso de modificarse como consecuencia de la utilización de materiales nuevos y sintéticos) y un caos insondable de elementos reducidos a su más simple expresión; hoy en día, ese caos toma forma, se organiza en sistemas sorprendentes, en estructuras que desafían a nuestras más elaboradas construcciones; todo lo que, no hace todavía mucho tiempo, se nos aparecía como datos más rudimentarios que elementales: átomo, célula viva, se revelan como el centro de actividades intensas o el conjunto de mecanismos innumerables y extremadamente sutiles. Sería demasiado decir que entre el mundo humano y ese universo se ha tendido un puente; pero principia una confrontación sin duda todavía ínfima, pero capital, si se reconoce que desde los inicios del mundo moderno todo contribuía a alejar inexorablemente uno de otro. Si esa confrontación es ya decisiva para los científicos, comprometiéndolos sin duda por muchos siglos en el

camino de una exploración inmensa, asegurándoles trabajo para muy largo tiempo, y de alguna manera un
trabajo central para las sociedades actuales, lo es más
todavía para los artistas, los escritores, para los creadores culturales de toda especie, permitiéndoles salir
de su gueto, del vacío irreal en el que estaban acanto-
nados desde el triunfo de un racionalismo limitado y
culturalmente destructor, designándoles un universo
real que pueda retener su atención contemplativa y que
tienen la responsabilidad de volver significativo para
todos, a fuerza de creación.

Esta instauración de un nuevo universo no es más
que una de las dos grandes trasformaciones culturales de nuestro tiempo, siendo la otra, repitámoslo, la entrada del Tercer Mundo a la historia universal y la
renovación, de la que este coloquio aporta el testimonio, de nuestra comprensión de las sociedades más
diferentes de las nuestras y, en consecuencia, la renovación de nuestra comprensión de nuestras propias
sociedades, de nuestra propia cultura. El interés del libro de Tournier es atraer nuestra atención sobre la
conjugación necesaria de esas dos trasformaciones. El
descubrimiento por Robinson de otra isla no es suficiente, no da todos sus frutos sino con la intervención
de Viernes y la instauración, gracias a él, de un universo
verdaderamente nuevo con relación al que Robinson
había domesticado.

Las dos líneas de desquiciamiento operadas por un
lado por la revolución científica actual y por el otro
por el papel histórico del Tercer Mundo, ordinariamente
son puestas por separado; no se ve qué lazos puedan
existir entre ellas, a menos que se las oponga de manera
decidida, como cuando se recuerda que el hambre en el
mundo debería tener prioridad sobre el programa espacial; y la oposición aparece tanto más fuerte cuanto
que la investigación espacial (o cualquier otra empresa
científica de la misma naturaleza) se supone que responde esencialmente a inquietudes de prestigio nacional, a preocupaciones militares y económicas, y tiene
por efecto llevar la potencia del mundo. occidental a
un nivel jamás igualado todavía.

Aunque los argumentos avanzados sean todos fundados, esta oposición se comprueba demasiado brevemente, porque remite sin ninguna razón a las dos caras de
una misma empresa y porque se hunde en críticas poco
constructivas. El hecho de que la ciencia moderna esté
en proceso de instaurar un nuevo universo significativo

para todos, porque ella es incompatible con el papel
subalterno, instrumental ordinariamente dejado al trabajo científico, porque, al contrario, subraya el papel
superior que la ciencia juega en la elaboración de las
bases de un nuevo sistema cultural, ese hecho implica
un desquiciamiento completo de la política practicada
por el momento en todas las sociedades industrializadas, exige la subordinación del desarrollo industrial a
las exigencias de la investigación y no la dependencia
inversa que sucede, la cooperación vuelta técnicamente
posible y necesaria, a escala del planeta, la administración consciente de nuestro medio ambiente, el recurso
de las capacidades creadoras de todos los hombres, el
diálogo entre todas las culturas. La selección no es
entre "la conquista del espacio" y la lucha contra el
hambre, sino que se trata de terminar con una política
espacial que no sea más que la expresión conquistadora
de una colectividad humana particular y que se ponga
conjuntamente un término a la dependencia económica,
política y cultural en la que se ha mantenido a una
parte de la humanidad. Los conflictos sociales, políticos
y culturales de un nuevo tipo, las luchas a través del
mundo de los movimientos estudiantiles y de los hombres de color indican que la humanidad comienza a
comprometerse para los años venideros en un desquiciamiento de esa amplitud que, para el mundo occidental,
debe traducirse en la doble puesta en duda, interna y
externa, de su monopolio, pero también por la voluntad
de ir hasta el final de las implicaciones de la aventura
científica y de aportar su contribución a la elaboración
de una civilización formada por una pluralidad de pueblos activos e interdependientes.

El desarrollo científico es un factor decisivo de trasformación, pero como continúa estando demasiado directamente al servicio de la voluntad de expansión del
mundo occidental, no puede por sí solo llevar a un
término los desquiciamientos que trae en germen. En
el trascurso del período telúrico, Robinson aprende
poco a poco a modificar sus relaciones con la naturaleza que le rodea inmediatamente, a cesar de imponerle
un orden hecho a su sola imagen y a reconocer en ella
una personalidad, una capacidad creadora, una fecun-
didad que son propias a la isla; pero no puede liberarse
solo de su horizonte tradicional, circunscrito a la tierra,
no hace más que regresar al pasado de su cultura,
revivificando las antiguas prácticas (fabricación del pan,
ofrenda de la primera cosecha...), los símbolos más

viejos de una civilización campesina (la madre tierra,
la caverna, las mandrágoras...); no logra renunciar
completamente a su voluntad de dominación; en el
fogón ardiente de su pipa, imagina *poseer* la energía
(termonuclear) del Sol; esa pipa permanece para él
como "la envoltura terrestre de un pequeño sol subterráneo", "la cámara nupcial *poseída*, encerrada en el
hueco de la mano, de la Tierra y del Sol" (p. 150); tirada
imprudentemente en la reserva de pólvora por Viernes,
sorprendido fumándola, dará el último golpe al imperio
terreno de Robinson. Por su parte, la lucha del Tercer
Mundo no tiene por sí misma todos los medios de
romper sistemáticamente con algo que está terminado,
de asumir la marcha adelante, de suscitar la indispensable renovación, de acoger la fascinante novedad del
mundo. Robinson y Viernes tienen la misma necesidad
uno del otro.

14

ETNOCIDIO Y COMUNIDAD NACIONAL. ASPECTOS JURÍDICOS

JACQUELINE COSTA

Es quizá un hecho de nuestro tiempo la participación del derecho en los grandes crímenes contra la humanidad. Participación a doble título ya que se apela a su ayuda para encontrar soluciones cuando la situación se juzga demasiado grave, pero, por otra parte, se le reprocha el haber provocado más o menos directamente el conflicto, el no haber sabido aportar el orden y la armonía. "No pudiendo hacer que lo que es justo sea fuerte, se ha hecho que lo que es fuerte, sea justo" (Pascal). La posición del jurista es ciertamente arriesgada cuando necesita blandir el derecho para resolver una situación calificada de "etnocida". ¿Puede todavía determinar la equidad, mientras la trasgresión es un crimen colectivo contra la humanidad, en su mayor sentido?

El cuadro que se ha esbozado del último drama vivido por los indios de las Américas, revela la urgencia de soluciones. Como minorías más frecuentes en comunidades nacionales, en cuanto a su número o a ser tomados en cuenta en la sociedad, los indios son sometidos a conceptos y a sistemas cuya violencia es resentida como destructora de su cultura y de su existencia misma. Las circunstancias históricas, religiosas, económicas y sociales han sido expuestas con precisión. ¿Puede el derecho en su oportunidad proporcionar explicaciones y aportar respuestas a una pregunta que se plantea en adelante en términos de supervivencia? Digámoslo de inmediato, el jurista abordará los aspectos etiológicos que su disciplina le permita aprehender, con la terrible amenaza de recordar constantemente la advertencia de Charles Péguy: "Una capitulación es esencialmente una operación por la cual uno se pone a explicar en lugar de actuar." Es posible, en efecto, considerar remedios "legales", pero el análisis jurídico traducirá la densidad del fenómeno de aculturación autoritaria, la complejidad y la imbricación de las causas que frecuentemente vuelven inaplicable lo que podría proponerse.

[271]

El jurista tiene tres niveles de acceso a la situación, tres puntos de vista que son condicionados por los objetivos que quiere alcanzar:

a] llegar a *ciertas formas de patología social*, favorecidas o agravadas por la aculturación: alcoholismo, prostitución o proxenetismo, trabajo forzado, enfermedades endémicas...

b] poner en duda *el principio mismo de asimilación*, principalmente en cuanto al estatuto civil de las personas;

c] denunciar el etnocidio como *una forma de genocidio*, tal como ha sido definido por la Convención de las Naciones Unidas del 9 de diciembre de 1948, libre de sugerir una extensión de la incriminación.

Es solamente en virtud de esta progresión en los diferentes niveles de intervención, como las soluciones pueden ser consideradas. *La selección de las opciones impondrá la de los instrumentos jurídicos*. El jurista no dispone más que de una técnica limitada por los instrumentos nacionales que él toma de los diversos derechos internos y los instrumentos internacionales, convenios multilaterales o bilaterales entre estados. Ya sea codificado y legalista o de *Common Law*, el derecho occidental es un derecho escrito, apegado a la letra y que excluye la tradición jurídica oral, fuente de derechos locales.

De buenas a primeras, el etnocidio evoca la noción de crimen contra la humanidad. Se separaría entonces del derecho internacional y se situaría en el marco penal, mucho más allá del problema de la protección jurídica de las minorías en el seno de una comunidad nacional. Sin embargo, no es ésa la mejor ni la única manera de estudiar la cuestión, si se desea aportar a ella soluciones positivas en el plano jurídico o respuestas que no sean solamente peticiones de principio, ya que en derecho internacional, más que en cualquier otro dominio, la regla no siempre desemboca en lo que quiere y a veces puede hacer lo que no quiere, hasta destruirse a sí misma. A decir verdad, puesto que la noción misma de etnocidio se define en una relación de recurrencia, según los términos de la intervención legislativa y la selección de los instrumentos jurídicos utilizados, es necesario primero reconocer los obstáculos erigidos a la aplicación del derecho, determinar una cierta estrategia y una táctica precisa.

Descendamos la jerarquía de los posibles con la de las fuentes del derecho, del plano internacional al plano interno; aparece entonces que *el único elemento fijo de definición es el orden nacional*: el que se opone a veces a la regla internacional, el que modela una comunidad nacional mayoritaria, el que prefiere la inefectividad de su ley a un pluralismo jurídico nacido de los particularismos locales. *Territorium a terrere*, el territorio es el espacio en el que el Estado tiene jurisdicción para hacerse temer, tal era la sorprendente etimología dada por el **digesto**.

I. COMUNIDAD INTERNACIONAL Y ORDEN PÚBLICO NACIONAL

La eficacia de los instrumentos internacionales.

La efectividad del derecho internacional reside en el respeto a los convenios internacionales por los estados soberanos signatarios; ésa es, o en todo caso debería ser, su coherencia. Pero hay dos maneras de escapar al compromiso: por abstención, no modificando el derecho nacional para que concuerde con los principios del convenio, o deliberadamente, rehusando la ingerencia internacional en asuntos juzgados como puramente interiores.

El etnocidio permite estudiar esas dos actitudes planteando el problema general de la aplicación de los convenios internacionales entre estados soberanos y el caso particular del derecho en los territorios "no autónomos".

A] *Los convenios internacionales entre estados soberanos*

En el plano de la acción internacional, el término de etnocidio se refiere por un parentesco etimológico evidente al *genocidio*. Fue un convenio adoptado por la Asamblea General de las Naciones Unidas el 9 de diciembre de 1948 lo que definió el crimen de genocidio: "cualquiera de los actos enumerados en seguida, cometidos con la intención de destruir, en todo o en parte, a un grupo nacional, étnico, racial o religioso:

a) muerte de miembros del grupo;

b) atentado grave a la integridad física o mental de miembros del grupo;

c) sumisión intencional del grupo a condiciones de existencia que entrañen su destrucción física total o parcial;

d) medidas orientadas a entorpecer los nacimientos en el seno del grupo;

e) trasferencia forzada de niños del grupo a otro."

El artículo III prevé por otra parte que sean castigados:

[] la alianza con miras a cometer el genocidio;
[] la incitación directa pública a cometer el genocidio;
[] la tentativa de genocidio;
[] la complicidad en el genocidio;

Quedaba, por lo tanto, solamente a las partes contratantes tomar "conforme a sus respectivas constituciones, las medidas legislativas necesarias y principalmente prever sanciones penales eficaces". Desde 1948, sabemos en lo que se han convertido esas intenciones en los hechos. Citemos sin embargo los países que habían ratificado y estaban así comprometidos (compárese la lista adjunta en anexo).

Pero el convenio presenta, por otra parte, un inconveniente grave: solamente está previsto el genocidio intencional. No es pues cuestión de genocidio "por imprudencia" o "por ignorancia", al que hacen alusión muchas comunicaciones. Observemos aquí la repugnancia constante de los juristas por reprimir infracciones de imprudencia o más todavía, de ignorancia, porque son la puerta abierta a los más graves atentados a la libertad individual. Si el razonamiento fuera llevado al extremo, es verdad que se llegaría a la impunidad del etnocidio por respeto a la libertad. El ejemplo es grosero, pero uno puede preguntarse si no es característico del fracaso de un pensamiento cristalizado en un cierto formalismo etnocéntrico que justifica la inefectividad actual del derecho internacional.

No siendo enteramente satisfactorio el convenio sobre el genocidio, se ha intentado evocar otro convenio, éste sobre "la protección y la integración de las poblaciones aborígenes y otras poblaciones tribales y semitribales que no están todavía integradas a la comunidad nacional y cuya situación social, económica o cultural les impide beneficiarse plenamente de los derechos y ventajas de que disfrutan los otros elementos de la población". El convenio fue adoptado por la Conferencia General de la OIT, el 26 de junio de 1957. El texto del con-

venio es particularmente interesante por la definición
de la situación de esas poblaciones y por las soluciones
propuestas. También hay que notar con cuidado los
estados de América que ratificaron el convenio (cf. la
lista adjunta).

No obstante, nuevamente, el derecho interno no ha
seguido el modelo propuesto; se ha quedado en las fir-
mas de principio, no despreciables por cierto, porque
son un primer paso en la conciencia del derecho, pero
suspendidas de la interrogación fundamental: ¿hasta
cuándo un derecho que realice "su propia idea de acto
de voluntad"?

Se puede uno detener en los numerosos convenios
internacionales que serían susceptibles de aportar soluciones al drama del etnocidio. Señalémoslos a título
de información:

☐ El convenio para la represión del tráfico de seres
humanos y la explotación de la prostitución ajena del
2 de diciembre de 1949;

☐ el de la abolición del trabajo forzado del 25 de junio de 1957;

☐ el que prevé la lucha contra la discriminación en
el dominio de la enseñanza del 14 de diciembre de 1960.

Independientemente de esos instrumentos multilaterales, instrumentos bilaterales permitirían resolver problemas de ciertos grupos migratorios o cortados geo-
gráficamente por fronteras nacionales. Hay que esperar
las iniciativas de los estados que singularmente tardan
en formularse.

Así pues, si los convenios internacionales humanitarios no son escasos en ratificaciones, los estados soberanos olvidan con demasiada frecuencia el compromiso
de armonizar su legislación interna con esos principios,
así como hacerlos aplicar. ¿Cómo se presenta la situación en los países todavía no independientes? ¿Está
esa situación agravada?

B] *Los territorios no autónomos*

Muchos actos internacionales han consagrado la existencia de obligaciones que pesan sobre los gobiernos en
interés de las poblaciones locales.

Desde el siglo XIX, el Acta General de Berlín y la
Conferencia Antiesclavista de Bruselas del 2 de julio
de 1890, preveían la conservación de las poblaciones

indígenas, la supresión de la esclavitud y del tráfico. Esos dos textos fueron remplazados por uno de los convenios de Saint-Germain-en-Laye del 10 de septiembre de 1919, que reafirmaba esos principios con la libertad de conciencia y la libertad religiosa para las poblaciones indígenas. Otro convenio de Saint-Germain-en-Laye prohibía el tráfico de alcohol y el Convenio de Ginebra del 17 de junio de 1925 proponía el control de armas y municiones. Esas disposiciones desembocaron en el Pacto de la Sociedad de las Naciones Unidas de 1919, pero esencialmente para los territorios bajo mandato.

Fue necesario sin embargo esperar la Carta de las Naciones Unidas del 28 de junio de 1945 para que el derecho de los territorios no metropolitanos tomara una cierta importancia. La Carta debía convertirse en un verdadero derecho de la descolonización para los "territorios no autónomos", es decir, según el artículo 73: "Los territorios cuyas poblaciones no se gobiernen todavía completamente por sí mismas." Pero la lista de los territorios era establecida por los estados interesados, estados soberanos. La Resolución del 27 de noviembre de 1953 da una lista de "factores" que los estados debían tomar como guía. En fin, por la Resolución del 15 de diciembre de 1960, la Asamblea General de la ONU se declaró competente para decidir si los países en cuestión habían alcanzado o no la autonomía completa, aun si su administración no les hubiera reconocido ese carácter. Esto no ha modificado la actitud de los estados, que trataban de conservar su soberanía. Desde 1946, la lista de los territorios no autónomos se ha reducido considerablemente, ya sea por el acceso a la *independencia*, ya por la *asociación libremente decidida* a la metrópoli, tal como Puerto Rico para los Estados Unidos, en fin, por el reconocimiento de la *igualdad de derechos* de las poblaciones con la metrópoli, tal como los dominios y territorios franceses, Alaska y Hawai convertidos en estados miembros de los Estados Unidos, y Groenlandia, dependiente de Dinamarca.

Así pues, Francia no se reconocía Estado administrador más que de un solo territorio: el archipiélago de las Nuevas Hébridas. Groenlandia, Alaska, Hawai, Puerto Rico y la Guayana francesa escapan a la aplicación de la declaración fundada en el principio de "la primacía de los intereses de los habitantes de esos territorios" (artículo 73). No se aplican tampoco las reglas directrices que precisan la obligación general de asegurar —respetando la cultura de las poblaciones— su progreso político, económico y social, el desarrollo de su instrucción; de desarrollar su capacidad de administrarse por sí mismas, tener en cuenta aspiraciones políticas de las poblaciones y ayudarlas en el desarrollo de sus instituciones políticas libres. Dinamarca, Estados Unidos y Francia no están obligados con los territorios citados, por la resolución del 14 de diciembre de 1960, "a trasferir todos los poderes a los pueblos de esos territorios, sin ninguna distinción de raza, de credo o de color, a fin de permitirles disfrutar de una independencia y de una libertad más completas"; y esto, aunque el texto de la Resolución prevé muy largamente la idea de territorios no independientes.

El derecho internacional tiene un valor simbólico, es quizá el derecho mítico del siglo XX, ese derecho que remite a ideales y engendra modelos pero que no puede hacerlos realidades mientras los estados soberanos no se reconozcan concretamente ligados. La inefectividad no es total, pero la ausencia de obligación específica de tomar medidas acordes atenúa mucho los alcances. Según las palabras del profesor Carbonnier: "Montada la fachada, el legislador no pone nada detrás." Es, con la mayor frecuencia, un derecho "de fachada".

El jurista se encuentra pues reducido al orden nacional. ¿Será quizá ahí en donde se encontrarán las soluciones? Tomemos el ejemplo de un territorio en situación de asimilación legislativa completa, el caso extremo y que nos es más familiar: el departamento francés de Guayana. Aquí, la idea de comunidad nacional va a jugar a otro nivel, el de la *cohesión interna*, de un *orden público nacional*.

II. COMUNIDAD NACIONAL Y ORDEN PÚBLICO NACIONAL

La asimilación legislativa.

La Guayana es una división del territorio francés, un departamento, según la ley del 19 de marzo de 1946. "La Guayana es Francia", ¿qué es lo que eso significa jurídicamente? Es simple resumir las grandes líneas de la asimilación legislativa por un cuadro de concordancia (cf. la "Situación jurídica de la Guayana francesa", presentado en anexo). Notemos simplemente la conclusión que hay que sacar: puesta aparte una dis-

posición constitucional que prevé una "adaptación a las
condiciones locales", que asombrosamente casi no se
utiliza, y puesto aparte el estatuto especial del Inini
que había sido previsto en el plano administrativo, el
derecho francés se aplica totalmente en la Guayana.
La aculturación es total y autoritaria.

Ante esta asimilación legislativa completa, la primera
reacción es comprobar lo inadecuado del sistema de derecho francés a los valores tradicionales indios y denunciar, de alguna manera, un "totalitarismo jurídico". En
efecto, no solamente hay negación del pluralismo jurídico, es decir, de la competencia de los órdenes norma-
tivos, hay supremacía de un orden sobre el otro, siendo
el último arrojado a "lo infrajurídico" o hasta considerado como un "vacío jurídico".

Los trabajos etnológicos y los estudios sociológicos
inculpan el juicio de valor llevado sin apelación contra
sistemas porque son "diferentes". La lucidez científica
impone el reconocimiento sin jerarquización de la especificidad diferencial de las civilizaciones. Pero la reflexión ¿no se puede llevar más lejos midiendo la profunda significación de la actitud etnocida no solamente
con respecto a los otros, a los que son juzgados, sino en
la lógica del fuero interno del juez? El análisis jurídico
va a descubrir una *dimensión suplementaria*: la repercu-
sión en el seno del sistema dominante de la aculturación "a la inversa" que experimenta. No hay solamente
"negación del otro", se reniega de sí.

La asimilación legislativa, aun si está guiada por una
loable inquietud de promover estructuras de modernidad, actúa por vía de autoridad negando los órdenes
tradicionales. Ahora bien, por lo mismo, produce sus
propias resistencias, instintivas y pasivas o más conscientes y orientadas, pero que, unas y otras, pueden ir
hasta el rechazo de lo que han querido implantar por
la fuerza. La asimilación legislativa puede entonces desembocar en una inefectividad patológica. No se trata
ya de una "destrucción funcional" por desgaste y desuso,
sino de una verdadera "desestructuración". Asentándose
globalmente como un sistema cerrado, el derecho nacional arriesga la inefectividad al nivel de sus propios
mecanismos. En efecto, si es evidente que los sujetos
de la aculturación entorpecen la aplicación del orden
dominante, los agentes de la aculturación quieren opo-
ner una fuerza de inercia, que es la del desánimo o la
indiferencia ante la incomprensión y el rechazo. Los
órganos encargados de hacer funcionar el derecho se

congelarán en un estatismo que agregará su fuerza negativa a las resistencias locales. Inercia y resistencia se
arrastran una a la otra en un movimiento perpetuo de
reacciones en cadena. Algunos dirán que la administración "bloquea el sistema", pero ¿no es la lógica del
mecanismo la que se desconcierta cuando es trasplan-
tada sin ninguna adecuación funcional? Hay destrucción
recíproca de ambos sistemas, pero el que es la expresión
del poder económico y político es llevado a negarse a
sí mismo. La inefectividad recae hasta sus principios.
Aquí, los ejemplos abundan. El derecho aplicado en Guayana parece a veces muy alejado del del hexágono.
¿Por qué esos afrancesamientos colectivos en contradicción manifiesta con las reglas del derecho francés de
la nacionalidad? ¿Por qué esas violaciones continuas a
los derechos del hombre que por lo mismo son protegidos en la Constitución y en los códigos? ¿No será
suficiente aplicar los principios del derecho existente
y utilizar las posibilidades de adaptación de conformi-
dad con lo que está previsto por la ley?

La inefectividad patológica de la aculturación puede
conducir a dos actitudes terapéuticas para evitar la ruptura: rechazar la asimilación total y reconocer un cierto
pluralismo jurídico, y aceptar la asimilación pero aplicar el rigor de sus principios.

A] *Reconocimiento de un estatuto particular, "local" o
"tribal"*

Las ventajas del estatuto particular han sido frecuentemente expuestas por etnólogos y por indios mismos. ¿Se
ha pensado bien en las consecuencias de tal reconocimiento de particularismo jurídico, tal como lo practican
los Estados Unidos, Canadá, o tal como lo ha conocido Francia con los territorios de ultramar en Arge-
lia? ¿Se sabe que en derecho, diferencia significa con
frecuencia desigualdad o jerarquía y casi necesariamente conflicto?

La experiencia francesa del "estatuto local" ha dado
lugar a todo un *contencioso* de conflictos de estatutos,
y es verdad que se necesitaría estar en una sociedad
muy segregacionista para evitar los choques. Aun admi-
tiendo un "Estado en el Estado", el orden público nacional o federal viene a introducir la *supremacía* del
estatuto mayoritario. De todas maneras, las leyes pe-

nales, constitucionales o del trabajo, leyes de orden público se aplicarán. El estatuto local será pues *limitado*.

Así pues, circunscrito a su extensión demográfica, en
un área económica, social y jurídica, el estatuto particular desemboca con la mayor frecuencia en la creación
de "ciudadanos de segunda zona", en exacerbar los conflictos, en favorecer una segregación a despecho de la
igualdad de derechos. Observemos que, para los dominios franceses, el estatuto local estaría contra el principio constitucional de la asimilación de estatuto de
ciudadano y de nacional francés fundado en la noción
de igualdad de derechos.

Inconvenientes nada despreciables están pues atados
al particularismo jurídico en un mismo orden nacional
cuando se tropieza con una necesidad de cohesión interna, reforzada actualmente por las planificaciones económicas y la idea de desarrollo.

Puede ahora examinarse una última pregunta: ¿puede
el orden jurídico nacional ofrecer soluciones aplicables
a la protección y a la represión contra el etnocidio?

B] *Los instrumentos de derecho interno*

En el plano del derecho interno, hay que retener dos po-
tencialidades. Primero puede hacerse una aplicación más
estricta de los textos en vigor; ¡no son forzosamente
nefastos! Un inventario de los medios jurídicos actualmente utilizables podría realizarse por una comisión
de juristas de diversas ramas del derecho. El respeto
a las reglas de la nacionalidad, la protección de los
derechos fundamentales del hombre, la aplicación de la
legislación social y del trabajo, la represión de ciertas
infracciones como el proxenetismo, con la larga inculpación que le da el Código Penal francés, la eficacia de
las medidas fiscales y administrativas con la noción
inviolable de dominio público... todas las soluciones
elaboradas desde la Revolución francesa, ¿no permitirán
dar a los indios el derecho a la existencia y al reconocimiento de sí mismos? Al menos sería necesario que
el derecho se presentara como una simple técnica,
que requiriera un aprendizaje progresivo y el acceso a
cuyo dominio no fuera sistemáticamente obstruido.

Otra posibilidad sería hacer obra de imaginación y de
creación legislativa. El derecho no es una construcción
inmutable y quedaría por utilizar la posibilidad "de

adaptación a las condiciones locales". Se puede examinar la fructuosa colaboración que los etnólogos y los sociólogos aportarían a los juristas para inventar disposiciones nuevas así como la administración podría acceder a un papel de enlace y de información entre una realidad local y un poder central alejado. En el marco de la política interna de los estados, la creación sería también armonizar el derecho nacional con las reglas directrices de los convenios internacionales, debiendo éstos actuar como el fermento de un derecho de universalidad.

Pero regresemos a las realidades. Los derechos existentes, en su verdad sociológica, no son satisfactorios y no permiten, con frecuencia, más que una comprobación de impotencia. Ahora bien, ¿no es justamente a partir de este fracaso, como la cuestión fundamental puede ser promovida? ¿Es posible aportar realmente soluciones de derecho? La inefectividad patológica de la ley nacional y el rechazo de creación de los legisladores nacionales ¿no son reveladores de un fenómeno más profundo? Hay, de hecho, una aculturación autoritaria que no se reconoce como tal. Hay un orden nacional más que una comunidad nacional. Pero para negar a la minoría y sus derechos específicos, el sistema global falta a sus principios y se niega a sí mismo. El arma jurídica se convierte entonces en bumerán y la destrucción del otro se vuelve una destrucción de sí.

Sería pues de desear que se intentaran las soluciones jurídicas. Una comisión de juristas podría estudiar los diversos aspectos del problema del etnocidio para hacer un inventario de las reglas por aplicar o por inventar. Pero antes que nada, deberá eliminarse la ambigüedad y definirse claramente los objetivos: ¿se querrá solamente esperar alcanzar ciertas formas patológicas de la aculturación, o bien volver a poner en duda el principio mismo de la asimilación, o incluso aceptar claramente la asimilación practicando el juego de la adaptación.?

Ya no es tiempo de ser como el inglés de B. Shaw: "No hay nada peor o mejor que un inglés no pueda hacer. Pero usted jamás lo pillará en falta. Él hace todo con principios. Lo combate, le hace la guerra con un principio patriótico, le roba con los principios de los negocios; lo hace esclavo con los principios del imperialismo." (*The man of destiny.*)

CONVENIOS INTERNACIONALES

I. Convenio para la *protección y la represión del crimen de genocidio*, adoptado por la Asamblea General de las Naciones Unidas el 9 de diciembre de 1948; ratificado por:

Francia, el 14 de octubre de 1950;
Nicaragua, el 29 de enero de 1952;
Brasil, el 15 de abril de 1952;
México, el 22 de julio de 1952;
Chile, el 3 de junio de 1953;
Argentina, el 5 de junio de 1956;
Colombia, el 27 de octubre de 1959;
Perú, el 24 de febrero de 1960;
Venezuela, el 12 de julio de 1960;
Guatemala, Salvador, Ecuador, Costa Rica, Panamá.

II. Convenio (núm. 107) concerniente a *la protección y la integración de las poblaciones aborígenes y otras poblaciones tribales y semitribales en los países independientes*, adoptado por la Conferencia General del Trabajo en su 40ª sesión, Ginebra, 26 de junio de 1957; ratificado por:

Haití;
Cuba;
República Dominicana, el 23 de junio de 1958;
Salvador, el 18 de noviembre de 1958;
Costa Rica, el 4 de mayo de 1959;
México, el 1 de junio de 1959;
Brasil, el 18 de junio de 1965;
Argentina, el 18 de enero de 1960;
Perú, el 6 de diciembre de 1960;
Bolivia, el 1 de enero de 1965.

III. Convenio de la OIT (núm. 105), del 25 de junio de 1957, concerniente a la *abolición del trabajo forzado*; ratificado por:

Costa Rica, el 4 de mayo de 1959;
Ecuador, el 5 de febrero de 1962;
México, el 1 de junio de 1959;
Guatemala, el 9 de diciembre de 1959;
Argentina, el 18 de enero de 1960;
Perú, el 6 de diciembre de 1960;
Colombia, el 7 de junio de 1963;
Venezuela, el 16 de noviembre de 1964;
Brasil, el 18 de junio de 1965.

SITUACIÓN JURÍDICA DE LA GUAYANA FRANCESA

La Guayana es una de las cuatro "viejas colonias" erigi-
das en *departamentos* por la *Ley del 19 de marzo de 1946.*

I. PRINCIPIO CONSTITUCIONAL

Principio de la dependencia del Estado francés, a título de *colectividad de derecho interno.*
Artículo 73. Constitución de 1946:
"El régimen legislativo de los departamentos de ultramar es el mismo que el de los departamentos metropolitanos, salvo las excepciones determinadas por la ley."

Asimilación legislativa

Artículo 73. Constitución de 1958:
"El régimen legislativo y la organización administrativa de los departamentos de ultramar pueden ser objeto de *medidas de adaptación requeridas por su situación particular."*
N. B. Mismo principio de la comunidad legislativa con
la metrópoli, en las dos constituciones, pero la *de 1958
pone todavía más acento sobre la adaptación a las condiciones locales.*

Observación

Ausencia de promulgación y de publicaciones locales
de las leyes y actos reglamentarios del gobierno con-
cernientes a esos departamentos.

II. ORGANIZACIÓN ADMINISTRATIVA Y JUDICIAL

a] Decreto del 7 de junio de 1947:
Amplía a los departamentos de ultramar la legislación
metropolitana sobre la *institución prefectoral.*
Decreto del 1 de noviembre de 1947 y ley del 2 de agos-
to de 1949:
Aplicación de la legislación metropolitana del *Consejo
General.*

Pero:

1. Estatuto especial del distrito del Inini que tiene la
personalidad jurídica con un "funcionario encargado
del distrito", a la cabeza, quien tiene atribuciones más

amplias que las de un subprefecto, y con un *consejo
de distrito*.

2. En el Inini, la ley del 14 de septiembre de 1951 ha
creado *agrupaciones municipales de tres clases*:

☐ comunidad ordinaria,
☐ centros municipales (una asamblea municipal + un
presidente electo),
☐ círculos municipales (consejo de distrito + un funcionario encargado del distrito).

b] Tribunales de los departamentos semejantes a los
de la metrópoli.

Ordenanza del 22 de diciembre de 1953 que apoya ley
orgánica sobre el estatuto de la magistratura; se aplica
como la ordenanza de la misma fecha sobre la organización judicial.

III. LA CONDICIÓN DE LAS PERSONAS

Principio de la *asimilación* a la metrópoli:

Decreto del 27 de septiembre de 1946: vuelve aplicable
en Guayana la ordenanza del 19 de octubre de 1945
que apoya el código de la *nacionalidad francesa*.

☐ estatuto de derecho privado y de derecho público
idéntico al de la metrópoli: ciudadanía y nacionalidad
francesas.

Pero reglas especiales:

Decreto del 14 de marzo de 1890: curatela a las sucesiones vacantes.

Derecho del trabajo y código penal se aplican bajo
reserva de algunas raras medidas de adaptación.

15

EL OCCIDENTE Y LOS BÁRBAROS

JEAN-PAUL DUMONT

Se tiene la costumbre de hacer remontar la historia de las ciencias llamadas humanas a la antigüedad griega hasta Herodoto. Ahora bien, la civilización de la que los griegos son portadores se centra sobre sí misma y traza a su alrededor una frontera de barbarie. Los bárbaros son los otros arrojados del lado de la cuasi animalidad puesto que están privados de lenguaje, de la lengua griega, como lo muestra la onomatopeya que pretende reproducir la palabra misma de bárbaro. Onomatopeya por una parte, palabra griega por la otra, los bárbaros están pues desde el principio situados en el dominio de la ambigüedad, ni hombres ni bestias; ni semejantes ni otros. Y se comprende que no haya civilización en sí sino solamente con relación a esa no civilización complementaria.

Pero complementariedad orientada en sentido único, puesto que es el no ser, el otro que funda el ser de mi yo social. Y a decir verdad, nada ha cambiado con la constitución de una ciencia antropológica. Cómplice de todos los imperialismos y colonialismos, perpetúa bajo la máscara del discurso erudito el etnocentrismo del que pretende vanamente desembarazarse. Sin duda rechaza el exotismo ingenuo inventado por viajeros y exploradores cuya función era precisamente la de fabricar esos mitos del buen o mal salvaje que permitieran establecer lo bien fundado de la civilización occidental. Pero el pretendido saber etnológico llena exactamente la misma función. Recurriendo a procedimientos de negaciones eruditas, el antropólogo se hace más pérfido que el viajero puesto que, hipócrita, esconde su subjetividad bajo la máscara de una falsa objetividad que alcanza tanto menos cuanto que se opone a ella por un mayor énfasis verbal.

Y en efecto, ¿qué es esa antropología que pretende ser una ciencia, es decir, alcanzar el conocimiento objetivo de las culturas que no son aquellas en las cuales se ha constituido? Reducido desde Durkheim al estatuto de hecho social, convertido en cosa, el bárbaro, ese no yo, está hecho objeto. Objeto de mi conocimiento que se trata de integrar dentro del saber occidental, y por consiguiente objeto del cual se ha evacuado toda la sustancia. La pretensión del conocimiento científico del otro, es decir el proyecto antropológico mismo, está pues fundado sobre una negación del ser del otro; y ahí el antropólogo pretende saber, no hace más que integrar y reducir al otro a ese saber; ahí donde ha pretendido conocer, no ha hecho más que edificar la idea de un bárbaro vacío de todo contenido. Queda una forma mítica que, en el colmo del idealismo, permite, por motivos evidentes, dar un sentido a mi discurso, sentido con relación a mí, y no con relación al otro. Dicho de otro modo, yo exploto la diferencia para afirmarme y me constituyo sobre la idea del no yo. Se establece pues un falso saber antropológico que es una conquista mental perfectamente correlativa de todo el expansionismo imperialista del Occidente. Reduciendo al otro a la objetalidad, yo niego su suplementariedad, y suprimo el escándalo lógico de su existencia fuera de mí, para reducirlo a una complementariedad facticia, proceso en el curso del cual domestico la diferencia por una extensión de mi yo social.

El proyecto es pues perfectamente contradictorio. El conocimiento del otro se plantea como finalidad, pero ese conocimiento pasa por una objetivación del sujeto, es decir por un formalismo gratuito. En esas condiciones, las otras sociedades no están primero que nada planteadas y reconocidas más que para ser inmediatamente sometidas a la lógica de una problemática específicamente establecida para dar cuenta de nuestra propia razón; dicho de otra manera, negadas erigiendo nuestra razón es una *razón* que se dice universal. Los sujetos sociales exteriores a nosotros se encuentran por lo tanto negados en su ser y reducidos a una ilusoria identidad.

En realidad, bajo pretexto de ciencia que tenía como proyecto inicial establecer o restablecer una relación de igualdad entre nosotros, diferentes, se ha instituido una relación de dominación de la que apenas es necesario asombrarse puesto que el saber científico nace en la tradición histórica determinada de la cultura occidental y refleja, por lo tanto, a un nivel superestructural su expansionismo infraestructural. La prueba de ello es que con muy pocas excepciones, los antropólogos, tan ocupados en construir su carrera sobre la agonía de sociedades moribundas, se han guardado muy bien de intervenir para la salvaguardia y la integridad de los territorios y de las culturas sobre las cuales tratan, como nos lo pueden reprochar hoy en día con amargura los indios, como Vine Deloria, en su libro *Custer died for your sins* o Shirley Keith en su comunicación al precoloquio de París sobre el etnocidio.

Esta relación de dominación no solamente existe en la teoría antropológica, es quizá todavía más evidente en la práctica antropológica sobre el terreno en donde, en realidad, la relación de investigador a informador no es una relación libre, sino más bien una relación forzada contra cuyo establecimiento el informador no tiene siquiera la posibilidad de darle con la puerta en las narices al investigador. En la práctica actual, es exacto hablar del terreno como de un laboratorio en el que experimentamos sobre otro condenado a padecernos. Y todo, o casi, es bueno para el investigador para superar las reticencias autóctonas: los regalos destinados a seducir son por consiguiente a la larga singularmente envenenados bajo su apariencia de productos inofensivos, puesto que por una parte introducen los primeros elementos de una aculturación abusiva y por la otra el etnólogo, a despecho de todo lo que pueda proclamar, reúne en sí mismo todo un atado de valores ajenos que ejercen sus presiones sobre aquellos a los que es confrontado. Y es igualmente contradictoria esa práctica en la que el etnógrafo pone entre paréntesis su cultura para percibir, pero llega representando esa cultura, pretende querer conocer, y ese conocimiento es representativo de la cultura occidental. Finalmente, esforzándose hasta la objetividad en observaciones que se ejercen sobre objetos de conocimiento, la antropología vuelve a la farsa puesto que pone en relación dos sujetos, uno activo y que se objetifica, el otro pasivo que es objetalizado. Si hay conocimiento, no puede por lo tanto ser más que metafórico de una relación falsificada aun antes de la experiencia. De ahí todo ese desarrollo en antropología de mini-modelos arbitrariamente aislados y destinados a dar cuenta por sí mismos. Explicaciones que vuelven en redondo, modelos orientados sobre sí mismos, en donde uno no da cuenta de nada más que de la circularidad y de la vacuidad de un razonamiento que no remite más que a sí mismo.

De esta manera, la antropología deriva enteramente de la lógica, de la actividad misionera, religiosa o laica, hasta esa diferencia cerca de la que no se da el cambio cultural como finalidad, sino que con la mayor frecuencia se hace de él el instrumento inconsciente. Y sin embargo es la misma ideología de negación que subtiende todas esas prácticas: los indigenistas o misioneros destruyen las culturas diferentes para revestirlas de los oropeles del Occidente; los antropólogos destruyen la especificidad de los otros desarrollando modelos occidentales para dar cuenta de culturas radicalmente diferentes. En los dos casos el Occidente es aumentado a las dimensiones del universo: el bárbaro será civilizado, cristiano, marxista o estructural, o no será. Se comienza por admitir la diferencia cultural para inmediatamente hacer todo a fin de destruirla o de ignorarla, en suma, de no reconocerla.

En realidad, es esa diferencia planteada al principio y negada tanto en la teoría como en la práctica de la antropología lo que sirve a esta última de coartada para constituirse en ciencia separada. Pero la antropología se contradice sistemáticamente sosteniendo una perorata sobre sí misma y por lo tanto sobre la sociedad occidental de la que emana a través de la perorata que pretende sostener sobre los bárbaros. Ahogando cada caso particular en la generalidad de la aculturación al Occidente, se vuelve cómplice de todos los mecanismos de explotación dando su caución de racionalidad a la absorción de las sociedades diferentes por la sociedad occidental. Como si se tratara de una necesidad. Y por supuesto, es la regularidad del fenómeno lo que funda en él la necesidad lógica a tal punto que uno se complace en reconocerla como tal. En realidad, la aculturación resulta de una expansión sistemática del Occidente, expansión que se ejerce bajo un control político. Es necesario y suficiente cambiar la orientación política que se dan las sociedades occidentales para que, al mismo tiempo, lo que tiene cara de necesidad tome un aspecto singularmente eventual. En el mismo movimiento, el lugar de la antropología, hoy en día discutida, volvería a encontrar su verdadera función que es la de tratar el problema de la diferencia.

Hasta ahora, el conocimiento antropológico se refiere a una ideología positivista, correlativa de la conquista del mundo por el Occidente. Pero el desarrollo de las ciencias exactas prueba lo irrisorio de tal proyecto de dominación. La omnipotencia optimista de fines del siglo pasado no es ya admisible y se sabe hoy en día que el Occidente deberá aceptar límites a la extensibilidad de su saber y de su conquista. El modelo de la relación entre antropología y conocimiento, enteramente fundado sobre esa herencia de un pasado agresivo, parece haber ignorado hasta hoy que el universo no se reducía a su aprehensión por un yo social. Todo ha pasado como si mientras más los antropólogos enseñaran que había que desembarazarse de todo etnocentrismo, es decir guardarse de juzgar, menos se dieran cuenta de que estaban enteramente sometidos y que, para parafrasear a Kant, pensar otro es juzgar otro. Negando la diferencia que hubiera debido tratar, desarrollándose en modelos superados, ¿qué debe hacer la antropología sino tomar su función en serio? Si se trata de abordar el problema de la diferencia cultural, entonces se trata para los antropólogos de operar, al fin, el reconocimiento ajeno, es decir, el reconocimiento del otro como sujeto.

Esto implica que los antropólogos cesen de creer en la inocencia de sus discursos falsamente objetivos y se dediquen a trasformar una relación de dominación en una relación de compatibilidad cultural. Es entonces, y solamente entonces, cuando el antropólogo que hasta ahora se ha puesto al servicio del imperialismo occidental con una bajeza ejemplar, podrá jugar un papel político conforme a un pensamiento verdaderamente científico, y no ya tecnicista, que cesaría de avalar el etnocidio sistemático que suprime a los bárbaros aparentando creer que eso resuelve sus problemas. Y quizá se recordará que avalando los antecedentes de un problema no es como se le resuelve.

16

EL MISIONERO ANTE LAS CULTURAS INDÍGENAS

GERARDO REICHEL-DOLMATOFF

La presente comunicación tiene por objeto describir, desde el punto de vista antropológico, algunos aspectos del contacto cultural entre el misionero y el indígena. Me referiré principalmente a aquellos factores que considero que son negativos y destructivos en estas situaciones de contacto, es decir, mi comunicación constituye una crítica a un sistema y a un complejo de actividades prevalentes. Al hablar como antropólogo, es posible que no nos entendamos en algunos puntos; pero al hablar en defensa del indio, estoy seguro de que ustedes concordarán conmigo pues voy a hablar del hombre, de este ser que es el centro de nuestras preocupaciones y que es la base y razón de nuestro común esfuerzo.

I

Las últimas décadas han visto la rápida difusión y expansión del saber tecnológico de nuestra civilización occidental. El empuje, cada vez más acelerado de esta expansión ha sido tan fuerte que actualmente son muy escasas las regiones de América Latina donde aún no haya llegado, en una forma u otra, la influencia de lo que llamamos el "mundo moderno". Ningún grupo indígena ha podido aislarse de estas influencias. En las selvas amazónicas, en las llanuras del Orinoco, en los valles andinos, en todas partes donde moraban indios, las últimas décadas han producido profundas modificaciones.

Consideraciones políticas, económicas y sociales han estimulado este proceso, buscando nuevas fuentes de materias primas, nuevas tierras para la creciente población de los países, nuevos mercados, nuevos recursos humanos. Pero no sólo estas metas utilitarias han llevado a esta expansión tan rápida y completa; tam-

bién ha sido el esfuerzo organizado de muchos gobiernos e instituciones, para llevar los beneficios de nuestra
civilización a todos los pueblos que aún vivían al margen
del progreso. Al lado del misionero, quien, desde hace
siglos ya había estado a la vanguardia del contacto con
los indígenas, aparecieron el colonizador, el médico, el
ingeniero agrónomo, el viviendista, el trabajador social
y tantos otros más, que ahora unieron sus esfuerzos
para llevar un mensaje de salud y de bienestar a aquellos grupos humanos que habían permanecido fuera de
la órbita de las ideas y adelantos materiales del Occidente. Ni tampoco este proceso ha sido unilateral; los
mismos pueblos aislados, llamados "primitivos", han
comenzado a mirar más allá de sus valles y selvas, más
allá de sus ríos y desiertos, y han tratado de establecer
contactos con el siglo xx.

Al hacer el balance de los resultados de estos contactos, se nos presenta un cuadro inquietante. El mensaje de salud y de bienestar que nuestra civilización pretendía y hace alarde de llevar al indígena, en la práctica
no ha sido operante. Bajo la influencia del administrador, del colonizador y aun del misionero, el indígena
ha perdido los firmes valores de su cultura autóctona
sin que éstos hayan sido remplazados por los verdaderos valores de nuestra civilización. De este modo hemos
privado al indígena de su dignidad humana, lo hemos
proletarizado, degradado, condenándolo no sólo a ocupar
la escala más baja de nuestro sistema social sino lo que
es peor dejándolo en muchos casos en un *vacío espiritual y en un caos material.*

Las convivencias que me permiten afirmar estos hechos, no son producto de especulaciones de gabinete.
Me estoy basando en la experiencia de más de 25 años
de estudios, que me han llevado en Colombia, desde la
Guajira hasta el Vaupés, desde el Chocó hasta la Sierra
Nevada de Santa Marta; desde los llanos orientales,
hasta el Darién. También conozco algunos países vecinos
donde el elemento indígena es numeroso: México, Guatemala, Ecuador, Perú, de manera que mi visión del
problema es bastante amplia. En todos estos territorios
operan misiones católicas, entre las más diversas tribus
y comunidades indígenas. En algunas de estas regiones,
los contactos con los misioneros se remontan a la época
de la conquista española, mientras que en otras, se ini-
ciaron sólo en fechas recientes. Pero en todas éstas he
visto una gran tragedia humana. Es esta tragedia la que
quiero describir aquí.

II

Permítanme primero anticipar algunas generalizaciones sobre la diversidad cultural. En todas partes y en todos los tiempos, la humanidad ha tenido que adaptarse, cada grupo con su equipo intelectual y tecnológico, a las más diversas condiciones físicas y ambientales. Cada grupo ha tenido que resolver de su propia manera las *necesidades básicas* que comparte la gran familia, la educación infantil, la responsabilidad social, la defensa de la salud. Asimismo, cada grupo ha tenido que enfrentar los problemas trascendentales que se plantean al hombre: la divinidad y lo sagrado; la muerte y el más allá; los principios del bien y del mal y los conceptos de castigo y recompensa. *No hay grupo humano donde falte este pensamiento teleológico.*

A este maravilloso esfuerzo humano, de encontrar soluciones válidas y satisfactorias, basadas en milenios de experiencias espirituales y materiales, *lo hemos devaluado al introducir el término de "primitivo".* Al designar a ciertas sociedades con el calificativo de "primitivas", deshonramos al indio humano pues al usar este término tomamos como único criterio el bajo nivel tecnológico y el poco rendimiento económico de estas sociedades. El antropólogo sabe que este criterio es falso porque conoce que aun en las sociedades tecnológicamente más atrasadas, la vida espiritual del indígena, sus ideaciones abstractas y sus códigos morales, pueden alcanzar niveles muy altos de elaboración y complejidad.

Las culturas indígenas son tan antiguas como la nuestra. Sus esfuerzos para lograr estos niveles, son tan antiguos y tan válidos como los nuestros. La tribu amazónica más pequeña, la comunidad indígena más aislada en un valle andino, fundamentan sus culturas en miles y miles de años de experiencia humana para lograr una armonía, un equilibrio, un bienestar. Este hecho nos obliga a una actitud de profundo respeto frente a estas culturas —a cualquier cultura—, así sea ésta mal designada como "primitiva".

¿Qué ocurre entonces al establecerse un contacto entre estas pequeñas culturas tribales o las pequeñas comunidades y los agentes de nuestra civilización? ¿Qué sucede cuando el misionero penetra en su territorio tribal o a su valle andino e inicia su obra evangelizadora?

En primer lugar, el Evangelio no es un factor aislado sino forma parte de un contexto cultural, el de nuestra civilización occidental cristiana. El misionero no sólo lleva la palabra de Cristo sino trasmite una cultura; se convierte en un agente de nuestra cultura, en un agente de cambio, no sólo en el terreno religioso. ¿Cuál es entonces su actitud frente a la *otra* cultura, frente a lo que aquellos indios han creado a través de *sus* experiencias milenarias?

Obviamente, el misionero *quiere introducir un cambio* en la vida del aborigen, quiere modificarla, y esta modificación intencional abarca todo un complejo cultural que incluye la vivienda, la economía, la estructura de la familia, la salud, el comercio, el vestido, las herramientas, etc. Se trata, pues, de lo que llamamos técnicamente un "cambio cultural dirigido". Sería de esperar entonces que el misionero, antes de tratar de modificar una situación dada, estudiara en detalle esta situación cultural; que tratara de conocerla en lo referente a sus motivaciones, sus procesos y sus notas; que aprendiera el idioma de los indígenas para poder compenetrarse con sus particulares modelos de pensamiento, pues en cualquier otra ocasión, cuando se trata de modificar algo, se estudia lo que se va a modificar.

Pero el misionero, frente a la situación de contacto cultural, no siempre actúa así. Aunque tenga cierto interés en conocer la cultura indígena, no tiene la formación adecuada que le permitiría sistematizar sus observaciones sobre la vida del indígena. Así pues, en ocasiones, puede llegar a tomar al indio como si fuera un ser sin raciocinio y menosprecia entonces su cultura, como si fuera ésta una mezcla fortuita de crudas supersticiones, creencias infantiles y actitudes erróneas e ilógicas. Rechaza *esta obra de arte*, este *fenómeno tan único* del espíritu humano que es una cultura, y comienza a imponerse, a cambiar y a modificar.

La falla no está en el misionero, sino en nuestra misma cultura; está en el etnocentrismo ciego de nuestra civilización que niega los valores del *otro*, que niega todo lo que es diferente. Así, los contactos que establece nuestra cultura con las culturas, están fundados en una posición *a priori*: "¡Los indios deben aprender todo de nosotros! ¡Nosotros no tenemos que aprender de ellos!" La base del contacto natural es pues una negación ¡y nada menos que *una negación del otro*!

Partiendo de esta posición ideológica negativa, el proceso del contacto se desarrolla entonces en una cadena inexorable. Tomaré algunos ejemplos de las tribus selváticas que son, tal vez, las que mejor conozco.

Debido al pudor de nuestra cultura se obliga al indio a vestirse. El misionero consigue camisas y pantalones, faldas y blusas y viste a los indios. Su desconocimiento de la cultura indígena lo hace pensar que así elimina un peligroso factor erótico, pues él no sabe que los indios americanos son generalmente muy pudorosos —casi puritanos— y que la desnudez del cuerpo no conlleva para ellos las connotaciones eróticas que nosotros hemos elaborado. Al mismo tiempo, ignorando los mecanismos culturales, el misionero introduce con el vestido una serie de cambios. Hay que saber que un vestido consiste en un par de pantalones y una camisa, no puede funcionar como un elemento aislado, sino que forma parte de un complejo cultural. Este complejo consiste en muchos elementos interrelacionados, a saber: la posición individual de varios vestidos que permitan cambiarlos, nociones de higiene acerca de la limpieza del vestido; medios económicos para adquirir jabón, hilo, agujas y botones así como la habilidad de remendar y conservar los vestidos. Este complejo trasciende entonces a la esfera de la salud y de la economía. Para el indio que *no* domine los detalles de este complejo, el vestido sucio pronto se vuelve un foco de infecciones, un verdadero cultivo de microbios que pone en peligro su salud y la de los demás. Para aquel indio, en cambio, que con su trabajo puede adquirir otros vestidos, su compra y remplazo periódico pronto se convierte en una carga económica muy grande. Se endeuda continuamente en los almacenes y compra vestidos sólo para aparentar su nuevo status de "civilizado". Muchas veces no sabe escoger sus vestidos y aparece entonces en un disfraz abominable y ridículo. ¡Qué triste es ver estos indios! Vestidos de harapos sucios, mal cortados, de colores repugnantes; se presentan como limosneros, estos proletarios de la selva que son el producto de un falso pudor. Está bien que el indio llegue a vestirse, pero sólo cuando su nivel de aculturación le permita mantener este vestido limpio, decoroso y accesible, sin incurrir en grandes gastos.

Otra modificación negativa que introduce el misionero se refiere a la vivienda. En muchas tribus selváticas los indios ocupan grandes casas comunales donde convive toda una parentela constituida por numerosas familias. El misionero, desconociendo los mecanismos de la estructura social de estas tribus, obliga entonces a los indios a abandonar estas casas comunales y a establecerse en casas individuales para cada familia. Son dos las razones para actuar así: en primer lugar cree que las

casas comunales son focos de promiscuidad; en segundo
lugar quiere que los indios formen aldeas para facilitar
así su evangelización y civilización. Ambas premisas son
erróneas y llevan a la destrucción de valores importantes. La vida comunal, lejos de llevar a la promiscuidad,
es una característica del indio americano, que se basa
en su concepto de responsabilidad social, de colectividad
fundada en la reciprocidad de los servicios prestados al
prójimo. Cada casa colectiva es una unidad armónica
de trabajo, de colaboración, de ayuda mutua; es un
sistema que da cohesión y seguridad; que educa al indio
a *vivir en función del otro*, es decir, de asumir responsabilidades con la sociedad. Al destruir esta unidad, se
pierde esta cohesión. Se atomizan los grupos familiares
en pequeñas divisiones que ni son autosuficientes, ni
pueden colaborar como antes, con sus parientes. Ahora
viven en ranchos miserables, sucios. Se destruyó el espacio sagrado del recinto familiar; se destruyó el sistema
de relaciones de ayuda mutua, de servicios, de confianza y de respeto. De este modo el indio se reduce
a un estado de pobreza donde entonces ya puede germi-
nar todo lo mezquino y egoísta de nuestra civilización,
de nuestra "cultura de la pobreza". Y después de haber
destruido este sistema de responsabilidad colectiva ¿no
es una ironía que el misionero o cualquier otra autoridad pida ahora a los indios que hagan acción comunal
como si nosotros hubiéramos inventado esta idea?

Al obligar al indio a fundar un pueblo, el misionero
sigue el antiguo precepto de reunir sus fieles "bajo son
de campana" y, sin darse cuenta, destruye así el delicado mecanismo de adaptación ecológica que antes
había existido entre los habitantes de una casa comunal
y su medio ambiente circundante. La caza, la pesca y
la recolección que antes habían constituido no sólo una
fuente de proteínas, sino también un importante factor
de cohesión social y de colaboración, ya no se pueden
practicar. En cambio, la vida en el pueblo conlleva auto-
máticamente el contacto con el sistema monetario incomprensible para el indio y bajo el cual queda explotado en un sistema de servidumbre y sumisión; conlleva
la adquisición de enfermedades contagiosas; conlleva
a aceptar el alcohol y la prostitución. ¡Éste es el modelo y el precio que impone la civilización al indio,
para aceptarlo como uno de sus miembros!

La pauta occidental, impuesta por los misioneros en
las zonas selváticas, implica la vida en pequeñas unidades, obligando a cada familia a producir en aislamiento

lo necesario para el consumo, ocupando ella su pequeño
espacio, sola, sin referencia a otra. Pero la estructura
social del indígena era diferente; era el mundo de la
colectividad discreta, silenciosa y honrada; era el mundo de lo compatible, de la alianza, de la paz. Ahora, en
el pueblo, el indio se introduce al mundo de la oposición, de la desconfianza, del aislamiento, del robo, del
ruido, del odio, que es el nuestro.

III

Estos dos procesos, el de la modificación del vestido y
el de la vivienda, están acompañados, desde luego, de
un sinnúmero de otras modificaciones.

Ignorando tal vez la importante función social de las
reuniones en que se toma chicha, el misionero las prohí-
be, con el resultado de que el indio se va a emborrachar
en la tienda, donde ingiere un alcohol mucho más potente, mucho más destructor y con consecuencias abiertamente disociadoras. Ignorando el respeto que rige entre los sexos en el matrimonio indígena y desconociendo
las leyes exogámicas, el misionero afecta la moral de la
familia, y cuando el indígena se convence así de que
sus antiguas reglas matrimoniales ya no tienen validez,
se da frecuentemente a costumbres libertinas que antes
no conocía.

Aparentemente estoy hablando aquí de meras formas
exteriores: de la casa, del vestido, de una fiesta tradicional, de pautas de trabajo y de pautas de relaciones
sociales. ¿Pero sabe el misionero qué significan estas
formas? Al introducir cambios en estos aspectos de la
vida, cambios que el misionero cree que *deben ser* bené-
ficos porque corresponden a lo acostumbrado y deseable
en nuestra civilización, está destruyendo mucho más
que una forma. Con ella destruye todo un sistema simbólico, toda una red de referencias que dan sentido a
la vida, que hacen manejable el mundo del indígena.
Una casa es mucho más que un mero techo, paredes
y un fogón. Una casa indígena es un modelo cósmico,
penetrado de un profundo simbolismo y al cambiar
esta casa por *nuestro* tipo de vivienda, se derrumba
dicho modelo. Al cambiar, como consecuencia de la
vida en el pueblo, la calidad de las relaciones sociales
de cara a cara, se afecta el balance simbólico de la

sociedad y se coloca a la familia y al individuo en un vacío. Tratando de hacer el bien, el misionero destruye aquellos complejos sistemas simbólicos, elaborados a través de una larga tradición, y que daban sentido a la existencia y al mundo. Desequilibra un balance vital; desbarata una secuencia de categorías; elimina las ideaciones fundamentales de lo que era para el indígena el ser y el devenir.

Esta actitud se expresa muy claramente cuando el misionero se refiere a los indios diciendo: "...¡los pobrecitos!" Frecuentemente uno oye estas palabras que misioneros y monjas repiten y repiten, por cierto demasiadas veces en presencia de los mismos indios. "¡Los pobrecitos!" ¡Qué etnocentrismo tan ciego expresan estas palabras! ¡Qué humillación son para el indio! porque no es verdad; no son pobres. Son riquísimos en espíritu, en moral, en su alegría de vivir. Ellos viven una vida llena; son hombres como nosotros. Sólo se empobrecen cuando tratan de formar parte de nuestra civilización. Cuando se han destruido sus valores, su moral, su sana alegría, entonces se dice, con una mezcla de lástima y de desprecio: "¡Los pobrecitos!"

Al mismo tiempo, el misionero y los que trabajan con él, devalúan muchas veces lo que hace y posee el indígena, con la frase: "...¡eso no sirve!" Se le manifiesta que su casa no sirve, su comida no sirve, sus artefactos no sirven; todo su modo de vida "no sirve". Se le repite esta idea con una insistencia hipnótica, hasta que el mismo indio pierde toda confianza en sí mismo y en sus valores, y comienza a repetir estas palabras al referirse a su propia cultura. Todo lo de él "no sirve". Así queda avergonzado de sí mismo y listo para seguir el camino que él espera lo llevará a ser "respetado" dentro de la civilización.

Pero ¿de cuál "civilización" estamos hablando? Los llamados "civilizados" que viven en los territorios indígenas, cerca de las misiones, no son siempre los mejores representantes ni modelos edificantes de nuestra cultura. Todos conocemos la codicia del pequeño comerciante, del colono, del cauchero, del dueño de tienda, quienes se aprovechan del indio, tratando de endeudarlo, de obtener sus servicios por el precio más bajo, de quitarle sus tierras, sus mujeres. Pero ellos son la civilización y al mismo tiempo representan el poder y la justicia. Esta constelación de misioneros, "civilizados" e indios recuerda a veces más bien la encomienda del siglo XVI; son verdaderos sistemas coloniales en los cua-

les se cometen las injusticias más grandes contra el
indio. Yo sé que en muchas ocasiones el misionero
entra entonces en defensa del indio, pero esta defensa
no puede ser eficaz porque el misionero no conoce bien
la cultura indígena e ignora el fino balance que ésta
establece referente a lo que es "injusto" o admisible
o inaceptable para el indio.

Esta actitud de considerar al indígena como inferior
y "pobre", con menos capacidad de pensamiento abstracto o inteligente que un blanco, se expresa entonces en la
enseñanza que se da en muchas escuelas de los misioneros.

En términos generales, el nivel es inadecuado en lo
que se refiere a la realidad de un mejor futuro para el
niño indígena. Se le enseñan cosas poco útiles, basadas
en memorizaciones y fuera de todo contexto de la realidad local. Pero se les enseñan nociones de biología, de
higiene ambiental, de medicina preventiva, de agricultura moderna, y muy poco aun de sus deberes y derechos como ciudadanos. No desconozco la real barrera
lingüística para la enseñanza, pero creo que ya se podría tener un método rápido para enseñar a los niños
indígenas la lengua nacional de su país.

La educación que se les da, crea una dependencia del
civilizado. Así se produce un proletariado: sirvientes,
cocineros, peones, malos carpinteros y mecánicos por
mucho; gente frustrada y desadaptada, individuos marginales y *deculturados* pues ya no pertenecen ni a su
cultura tradicional ni a la cultura nacional de su país.
A esto se agrega que se les ha imbuido un marcado
complejo de inferioridad. Tienen vergüenza de sí mismos, de sus padres, de sus amigos; les avergüenza su
misma cara al mirarse al espejo; les avergüenza su idioma, su música, su misma tierra natal y todo lo que les
pueda ligar a lo que son.

A veces el afán de una educación moderna lleva a
extremos grotescos. ¡Nunca olvidaré aquella joven mon-
ja que en medio de la selva amazónica, enseñaba a un
grupo de niñas indígenas, bailes españoles con casta-
ñuelas!

En este afán de educación, una idea actual es la de
educar líderes indígenas. Pero seamos sinceros; ¿quién
quiere o ha imaginado que un indio deba decidir y regir
los destinos de su gente? Partiendo de la posición apriorística y absorbente de nuestra civilización ¿no serían
ellos meramente una quinta columna, un instrumento
dócil y útil para acelerar el proceso de destrucción de
su cultura? Dejo abierto este interrogante.

IV

Pero volvamos al tema de la poca comprensión de lo indígena. El no haber logrado conocer bien el mundo indígena, sus pautas culturales y sus valores, ha atrasado inmensamente y obstaculizado profundamente la obra misional en América Latina. En otras partes del mundo, los misioneros católicos han escrito libros que son obras clásicas de la antropología y que atestiguan un gran conocimiento de las culturas indígenas. ¿Por qué no ha ocurrido lo mismo en América Latina? En muchas regiones de Colombia existen misiones desde hace siglos, pero nadie escribió sobre los indios una obra de verdadero valor documental. Algunos sacerdotes extranjeros han hecho un esfuerzo valiente de recopilar materiales etnológicos y lingüísticos en Colombia y menciono aquí los nombres de los padres Marcelino de Castellví, Henri Rochereau, Pedro Fabo, José de Vinalesa, Antonio de Alcácer, para recordar a los más activos, pero ¿dónde está la obra etnológica de los misioneros colombianos que tanto tiempo y tanta ocasión han tenido para estudiar estas culturas? ¿Quién de ellos ha analizado científicamente la estructura social de una sola tribu, y su simbolismo religioso, o sus mitos, o su cultura material?

Abunda sin embargo una literatura anecdótica, novelesca, superficial. En muchos de estos escritos se da una imagen totalmente falsa del indio, como cuando un misionero escribe recientemente lo siguiente: "El indio... arrastra consigo los defectos que son comunes a casi todos los indios; los cuales, generalmente, son egoístas, recelosos, sin aspiraciones, inclinados a la holganza y a la embriaguez." Por lo demás se describe al indígena como infantil, simplemente como si fueran niños malcriados, seres irracionales, a veces casi imbéciles. Se repite que tienen "costumbres depravadas", que son "salvajes", "miserables" e "infelices". En una publicación reciente se dice que el misionero debe "...desbaratar... aquellas naturalezas salvajes, destruyendo costumbres bárbaras..." Hablando de las fiestas indígenas, dice que, "...consisten en reunirse... beber la chicha o guarapo hasta embriagarse, cantar jerigonzas indígenas y luego bailar en salvaje algazara hasta caerse rendidos." ¡Es la voz de siglos muy lejanos que aún resuena en estas páginas misionales!

V

¿En qué —pregunto yo— consiste la riqueza de la humanidad? ¿Qué es lo más bello, lo más eterno que hemos creado en nuestro largo camino, desde que tomamos conciencia de nuestra condición humana? Los productos más preciosos son nuestros bienes culturales: el cristianismo; los códigos del caballero, del santo y del misionero —antorchas para un mundo. Y junto con ellos están las grandes obras de arte: las catedrales, las sinfonías, la pintura, la poesía, la filosofía, el método científico.

¿Por qué no reconocer entonces que *otras culturas también* hayan creado riquezas, sus obras de arte, inspiradas por *otras* antorchas, por otros credos, pero no por eso menos valiosos como logros del espíritu? ¿No es una sola la familia humana? Es el *conjunto* de estas obras lo que constituye el capital más hermoso de la humanidad, lo que constituye su verdadera riqueza. La conciencia de este gran acervo cultural, que es de todos, se expresa en nuestros días en las "Casas de la Cultura" que se fundan en muchos países y que son los templos donde salvaguardamos este capital, estas obras de arte que el hombre ha creado.

Pero las obras más bellas son los objetos vivos, son pequeñas culturas, cargadas de una larga tradición, llenas de una profunda nobleza, culturas cuyo conocimiento y cuyo contacto pueden significar un gran enriquecimiento para nuestra propia civilización. ¿*En nombre de quien o de qué*, tratamos de exterminar estas culturas humildes pero tan valiosas? Ciertamente ¡no en nombre de nuestra religión católica! Tengamos pues el valor de reconocer que las innumerables ideas que hacen reverberar y pulsar los mitos y el arte de vivir de culturas extrañas a la nuestra podrían ser un gran elemento enriquecedor para nosotros. Este sentido del *otro*, esta generosidad interior y fundamental ¿no son la base del cristianismo?

Pero la realidad es que estamos presenciando la última etapa de la conquista de América, la conquista de las áreas selváticas y que, en buena parte, esta conquista actual utiliza los mismos medios de aquella hecatombe de hace cuatro siglos y medio, pero con una diferencia: La España del siglo XVI tuvo el valor moral e intelectual de plantear ante el mundo el problema del "justo título", de la "justa guerra" contra los indios. En aquella época había hombres que reconocían el valor de las culturas indígenas y que ponían en duda nuestro derecho de superioridad, de destruir otras culturas. En 1590 escribe el padre José de Acosta: "Es falsa la opinión de los que tienen a los indios por hombres faltos de entendimiento... Los hombres más curiosos y sabios que han penetrado a alcanzar sus secretos, su estilo de gobierno antiguo, muy de otra suerte lo juzgan, maravillándose que hubiese tanto orden y razón entre ellos." Y en otra parte dice el mismo autor: "Que por cierto no es de pequeño dolor contemplar, que siendo aquellos incas gentiles e idólatras, tuviesen tan buen orden para gobernar y conservar tierras tan largas, y nosotros, siendo cristianos, hayamos destruido tantos reinos."

¿Quién diría eso hoy en día? ¿Será que necesitamos otro Bartolomé de las Casas, otro autor que escribiera una obra bajo el título acusador: "Brevísima Relación de la Destrucción de las Indias"? *¿Quién plantea hoy en día el problema del "justo título"?* Si no son ustedes, ¿quién?

VI

En los últimos tiempos se escribe y se habla mucho de "integración". Se dice que el indio debe "integrarse" a la vida socioeconómica de las naciones en cuyo territorio vive; que debe "integrarse" a las formas de vida de nuestra civilización dominante. Para mí, "integración", como he visto que la llevan a cabo, es la negación del otro. Integración es la expresión de la posición apriorística de nuestra cultura que niega a las demás; que niega que el indígena, el "primitivo", el "salvaje" puedan tener valores que deben respetarse y conservarse. "Integrar" al indio es darle un vestido viejo, ponerle a cargar bultos, ponerle de sirviente, relegarlo al nivel más bajo de nuestra sociedad, privarlo de toda dignidad humana. Todos ustedes han visto a estos indios "integrados"; enfermos, tristes, borrachos, sumisos, trabajando en las faenas más miserables.

Lo que *sí* se debe anhelar es la *modernización* del indio. Debemos darles servicios sanitarios, debemos darles semillas y herramientas; debemos ayudarles a cultivar y conservar sus tierras, a educar sus niños, a vivir una vida más llena, más sana, participando en lo bueno y lo positivo, material y espiritual, que nuestra civiliza-

ción puede ofrecerles. Pero al mismo tiempo debemos
respetar su cultura, los valores positivos que *ellos* han
creado. Es esta síntesis la que, según mi criterio personal, se debe lograr y es éste quizás el reto que el misionero enfrenta hoy en su labor evangelizadora y civilizadora de la segunda mitad del siglo xx.

No crean pues ustedes que los antropólogos somos ro-
mánticos y que quisiéramos encerrar a los indígenas en
una vitrina de museo o en reservaciones intocables. Somos muy realistas y sabemos que el proceso de aculturación, una vez iniciado, es irreversible. Sólo deseo que
este proceso sea menos destructor, menos traumático,
para los grupos indígenas. Porque estoy convencido de
que los valores que han creado estas sociedades tribales
no son exclusivos de estos grupos, sino que pertenecen a
toda la humanidad y a todas las ramas del conocimiento que se han preocupado del género humano. Lo que
quiero enfatizar es la necesidad de que se tenga respeto
a estas culturas humildes que, por diferentes que sean
de la nuestra, son la obra de un solo espíritu de nuestra especie. El respeto de las otras culturas se basa en
el conocimiento, en el estudio, en la comprensión profunda de su modo de vida. Este asombroso mundo se
abrirá al misionero cuando él estudie, *como antropólogo*, los grupos indígenas a su cargo y estoy seguro de
que se verá inmensamente enriquecido por esta experiencia.

En toda América Latina se está operando un gran
cambio. Hay una profunda preocupación por encontrar
valores propios, autóctonos; por formar verdaderas naciones y una gran civilización latinoamericana. En este
gran esfuerzo el indígena no debe quedar mudo. Su filosofía, su paciencia, su generosidad, deben formar parte
de esta nueva síntesis. El misionero y el antropólogo
—mejor aún, el misionero-antropólogo—, serán los voce-
ros de este mundo ignorado y despreciado, pero tan
valioso, que es el del indio americano.

17

FOLKLORE Y CULTURA VIVA

MICHEL LEIRIS

A falta de criterios objetivos que permitan definirlo con rigor, el folklore se puede tener por lo que, en una sociedad, es no solamente trasmitido de generación en generación, sino que representa, dentro de su cultura, un conjunto de saberes, de decires y de maneras de hacer que esencialmente tienen un valor de legado ancestral; dicho de otra manera: los elementos tradicionales por excelencia. Esos elementos serán: o bien aceptados sin restricción por los interesados, pero precisamente como patrimonio heredado de sus ancestros, actitud que implica ya una cierta toma de distancia (que no va, sin embargo, hasta a tratar como simples supervivencias esos elementos reconocidos como de origen lejano), o bien aceptados pero sentidos como vestigios de otra época, lo que es, si no desligarse de ellos, al menos situarlos en una esfera aparte. Comprendiendo todo lo que es objeto de tal toma de distancia, más o menos marcada y más o menos consciente, por parte de los miembros de la sociedad en cuestión, el "folklore" es pues una categoría particular de la "cultura tradicional", la cual engloba no solamente una parte, sino la totalidad de la herencia cultural que desde varias generaciones atrás los jóvenes reciben de sus mayores. Definición de principio y que prácticamente apela a esta reserva: será siempre un poco arbitrario decidir lo que es folklore y lo que no lo es en una sociedad dada, pues el mismo elemento cultural que para unos (los que toman así sus distancias) es un tanto, un poco "folklore", en realidad si no en teoría, sigue siendo para los otros "cultura tradicional" (puesto que no da lugar a ponerlo entre paréntesis).

Se notará que la idea de folklore —como la de etnografía— nace en sociedades industrializadas o en vías de industrialización, y que generalmente es a propósito de tales sociedades cuando se habla de folklore, como si fueran las únicas en poseer esa reliquia de estados sociales sobrepasados. Pero en verdad, es seguro

que todas las sociedades lo tienen, pues admitir lo
contrario sería reconocer que existen sociedades sin
historia y que su tradición se trasmitía sin que su
autoridad fuera jamás puesta en duda. Simplemente el
folklore es no solamente más fácil de distinguir en el
lugar al que pertenece —ahí en donde se está en la mejor situación de distinguir lo que es antiguo (inmemo-
rial o casi) y lo que no lo es— sino más aparente, gracias al contraste, y en situación más radical de "folklore" que representa un anacronismo en una sociedad
"moderna" desde otro punto de vista.

De todo esto hay que concluir que el folklore es, al
menos en gran medida y sin duda más claramente
todavía que el dominio más vasto que constituye el
campo de la etnografía (conocimiento directo que un
observador toma de una cultura muy diferente de la
suya), cuestión de puntos de vista. Y se puede agregar
que un etnógrafo —un occidental en la mayoría de los
casos actuales— está sujeto a ese enceguecimiento particular: en la cultura de un país de los llamados "subdesarrollados" y que presente globalmente —para ese
observador generalmente de formación occidental, de
suerte que su perspectiva está condicionada más o menos por la tecnolatría— un aspecto arcaico, ver el conjunto de esa cultura bajo el ángulo del folklore (dicho
de otra manera: de la tradición petrificada, en alguna
forma dada una vez por todos) y desconocer así lo que
pudo tener de vivo y de más o menos abierto al cambio,
al lado de elementos propiamente folklóricos y tratados
en algún grado como tales por los interesados.

1. BAJO QUÉ ASPECTOS SE PRESENTA EL FOLKLORE

Por definición, los hechos sociales que derivan del folklore ofrecen un aspecto *vetusto*, al menos relativamente
y, en la práctica, los que se observan de entre ellos son
sobre todo los más pintorescos, los que atraen inmediatamente la atención gracias al sorprendente desplazamiento debido a su arcaísmo cubierto frecuentemente
de exotismo; exotismo que puede funcionar sin que se
trate de otro país, sino solamente de otro medio: por
ejemplo, campo con relación a ciudad; provincia con
relación a la capital; incluso clases obreras con relación a las clases burguesas, llevadas a mirar al menos

implícitamente como folklóricos ciertos usos y costumbres de las clases obreras, usos que les parecerán ingenuos o anticuados (ligados a modas antiguas) con relación a sus propios usos y costumbres, de suerte que tenderán —ejemplo entre otros— a considerar que el hecho de chocar las copas al brindar pertenece al folklore, pero no el rito que consiste en hacer un brindis.

Pintorescos, muchos de esos elementos a los cuales el hombre de fuera es más sensible que a otros, pueden hasta ser llamados *turísticos*, en la medida en que son para cada cultura (a escala de pueblo o de grupo) algo singular y "típico" y que representa, en suma, lo que —siguiendo la expresión familiar— "vale el viaje", un viaje que no es necesariamente lejano y puede, en todo caso, ser el de un burgués que asiste a un baile popular y se divierte con las tradiciones típicas que imperan en él.

Cuando cantidad de elementos folklóricos no expresan apenas más que las diferencias más visibles (como sucede con muchas danzas, indumentarias y artesanías) o las más atractivas estéticamente (lo que música y literatura oral ilustran abundantemente), pueden no tener una importancia capital en la vida de la sociedad examinada, uno se inclina, desde el exterior, a valorizarlas como las más *auténticas*, virtud cuya supuesta vetustez —que interviene en proporciones variables— (y que da la impresión de tocar o aproximarse al fondo), originalidad (ya sea la calidad singular, que no proviene de una imitación) y candidez por lo menos aparente (denotando, al parecer, un cierto "primitivismo") parece ser la garantía.

Esencialmente nacionales, regionales o propios de una categoría profesional, esos elementos —o un buen número de ellos— se revelan *específicos* de ese grupo humano más o menos extenso. El observador extranjero nota especialmente esos aspectos particulares y el occidental, ya sea etnógrafo o no, los busca tanto en el Tercer Mundo como en los países occidentales, mientras que no dará la misma atención a aspectos más vivos, pero marcados, a sus ojos, por una cierta banalidad. Esto, en cuanto al etnógrafo, porque su mismo interés científico es estimulado por las diferencias que representan entre ellas a las diversas culturas (siendo uno de los principales objetivos de la encuesta etnográfica hacer resurgir lo que distingue de los otros a la sociedad considerada); y en cuanto al principiante —con mucho, el caso más frecuente— porque fija bastante gene-

ralmente un precio a las especificidades, un poco como
se fija a las "especialidades regionales" (a las de fuera,
por el gusto de lo desacostumbrado, y a las de casa, por
hábito o también en razón del efecto producido sobre
las gentes del exterior, eventualmente admiradoras o
atraídas por ellas). Resulta que una gran parte del folklore en sentido estricto o de lo que, de una manera más
general, presenta en una cultura de carácter *sui generis*
manifiesto, se convierte fácilmente —tal como las "especialidades regionales"— en asunto de sindicatura de iniciativa u organización equivalente, cuyo papel es el de
proteger, incluso desarrollar, los elementos de nuestra
cultura tradicional que particularmente atraen al extranjero o nos ensalzan a sus ojos.

En fin, no se podría omitir el notar que el folklore
—conforme, por otra parte, al sentido etimológico de
ese término— posee a doble título un carácter *popular*:
primeramente, en la medida en que, al menos por lo que
concierne a las sociedades industrializadas, se conserva
mejor en las capas sociales menos "instruidas" que en
las otras, integradas por la educación y por el género
de vida a una esfera cultural a la vez más cosmopolita
y más directamente influenciada por la civilización
industrial; pero también en la medida en que tales
elementos tradicionales son en algún grado el bien
indiviso de todos los miembros de un grupo (cualesquiera que sean sus posiciones jerárquicas respectivas)
y en donde ciertos de esos elementos son la afirmación
espectacular de la singularidad de ese grupo, afirmación
que, en el caso, por ejemplo, de muchas fiestas, se hace
al nivel de la vía pública e interesa por lo tanto a la
totalidad del grupo.

2. FUNCIÓN DEL FOLKLORE COMO TAL

Propio de un grupo dado, cuya singularidad marca, el
folklore está naturalmente llamado a jugar el papel de
signo distintivo o de bandera. Una anécdota —la que
sin duda podría encontrar equivalentes en otras partes— parece mostrar que a este respecto se le puede
dar una gran importancia, ahí mismo en donde deliberadamente no se le asigna tal función y donde, por lo
demás, la idea de folklore ni siquiera existe.

Se trata de unas palabras que me llegaron en París

hace algunos años, durante una conversación amistosa con un africano que en 1951 había ayudado en sus trabajos a una misión etnográfica de la que yo formaba parte: el dogón Ambara Sodamma, que ahora encontraba hecho un viejo jefe de familia de Mali. A pesar de su riguroso tradicionalismo —al que probablemente no es ajeno el interés por sus propias costumbres que desarrollaron en él sus prolongados contactos con etnógrafos—, Ambara Sodamma, cuya vivacidad de espíritu ya antes había podido comprobar, no deja ni de apreciar lo que conoce de Europa (a donde había aceptado venir, en la época de nuestro nuevo encuentro, para curarse en un hospital parisiense) ni de admitir esta innovación como un progreso: el empleo de caminos para trasportar hasta un gran mercado, Bandiagara, las cebollas que las gentes de su región, Sanga, cultivan desde hace mucho tiempo con fines comerciales. Ahora bien, ese mismo hombre, al que no se podría acusar de misoneísmo limitado, declaró perentoriamente, a propósito de ciertas costumbres ancestrales, que muchos jóvenes dogones, si hay que creerlo, no las observan ya con tanta seriedad y cuidado como deberían: "¡Los dogones siempre han hecho eso!" Argumento sin réplica, que expresa una adhesión incondicional y da a entender que, si los dogones quieren seguir siendo dogones, deben continuar haciendo lo mismo, de ahí la necesidad de mantener rituales en los cuales muchos jóvenes participen con menos celo que sus predecesores y que, no teniendo ya tanto sentido para esos jóvenes, tiendan en suma a no ser ya para ellos más que "folklore", como ellos tienden por otra parte a serlo —en una medida más débil— para Ambara Sodamma quien les queda indefectiblemente fiel y conoce su fondo, pero no encuentra para justificarlo mejor referencia que la tradición. Todo sucede pues como si, para no perder su identidad, los dogones tuvieran necesidad del signo distintivo que constituyen esos rituales a punto de convertirse en folklore, en una región en donde los etnógrafos habrán preparado —muy a su pesar— las vías del turismo, como bastaría para atestiguarlo una tarjeta postal de Mali actualmente en circulación y que reproduce varias vistas características debajo de esta mención: "Visite el país dogón."

Se observa que el folklore, como signo distintivo o bandera, será generalmente resaltado en los países preocupados por afirmar que tienen una "cultura nacional", principalmente aquellos que recientemente han logrado su independencia, ya sea acordada bajo la presión de las reivindicaciones, ya conquistada por la vía de la lucha armada. En esos países, durante el período de lucha, la idea de "cultura nacional" ha podido, por lo demás, constituir un medio de hacer tomar conciencia y de empujar a la acción, siendo, por otra parte, uno de los grandes objetivos por alcanzar, la posibilidad de un libre desarrollo de esa cultura; por otro lado, la lucha misma pudo haber sido un factor de creación cultural con base más o menos folklórica (cantos, espectáculos populares, etc.).

Generalmente se hará también resaltar el folklore de un país que se encuentre bajo la férula o bajo la égida de otro país, pero que se intenta persuadir de que guarda su personalidad, la cual él mismo se jacta de respetar. Así, en la época colonial, la manera como los aspectos espectaculares de las culturas locales celebraban las fiestas oficiales, como por ejemplo el 14 de julio en los territorios entonces franceses. A pesar de la diferencia de contextos, se puede observar en el mundo socialista —en donde se entiende que cada país o "minoría nacional" conserva sus características propias y se valoriza la cultura popular (la que es en realidad de masas y no el patrimonio de capas económicamente favorecidas)— una manera un tanto demagógica de poner de relieve el folklore —conjunto residual utilizable al menos parcialmente en el marco de las fiestas o de los ocios—, en fin (parece ser) de hacer olvidar la profunda ruina de la cultura por el esfuerzo de instalación tecnoeconómica y el género de educación que lleva unido, además de que —mediante los ajustes necesarios— el folklore puede constituir un instrumento de propaganda. Incluso podrá jugar el papel de una especie de gueto en donde, al menos implícitamente, se encierre una "cultura nacional" para volverla anodina simplemente dando una satisfacción a sus defensores.

En Pekín en 1955 —en la época llamada de las "cien flores"— André Haudricourt, especialista en culturas sudasiáticas que formaba parte, como yo, de una delegación de la Asociación de Amistad Francochina, me refirió una entrevista que había tenido con una joven de nacionalidad miao, estudiante del Instituto de Minorías Nacionales. André Haudricourt le había preguntado si no veía alguna incompatibilidad entre el sacrificio de un búfalo (rito importante entre los miao) y el marxismo-leninismo que se le enseñaba, a lo que ella respondió que no, pues el sacrificio del búfalo "es la cultura nacional". Concebido como elemento de la "cultura nacional" sin más, y derivando por lo tanto, más del folklore que de la ideología, el sacrificio del búfalo —insertado en efecto en un sistema de ideas muy difetes del marxismo-leninismo— no está, a los ojos de la joven estudiante, en contradicción con éste: por una parte, ambas cosas se encuentran situadas para ella en dos niveles distintos, pensamiento racional y sentimiento, de suerte que su posible perplejidad se encuentra neutralizada; por la otra, gracias a la etiqueta "cultura nacional", el marxismo-leninismo acuerda un lugar al rito en cuestión, lo que muestra su amplitud de aspectos y su capacidad de integrarlo todo. En suma, mediante la atribución de un estatuto folklórico a un elemento de cultura viva, es como se resuelve el problema.

3. ¿ES DESEABLE LA CONSERVACIÓN DE UN FOLKLORE?

Un desarrollo tecnoeconómico aun limitado —como lo era en el marco del colonialismo— entraña un serio retroceso de la cultura tradicional por diversas razones: tendencia a adoptar modos más racionales de trabajo, influencia de esta racionalización sobre la manera como se toma el tiempo (que pasa cada vez más de *cualitativo* a *cuantitativo* y se convierte en cierta forma en objeto de contabilidad), aparición de nuevas necesidades, ampliación de horizontes, etcétera.

A pesar de las contrapartidas (por lo menos aparentes) que puede tener ese retroceso en un régimen colonial o neocolonial, se comprueba que en lo inmediato —tanto como dure y después hasta que desaparezcan sus secuelas— tal régimen ejerce una influencia esterilizadora sobre la cultura de los países que están sometidos a él.[1] En efecto, si da a los individuos una educación impuesta, no es más que a un número de lo más limitado y según programas orientados esencialmente a hacer de ellos "dependientes" o agentes de la potencia tutora o económicamente dominante, de suerte que esas gentes, consagradas a una alienación que les llevará casi siempre a separarse de la masa menos "instruida" y por lo mismo más apegada a la cultura tradicional, podrán ser considerados —la mayoría— como

[1] El poeta y líder político martiniqués Aimé Césaire ha denunciado vigorosamente esta influencia en su *Discours sur le colonialisme*.

perdidos en tanto que animadores posibles de ésta.
Cualquiera que sea su doctrina, un régimen colonial o
neocolonial actúa siempre, directamente o no, en un
sentido más o menos asimilador. No solamente los intelectuales con algunas excepciones, sino el conjunto
de la población por lo menos de los centros, serán llevados a imitar al colonizador, porque su educación los
ha iniciado ya, y en razón del prestigio cuyo modelo
les ofrecen aquellos que socialmente tienen preponde-
rancia. Para algunos otros, la razón —inversa pero no
menos poderosa— que tienen para asimilarse es que se
dan cuenta de que el opresor no puede ser vencido sino
con sus propias armas. En el caso particular de los
artistas (en el sentido occidental del término) serán
raros los que escapen al doble escollo representado, por
un lado, por esa imitación, y por el otro, la tendencia a hacerse más autóctonos de lo que son, como si
tomaran de su propia personalidad una marca de exotismo.

En fin, en lo que concierne a las artes tradicionales,
no solamente serán atacadas en sus fuentes mismas
—permaneciendo cuando mucho tal como son— sino
que su degradación será ayudada, estando abierto un
mercado a la producción comercial de imitaciones del
género perteneciente al "arte de aeropuerto", etc., y una
búsqueda, demasiado deliberada para no estar viciada
a priori, del "color local" desarrollándose bajo la presión de la demanda de la clientela.

Críticas análogas podrían ser formuladas a propósito
de los grupos humanos que no están sometidos al colonialismo o al neocolonialismo propiamente dichos,
pero que se encuentran, de hecho, en situación colonial (campesinos indios de América Latina, por ejemplo). Además, se sabe que muchos grupos marginales
y muchas culturas están amenazados, aquí y allá, de
desaparición, casos muy diversos que ameritan cada
uno un estudio especial (como, a decir verdad, todos
los que acaban de ser considerados en conjunto). Sin
embargo, sabiendo que como toda regla la que sigue
puede tener sus excepciones (debidas principalmente al
frecuente juego de un mecanismo sincretista que al
menos asegura una supervivencia en algún aspecto, por
ejemplo religioso, de una cultura tradicional), no es
temerario afirmar que, de manera general, toda sujeción —cualquiera que sea su forma y aunque se tratara
de grupos humanos aislados que no padecen la opresión
más que muy indirectamente— es un factor de debilita-

miento si no es que de aniquilamiento para las culturas en cuestión.

En un régimen socialista se produce un retroceso del mismo orden, pero con la importante compensación de que ahí al menos reina una conciencia propiamente socialista: el enorme esfuerzo para la instrucción de las masas y para su promoción social. Por lo demás, aun si no se puede descuidar la reserva hecha más arriba (paso de las culturas regionales o nacionales del estado de cultura viva al de folklore más o menos petrificado o desnaturalizado), la valorización de la cultura "popular" como tal, unida a la difusión masiva del saber (ya sea lo que comúnmente se llama la "cultura", en el sentido clásico de suma de los principales conocimientos adquiridos por la especie humana y realizaciones que ilustran su historia), parece que debe favorecer la elaboración de una cultura nueva.

Las culturas propias de las sociedades no industrializadas parecen pues condenadas ya sea a la trasformación, ya a la desaparición pura y simple, ¿hay que trabajar para que subsistan al menos como folklore en la sociedad en adelante industrializada, incluso intentar salvar —a falta de poder hacer más— los elementos antiguos que constituyen su folklore?

En principio, hay sólidas razones para responder afirmativamente a esa pregunta. Parece innegable, en efecto, que el proceso de industrialización en el cual el mundo está comprometido conduce a la uniformidad. Ahora bien, esta es, por definición, una pobreza, la uniformización que implica el rechazo de numerosos elementos culturales particulares, que quizá tenían su valor pero no sabían integrarse a la cultura nueva; y, prácticamente, la uniformidad sería un factor de estancamiento, en vista de la falta de esta fuente de cambio: la confrontación de las diferencias, la observación de lo que se hace *en otras partes* y la crítica que puede desarrollarse de lo que se hace *aquí*.

Si la uniformización de las culturas debiera desembocar en "la mejor de las culturas en el mejor de los mundos posibles", evidentemente no habría lugar para deplorar ese proceso. Pero el hecho es que no es nada de eso: esa marcha hacia la uniformidad se debe al gran poder de expansión de que dispone una cultura entre otras, que intenta imponerse o ser admitida en todas partes, capacidad esencialmente ligada a su potencia tecnoeconómica, que la lleva a ejercer una especie de "imperialismo cultural". No que sea intrínse-

camente superior sino en razón de sus capacidades de
producir y de difundir sus productos, la cultura que
actualmente ejerce ese imperialismo, es la cultura occidental (o llamada así, pues de hecho es el resultado
de aportes muy diversos y simplemente ha tenido por
crisol a Europa, y luego su anexo trasatlántico). Hoy
en día, el aspecto de esta cultura sobrepasa, en realidad, con mucho, al Occidente convencional, puesto que
engloba países tales como, por ejemplo, la Unión Soviética y aun Japón, que en el plano por lo menos de la
técnica, pueden ser vistos como occidentales, y puesto
que, por otra parte, se ha extendido en el Tercer Mundo
no solamente al nivel técnico sino al nivel ideológico
(principalmente bajo la forma del marxismo, de origen occidental). Sin embargo, la potencia tecnoeconómica no es todo, aun si se lleva a su activo su capacidad de engendrar —como lo que se ha producido en
la Europa mecanizada— una crítica y una ideología
de combate.

Ciertamente no se sabría, sin negar la idea misma de
progreso, rechazar una uniformización que fuera en
este sentido: que todos los países alcanzaran uniformemente un nivel tan elevado como fuese posible en cuanto a la eficacia de las técnicas y en cuanto a la organización igualitaria de la economía. No se puede, sin
embargo, desconocer que tal racionalización entraña
en ciertos aspectos pérdidas inútiles.

En el dominio de las artes —en lo que concierne
principalmente a la arquitectura, el mobiliario, etc.—
el desarrollo de la industria implica una estandarización
a base de *funcionalismo*. Se trata de producir en serie
objetos susceptibles de ser ampliamente difundidos, es
necesario que sean lo más adecuados posible a su
función: el objeto más cómodo y, por añadidura, que
se procure fácilmente y a buen precio, será preferido a
otro. Ahora bien, aun si la adecuación funcional no
excluye la belleza de las formas, esa tendencia a este-
reotipar es nociva en la medida en que lleva a producir objetos en algún sentido deshumanizados o des-
vitalizados en razón de su carácter impersonal.

Por otra parte, la industrialización se opera, no solamente en detrimento de los artesanados victoriosamen-
te competidos, sino —indirectamente, en razón de los
cambios de perspectivas que introduce— en detrimento
de las "artes libres". Éstas, en efecto tienden, para los
usuarios de las sociedades industriales de tipo capitalista —y esto repercute sobre la mayoría de los crea-

dores— a no ser más que un lujo, incluso materia de especulación financiera (como sucede con frecuencia en la pintura y la escultura, que están lejos de carecer mas que de amantes desinteresados), mientras que bajo los regímenes en los que esas artes no están reducidas, en cuanto a su lugar en la vida social, al papel parasitario de juguetes para privilegiados, pero utilizados como medios de educación, de propaganda, etc., experimentan otra especie de deshumanización, convirtiéndose así en funcionales a segundo nivel, en lugar de constituir un sector en donde la imaginación de los hombres —ya sea usuarios, ya agentes— pueda ejercerse sin ninguna sujeción. Y esto no es solamente en el plano estético (evocado aquí sin más que como particularmente ilustrativo) sino en muchos otros planos en los que el sector se encuentra inhumanamente limitado por el dominio creciente de los imperativos de la producción.

Si parece que sublevarse contra la industrialización —actitud que sería fundada— fuera emprender una lucha de la olla contra la marmita, y si las sociedades no industrializadas debieran pasar por eso para resistir a las otras, quizá no fuera utópico el esforzarse por mantener, en reacción contra la tendencia uniformizadora de la civilización industrial, zonas no alineadas, que en sí mismas valieran como aperturas (comparables a lo que en términos de urbanismo se llama "espacios verdes") y representaran esas *diferencias* deseables porque ayudan a una crítica constructiva, esfuerzo que no lleva en caso de necesidad más que a pequeños sectores, tal como el folklore cuya subsistencia misma indicaría que hay ahí un punto de resistencia por explotar.

A estas razones, que teóricamente se pueden tener, para trabajar en la conservación de los folklores, se oponen, prácticamente, razones no menos fuertes al pensar que eso sería, de todas maneras, desperdiciar esos esfuerzos.

Primeramente, es sabido que de una cultura tradicional, el folklore no representa más que una parte, y no siempre la más preciosa, al contrario, con frecuencia superficial y que no representa más que un papel insignificante en la vida de la sociedad. Además, querer mantener a toda costa ciertos elementos espectaculares del folklore, es consagrarlos a la artificialidad: formas muertas o cascarones vacíos, tendrán un carácter "académico", puesto que no se tratará ya más que de una repetición mecánica y que se estará en presencia de un recipiente despojado de su contenido o provisto de otro y que, en un caso como en otro no tendrá ya relación —o tal vez una relación lejana— con el sentido que subtendía y animaba su forma. Por otra parte, proteger el folklore que gira con frecuencia como atracción para extranjeros, ¿no es ayudar a ese proceso de turistización que hace que en ciertas regiones —se comprueba en Francia— las comodidades que permiten ver las cosas sin molestias (restaurantes, hoteles, garages, gasolineras, señales, etc.) se multipliquen hasta el punto de ser, paradójicamente, más dañinas que las cosas por ver, proceso que va de la mano con la proliferación de las tiendas en donde se venden recuerdos, antigüedades locales o productos artesanales y con el desarrollo —en el plano del mobiliario como en el de la arquitectura— de un estilo "rústico" que, pretendidamente campesino, es la inautenticidad misma y no puede por lo tanto tenerse como un útil contrapeso al estilo "funcional"? En fin, no hay que olvidar este peligro: que la conservación sistemática de un folklore no sea una coartada, una manera de escamotear algo, cuando, en realidad, se procede a grandes cambios.

Lo que es más, uno puede preguntarse si tales intentos de salvación no están fuera de propósito, en razón de una vanidad perjudicial: lo que es profundo, "auténtico", en una cultura, tiene algunas oportunidades de persistir, aunque sea revistiendo otras formas. En las Antillas por ejemplo, en donde las culturas locales pueden en general verse como el resultado de una interacción entre culturas europeas y negroafricanas (o por lo menos no europeas) modificadas unas y otras por el trasplante, se observan rasgos —no "folklóricos" sino perfectamente vivos— a los cuales no es temerario atribuir un origen africano: sin contar muchas prácticas y creencias pertenecientes al dominio mágico-religioso y al de la diversión, amplia solidaridad familiar, ayuda mutua bajo formas diversas, importancia de las costumbres funerarias, carácter altamente jubiloso de las fiestas, etc. A pesar de los estragos culturales que la vida de esclavo entrañaba para los negros africanos, esos trazos no han sido destruidos sino solamente han experimentado modificaciones al adaptarse al nuevo contexto. En ese caso, es verdad, la persistencia puede explicarse por el hecho de que ha habido mucha trasformación del modo de vida, pero no paso a la civilización industrial. También el ejemplo de los negros de los Estados Unidos es sin duda probatorio: entre ellos, el jazz y su evolución muestran cómo, en una civilización industrial, un rasgo al menos de las culturas africanas, el valor acordado al ritmo, ha podido mantenerse vivo y constituir el armazón de una música que, lejos de convertirse en folklórica, ha tenido gran desarrollo.

Como conclusión de todo esto, se puede decir que es apenas paradójico plantear este axioma: lo que se cree que debe protegerse, por estar amenazado (se estima) de desaparecer en breve plazo, con frecuencia es lo que menos vale la pena, porque representa lo más precario, lo menos profundamente anclado, lo más dependiente de los cambios de contexto, en suma, lo más circunstancial. Sin embargo, ello no justificaría un fatalismo que condujera a lavarse las manos respecto a aquello en lo que pudiera convertirse una cultura tradicional refutada por la industrialización.

4. ¿QUÉ ES NECESARIO HACER?

Si "conservar por conservar" parece vano, pero si por otra parte, las culturas tradicionales comprenden elementos cuya pérdida sería un perjuicio para la cultura en proceso, es ajustándose, no a la *letra* sino al *espíritu* —ya sea dando al contenido la primacía sobre el continente— que los países que trabajan para salir del estado llamado "subdesarrollo" pudieran, en principio, obviar hacia esta pérdida.

¿Qué se debe, empero, entender por "contenido"? ¿Sentido o función? ¿Y de qué función se tratará? El ejemplo de cultos a base de posesión tales como el *vudú* haitiano, la *santería* cubana o el *candomblé* brasileño pueden aportar alguna luz sobre esta cuestión.

En razón misma de su supuesta causa —esquemáticamente: sustitución de la personalidad del poseído por la personalidad de un dios o genio actuando y hablando en su lugar— la crisis de posesión significa que ese dios o genio está presente. Permitir con él un contacto útil (curativo u otro), es la función inmediata que se atribuye a esa crisis. Ahora bien, a esta función expresamente reconocida se agrega —sin que los interesados se den cuenta, salvo quizá algunos de los

sacerdotes-curanderos— una función de segundo grado:
el papel de especie de "teatro vivido", un poco equivalente al psicodrama, que juega esta crisis siempre
más o menos espectacular.

Con la racionalización que implica la evolución industrial, el sentido de esos ritos y su función inmediata, evidentemente no pueden sino perderse. Sin
duda, sus formas exteriores pueden persistir como
folklore. Pero por eso sería secundario, aun si no entra-
ñara ninguna degradación comparable a la de los cantos y danzas *vudú* que ejecutan hace ya una veintena
de años, de manera mucho menos convincente que en
la escena, grupos folklóricos portadores de una cierta
autenticidad puesto que se componen esencialmente
de adeptos. Lo importante no es la persistencia de
esas manifestaciones espectaculares (que otras podrían
remplazar, principalmente las grandes fiestas populares que algunos países socialistas saben organizar); lo
importante es que una sociedad industrializada dispon-
ga de un "teatro vivido" que permita —función de
segundo grado— a sus miembros sobrepasar periódicamente, en el decaimiento del trance, su condición de
engranajes de un sistema productivo, tal como los ocios
que temperan la obligación del trabajo, no son apenas
más que pausas.

Parece pues que no tiene caso sumarse a la conservación —artificial en sus resultados puesto que se
habrá buscado— de manifestaciones que ciertamente
tienen su valor, pero que en corto plazo estarán privadas de sentido y que, por lo demás, es suficiente estudiar, registrándolas —gracias al cine y a la grabado-
ra— al mismo tiempo que se recogen sus materiales
(objetos sagrados, instrumentos, vestuario, etc.) para
poseer bajo la forma de documentos lo que, de todas
maneras, no se podría ya tener más que en un estado
seudovivo.[2] En cambio, se pueden examinar las for-

---

[2] En Guanabacoa, barrio periférico de La Habana, una sección del museo
local presenta así, de manera muy comprensible, una documentación relativa
a la *santería* y otros cultos afrocubanos. Por otra parte notemos que esos
cultos, muy extendidos en Cuba, son lo bastante fuertes como para ser todavía practicados a pesar de las dificultades implicadas en el cambio del modo
de vida (racionamiento que hace más difícil procurarse los artículos necesarios
para las ceremonias, trabajos agrícolas en los que la población está compro-
metida, etc.). Grupos de aficionados a la música —y no de folklore en el
sentido propio del término— dedican regularmente reuniones a la música de
origen yoruba y a otros tipos de música cubana. Por otro lado, espectáculos
de ballet se inspiran, muy libremente y sin dirigirse a la piadosa reconstitución, en los mitos y ritos que provienen de esos cultos. En fin, se llevan
estudios de etnografía afrocubana —de los cuales Fernando Ortiz había sido

mas que habría que salvaguardar, a costa de una adaptación; el ejercicio de esa función siempre válida que es la función de segundo grado.

Entre las pérdidas que ha entrañado o tenido oportunidad de entrañar el desarrollo industrial, aparte de las del "teatro vivido" —y ciertamente más graves— pueden anotarse: pérdidas de la habilidad manual de la que disponen muchas gentes, si no es que la mayoría, en las sociedades en las que se deben hacer muchas cosas por sí mismo (en esto, principalmente Cuba y China aportan una respuesta parcial, con su esfuerzo para llenar el foso entre trabajo manual y trabajo intelectual); pérdida de la memoria de la que están dotados, especie de diccionarios vivientes, numerosos individuos en las sociedades que no poseen escritura; pérdida del conocimiento directo y refinado del medio natural implicado en las culturas fundadas en la caza y la recolección (este conocimiento, se puede admitir que los *guerrilleros* rurales lo vuelven a encontrar en una cierta medida, pero solamente en tanto que dure la guerrilla, que casi no se podría institucionalizar); pérdida de las técnicas tan activas de control del propio cuerpo que particularmente la India tradicional ha desarrollado junto con la mística (esto, recuperado muy parcialmente, sin hablar del papel que la práctica racional de los deportes juega en un sentido análogo, gracias a la difusión del yoga, más o menos laicizado, en Occidente, y al empleo terapéutico de la "relación" que deriva de éste).

Estas pérdidas —que no sería inútil inventariar sistemáticamente— llegan a la persona misma y, a ese nivel, no están compensadas por el hecho de que un equipo técnico perfeccionado y la división del trabajo que le es correlativa doten a una sociedad de poderes que sobrepasen de lejos a los de una sociedad menos bien organizada en ese aspecto. El individuo así disminuido personalmente, ya esté consciente o no de esa disminución, está sujeto a un cierto malestar: más o menos confusamente, se siente reducido al estado de átomo en un mundo en el que juegan mecanismos que se le escapan y de los cuales los mismos países socialistas, a pesar de sus esfuerzos "de explicación", no pueden dar cuenta en detalle.

Para censar esas pérdidas e imaginar los medios de

el gran promotor— por el Instituto de Etnología, mientras que en el marco de las actividades del ICAIC se filman cortometrajes que presentan un interés etnográfico.

EL OCCIDENTE

paliarlas tanto como se pueda en cada caso particular,
es necesario poseer conocimientos etnológicos generales y proceder a investigaciones profundas. Por lo
tanto hay que desear una extensión de los estudios etnológicos, y una extensión tal que, por supuesto, la etnología cese de ser, prácticamente, el monopolio de los
antiguos países colonizadores. A pesar de la desconfianza muy natural que numerosos intelectuales tienen
respecto a la etnología occidental (que habiéndose desarrollado históricamente en el marco del colonialismo,
es frecuentemente vista como un instrumento suyo),
sería bueno que sus adquisiciones fueran difundidas,
con los correctivos necesarios: para tener una verdadera conciencia de sí, hay que situarse en relación a
los otros, saber lo que ellos son y saber cómo nos ven
los que nos han visto. En cuanto a las investigaciones,
como es evidente que uno no puede conocerse a sí
mismo sin conocerse por sí mismo, ni qué decir tiene
que deberían ser conducidas por miembros de las sociedades interesadas, mejor armadas por otra parte
(aunque sólo sea lingüísticamente) para estudiar a fondo la cultura y, por añadidura, situados en condiciones
tales que investigarán según otros puntos de vista, incluso con otros métodos de acercamiento. Sin embargo,
es deseable que esas investigaciones sean conducidas
también por extranjeros: por una parte, el extranjero
ve cosas que no ve el que observa desde el interior;
por la otra, si —en un dominio determinado— el extranjero, a la inversa del originario, carece de instituciones que respondan a la función de segundo grado,
y es más apto que éste para comprobar que en todas las
sociedades —incluyendo la sociedad universal, compuesta de individuos enteramente desalienados, que se
trata de construir— tal necesidad debería encontrar
satisfacción, punto sobre el cual, probándose deficiente
su cultura a este respecto, él puede sentirse personalmente frustrado, de suerte que estará en mejor situación que cualquiera para apreciar el valor de tales
instituciones.

Si, en razón del carácter artificial de aquello a que
se arriesgan a ir a parar, parece peligroso que medidas oficiales apunten a la conservación de un folklore
(ya sea en la cultura tradicional o bien parte de ésta
que persista bajo esa forma en el seno de la nueva cultura), parece que empujar deliberadamente a una adaptación debe ser igualmente evitado, pues esta otra
especie de "dirigismo" sería probablemente tan nocivo

como el primero: en esta materia como en materia de
arte, nada vivo y válido puede hacerse si la espontanei-
dad está obstruida.

En cambio, lo que puede examinarse, es dar a esta
adaptación todas las facilidades para cumplirse, incluso
hasta ayudarla, si se ve que un elemento tradicional
tiende a integrarse de esta manera a la nueva cultura,
se le puede integrar útilmente (así como China al ra-
cionalizar la acupuntura y la farmacopea tradicionales)
o bien, en sentido inverso, hacer que se beneficie —si
hay necesidad— una novedad técnica, ideológica u otra,
del apoyo de un rasgo tradicional, lo que por otra parte
se produce con frecuencia por sí mismo (ver, en Cuba,
el modo "a golpe de mano" con que se efectúan la zafra
y otros trabajos agrícolas que responden a la planificación socialista y, en China, el uso no solamente didáctico sino simbólico del pequeño libro rojo que contiene
lo esencial del pensamiento de Mao Tse-tung.

En cuanto al folklore en sentido estricto, convendría
dejarlo proseguir libremente su curso, esperando —lo
que no puede dejar de producirse bajo la presión de los
nuevos modos de hacer y de pensar— que muera de
bella muerte o que quizá se adapte y encuentre así un
"segundo aire". Dicho de otro modo, no matarlo, ni
dándole un golpe directamente (bajo pretexto de que
siendo un residuo arcaico es necesariamente contra-
rrevolucionario) ni envolviéndolo en cuidados que lo
momifiquen.

Si toda intervención oficial, aun discreta, parece ino-
portuna, parece que al contrario el estudio sistemático
de la etnografía —la del país mismo (sin desdeñar el
utilizar las ocasiones de observación o de investigación
directa que trabajos y ocios puedan ofrecer a los no
especialistas) y las de los otros países— presenta un
interés que no es solamente teórico: poseer esos conocimientos —cuya exposición debería ocupar un gran
lugar en los programas de instrucción pública, en lo
que difunden los *mass media* y en todas las manifestaciones que puedan tener un valor didáctico— eso sería,
por una parte, guardar un lazo consciente con la cultura tradicional de su propio país y darse cuenta de
lo que ésta ha aportado —y podría aportar— de espe-
cífico; por la otra, adquirir de los hechos sociales en
general una visión diferente de la que permitiría la sola
consideración de la civilización industrial (estado al
cual el Tercer Mundo tiene razones vitales para esforzarse en alcanzar, al mismo tiempo que le es necesa-

rio construir *otra cosa*, la lucha contra el imperialismo no puede tener como único objetivo la reglamentación de los problemas de apropiación), de ahí —dentro
de cada país que proceda a una "revolución cultural"—
la presencia de un factor que vuelve a comprometer el
valor mismo de ese tipo tecnicista de civilización de la
que, por comparación, el carácter contingente y limitado no puede sino resurgir. También la existencia de
antecedentes positivos que introdujeran a una crítica
útil, en el sentido de que pudieran derivarse de ella
realizaciones concretas, fue en tiempos lejanos y en
dominios inesperados.

Se dispondría así de una forma razonada de esa
crítica permanente, y con frecuencia "salvaje", que juega sobre el terreno de las conductas como sobre el de
las ideas y sin la cual una cultura, no modificándose
más sensiblemente, cesa por definición de estar viva.

18

¡VIVA LA ETNOLOGÍA!

JEAN MONOD

La antropología es una interpretación del hombre que, en el fondo, sabe ya lo que es el hombre y en consecuencia, jamás puede preguntarse qué es el hombre. Por una manera tal de plantear la cuestión, debería en efecto reconocerse a sí misma como devastada y sobrepasada. Ahora bien, ¿cómo se podría esperar tal cosa de la antropología, en tanto que no tiene expresamente por tarea más que la consolidación después de la certidumbre de sí del *subjectum*?
Martin Heidegger, *Chemins qui ne mènent nulle part.* París, Gallimard, 1962, p. 99.

UN MAL ENCUENTRO

Cuando los indios vieron por primera vez los navíos de los conquistadores remontar el Orinoco, ese acontecimiento probablemente no puso en duda su relación con el universo. Extranjeros venidos de más allá de los mares, los blancos eran los descendientes de una raza de hombres cuyos mitos atestiguaban la creación antigua. El padre jesuita Gilij cuenta que los primeros indios que él encontró, en el siglo XVIII, le preguntaron si había encontrado a Amalivaca: era su creador, del que la tradición decía que se había ido a establecer al país de los blancos una vez cumplida su obra. Cuando los blancos creyeron descubrir América, a los ojos de los indios no hicieron más que seguir en sentido inverso el trayecto antaño inaugurado por su dios.[1]

---

[1] Nathan Wachtel insiste en el carácter extraordinario que debió revestir a los ojos de los indios de México y del Perú, la llegada de los europeos (*La visión des vaincus*, Gallimard, 1971). Según él, lo atestiguan las profecías y prodigios que los anunciaron. Pero estos testimonios permanecen ambiguos: el solo hecho de anunciar la ruptura atenuaba de antemano el escándalo espiritual, aunque el otro por venir permaneciera desconocido. Ciertamente era un extraño absoluto; pero le había sido hecho un lugar, estaba anunciado, y los indios reaccionaron a su llegada en función de las significaciones de las que

[321]

Sin duda ese "retorno" habría podido hacer presentir a los indios que un ciclo se cerraba, que el mundo de Amalivaca tocaba a su fin. Habrá que esperar, en Amazonia, las graves perturbaciones traídas a las sociedades autóctonas, para que ese sentimiento desarrolle, más allá de la desesperación, el fantasma del retorno mesiánico de los muertos y del acceso a una *Tierra sin Mal.*

Entretanto, los conquistadores se inscribieron demasiado bien en el mundo real de los indios del Orinoco para que éstos tuvieran necesidad de proseguir la lógica dramática del mito hasta su término, más allá de la muerte.

Como los caribe, grandes navegantes guerreros que reinaban entonces sobre la cuenca del Orinoco, los blancos practicaban la guerra de conquista. La manera y el resultado eran idénticos: destruyendo los pueblos y matando todo lo que opusiera resistencia, se llevaban a los prisioneros para que les sirvieran de esclavos y de guías.

Ciertamente su potencia de fuego era superior a las armas de los caribe, pero hombres que creen su espíritu capaz de volar y de apoderarse del rayo no pueden sentirse aplastados por la "superioridad" de una escopeta. Se puede dudar de ello cuando se escucha a los indios narrar la resistencia legendaria de sus ancestros a los k'äriminye, amalgama de caníbales y caribe, a los que terminaron por echar fuera de las selvas con el solo poder de su espíritu, como si hubieran aprendido desde tiempos inmemoriales a despejar las regiones en las que establecían sus moradas, de los espíritus malhechores que tomaban la apariencia de jaguares y otras bestias temibles. Caracas misma, esa prestigiosa ciudad cuyo eco llega a los indios por el rumor criollo, no es bruja digna de su reputación para quien no cree en su merced; para mostrarme cómo la hubiera él tomado para destruirla, un piaroa hizo delante de mí el ademán de atrapar una mosca. ¿Qué decir entonces de los conquistadores, cuya facilidad para moverse en la selva no debía apenas sobrepasar a la de los exploradores, cuya torpeza continúa provocando hoy en día la burla de los indios? En cuanto al marcado gusto de los blancos por el oro y las piedras preciosas, por el cual se diferenciaban quizá de los caribe, ese rasgo estaba lejos de ser incomprensible para indios dedicados

lo habían cargado con anterioridad. Evidentemente nada prueba, después de todo, que los prodigios y profecías no fueran un esfuerzo de coherencia.

a la hechicería, quienes otorgaban poderes mágicos a los minerales raros.

En tanto seguían siendo guerreros, hacedores de esclavos y buscadores de oro, los blancos no atentaban de ninguna manera contra el pensamiento de los indios, ni amenazaban romper los símbolos que aseguraban su alianza con el universo. Se inscribieron en esta alianza como un elemento temible, ciertamente, pero marcado más con el sello de la guerra que con el de la hechicería.

Los indios pacíficos del Orinoco como eran entonces los saliva y como siguen siendo hoy en día los piaroa, sus descendientes, conocían bien esos dos peligros. La guerra y la hechicería reinaban en esas regiones en las que quizá hasta equilibraban el juego de los cambios entre pueblos de culturas diferentes. Pero ni la guerra visible de los cuerpos, ni la invisible de los espíritus, amenazaban arrebatar en su violencia el mundo que los indios habían conocido hasta la llegada de los blancos. Ese mundo era su civilización misma.

VISIÓN DEL MUNDO Y RELACIÓN CON EL UNIVERSO

Una civilización no es un amontonamiento de bienes; una civilización es una "alianza de los hombres con el universo".[2] Importa, desde el comienzo, precisar ciertas ideas.

Quien dice "alianza con el universo" no dice necesariamente "visión del mundo". La primacía acordada a la visión sobre la relación vivida, a la imagen sobre el lazo dinámico de una parte con el todo, de una criatura con el proceso de vida en el cual se inscribe, efímera, esa primacía es característica de cierta disposición mental, de la que la tradición occidental proporciona la mejor ilustración. El mundo no se ha convertido en *objeto de representación* más que con el advenimiento de los "tiempos modernos". Tal como lo escribe Martin Heidegger:[8]

"El proceso fundamental de los tiempos modernos es la conquista del mundo en tanto que imagen concebida." Luego esta conquista "no es sino uno con el acontecimiento que hace del hombre un *subjectur* en medio del

[2] Robert Jaulin, *La Paix Blanche*.
[8] *Chemins qui ne mènent nulle part*, París, 1962,] p. 81-85.

siendo". El mundo planteado como objeto de representación para un sujeto que se constituye en esa relación, he ahí lo que caracteriza la relación con el mundo de los tiempos modernos, la efigie de la conciencia occidental. Es evidente que la primacía de la imagen sobre la relación de vida, del mundo como imagen por conquistar para un sujeto reflexivo, sobre el mundo como lugar abierto del que las partes se definen por las múltiples relaciones que mantienen entre sí, no deja otra elección al "mundo" más que conformarse con la imagen o, si se resiste, desaparecer.

Sujetos de un mundo cuya imagen se apropiaron, ¿qué hombres lo fueron jamás tanto como los conquistadores? Apenas desembarcado en Yucatán, Cortés exige de los notables que vienen a su encuentro que juren fidelidad al rey de España, quemen sus ídolos y se conviertan al cristianismo. Como si bastara imponer al otro su propia visión del mundo para asegurarse todo poder sobre él. Dostoievsky remarcaba, en el mismo orden de ideas, que el mundo pertenecería a aquellos que supieran apoderarse de la conciencia de los hombres. El conflicto entre la civilización occidental y todas las otras es esencialmente un conflicto para imponer a los otros, de grado o por fuerza, no "una cierta" visión del mundo, sino su participación en el mundo ya sea como objeto concebido, ya como extensión del sujeto reflexivo.

Sin duda es por eso que no tiene sentido hablar de la "visión del mundo" entre los griegos de la Antigüedad por ejemplo, porque en su mundo..., "es más bien el hombre el que es visto por el siendo, porque se abre a la medida de la presencia reunida cerca de él". Asimismo —prosigue Heidegger—, no se podría hablar de "concepción del mundo" medieval, porque, en la Edad Media, "el siendo es *el ens creatum*, lo que es creado por el Dios creador", y que "ser un siendo significa entonces: pertenecer a un grado determinado en el orden del creado y corresponder en tanto que así causado a la causa creadora". Si, como yo creo, hay alguna verdad en estas reflexiones, se desprenden de ellas dos consecuencias, para nuestro propósito.

Primeramente, los conquistadores eran criaturas de la Edad Media; los tiempos modernos se han abierto después y en parte contra ellos. Peleadores de Dios, comisionados por uno de sus representantes sobre la tierra, afrontaron a los reyes de las civilizaciones azteca e inca sobre un terreno que no les era extraño. Entre unos y otros, era por delegados terrestres interpuestos, una guerra entre divinidades. Muy precisamente, los grandes imperios amerindios resintieron su fracaso, no como la prueba de una inferioridad de su civilización sobre la de los españoles, sino como el resultado, no la causa, del fin del reino de sus dioses. Los presagios anunciando la llegada de los blancos, señalaban al mismo tiempo la extinción de un cierto poder, el amortiguamiento de una fuerza emanada de los dioses y prosiguiendo en sus criaturas, el fin de un cierto modo de energía cósmica de la que los indios participaban.

Tal no fue el caso en los encuentros, más breves, que los españoles tuvieron con los pueblos de la selva o de la sabana, de los cuales algunos les opusieron una resistencia mucho más bravía que la de los imperios constituidos. Esos pueblos, más dispersos, no relacionaron la llegada de los blancos con el reino de nuevos dioses; para ellos, eran simplemente extranjeros.

Por otra parte, si hablar de "visión del mundo" a propósito de los indios constituye un abuso de lenguaje, se comprende de dónde viene el fracaso de las tentativas por recuperar la "totalidad" de una sociedad "primitiva" a través de su "visión del mundo". La atribución de semejante "visión" a los sedicentes primitivos es una violencia hecha a su relación efectiva con el universo (el conjunto de lo que es); esa vuelve a sustituir, a la suya, nuestra propia relación con el mundo en la comprensión que nosotros tomamos de ellos y que nos hace situarlos como objetos de representación para nuestra subjetividad totalizante. Haciendo eso, no hacemos más que confirmarnos en la certidumbre, que la etnología nos ayuda a consolidar, de la validez de nuestra subjetividad en tanto que Yo colectivo de una civilización. Y es ahí donde se anuda el drama de la civilización occidental, desgarrada entre la compulsión por imponerse y su nostalgia de lo "verdadero", donde se lee la huella de un idealismo mal rechazado, que impregna todas las teorías que secreta esta sociedad para esclarecer su propio desarrollo. Desde el punto de vista de otras civilizaciones, que el comunismo amenaza tanto como el capitalismo, es evidente que el "materialismo" está cortado por la misma tijera que las doctrinas que le son contrarias. No basta con volver a poner a Hegel sobre sus pies para abrirlo al diálogo.

Entre los indios de la civilización guayano-amazónica, la relación de los hombres con lo "sobrenatural" se produce a partir de la definición del sedicente "sobre-natural" en la práctica, como lo que es *original* y lo que escapa al modo ordinario de la percepción: causa antaño creadora y actuante, hoy en día cubierta por el mismo ser que ha producido; pero recuperable, por las marcas en las que se ha inscrito, y manifestada por los poderes creadores del espíritu. El uso de los alu-cinógenos permite a los hombres levantar el vuelo, des-cifrar las marcas, volver a encontrar los caminos que llevan del presente al origen perpetuo en el seno de lo imperceptible, llegar al conocimiento de lo que or-dinariamente está oculto.

Este uso está estrictamente reglamentado y, con fre-cuencia, prohibido a las mujeres en razón de su espe-cialidad genética. La experiencia narcótica trasporta al visionario más allá del mundo visible, a la fuente misma de la creación y lo inviste (dentro de ciertos límites) de los poderes originales de la causa creadora, distinta de los simples poderes de procreación de los que es portadora toda criatura viva. En el curso de la experiencia narcótica, la causa creadora, la *energía* primordial que hizo el mundo de lo efímero inviste al hombre, quien, de causado, se convierte en causante. La memoria y la práctica permiten después unir entre ellos esos dos momentos del "causado" y "causante", donde la cultura se teje. Pero, esencialmente, esos dos momentos están separados. El hombre oscila perpetua-mente entre la inquietud del *ser* que lo lleva a la causa creadora, más allá de la pantalla de las cosas creadas, y el olvido (la "decadencia" según Heidegger), el hundimiento en los pantanos hacia los cuales lo as-pira hoy en día insidiosamente la succión de la civili-zación de los blancos.

Cabe preguntarse si tal metafísica (clásicamente de-formada en "animismo") y las prácticas que impone, no son comunes a una gran parte del mundo indio. Se juzgará después de esta reflexión de Hesaka Sapa, sa-bio sioux:

Es difícil, para aquellos que miran la religión de los hom-bres rojos desde el exterior, comprender la importancia que tienen para ellos los animales y, de manera general, todas las cosas que contiene el universo. Para esos hombres, todo objeto creado es importante, por la simple razón de que conocen la correspondencia metafísica entre este mundo y el "mundo real". Ningún objeto es para ellos lo que pa-rece ser según las apariencias solamente; no ven en la cosa aparente más que un débil reflejo de una realidad de principio. Por eso es que toda cosa es *wakan*, sagrada, y posee un poder, según el grado de realidad espiritual que refleje; así, muchos objetos poseen un poder para el mal tanto como para el bien, y todo objeto es tratado con respeto, pues el "poder" particular que contiene puede ser trasferido al hombre; los indios saben bien que no hay nada en el universo que no tenga su correspondencia análoga en el alma humana. El indio se humilla ante la Creación entera, sobre todo cuando "implora" (es decir cuando invoca ritualmente al Gran Espíritu en la soledad), porque todas las cosas visibles han sido creadas antes que él y, siendo sus mayores, merecen respeto; pero el hombre, aunque habiendo sido creado en último lugar es, empero, el primero de los seres, pues sólo él puede conocer al Gran Espíritu (*wakan tanka*).[4]

La belleza sugestiva de este texto es tan grande que me guardaré aquí de comentarlo. Lo entrego a la meditación del lector, en un compás de espera a un breve análisis que deberá seguir siendo como un bosquejo. Antes de explicar al otro hay que tratar de comprenderlo, ¿y cómo lo comprenderemos si no nos hacemos ninguna imagen de nosotros mismos? Hasta ahora, los filósofos se han mostrado más capaces que los etnólogos para producir tales imágenes, aunque permanezcan más acá que los poetas. El discurso de Heidegger sobre el *ser* es la búsqueda de una imagen de nuestra totalidad, aun estando perfectamente consciente de sus límites, comparada con la poesía. Es por lo que he escogido citarlo y caminar un poco con él hasta esa "ninguna parte" en donde la reflexión del sabio sioux le respondió, como un espejo...

Se trataba solamente de sugerir una dirección para la aprehensión del otro en su "relación efectiva con el mundo". Esta última expresión me parece preferible a la de "sujeto", porque, queriendo asir al otro como "sujeto", uno permanece prisionero, a pesar de sus buenas intenciones, de la alternativa sujeto/objeto, fuera de la cual la conciencia occidental no ve salvación para el conocimiento: o bien reducir al otro a una cosa, o bien investirlo, invadirlo, extenderse en él, asimilársele. La hipótesis principal que preside la presente reflexión es que si la escisión entre sujeto y objeto es constitutiva de la conciencia occidental y define su racionalidad particular, nada permite afirmar que es lo mismo para las formas de conciencia no occidentales; y que a menos que se decida que es completamente

4 Ilesaka Sapa, *Les rites secrets des Indiens Sioux*, París, Payot, 1953, p. 12.

diferente, la conciencia occidental se condena a jamás volver a encontrar más que a sí misma "por fuera", puesto que también se impide salir jamás de sí.

Abordar las civilizaciones no occidentales como relaciones con el mundo y buscar la especificidad de cada una de ellas en sus propios términos, es, al contrario, romper el universo de la escisión en donde la conciencia occidental se aprisiona. La reticencia a tratar al otro como "sujeto" no es negarlo como persona; al contrario, es el único medio de llegar a su relación específica con el mundo sin destruir semejante relación por el solo hecho de llegar a ella.[5]

ETNOCIDIO Y GENOCIDIO

Dos cosas pueden destruir semejante relación: la exterminación total de los seres que la viven, o la destrucción de lo que la vuelve materialmente posible o de lo que, espiritualmente, la representa y la constituye. Ahora bien, a menos que se trate de un cataclismo natural, no hay más que una sola cosa que pueda llevar a esa destrucción: el intento deliberado de un grupo de hombres por sustraer el mundo a su alianza con otros hombres.

Semejante destrucción, en efecto, no puede ser producto del azar; con mayor razón no podría ser vivida por los que la experimentan como producto del azar. Pero el intento que la realiza puede esconder sus verdaderas razones tanto como puede evitar emplear los medios radicales de la exterminación. Así pues, el indigenismo se presenta como un humanismo preocupado "por ofrecer" a los autóctonos la civilización; en realidad, no se orienta más que a la supresión de las culturas indígenas en tanto que tales (su "asimilación").

Inversamente, la matanza puede hacerse ilusiones sobre sus motivos si llega rápidamente a los fines apuntados, si es bastante convincente a los ojos de los

---

[5] Es por el error de haber planteado en su fundamento el problema de la relación con el otro —pero actuando al contrario como si el problema fuera evidente, como si estuviera arreglado o como si se fuera a resolver empíricamente— que la etnología se encuentra hoy en día en tan mala posición, e intenta a propósito de sí misma discursos completamente diferentes de su práctica.

supervivientes para volver inútil su exterminación. Los asesinos se pretenden armados de móviles puramente económicos, fuera de toda consideración con respecto a la cultura de las poblaciones exterminadas. En todos los casos, el etnocidio, la negación del derecho de vida de las otras civilizaciones, es el primer antecedente, remitiendo al "intento de civilización" —es decir al proyecto "de extensión de sí"— que existe en el hombre blanco.

Ese intento etnocida se expresa con una soberbia apenas imaginable en un Cortés que toma posesión de las tierras mexicanas, donde aborda en nombre de Dios y del rey de España sin preocuparse ni un ápice por conocer a los autóctonos. Que halague a éstos o les haga la guerra, son animales que trata de domesticar para simplificar el asunto. Uno se pregunta lo que Cortés podía pensar cuando los dignatarios de Yucatán respondían a sus ofertas de paz en la sumisión: "Acaba usted de desembarcar y ya quisiera que nos sometiéramos a su Dios y a su señor. Tome pues esos regalos y reembarque con la mayor rapidez!" ¿Apariencia de discurso humano? La grosería de los pequeños franceses en el extranjero, en donde su ignorancia está a la medida del desprecio que dedican a sus anfitriones, no es sino el pálido reflejo contemporáneo de la estafa un poco más grandiosa de Cortés.

El genocidio de los indios de América no es más que la consecuencia del etnocidio, cuando la destrucción de las civilizaciones autóctonas no ha podido efectuarse pacíficamente, o cuando el alejamiento geográfico o la desorganización social han permitido que las matanzas se operen en la sombra.

Se ha visto igualmente, estos últimos años, cómo la publicación hecha a matanzas que duran desde hace siglos con conocimiento de los responsables de los asuntos indígenas, ha permitido volver a lanzar la campaña etnocida de asimilación como única alternativa posible a la exterminación. Nada demuestra mejor la complicidad entre ellos, los asesinos y los "civilizadores", presentándose estos últimos al público como los "salvadores" de los indios.

Esta distinción permite marcar la diferencia esencial entre la actitud de los ingleses en América del Norte y la de los españoles y portugueses en América del Sur. Los segundos fueron colonos después de haber sido conquistadores. La guerra que la madre patria hizo a los conquistadores después de haber heredado de ellos

las tierras sudamericanas muestra bastante la oposición
de las perspectivas entre unos y otros. No es imposible
imaginar que los conquistadores hubieran podido ser
asimilados insidiosamente por las civilizaciones de las
que habían desmantelado el sistema político, si España
no hubiera puesto fin a sus sueños medievales. De
todas maneras, la colonización, por mortífera que fuera,
se situaba al principio más acá de la eventualidad de
la destrucción física total de las personas: la sociedad
que les robaba sus tierras contaba con edificarse gracias a su fuerza de trabajo. La situación es inversa a
la que ha prevalecido en América del Norte, en donde los colonos se proponían administrar entre ellos
una tierra vacía de sus primeros ocupantes. España
prometía un estatuto de ser humano al salvaje dispuesto a entrar en el camino de la gracia divina; los
norteamericanos jamás consideraron cohabitar con los
indios.

Si hoy en día los descendientes de los primeros conquistadores han franqueado el límite entre matanza
y etnocidio, hay que situar esta escalada destructora
en la perspectiva actual del neocolonialismo que hace
estragos en América del Sur. Es principalmente bajo
la presión de *absentee owners*, de propietarios ausentes, lejanos, de especuladores norteamericanos que re-
claman territorios "limpios", como el SPI se ha vuelto
culpable y cómplice de las matanzas de los indios de
Amazonia. Este fenómeno no ha recibido, por motivos
evidentes, en la literatura publicitaria consagrada a las
"matanzas", la atención que ameritaba; es fundamental
para la comprensión del etnocidio hoy en día, porque
pone en duda, de la manera más directa, el destino de
América del Sur en busca de sí misma. Cuando ésta
haya comprendido que la salvaguarda de los indios no
depende de la generosidad, del humanismo, o de la ciencia, sino que le va en ello el destino en tanto que civilización frente al imperialismo yanqui, se habrá dado
un gran paso en el sentido del *realismo*.

La salvaguarda de los indios como generosidad del
más fuerte respecto al más débil es una triple mentira.
Primeramente, los que hoy dicen "salvaguarda" piensan
y practican "asimilación". Por otra parte, esa asimilación se hace, no en beneficio de los indios sino en
su detrimento; se convierten en parásitos, en vagabundos de nuestra civilización. En fin, los que los asimilan
actúan, no en tanto que "fuertes", sino en tanto que
"débiles" y a la orden de sus amos norteamericanos.

Lo que llaman civilización es simplemente la fuerza del amo al cual sirven.

Ya sea que actúen directamente, como misioneros (*New Tribes Missions*), lingüistas del *Summer Institute of Linguistics*, miembros del *Peace Corps*, sociólogos (cf. el *Plan Camelot*), etc., o a través de personas interpuestas (gerentes de minas, aparceros, etc.), los norteamericanos han comenzado a practicar hoy en día en América del Sur la réplica del etnocidio al que se entregaron con tanto éxito en América del Norte, y que les ha permitido instalarse ahí. El fin que se persigue es simple: despojar a América del Sur de toda raíz autóctona para crearse ahí una clientela manipulable a su merced. El etnocidio, que fue al principio un acto de pura barbarie, toma en el presente el aspecto seudorrealista de una consideración sobre la relación de fuerzas entre civilización y salvajismo. Es triste comprobar que los sudamericanos arrojan sobre los indios la misma mirada que los norteamericanos arrojan sobre ellos.

Volvamos a los conquistadores y a los indios de entonces. Una voluntad deliberada de destrucción como la que anima hoy en día a los norteamericanos no parece haber animado a los primeros conquistadores. Pero ¿no hay ciertas similitudes entre la conquista española y ésta, precolombina, de los incas esculpiendo entre las tribus de los Andes un vasto imperio? Ciertamente los incas tuvieron la intención de extender su civilización, pero tanto en lo que concierne a la guerra como a la administración, la economía y las costumbres, esa extensión no derivaba de la "lógica de la negación" que caracteriza la relación occidental con el mundo. Como lo observa N. Wachtel, entre los indios los combates apuntaban menos a exterminar al adversario que a hacer prisioneros para sacrificarlos a los dioses; y la guerra se terminaba por un tratado que permitía a los vencidos conservar sus costumbres por medio de un tributo.[6] De todas maneras, tal intento de destrucción del otro no podía nacer entre los indios de la selva tropical que nos interesan aquí principalmente. Las precondiciones de singularidad económica y de concentración demográfica susceptibles de empujar a un pueblo a sustraer a otro su parte del mundo, hacían falta en esas sociedades dispersas y económicamente estables. Sin embargo, esas precondiciones no son suficientes; pueden solamente empujar a la guerra. La relación etnoci-

---

[6] N. Wachtel, *op. cit.*

daria deriva de una relación global con el universo que
se expresa también en el plano económico pero no
emana de él. Los tupi y los caribe han masacrado comunidades; pero jamás han tenido la intención de aniquilar una civilización para remplazarla por la suya.
Tal intención era, para los indios de la selva tropical,
completamente impensable. Hasta un cataclismo natural, sequía o diluvio, dejaba siempre bastantes supervivientes como para rehacer el mundo.

Por eso es que los indios de Amazonia no podían
sentir su universo estremecido en sus bases por la llegada del hombre blanco. Por supuesto, no sabían que
eran blancos, europeos; el exotismo que hizo a los blancos "inventar" a los indios, era una idea desconocida
para estos últimos; a diferencia de los pueblos andinos y mexicanos que los hacían dioses, ellos no vieron
sin duda en los blancos más que extranjeros entre otros.
Seguramente su llegada no marcó ninguna fecha. Todavía más, la única indicación que les proporcionaba
su mitología para situar a esos recién llegados, era el
exilio de su dios más allá de los mares. Se cuenta
también que los indios tomaron a los blancos por aparecidos. Testigos del dios o aparecidos, ciertamente no
llegaron como iguales; pero los indios estaban preparados para todas las diferencias, incluyendo la que hace
de un grupo el explotador de los talentos de otro: es
también una manera de reconocerle su valor. Lo que
esas interpretaciones atestiguan por encima de todo, es
la imposibilidad en que se encontraban los indios para
suponer por un solo instante que lo que los blancos
habían venido a destruirles era precisamente el mundo
de sus dioses, de sus creencias y de sus muertos, a los
que tratarían sistemáticamente de meter en un puño
cuando se dieron cuenta de la imposibilidad de "civilizar" a los indios. La doctrina apenas ha cambiado: en
tiempos de la Conquista, "civilizar" al indio era situar-
lo en posición de esclavo, hoy en día, es hacer de él
un cristiano simiesco.

La esclavitud, ya practicada por los caribe, si volvía
comprensible la de los blancos, ocultaba asimismo una
diferencia esencial. Los caribe hacían esclavos entre
los pueblos cuyas mujeres codiciaban, o cuyos talentos
apreciaban: es así, reporta el padre Gumilla, que jamás
asimilaron a los quiriquiripa sino que los mantuvieron
bajo su dependencia para aprovechar sus artes. Los
blancos intentaron hacer esclavos entre gentes cuya
humanidad comenzaron por negar. Aquí todavía, la

práctica norteamericana fue incomparablemente más "radical" que la de los españoles.

El genocidio es dar muerte a un pueblo entero con la intención de hacerlo desaparecer. Pero el mundo invisible en el que desaparece queda fuera de alcance, y el pueblo inmolado puede creer que recomenzará una nueva vida en sus santuarios inviolados.

Más solapado, el etnocidio es también más radical: es el pillaje de los santuarios mismos que aseguran la supervivencia y la liga de los vivos con los muertos, y, por lo tanto, postreramente, el equilibrio del mundo. Bajo el reinado del fanático Felipe II, en 1572, es cuando Tupac Amaru, el último inca, es asesinado por los españoles. Vilcapampa deja entonces de existir en la conciencia india para renacer 340 años más tarde, en el momento de su descubrimiento por H. Bingham; entra entonces dentro del "patrimonio artístico de la humanidad" y se convierte en una meca para turistas americanos: Machu Picchu.

Sin embargo, las selvas y las sabanas eran profundas: los indios podían defenderse, o huir. Los guerreros se batieron; los pueblos pacíficos se volatilizaron. Quedaba también la posibilidad de buscar alianza con los nuevos invasores contra enemigos tradicionales; eso era lo más arriesgado. Cálculo político entre los rivales seculares de los caribe, tal elección resultó más bien, entre los pueblos pacíficos, de una disposición fundamental de su relación con el universo, que excluyó la negación de lo desconocido, e hizo de cualquier *otro* un no conocido o, lo que viene a ser lo mismo, un aliado potencial. Es a la inversa de nuestra actitud. Los ejemplos abundan entre los indios de América del Sur de una oscilación perpetua entre un repliegue sobre sí de los grupos familiares, capaces de subvenir a sus necesidades de sobrevivir y de reproducirse en la monotonía, y una apertura aventurada hacia los otros, plena de peligros y de promesas, en la alianza matrimonial, la guerra o la fiesta. Esta observación podría extenderse a numerosas sociedades abusivamente llamadas primitivas, a condición de no aislar arbitrariamente sus "sistemas de parentesco" del resto de su relación con el mundo. Ninguna otredad podría ocurrir en el Orinoco, sin suscitar entre las numerosas poblaciones que lo habitaban, la alianza —por matrimonio, guerra, fiesta— o siquiera su deseo. Esta alianza de los indios con los blancos, esa confianza en lo desconocido en que los blancos no vieron más que sumi-

sión y reconocimiento a su "superioridad", ese sublime
don de sí a saqueadores tomados por dioses cuyo desprecio era la más dulce respuesta, fue la gran laceración de América. ¿Laceración mortal, catástrofe irreversible como se dice por todas partes, o herida que cica-
triza y de la cual una América nueva se levanta, exterior a los "tiempos modernos" que comienzan a pagar
con su autodestrucción la negación de las otras civilizaciones por la cual habían comenzado su reino?

LA AVENTURA DE LA CONCIENCIA OCCIDENTAL

Aun antes de que hubiera percibido entre las espesuras
de la selva tropical "los cuerpos desnudos de los salvajes", el blanco había previsto ese encuentro en los términos de su propia cultura; y esos términos implicaban
la negación de la humanidad del otro. Quienquiera
que viviera en esas tierras lejanas no podía ser sino un
salvaje; se probaría, en caso necesario, después de haberlo reducido a la esclavitud. Todavía hoy, las "encuestas" apenas nos han enseñado a deshacernos de las
preconcepciones que nos impiden comprender al otro
en su propio ser. Nuestra preocupación por la objetividad y la ciencia nos impide tener con los hombres de
las sociedades estudiadas otras relaciones que las de
sujeto a objeto; he ahí a lo que se reduce su "otredad". Es el producto de nuestra decisión de "estudiarlos objetivamente", es decir "como a las cosas". Pero
esta "objetivación", sin reflexión crítica sobre sí misma, no tiene nada de científica: es una decisión imperialista.
   A pesar de loables esfuerzos que atestiguan una ve-
leidad de ruptura y de distanciamiento, pero que han
quedado al nivel de las declaraciones de intenciones,
la etnología ha sido íntegramente "recuperada" por el
movimiento de conquista contra el cual, a veces, ha
creído erigirse, pero del cual, pasados los primeros en-
tusiasmos y los primeros ímpetus, y viendo afirmarse
su posición en la sociedad de conquista, ha llegado al
precio de una sutil mistificación, la más insidiosa de
las cómplices. El "valor" de los "salvajes" sigue siendo instrumental para ella.
   Semejante actitud, al principio, tenía muchos componentes: la religión, el estado de la sociedad, la eco-

nomía y la imagen del saber, tenían su parte en ella.
No es mi intención hacer el inventario de esos componentes, puesto que, a despecho de las trasformaciones del mundo, esta actitud se ha mantenido siempre
igualmente persistente. Uno quisiera esperar que cons-
tituyera una capa arqueológica, superada, de nuestra
relación actual, para nosotros, occidentales del siglo xx,
con el mundo; de modo que su puesta al día bastaría
para liberarnos de las aberraciones a las que nuestro
inconsciente le permitió conducirnos. Desgraciadamente, procediendo de esa manera, uno solamente libera
a su conciencia de la duda.

Nada es más conveniente para sustraernos a la conciencia de nuestra complicidad con los que masacran
que la "objetividad" con la que sus fechorías nos son
descritas. Nuestra negación del otro toma la forma
de una escisión dentro de nosotros mismos, que nos
impide reconocer nuestro reflejo en la imagen que
nos dan los asesinos. Reclamamos hasta su castigo,
olvidando que rápidamente serán remplazados, puesto
que es la relación de nuestra civilización con los otros
lo que los produce. La actitud negativa que impone esa
relación no tiene pues nada que ver con la arqueología
de nuestro saber. Por un trastorno singular, correlativo de la escisión descrita más arriba, es a los otros,
a los indios, a los que nos obstinamos en reducir al
rango de testigos de una arqueología de nuestra humanidad, tal como lo define siempre su resultado por
sobrepasar nuestra civilización. La existencia actual
de los indios es una paradoja viviente; inscribiéndolos
en nuestra historia, los relegamos al alba de los tiempos, a la edad de piedra; sólo la muerte dará a esos
vestigios en supervivencia un aspecto normal, cuando
sus rasgos, definidos por nuestros cuidados, no se refle-
jen más que en nuestro sistema de archivo.

El hombre blanco, como figura histórica, se mantiene
por la conciencia de sí del mundo. Esta subjetividad
extendida a las dimensiones de una sociedad que parte
a la conquista del mundo para reglamentar sus recursos, es la raíz de la civilización occidental. Dentro de
esas fronteras, esa civilización puede contentarse con
ser represiva; sus instituciones se han vuelto casi inútiles por una educación castrante padecida desde la primera edad; para durar, le es suficiente continuar prohi-
biéndola. Pero más allá de sus fronteras, su relación
con los otros comienza por una destrucción necesaria;
ésta pasa cada vez más por el desvío de la *educación*.

No hay que ver ahí un progreso tranquilizador de las
"luces"; la educación dada a los indios por los misioneros es el aprendizaje de su dependencia; después
están en condiciones de decir ¡que la civilización es la
que los mata! Itard, acogiendo al niño salvaje del
Aveyron, poco se preocupó por darle un medio en el que
pudiera vivir y proseguir el curso natural de su desarrollo; había que arrancarlo a su hipotética animalidad
para hacer de él, por la educación forzada, una réplica
de humanidad tan convencional como transitoria. Es
que fuera de ese círculo convencional, todo es objeto
para la conciencia occidental; y por objeto no hay que
entender solamente el término filosófico de representación, sino: materia potencial de una trasformación en
su beneficio. Pues es por los símbolos mediante los
cuales le enseña a "leer" su presencia en el mundo,
como se asegura un control ilimitado sobre él.

Decir que la aportación de un transistor arrastra a
los indios en un proceso irreversible "de aculturación"
es falso; es la referencia a un sistema de valores en el
cual la utilización de las técnicas tiene un carácter
"consumatorio", que arrastra a una consumación siempre acrecentada; es pues nuestro esfuerzo por imponer-
les ese sistema de valores lo que es determinante del
"proceso irreversible". Los misioneros norteamericanos
saben bien que se consagran con prioridad a denigrar
y destruir todos los valores tradicionales de los grupos
indios que tratan de convertir. Estos últimos están demasiado preocupados por mantener el equilibrio que han
sabido realizar con su medio natural, no en una relación
de "conquista de la naturaleza", sino en una relación de
alianza con el mundo, para tomar de otra manera que
"como experimento" esos objetos que eventualmente
codician. Pero aun cuando la codicia no ha sido enseña-
da, expresa tanto un deseo de alianza con los blancos
como un gusto por la novedad, una curiosidad. Desgraciadamente los blancos no ven en esta curiosidad, más
que infantilismo, y en ese deseo de alianza, cobardía.
Pero creer que nos es suficiente aparecer en la selva
con nuestras riquezas para impresionar a los indios, es
demasiado estúpido: ni siquiera sabemos vivir en ella, y
ellos la respetan demasiado.

En esa relación entre los que buscan la alianza y los
que buscan el poder, ¿qué hace el etnólogo? Él simplemente quisiera comunicar, pero con la reserva de que
la comunicación se hiciera en sentido único, de los indios hacia él. También reacciona muy mal cuando los

indios le piden dinero. Pretende que su actividad es
desinteresada y hasta provechosa para los indios ¡puesto
que los salva del olvido! Es casi increíble, pero altamente significativo por el grado de extravío a que puede
llegar la conciencia occidental cuando se viste con la
ideología de la "ciencia", que la etnología haya creído
poder hacer el estudio aislado de "sistemas de comunicación" y reducir sectores enteros de la vida social y
cultural a tales sistemas, como si toda comunicación
no fuera, de rondón, política, como si toda la vida se
redujera a un lenguaje (y por lo tanto a una *escritura*,
de la que solamente nosotros tuviéramos la clave),
como si toda palabra no fuera acto tanto como signi-
ficado antes de poder ser reducida a su apariencia, ese
residuo, el signo, como si toda comunicación no fuera
relativa a compañeros, determinada por ellos en el caso
de una comunicación cerrada, de una voz, determinán-
dolas en el caso de una comunicación abierta, afirmando
al otro y buscándose a sí mismo en esta afirmación;
como si, en fin, el hecho mismo de estudiar "sociedades
primitivas" no manifestara la relación de fuerzas que
rige nuestra relación con ellas: y como si de esa relación, el etnólogo fuera inocente, ¡pagándosele como se le
paga por reunir los materiales sobre los cuales edificará
su juiciosa carrera!

Volvamos a la lógica de la escisión. Fuera del círculo
trazado por la conciencia occidental alrededor de sí,
nada existe "para ella". La conciencia occidental es el Sí
que se ha descubierto a él mismo, al cual todo se refiere, aunque sea inconscientemente. Entre la naturaleza
y la razón, el objeto-mundo y el sujeto occidental, la
diferencia es esencialmente del no consciente de sí al
consciente de sí. En tanto que conciencia de sí del
mundo, la conciencia occidental no solamente rechaza
a toda la humanidad que ex-siste, que se mantiene fuera
de su círculo en el mundo, en la "naturaleza", se erige
como su ley, su causa eficiente. Cuando hoy en día los
etnólogos hablan de estructuras inconscientes que diri-
gen la organización social y el pensamiento de los "salvajes", no hacen otra cosa que reportar el hecho "natural" a una conciencia declarada elucidante, la de ellos
evidentemente, pues ni qué decir tiene que el inconsciente del otro es mi conciencia para mí. En cuanto a
los hechos, ¿cuál es su importancia? Nada se pierde, nada se crea, todo se "trasforma". Los misioneros
fueron los primeros en creer en la eficacia de las bruje-
rías de los "naturales"; pensaban simplemente que era

el diablo el que las inspiraba. La naturaleza y el mal
se confundían, en su oposición a la civilización cum-
plían los designios del Dios revelado. Ignorante de Dios,
de sus sacerdotes, sus soldados y sus reyes, y siguiendo
los caminos del diablo, el salvaje, criatura de Dios al
mismo título que las bestias, era principalmente un *infiel*, sin fe ni ley, anarquista, escándalo a los ojos del
orden, es decir, del poder. Solamente a ese título se
le podía pensar y sólo en esa relación que implicaba
"meterlo en cintura", existía, aunque de manera potencial, para el occidental.

No es cuestión de negar las motivaciones económicas
que han podido conducir a los europeos a apoderarse
del continente americano. Llamo la atención solamente
sobre el hecho de que esa agresión estaba de alguna
manera codificada, que había en ella un lenguaje de
la agresión y que se tenía culpa de no ver en ese lenguaje más que una hipócrita racionalización: era la
envoltura significativa de los actos que, sin ella, no
hubieran sido sino gestos dispersos. Ahora bien, esos
actos tenían una convergencia, un sentido, y en ese
sentido iban al encuentro de sus íntimas contradicciones, que el utilitarismo vulgar no explica.

Para ese lenguaje cerrado a lo desconocido, puesto
que Dios se manifestaba en él, el mundo estaba por
investir, a fin de que se manifestara en todas partes.
Uno podía quizá mostrarse indiferente al oro; [1] no se
podía ser incrédulo; por consiguiente, no se podía asir
a su raíz la negación del otro como negación, porque
ante todo se estaba deslumbrado por el don que uno se
disponía a aportar. Ayer era el don de la fe impuesta;
hoy es el don forzado de la civilización; las variaciones
de vocabulario no hacen más que resaltar más la identidad de estructura del lenguaje de la agresión. Ahora
bien, son las gentes que están menos preocupadas por
las ventajas económicas que presentaría la exterminación o la asimilación de los indios, las que dan su forma
más acabada a ese lenguaje, en el deslumbramiento y
el entusiasmo que les inspiran su desinterés y su generosidad. Todo el "indigenismo" nace de ahí.

Los "primitivos" jamás han existido más que como
objeto frente a una subjetividad constituyente occidental, desplegándose según caminos idénticos en los dominios paralelos de la conquista política y del canibalismo
científico. De Dios, ese sujeto se ha trasformado en

---

[1] Es el caso de Bernal Díaz del Castillo, soldado de Cortés, quien dejó una apasionante narración de la conquista de México.

Rey, después en Razón, en Lógica; sigue siendo propiedad privada, preocupada por ensancharse. Los blancos trataron en vano de hacer de los indios de las dos Américas los instrumentos de su fuerza; es por lo que, muy rápidamente, la relación del blanco con el indio tomó el aspecto, menos de una instrumentalización de este último en el plano económico, que de una negación ontológica. Yo sugiero hasta que esa negación aventajaba, que preexistió a las tentativas de instrumentalización de los indios.

El fracaso de esas tentativas conduce al blanco a su movimiento primero, cuyo espectáculo continúa ofreciéndonos hoy, no abstractamente en la historia de las ideas, sino realmente en la historia que se hace. Leer esos hechos es descifrar ahí la sintaxis de la negación conquistadora, a falta de lo que, ideológica hasta el absurdo, verdadera cobertura, la ciencia no sirve más que para enredar en sus esquemas el discurso de negación inaugurado cuatro siglos antes por la conquista armada.

Lucha por la existencia, en sentido filosófico, o más bien combate de un existente que pretende sólo serlo, y sirviéndose del otro para testimoniar en su humillación consentida y su reconocimiento de la superioridad del occidental: más que oro, oropel sustituto del Ser, lo que el Occidente iba a buscar más allá de los océanos, así como lo que va a buscar hoy en día al espacio, es su propia supervivencia. Hay que entender este término en el doble sentido de vida superior, acrecentamiento de vida, acceso al Ser y vida ulterior, superación del término, renacimiento. Los indios fueron más que los testigos de esa aventura, de esa búsqueda; fueron sus protagonistas, sus instrumentos, y pronto —el mito y la epopeya degradándose y el descubrimiento cediendo el paso a la conquista, a las masacres, a la explotación— fueron los reveladores del fracaso fundamental, de la relación negativa de sí mismo, que había motivado toda la aventura desde el principio: esa incapacidad de aceptar la naturaleza, y de aceptar que el mundo es objeto de otra mira que la suya, instituyéndose esa civilización y esa religión como rechazo y negación de la naturaleza, y condenándose a ir, siempre más lejos, a reconquistar fuera de sí misma las migajas indispensables para su supervivencia, tomando la palabra supervivencia esta vez en el sentido de "prórroga" si no es que hasta de "último cuarto de hora".

Las paradojas implicadas en semejante actitud son

inagotables. Nada es menos evidente, nada va menos
como una seda, que ese espíritu de la Conquista, o más
bien esa disposición fundamental de la civilización occidental que se expresa de manera dramática en la forma
histórica de ese espíritu, y continúa inspirando toda la
reflexión occidental, tanto en su relación consigo misma
como en su relación con lo que está situado más allá
de sus límites. Charles Minguet ha mostrado, a propósito de los negros de las Antillas, cómo la universalidad
abstracta de la noción de los derechos del hombre entra,
en el siglo XVIII, en conflicto con los intereses reales de
los colonizadores, hasta el punto de llegar a una justificación de la esclavitud, bajo la pluma de gentes que,
no obstante, se apegaban al movimiento de las Luces.
Es que la esclavitud, a fin de cuentas, era lucrativa para
la colonización. Es todavía la civilización sustituida
por la noción abstracta de *hombre* lo que sirve de justificación "al espíritu de las fronteras" en América del
Norte. Los tratados son traicionados, es verdad; pero
lo esencial es que la "civilización" gana terreno. El fin, el
establecimiento sobre toda la superficie del planeta del
reino del *hombre civilizado*, justifica los medios, la
supresión de todas las humanidades particulares, o
la conservación de una relación social contradictoria
con los principios proclamados. El paso de una ideología "humanitaria" a una ideología "civilizada" que pretende englobar a la primera, constituye por su estrechez,
una radicalización de la negación de la *etnicidad* irreductible del hombre. Esta radicalización constituye una
verdadera "fascinación" cuya responsabilidad pesa sobre
la civilización occidental en su conjunto. Es lo que da
a la relación actual de los blancos con los indios esa
tonalidad particular que no deja de recordar la dialéctica del amo y el esclavo. El blanco tiene necesidad
del indio para afirmarse *civilizado* sólo a sus expensas;
pero tiene también necesidad de su reconocimiento en
la medida en que es un hombre y en que la civilización
se pregona universal. Hay algo dramático y punzante
en la tortura que el occidental hace sufrir al "primitivo"
para arrancarle un reconocimiento que pierde todo valor
desde el instante en que cesa de ser libre y sincero. Es
necesario, no obstante, rendirse a la evidencia; la civilización occidental no se ha impuesto por la virtud de su
razón, sino por la fuerza de sus armas; su historia
es la negación de sus principios. Pero se rehusa a aprovechar la lección de esta contradicción. Tal es, empero,

su fracaso: en lugar de civilizar, desadapta[2] y cuando no es impuesta, los "salvajes", lejos de envidiar sus fastos, saben acomodarse a lo que les conviene de ella, preservando su identidad, como siempre lo han sabido hacer con las costumbres de sus vecinos.

"Descubiertos" por el solo hecho de la llegada del hombre blanco, los indios iban a comenzar por ser exterminados antes de entrever la posibilidad de incorporarse, gracias a ese encuentro providencial, pero en las condiciones impuestas por el hombre blanco y al precio de una negación completa de su identidad, como individuos sobre las ruinas de su cultura al nivel ontológicamente sólo digno de la humanidad, de la historia, del archivo. Los blancos habiendo intentado en vano hacer de los indios los instrumentos de su fuerza, decidieron hacerles pagar el precio de su salida del estado "natural" y de su acceso al estado de existencia "para sí". Pero es característico que ese estado de existencia para sí no fue jamás verdaderamente acordado. Detrás del chantaje se escondía una mentira. Es que, en el fondo, los blancos no creían en la humanidad, madre potencial de los indios. Esa puesta en duda hacía el juego de la esclavitud; pero la duda subsistía, justificando la acción misionera e inaugurando el ciclo de las contradicciones de la conciencia occidental. La ambigüedad que no cesa de proseguir esta civilización en su relación con las otras humanidades así como con la naturaleza, no podía reconciliar esas prácticas opuestas más que por su esfuerzo extraordinario, como la cara y la cruz de una moneda falsa. Está bien porque, después que hubieron abierto la vía a la colonización, los jesuitas fueron desautorizados por los colonos cuando pretendieron proseguir la conquista de las almas por su cuenta. Los colonos no les pedían más que predicar la resignación a futuros esclavos. Quizá se exageran los méritos de los jesuitas cuando temen que las ciudades del Sol diesen a los indios la conciencia y el gusto de sus derechos humanos naturales. Entonces fue cuando los misioneros de la Compañía de Jesús fueron expulsados del Nuevo Mundo a fines del siglo xvii y desmantelados sus estados. Uno vuelve a encontrar hoy ese conflicto entre el utopismo interesado de los misioneros, que tratan de interceptar a la "civilización" para mejor reinar como amos de los indios, y la voluntad asimila-

---

[2] Es decir, fracasa hasta en su sueño de estandarización. La desadaptación, desecho de la estandarización, denuncia la pretensión de una civilización a ser la única humanamente viable.

dora de las autoridades administrativas; esta misma,
contradictoria con su preocupación de mantener a los
indios en una posición inferior. Las dos actitudes se
conjugan en un racismo benevolente y un paternalismo
que pone a todo el mundo de acuerdo, y hasta a los
etnólogos, que hablan de "sus" salvajes y dicen entre
ellos, refiriéndose a "su" terreno: "en mi casa, en tu
casa..."

DE LA NEGACIÓN DEL OTRO A LA AUTODESTRUCCIÓN

Desde el principio, todos los elementos del drama estaban dispuestos. Los indios iban a entrar a escena; importaba conocer su papel. Entretanto, todo lo que no
habían aprendido de nosotros entraría en nuestros archivos y sería objeto de nuestro saber. A las civilizaciones
destruidas y a los cementerios profanados, sustituiría
la fosa de nuestros libros sabios.

La "desaparición" de los indios y el desarrollo correlativo de la etnología son las dos caras del drama, indisolublemente ligadas entre sí. Ciertamente, no es cuestión de negar la diferencia de actitudes del conquistador, del misionero, y del falso sabio. El primero se
apodera de territorios y somete a las poblaciones por la
fuerza de las armas, el segundo se preocupa por convertir a las almas, el tercero trata de recuperar su
razón en otra parte. Pero lo fundamental no son esas
diferencias; es que esos diferentes tipos de hombre, en
el momento de la Conquista y del Renacimiento, en concordancia, se han consagrado a llevar la expansión misma del Occidente, la experiencia de su contradicción
central, de la que cada uno de esos tipos de hombre
era portador, hasta el final.

DIOS Y LA CIENCIA

Todos hicieron don de su objeto al sujeto al que vene-
raban por encima de todo: el rey, Dios, o la razón: he
ahí en lo que eran hermanos. Sin duda, de uno a otro,
un espíritu cándido creía sobrevivir a los progresos

reconfortantes de las Luces, desde el fin de la Edad Media hasta los tiempos modernos. Esta visión tranquilizadora sería doblemente engañosa. Primero porque la ciencia, cima suprema de la razón, no es más dulce ni menos inofensiva que el arte militar; luego, porque no hay ningún "progreso" en la actitud de la civilización occidental frente a los "primitivos", sino más bien desplazamiento de un plano a otro de su contradicción central.

Primera figura de esa contradicción: aquella entre el humanismo que se abría al descubrimiento del mundo, y el descubrimiento como conquista, extensión de sí, apropiación negativa. ¿Era ésa la idea de los filósofos puesta en práctica por comerciantes, o era que los filósofos pensaban como comerciantes? La reducción de las poblaciones a la esclavitud, o mejor, su destrucción pura y simple, ¡he ahí una solución que hubiera sido clara y definitiva! Era contraria al mandato del que los conquistadores estaban encargados por la autoridad monárquica, antes de suscitar la oposición de los misioneros, cuyos intereses eran distintos de los de los colonos. De ahí el desplazamiento de la contradicción entre dos poderes, cada uno en ruptura con su propia ideología.

Este conflicto debía engendrar la trasformación de las ideologías respectivas: los conquistadores, descubridores del Nuevo Mundo, probaron el último sobresalto de una clase feudal condenada a desaparecer.

Al contrario, la ideología de los misioneros se afirmaba cada vez más —bajo la pluma de un Las Casas por ejemplo— como reivindicación humana de justicia. El Dios cristiano, supremo alienador del hombre, se invertía en razón universal "liberadora" de los hombres oprimidos por aquellos mismos que primeramente habían afirmado su universalidad. Estos últimos se dedicaban por medio de ese regreso a reivindicarla en adelante como privilegio exclusivo. Y esto preparaba el último desplazamiento al cual nosotros asistimos hoy en día, el remplazo de los misioneros, de los propagadores de la fe, por colectores de información. En esta última etapa, la razón, como antaño la idea de humanidad, emprende el examen de sus límites objetivos; pero como los conquistadores en otros tiempos, no lo hace con un fin de auténtico descubrimiento, de alianza, de diálogo, sino con un fin de apropiación, de reducción del otro y de expansión del sí a sus expensas. Es lo que se podría llamar la "medievalización" de los tiempos modernos (que la razón se disfrace de "lógica" no cambia en nada el fondo del problema).

En su efigie más acabada, la antropología tiende a acordar a la razón o a la lógica el lugar que antes acordaban a Dios los misioneros, unos y otros oponiéndose desdeñosamente al cilindro compresor de la civilización que, de todas maneras, los barrerá de su camino una vez que hayan rendido los servicios que se esperan de ellos. Singular retirada: en el siglo XVI, se trataba para los misioneros de llenar el abismo entre Dios y sus criaturas "infieles", de volver a poner a los salvajes en el camino de Dios, de conducir esas ovejas extraviadas a la gracia divina. La expulsión de los jesuitas fue una respuesta significativa de la "civilización" que asignaba un límite a esos proclamados ideales. En el siglo XX, la ciencia, igualmente bastarda, balbuciente y conquistadora como en los albores del XVI, la idea de humanidad ha remplazado a Dios en la empresa de conquista; se trata de colocar a los "primitivos" en la perspectiva de la razón (la lógica) occidental. Pero la práctica efectiva que amenaza la supervivencia de los "primitivos" no solamente se preocupa poco de esa lógica, sino que no piensa ver su libertad de maniobra obstruida por los sabios. Como los colonos en tiempos de la conquista no pedían sino un servicio a los misioneros, asimismo hoy en día los políticos no piden a los etnólogos más que una opinión técnica para facilitar la asimilación de las poblaciones autóctonas, llamadas con frecuencia "marginales" (¿por qué no "delincuentes" en todo caso?). Y frente a esta política, en lugar de reivindicar para ella un poder fundado en la razón simplemente porque ha fracasado en su tentativa de encontrar la razón, la etnología, sumisa a todos los poderes e imponiendo a sus practicantes la misma sumisión jerárquica, se contenta con hacer de los primitivos un objeto sabio de representación, y mendiga en los ministerios la supervivencia de sus sujetos de estudios, en nombre de la ciencia "universal".

El gusto abstracto por el salvajismo, a través de la múltiple distancia del alejamiento geográfico, de la mirada del explorador y de su relación escrita, siempre ha sido tan pronunciado como el desprecio por ese mismo salvajismo, profesado por los exploradores en sus contactos reales con los indios. ¡Qué sería si los indios vivieran entre nosotros! Si, por ejemplo, se llamaran ¡cátaros, hippies, o maoístas!

La idealización siempre actual del "buen salvaje"

deriva del mismo negativismo que el que se expresa por
el racismo. Que se piense en la mitología del "buen
negro" entre los esclavistas del sur de los Estados Unidos. Los hombres son siempre demasiado civilizados a
los ojos de los que quisieran conducirlos a su condición
"natural"; su "demasiado" de civilización, es lo que ellos
llaman su "salvajismo"; y esto justifica siempre su reducción al común denominador de nuestra civilización.
Detrás de la discusión sobre la cuestión de su "diferencia" o de su "identidad" con nosotros mismos, se esconde una sola y misma intención: se trata de que nos
sirvan para algo.

El discurso universalmente conocido bajo el término
de antropología (social, cultural) o la etnología, no se
distingue esencialmente, en el fondo, de la ideología
que sirve de justificación a los "asimiladores". Es evidente que los etnólogos norteamericanos no han hecho
nada por detener la masacre de los indios de América
del Norte; ésta no fue para ellos sino un espectáculo que
suscitó su vocación de etnólogos. Mientras que otros
llenaban sus cajas de oro, ellos llenaban de notas sus
cuadernos, unos y otros por el mayor bien de la humanidad, cuyo modelo era su nación. Parece que la etnología ha nacido con esta tara congénita: su urgencia,
puesto que sobreviene siempre "demasiado tarde", unida
a la preocupación de objetividad que la anima, excusan
su irresponsabilidad política. Sacudida entre la recolección siempre presionada de nuevos residuos y la elaboración de teorías que requieren medios materiales y humanos cada vez más considerables, la perspectiva de un
regreso reflexivo de su gestión hacia su punto de partida efectivo parece cada día más improbable. Espera
sin duda que se le ocurra "demasiado tarde", cuando
su "objeto" efectivamente haya desaparecido. Pero este
objeto dura, está dotado de fuerza lenta, y hoy en día
solamente se dan cuenta de ello aquellos que, poco
presionados por "legar", saben todavía pensar lentamente.

El enriquecimiento de nuestro saber procede de las
mismas motivaciones y sigue el mismo paso que nuestro enriquecimiento material; supone la negación del
otro y nuestra expansión en su territorio material y
mental, es decir, la sustitución de sus leyes por las
nuestras, civiles y mentales. Recoger informaciones sigue siendo una actividad relativamente inocente; es la
intención que la anima lo que provoca problemas. Yo
quisiera que se me citara a los etnólogos que han pues-

to su información al servicio de las poblaciones estudiadas, aunque sea para cerrar la brecha abierta por la
civilización blanca y asegurar la trasmisión de un saber
perdido para una generación (mi sangre se congela ima-
ginando las risas irónicas de algunos de los "colegas"
ante esta idea), o, de manera más accesible para nuestras pequeñas mentalidades, con el fin de apoyar recla-
maciones territoriales o hacer valer derechos sistemáticamente violados.

Hay que creer que semejante papel no podría convenir, ni siquiera tener sentido, para una profesión que
no se concibe fuera del privilegio que le confiere el peligro ante el cual las civilizaciones "primitivas" están
situadas. Su "urgencia" fija su "precio"; ¿teme que
al disminuir la primera, se devalúe?

La urgencia, de la que los etnólogos se han hecho
intérpretes en su sólo beneficio, de recoger los residuos
de civilizaciones que ella destruía, no era evidente. No
quiero decir aquí que, de lo contrario, habría sido urgente organizar la resistencia antiblanca, aunque lo pienso (y la denuncia de una etnología entregada forma
parte de la resistencia interna). Por el momento, simplemente quiero decir que después de todo, numerosas
sociedades se han destruido entre ellas en el trascurso de la "historia" sin probar la necesidad de archivar
los restos de sus enemigos. El archivo emprendido por
los etnólogos, conservador sobre el plano de los "hechos",[1] "progresista" por el proyecto de desarrollo de
los conocimientos en el cual se inscribe, es coherente
con una cierta idea que la civilización occidental se hace
de sí misma en tanto que lugar de saber absoluto, su-
poniendo ineluctablemente la negación del objeto en su
estar-superada sino en su materialidad. Es por lo que
los indios estaban dedicados, desde su encuentro con los
blancos, a hacer la experiencia de una nueva manera
de ser: se convertían, en el peor de los casos, en se-
res-para-la-muerte por el "progreso", y en el mejor —pero
esto no es más que el otro paso de una misma pisada—
en seres-para-la-ciencia. Contrariamente a lo que comúnmente parece admitirse, la estrategia del saber es
infinitamente más cínica y más destructora que cualquier estrategia militar. Deriva de una conciencia de-

---

[1] Pero ¿qué hechos? La pregunta sigue siendo completa; ni las monogra-
fías, ni las grandes teorías nos dicen en qué consisten los "hechos". Si se
supiera, no habría ya ni monografía, ni gran teoría, pues no sería ya necesario
suplir el aburrimiento que secretan las primeras por las acrobacias a las cuales
nos han habituado las segundas. Y la etnología sería, al contrario, apasionante.

pauperada. Si la conciencia occidental se planteaba problemas políticos ambiguos en el momento de la conquista, es que se mezclaban ahí todavía cuestiones de
moral, ausentes de la estrategia del saber. Habrá que
esperar que la etnología haya alcanzado su plena ma-
durez "científica" para volver a encontrar, en sus ma-
nipulaciones de los materiales "primitivos", una violencia disfrazada que sobrepasa por sus consecuencias la
de los conquistadores.

LA PRESIÓN CONQUISTADORA Y EL PENSAMIENTO DE LOS OTROS

Cuando un etnólogo declara que importa poco saber qué
piensa el otro, el indio o él, yendo aun hasta a afirmar
que el material desubjetivado se piensa a sí mismo, procede a una verdadera lobotomía. El fin está claro:
injertar su propio pensamiento en el campo completo
de las variaciones culturales atestiguadas, sometidas
por esta operación a un mismo principio de inteligibili-
dad promovido al rango de causa eficiente, al cual en
cambio, dan la caución de su objetividad. Tal ambición,
sin embargo, descuida dos evidencias: la primera, que
no hay pensamiento sin ser que piense, y que la conciencia occidental en su imperialismo científico permanece, a despecho de las apariencias, estrechamente subjetiva; la segunda, que emana de la anterior, es que
nadie puede pensar por otro.

No ignoro que el estructuralismo se da por una ruptura con el pensamiento cartesiano. Discurso sobre discurso. En su práctica efectiva, no es más que su recuperación bajo forma de "espíritu objetivado". La primacía acordada a la sintaxis sobre la intencionalidad,
a lo estructural sobre lo existencial, no es una decisión
inocente; se inscribe perfectamente en la "lógica de la
extensión" de la conciencia occidental, cuya dominación se afirma cada vez más por medio de un pensamiento mecanizado.

Sería vano pretender que las reducciones de hechos
a los cuales llega son el precio que hay que pagar por
la ciencia. El argumento es formalmente idéntico al
de los defensores de la civilización, para quienes la
"reducción" de los indígenas es "inevitable". Los Estados Unidos quedarán sin duda en la historia como el
país que habrá utilizado más semejante sistema de

justificación: hablando de lo universal y de lo necesario para justificar la extensión al mundo de su particu-
laridad. Ni la civilización ni la ciencia están aquí directamente en duda, sino solamente un uso muy particular de estas últimas, en las manos de una parte de
nuestra totalidad cultural orientada a asegurar su supremacía sobre todas las otras, en nombre de la totalidad
y para la conquista de la totalidad, tanto "interior"
como "exterior".

La mecanización del pensamiento en el cual esta extensión se inscribe, cuando sólo una élite dispone de
las máquinas, sobre todo si mantiene una sabia confusión sobre sus posibilidades reales de aplicación, responde a un proyecto político bastante claro: sustraer
a los hombres al control de sí mismos. Afirma al mismo tiempo lo que trata de disimular: la mecanización
como pensamiento, el pensamiento como sintaxis anó-
nima, lo que no es otra cosa que la mira, la intencionalidad particular de una élite intelectual decadente
de Occidente.

Es un pensamiento disfrazado —¿diría yo, un pensamiento avergonzado?— que trabaja en la lógica natural y universal, regida por los principios de simetría,
de oposición, de inversión, etc., donde Claude Lévi-
Strauss cree descubrir las leyes elementales explicativas
y no por explicar, del "espíritu humano". Esa lógica
que se da por un "eso piensa" nunca es más que el producto de una manipulación subjetiva, la que a su vez
remite, en el caso de Lévi-Strauss, a una "intuición"
subjetiva fechada, sobre la cual él se ha explicado a sí
mismo. Es así como alargado en una zanja y contem-
plando una umbela, el futuro padre de la antropología
estructural creyó poder, en 1914, "trascender la oposición de lo sensible y de lo inteligible". La manera como
el estructuralismo examina la diversidad etnográfica no
difiere esencialmente del acercamiento hegeliano de la
"diversidad" histórica; la lógica que rige las manifestaciones del "espíritu objetivado" se pretende universal,
tal como el espíritu absoluto de Hegel. Pero el rechazo
a asumir abiertamente su propio subjetivismo no permite de ninguna manera a la conciencia occidental llegar a lo absoluto: es simplemente su propia subjetividad rechazada lo que supone bajo forma de absoluto
de subjetivado.

De ahí la declaración "literaria" citada más arriba:
¿que importa qué piense el otro? Lo esencial es ser al
menos dos. No queda por salvar el argumento sino

una "diferencia" entre el otro y yo, diferencia no elu-
cidada, puesto que soy yo, imperiosamente, quien la ha
planteado. ¿Dónde está el diálogo, la mirada *sobre mí*
del otro? En ninguna parte: la "diferencia" entre el
otro y yo está dentro de mí, no es más que la mirada
de mí a mí, no ve más que a mí. C. Lévi-Strauss,
pienso yo, simplemente quiere decir en la fórmula citada, que él ha "asimilado" toda la literatura sobre los
indios. No se le podría reprochar ponerse en guardia
para no "confundirse" con su imperio. Esa distancia
guardada salva la diferencia. Pero está por definir la
que primeramente hubiera debido unirse.

Nada más significativo a este respecto que la discusión ociosa sobre las relaciones entre el "pensamiento
científico" y la "mentalidad primitiva". Un libro olvidado hará aparecer dónde se sitúa el debate.

Leenhardt ha abordado un aspecto, a sus ojos fundamental, del mito, que es precisamente aquel en el
que la "ciencia" etnológica se ha desinteresado para
consumar sus "progresos". Pero hoy en día, esta ciencia marca un intervalo y un tiempo de reflexión. No
parece que Lévi-Strauss pueda ir mucho más lejos de
lo que ha ido hasta ahora en su inventario de los "re-
cintos mentales" del hombre y en su exploración del
"discurso mítico", bajo el ángulo estrecho de las suje-
ciones "sintácticas" que lo rigen. Desde entonces, se
proponen dos soluciones: o bien superar a Lévi-Strauss
conservando la adquisición del estructuralismo, buscando nuevas hipótesis y acrecentando el rigor del método;
o bien, a la inversa, volver a tomar el problema más
acá de su tratamiento estructuralista, si se considera
que éste procede de una distorsión fundamental.

Do Kamo no se propone hacer la teoría de la mentalidad primitiva; pero se inscribe dentro de una problemática completamente desacreditada en nuestros
días, la de Lévy-Bruhl y los fenomenólogos. Los procedimientos del cientismo actual nos invitan a reconsiderar esta problemática —¿no será que para percibir
mejor lo que vuelve las tesis de Lévy-Bruhl siempre tan
inadmisibles, no es su subjetivismo, sino al contrario,
aquello en lo que participan de la misma ideología
"cientista" que prevalece hoy en día? Esa identidad fundamental ha sido ocultada por Lévi-Strauss, preocupado
por marcar la distancia que lo separaba de un hombre
cuya conciencia occidental repugnaba reconocer. Ahora
bien, es mucho más lo que los acerca que lo que los
aleja, lo que explica el "fracaso" de ambos. La exage-

ración de la diferencia entre el "pensamiento primitivo" y el "pensamiento racional", por Lévy-Bruhl, la reducción del primero a las operaciones de la lógica que rige su propio pensamiento, por Lévi-Strauss, proceden una de la otra de una misma hipóstasis de la razón y de la lógica y de una misma negación del otro, en su diversidad y su especificidad. Si Leenhardt se vuelve igualmente culpable de esos retorcimientos, se ve que no es una razón suficiente para reducirlo al silencio. Su mayor culpa es la falta de claridad en la definición de los estatutos respectivos del "pensamiento mítico" y del "pensamiento racional": confusión que simplemente remite a la no elucidación de su relación doblemente negativa con los canacos, a la vez para él *objetos* de reflexión en tanto que etnólogo y materia trasformable (a conveniencia) en tanto que misionero. Sin embargo, la deformación que el misionero impone a su material no es lo que lo diferencia fundamentalmente del etnólogo; esa deformación vuelve manifiestos, como si los mostrara con una lupa, los sesgos inherentes a la gestión etnológica misma —tanto más urgida por explicar cuanto menos se preocupa por comprender. Ahora bien, el objeto que Leenhardt asignaba a sus estudios ¿no invitaba por sí mismo a una superación de ese obstáculo? Pero para operar tal superación hubiera sido necesario un método; y a falta de método, con demasiada frecuencia, Leenhardt da la impresión de proyectar en el primitivo sus propios fantasmas.

Leenhardt trata de asir a la persona melanesia en su relación con el mito. No entiende analizar una "mentalidad" desde su gabinete de trabajo; en la experiencia, el "primitivo" no es tan diferente del "civilizado" como le parece a este último cuando lo refleja en documentos (era el caso de Lévy-Bruhl). Lo que da la aprehensión global no es "un hombre dividido en facultades", es un hombre global, cuya fisonomía particular puede ser aprehendida a través de un detalle significativo, que Leenhardt llama la "forma verdadera del ser". El objeto de su estudio es volver a encontrar esas "formas" a través de la manera como los canacos aprehenden el mundo, se constituyen en sociedad, etc., haciendo la hipótesis de que esa relación con el mundo no está determinada por las instituciones sino por un "acontecimiento emocional circunscrito por una palabra", que Leenhardt llama "mito vivido", "mito informulado". Un aspecto característico de esos "mitos vividos" es, por ejemplo, la identidad, más sentida que conceptualizada, que el "primitivo" establece entre sí mismo, el animal y el vegetal.

Lo arbitrario que preside a la gestión de Leenhardt procede de un etnocentrismo ingenuo, que caracteriza al primitivo de manera esencialmente negativa, privativa. Lo que es curioso en este etnocentrismo, es la seguridad con la que se refiere a una positividad "civilizada", de la que él jamás se da cuenta que es un mito. Una lectura atenta hace comprender, por contragolpe, todo lo que tiene de "positivo", de pleno, el primitivo definido en su negatividad: quiero decir, a qué plenitud de vida, de la que la conciencia occidental se encuentra privada, promete acceso. Está bien lo que demuestra con una ironía involuntaria el análisis final de la idea de "persona" y de "mito" a través de su desunión: se ve entonces claramente la negación del otro en potencia. Jamás la conciencia occidental lo vio tan claro como en las ruinas: para ella la explicación está al final de la muerte dada.

Pero el autor no se da cuenta: atribuye a la naturaleza de las cosas lo que en realidad vuelve de nuevo a un propósito deliberado. El canaco no renuncia a su "persona" para llegar al "individuo" por la sola fuerza del descubrimiento del pensamiento racional. Es la violencia de la negación lo que manipula esta seudorracionalidad que lo obliga a tal abandono. Así, la negación se cierra. Definir al primitivo por lo que él no es, es condenarse a descubrir esta triste verdad del siglo xx: que la actitud calificada, por antífrasis, de "positivista", no es nada más que la negación del mundo y del hombre como "ser al mundo". La filosofía comienza apenas a salir, a través de Merleau-Ponty y Heidegger por ejemplo, de ese suicidio lógico.

Es, sin duda, en esta línea de reflexión en donde hay que comprender el monólogo de la conciencia occidental sobre la diferencia entre la imagen que se hace de sí misma y la imagen que ella se opone, de un "primitivismo" puramente imaginario, a donde proyecta sus propios fantasmas, afectándolos de un signo negativo. Sí, es verdad que el pensamiento racional experimenta una cortadura entre el sujeto pensante y el mundo, objeto de su representación. El "pensamiento racional" no es sino la racionalización de esa escisión. Es precisamente para suprimir tal escisión para lo que los poetas rompen la sintaxis restrictiva del pensamiento racional, que sustrae a los hombres a su relación, abierta

en su plenitud, con el mundo. He ahí por qué los filósofos buscan en los poetas algún secreto que ellos
mismos hayan perdido por un uso inmoderado del pensamiento racional; pero no les arrebatarán más que la
envoltura de su secreto, su receta, jamás llegarán a su
experiencia de una recuperación original del espíritu,
y todavía menos a su poder de crear significaciones
nuevas. De la misma manera los etnólogos, en su esfuerzo por aprehender una otredad que les seguirá siendo siempre relativa, no saldrán nunca de su monólogo,
a menos, quizá, que se nieguen como etnólogos.

Demasiado respetuosa de su objeto "la etnografía
se disolvería", nos dicen, "en una fenomenología verbosa, mezcolanza falsamente ingenua en la que las os-
curidades aparentes del pensamiento indígena no serían
puestas por delante más que para cubrir las confusio-
nes, de otra manera demasiado manifiestas, del etnógrafo". Pero tomando esos ejemplos en conjuntos he-
terogéneos para confrontar sus invariables con el ál-
gebra imaginaria que les sirve de pensamiento, el etnólogo estructuralista ¿no se extravía en una "mezcolanza"
de otra manera "verbosa" y "falsamente" sabia, esta
vez, en donde la simplicidad no percibida del "pensamiento indígena" no se deja de lado más que para permitir al etnólogo deslumbrar a sus lectores con una
sutil dosificación de jerigonza tomada de las matemá-
ticas y de intuiciones vestidas literariamente? En ese
tratamiento, es el sabor de las civilizaciones fragmen-
tadas por el análisis lo que se "disuelve"; pero para
permitir mejor a un pensamiento cerrado sobre sí mismo restituirse, en su solo beneficio, y como fruto de
una paciente "asimilación", el irrisorio simulacro.

El no respeto del otro conduce a los mismos errores
que el olvido de evidencias primeras contra las que
el "discurso racional" se instituyó: ambas actitudes
están ligadas. El discurso de la ciencia es la respuesta
bastante servil, nacida de un miedo al caos sensible
que la conciencia occidental se esfuerza por hacer un
"saber" cuyo respeto, si no impera, sí está firmemente
instituido. El no respeto al otro, su reducción a objeto, y la extirpación de sí mismo a lo verdadero multi-
forme, informulado, temido, cuya riqueza excede a los
poderes de aprehensión de un lenguaje público enrarecido (enrarecido no por accidente, no por naturaleza,
sino en función de una cierta intencionalidad represiva, castrante, asustada por la vida, en la huella de
Roma y de la Iglesia) conducen inevitablemente a esas

proliferaciones verbales de exterioridad, en las que
ninguno osa ser y es por lo que todos parten en son de
conquista, conquistas a cuyo término el saber espera
recuperar restos de lo real, según un sistema debidamente reglamentado de privilegios y de monopolios. Es
la misma empresa que se observa en gran escala en la
destrucción y el acaparamiento de lo que nosotros llamamos todavía la naturaleza, de la que los raros islo-
tes que quedan desocupados, o bien demasiado alejados
de ese discurso que nos aliena, desalienta de habitarlos
y aburre, o bien está a la venta, y uno la probará en
forma de propiedad.

Volvamos para atrás. En el plano de los principios, la
civilización occidental no podía suscribir sin reservas
la destrucción de las civilizaciones cuyo territorio inva-
día; sin embargo tampoco podía, ni quería, impedir que
se efectuara esa destrucción. Dejó pues desarrollarse
paralelamente en una semioficialidad, las masacres y
la compilación.

El desarrollo acordado a los estudios antropológicos
contribuyó así a acreditar una imagen liberal de la sociedad occidental. Pero, una vez instituida la etnología,
la lógica de la negación que la había engendrado debía
conducirla al curso de una historia en donde con la
mayor frecuencia se ha contentado con reflejar las ideologías de las épocas que atravesaba, hasta la autodestrucción reveladora que hoy en día opera ante nuestros
ojos. La preocupación de objetividad, el cientismo profesado por la etnología le han permitido resolver, aparentemente sin desgarramiento, como si se situara por
encima de la pelea, las ambigüedades que llenaban la
práctica de los conquistadores y, sobre todo, de los
misioneros. Son precisamente esas ambigüedades lo
que hoy se encuentra en la etnología, presurosa por
nombrar en fin el origen del que habla, desde que el
cientismo, que tanto tiempo le ha servido de resguar-
do, no puede ya ilusionar y se revela en toda su vacuidad ideológica. La etnología no puede ya continuar
siendo una mano izquierda que pretende ignorar a la
derecha armada de una metralleta. Se trata, ante su
discurso extraviado, de volver a encontrar la unidad
corporal fuera de la cual no es válido.

Ahora bien, justamente en el mismo tiempo en que
la humanidad diversa, parcialmente destruida en los
hechos, es recuperada en el plano del "saber", el Nosotros al cual la referimos como único sujeto reflexivo
digno de ese nombre, se vuelve cada vez más virtual.

Sucumbiendo a su propia objetivación, calla como una
fuente que amurallara sus sedimentaciones. El sujeto
de la civilización occidental se disminuye en la medida
en que esa civilización se vuelve "universal"; único, no
tiene ya más que entendérselas con objetos que lo re-
miten a su propia imagen; en lugar de una superación
de la escisión entre el sujeto y el objeto (superación
intentada por el materialismo dialéctico, pero al precio
de un empobrecimiento y de una esclerosis dogmática
que caen al golpe de la misma crítica que la que se dirige a la etnología), se asiste a la saturación de una
seudobjetalidad. Esta seudobjetalidad efectúa una verdadera vuelta en redondo de la lógica interna de la
historia occidental sobre sí misma, es decir, siguiendo
la meditación nietzscheniana, que consuma la esencia
del nihilismo. La autodestrucción del sujeto que primeramente se plantea con tanto más fuerza cuanto que
se opone al mundo, objeto de su representación conquistadora, luego se vuelve él mismo objeto, llega lógica-
mente a la negación del hombre como sujeto.

En cuanto a los sujetos *otros*, cuyo diálogo con la
conciencia occidental hubiera podido permitirle escapar a la objetalidad del mundo donde se mineraliza a
su vez, pura y simplemente los ha suprimido dedicán-
dolos a sus empresas de conocimiento. Los otros obstinados que nos rodean son demasiado semejantes a
esta conciencia para ameritar su interés; es al menos
lo que afirma la etnología, en su fetichismo ingenuo
de la cultura: son "simplemente hombres", es decir,
nada. Y por lo tanto, nada puede ya sacar al sujeto
de la conciencia occidental de su objetivación, nada
puede resucitarlo, pues esta objetivación es también su
cementerio. La escisión del sujeto y del objeto llega
al actual callejón sin salida, donde el objeto, remitiendo al sujeto su proyecto objetivante, lo trasforma
en objeto: "eso piensa", ninguna recuperación, ningún
emerger del sí que piensa, es ya posible una vez sellada
la cueva de la verdad confundida con la objetividad.
Tal es, en su límite pensable, la esencia del maqui-
nismo instalado hoy en día.

¡Estrago significativo, si se recuerda a los conquistadores! Y descentración macabra: son ahora los otros,
los desaparecidos, los primitivos dedicados a no existir
ya más que en y por nuestro pensamiento a los que
nosotros encargamos de restituirnos el esqueleto de
una subjetividad que discreparía de la nuestra. De ello
resulta esa especie de canibalismo intelectual donde,

antes de emprender nuestros combates filosóficos con
el Ser cuya pérdida nos acosa, rumiamos las cenizas
de nuestros ancestros contemporáneos; con la última
esperanza de que sus fantasmas no nos dejen reposo...

A ese saber petrificado, como una flor conquistada
al perfume proscrito, no le queda más que adornar la
tumba del Chilam Balam: "Ellos han enseñado el miedo y han venido a marchitar las flores. Para que viva
su flor, han destruido y aspirado la flor de los otros.
Marchita está la vida, y muerto el corazón de las flores.
Falsos son sus reyes, tiranos sobre su trono, avaros
de sus flores." [2]

Así, a fin de cuentas, en esta segunda mitad del
siglo XX, el trato se nivela un poco. Lo que un último
sobresalto de la conciencia occidental moribunda cambia por los cadáveres de sociedades exterminadas con
su complicidad, no es más que un esqueleto de espíritu.
Entretanto, han pasado cosas sin que nos enteremos.
Repudiando la vida inconcebible, no hemos acordado
interés más que a la muerte, soñando cementerios es-
tructurales. Pero la vida que proseguía en otra parte,
nos concebía, y a falta de ese movimiento reflexivo
que la etnología no ha sabido hacer, mientras creía
abrir el círculo de la razón occidental y asegurar el
reino de su vida eterna, solamente ha descrito el espacio, impuesto por la violencia a todo el planeta, de su
muerte. Utilizando la muerte de los otros para sobrevivir, no hemos logrado sino imponer al mundo la imagen de nuestra muerte, la evidencia de que nuestra
civilización equivale a la muerte. Sin embargo, la historia, de la que nosotros excluimos a los salvajes, no
nos pertenece; no ha dicho su última palabra ni encontrado sus últimos sujetos parlantes.

La conciencia occidental se ha constituido con la
conquista del "Nuevo Mundo"; finaliza hoy en día con
la conquista del "Espacio". No se tendría razón para
creer que ese nuevo salto va a permitir al hombre
franquear sus propios límites. Lejos de desprenderse
de sí mismo, va a llevar esta vez al universo como
totalidad abierta sobre el infinito un espíritu de negación y de conquista torpe de una mitología todavía
más "antigua" que la que los conquistadores traspor-
taron a América. Como si, en su movimiento centrífugo,
no alcanzara jamás ninguna circunferencia, siempre
sobrepasada por las ondas emanadas de su propio "centro", su núcleo difuso, abierto, estallado. Si no en-

[2] *Chilam Balam*, trad. B. Péret, 1955.

cuentra ningún "otro" en el cielo, es sin duda que ha
comenzado por negar la humanidad de los otros sobre
la tierra. En cuanto al otro al que hizo Dios y que es
solamente la figuración de la totalidad ansiada, jamás
estuvo el hombre tan cerca de creer que lo había conquistado al fin, es decir, negado. El mismo drama se
prosigue pues, de un sujeto yendo a buscar fuera de
sí mismo un semejante cuya reducción le consagra,
pero esta vez el compañero, ya tome la figura de Dios
celeste o del poder terrestre, es la totalidad misma,
natural, cavidad espacial, matriz de una humanidad
que es conquistada sobre los otros, y proyectada al mismo tiempo de nacer, conocerse, dominar, dominarse.

He intentado, en las páginas que preceden, fijar el
contorno de una palabra que va a apagarse: la de la
conciencia occidental en el momento de la conquista,
mientras estuvo en contacto con sus límites. El paso
destructor de esos límites abre el campo de la historia
a una nueva palabra. Antes de tratar de cercar el origen
de esa palabra todavía difícilmente asible, habrá que
volver a tomar en sus principios (y esto será objeto
de una reflexión ulterior) el largo descenso de las naciones de la selva tropical hasta el fondo de las caver-
nas de nuestra historia, y tratar de sentir como fue
vivido y pensado, por los actores mismos, "el emerger
de los salvajes fuera del estado natural" antes de elevarse, emblanquecidos-cristianizados-civilizados, al nivel
de la conciencia subjetiva de nuestro mundo —ese
mundo que odia tanto la naturaleza que hoy en día se
encarniza en volver la selva inhabitable para los "salvajes", para restituirla a las serpientes y a los pájaros
en una imagen en la que el infierno y el paraíso al fin
se confundieran.

Baudelaire había presentado este odio de sí mismo
nacido del descubrimiento del otro y primero encarnizado contra él, antes de proyectarse en el fantasma de
un mundo sin hombres, que la civilización contemporánea se esmera en realizar —hasta en los hombres. Una
reflexión sobre los destinos opuestos de las civilizaciones indias y de la etnología conduce al mismo presen-
timiento. Desde el día en que descubrió su propia diversidad, la humanidad ha comenzado a estar ocupada
por el sentimiento de que su existencia misma sobre
la faz del mundo era una suerte de inconveniencia. Es
su impotencia a asumir su ser-dividido-en-el-mundo lo
que la arroja en la empresa de mineralización, de mecanización y de naturalización actual, por la cual esta

civilización restaura a escala estadística las leyes de la naturaleza que se jactaba de haber excluido de su naciente reino.

¿MÁS ALLÁ DE LA NEGACIÓN?

Los hombres así, qué han podido recomendarme acerca de los hombres, aún antes de querer asimilarme. Todo sobre lo que yo hablo, con quien hablo, es por ellos por los que lo tengo. Yo quiero mucho, pero eso no sirve de nada, no termina con ello. Ahora es de mí de quien debo hablar, aunque sea con su lenguaje, será un comienzo, un paso hacia el silencio, hacia el fin de la locura, la de tener que hablar y no poder, salvo de cosas que no me incumben, que no cuentan, en las que no creo, de las que me han atiborrado para impedirme decir qué soy, dónde estoy, hacer lo que tengo que hacer de la única manera que pueda ponerle fin, hacer lo que tengo que hacer. Ellos no deben amarme. Ah, me han gobernado bien, pero no me han tenido, no plenamente, no todavía. Testimoniar por ellos, hasta que reviente, como si se pudiera reventar en ese juego, he ahí lo que ellos quieren que haga. No poder abrir la boca sin proclamarlos, a título de congéneres, he ahí a lo que ellos creen haberme reducido. Haberme pegado un lenguaje del que se imaginan que jamás podré servirme sin reconocerme de su tribu, la magnífica astucia. Yo quiero arreglárselas, su jerga. De la que por lo demás nunca he comprendido nada, no más que las historias que acarrea, como perros muertos. Mi incapacidad de absorción, mi facultad de olvido, ellos las han subestimado. Cara incomprensión, es a ti a quien deberé el ser yo, al fin. Pronto no quedará ya nada de sus guarniciones. Soy yo entonces el que vomitará al fin, con esos eructos resonantes e inodoros de famélico, acabándose en el coma, un largo coma delicioso.

SAMUEL BECKETT, EL INNOMBRABLE

Ese no es para los indios el primer desastre que se abate sobre el mundo. Los pueblos del Orinoco han conservado memoria de un diluvio más antiguo que la llegada del hombre blanco, y al cual pocos indios sobrevivieron, pero bastantes como para repoblar el país. En el siglo XVI, la palabra *parawa* designaba el mar

entre los *tamanacos* que lo conocían solamente de oí-
das. La misma palabra designa hoy en día al Orinoco
mismo entre los piaroa, que habitan su accidentada
ribera oriental.

Este deslizamiento semántico ¿traduce el antiguo
cerramiento del Orinoco en su cauce, después del diluvio, o refleja la progresión más reciente de los blancos, pueblo marino llegado de la costa y que remonta
el río sin apenas apartarse de sus riberas? Y este
"mar" remontado hasta su bordo por blancos interpuestos, ¿preludia, menos por el fuego que por la ley
y la técnica de la cruz, una nueva destrucción —de la
que bastará que algunos indios se salven para que re-
comience, en un nuevo reflujo del mar y de los blancos,
una era de paz que desbordaría la historia impuesta
desde el exterior?

Lo que hay de odioso en el pesimismo de los profetas
de la muerte india es, que habituándonos a considerarla
como ineluctable, nos hacen ver como irrisorio todo
esfuerzo para diferirla. Sabemos que nuestra civilización es mortal, pero creemos que solamente una catástrofe podrá arrancarla; por el contrario, la supervivien-
cia de los indios va contra el orden de las cosas. Puesto
que somos nosotros quienes les damos la muerte, nos
parece normal situarlos en una relación con la muerte
que no aceptaríamos para nosotros mismos, y que en
nuestra sociedad reservamos a los criminales.

Nuestro contacto con los "naturales" firma su sentencia de muerte; no consideramos que más allá de ese
contacto ellos renacen, preservada su identidad. La
muerte, que es lo desconocido, es para nosotros la
nada, salvo cuando pretendemos conservar recetas de
la vïda sobrenatural. Eso es lo que permite la doble
formulación, cuyas partes se anulan o se refuerzan, a
escoger: somos para ellos la nada y somos su salvación.
"Exceso" abusivo puesto que la civilización industrial
no ha elaborado todavía religión a su medida. Para los
marxistas, los indios constituyen solamente un subproletariado en reserva. Poco importa la manera como
se les destruirá; el hecho ineluctable es que, socialista o capitalista, ellos no tienen futuro más que en
el siglo xx tal como esos queridos hermanos enemigos lo definen. Como todos los "explotados", los indios sobrevivirán a su destrucción: no como indios, cualquiera que sea el sentido de esa palabra (que los marxistas, como los otros, ignoran alegremente), sino como
trabajadores, para continuar edificando la civilización

(capitalista o socialista) que los habrá privado de su identidad. Esta no amerita ya, aparentemente, más respeto, a los ojos de los marxistas, ¡que la "identidad" de la "individualidad pequeñoburguesa"!

Lo que es más odioso, no es esta condena en sí misma, es la renuncia que nos hace "naturalizar" esta condena, que nos hace remitir la sentencia al "orden de las cosas", en tanto que este "orden" no es otro que el que nuestra civilización impone al mundo. Lo que es odioso, es la hipocresía que nos permite desolidarizarnos verbalmente en un sobresalto de humanidad cuyo vacío, por otra parte, sabemos de una "fatalidad" que nosotros mismos hemos creado en todas sus partes. Bastó a un explorador, Crevaux, en 1880, oir toser a algunos indios, para predecir su próxima desaparición. Las espantosas epidemias del siglo XVI, que devastaban selectivamente a los indios, hicieron tal impresión en los europeos que acabaron por ver en la "desaparición de los indios" una señal de la Providencia. Al continuar hoy en día profetizando su fin "por vía de civilización", hacemos lo que los conquistadores, atribuyendo a Dios una causa que en realidad se encontraba en los gérmenes nocivos que portaban ellos mismos. Esta trasferencia de una causa (referente a una totalidad) a una fatalidad exterior, casi impersonal, es un procedimiento corriente. La historia se repite a propósito de cada tribu y dura desde hace cuatro siglos. Esta historia es la que ha terminado por hacer "olvidar" a los blancos que existían todavía indios en América del Norte; es también la que conduce a los etnólogos a desviar a las sociedades llamadas primitivas que resisten al contacto y se trasforman sin perderse, o a no examinar su historia más que en la perspectiva unilateral de la "aculturación".

Los queremos puros de todo contacto con nosotros; el simple hecho de ir a estudiarlos firma su sentencia de muerte; un resfriado, una caja de fósforos, y se acabó: es tanto como darle todo lo demás y trasferir el problema a los sociólogos. Si también insisto sobre el carácter cómodo e irresponsable de ese fetichismo de la cultura que hace estragos entre los etnólogos, es porque ellos tienen tendencia a considerar un poco con demasiada altivez a los misioneros, y porque, en mi opinión, el etnólogo no tiene sobre el terreno una apariencia mucho mejor que su colega creyente. Él es, en tiempo, la última de las caras por las que el hombre blanco impone su presencia a los indios, justificándola por una ideología injuriosa para sus huéspedes.

Lo que unos y otros son incapaces de apreciar es la notable facultad de adaptación de las sociedades llamadas primitivas, siempre que los cambios no les sean impuestos de manera autoritaria sino que puedan ser libremente escogidos. Tal facultad asegura esencialmente un ajuste tecnológico; no implica de ninguna manera como su correlativo necesario la asimilación, la que resulta siempre de un acto de violencia. No se trata para los indios colonizadores de tirar sus motores al río ni de quemar sus fusiles; se trata de imponer el reconocimiento de su derecho a la autodeterminación. Los guajiros del noroeste de Venezuela han sido los primeros en responder al desafío de la civilización blanca; su "adaptación" ha sido nada menos que pasiva y resignada. Hoy en día ricos ganaderos, su "adaptación" ha tenido más bien el carácter de una resistencia, gracias a la cual han sabido conservar su identidad cultural e imponer el reconocimiento tácito de su autonomía política. Esto no les impide circular en camión y poseer metralletas: al contrario.

Una película reciente, técnicamente excelente (aunque versando un poco demasiado en el estetismo de aventura "in cold blood"), insiste mucho sobre las prácticas guerreras de los indios de Amazonia (*The Tribe that hides from man*, de Adrián Cowell; 1969). Serían sobre todo esas prácticas las que, por contragolpe, amenazarían de extinción a las tribus amazónicas. Visión un poco corta, que importa situar. Es necesario alquilar a los hermanos Villas Boas para su obra de salvaguarda; pero me parece, a través de esa película, que no han podido desembarazarse de su "conciencia occidental", sobrepasarla hacia una conciencia del "múltiple". A falta de poder convencer a los kreen akrore, que acaban de dedicarse a matanzas, de que vayan a reunirse con sus enemigos hereditarios en la reservación, los hermanos Villas Boas deciden que, finalmente, les falta a esos indios algo esencial para la humanidad: la apertura a los otros. Haciendo eso, olvidan que los indios tienen buenas razones para desconfiar de los avances que les hacen los blancos (aun acompañados de indios, quienes por otra parte les son asimilables por la indumentaria); detrás del "diálogo" aparentemente refinado, hay riesgo de engaño, y relación de dominación no disfrazada. Por otra parte, el desinterés de la empresa no es tan evidente como parece, sobre todo a los ojos de los indios, para quienes el "riesgo" que presenta la "civilización" (cuya progresión "ineluctable" no ponen en duda los Villas Boas) contra la cual se les quiere preservar provisionalmente, sigue siendo perfectamente abstracto. El juicio precoz pronunciado sobre los kreen akrore remite pues a la no elucidación por los autores de sus propias coordenadas. De ahí un triple etnocentrismo.

Éste se expresa primeramente por la profesión de fe "civilizada" oponiendo nuestra civilización (extensión, se nos dice desde Roma, de la idea de ciudadano a todo "el imperio" y trasformación de la idea jurídica de ciudadanía en idea cristiana de fraternidad) a las culturas indias, en donde "la afección" no franquearía los límites de la "tribu". He ahí un trastorno perfectamente ideológico de la realidad: nuestra civilización no es una civilización "de apertura" sino, al contrario, de extensión de sí por la negación del otro como otro, y su asimilación al sí; inversamente, las relaciones "guerreras" que algunas sociedades indias mantienen entre sí, no significan de ninguna manera la negación del otro y el proyecto de asimilársele, sino todo lo contrario, *la afirmación del otro*, en el respeto mutuo que se deben dos (o varios) grupos de hombres. Sería pues mucho más justo considerar la "guerra" (definiendo cuidadosamente sus modalidades) entre los indios como una *relación de alianza* al mismo título que la fiesta ceremonial. Siguiendo el modelo de los indios de "su" reservación del Xingú para formular la definición mínima del indio-hombre, los Villas Boas se vuelven culpables de una especie de "xingucentrismo"; no solamente hay mil maneras de ser hombre, hay igualmente mil maneras de ser indio y de practicar la alianza (una vez más, las fiestas ceremoniales tan características del Xingú, no son el único modo).

En fin, la ofensiva de encanto a la que se entregan los "salvadores de indios" prueba que no están exentos de la ideología "modernista" en nombre de la cual nuestra civilización perpetúa el sacrificio de la diversidad humana. Cuando creen atraer a los indios, colgando de las ramas de los árboles, cerca de sus lugares abandonados, utensilios de metal, hachas, machetes y aviones de plástico, simplemente prueban la creencia, compartida con sus congéneres, en los poderes casi mágicos de la tecnología. Esta concepción es mágica porque consiste en creer que los objetos técnicos están en sí mismos cargados de "poderes", en tanto que evidentemente esos

"poderes" residen únicamente en la ideología que los
trasporta. A imponer esa ideología es a lo que se dedican los misioneros. En general, esos "poderes" son tomados en un sentido positivo, que oculta la empresa
de negación y de asimilación. Que los Villas Boas no
reflexionen sobre este abuso sino que utilicen "ingenua-
mente" la magia occidental para "atraer" a los indios
(considerado, en el marco de la reservación, para "pre-
servarlos") es bastante inquietante.

Finalmente, los kreen akrore no se dejan reducir. En
lugar de concluir con la falsedad del "diálogo" intentado, de volver a poner en duda las premisas y las
modalidades, los autores concluyen con el rechazo del
diálogo por parte de los indios libres. En lugar de cantar la victoria de los indios libres sobre una maniobra
mal esclarecida, en lugar de levantar esa película como
un monumento a su gloria, los autores terminan con
una sola nota desilusionada, adornada de filosofía modernista: en el fondo, a esos indios les falta algo. Les
faltamos... ¡nosotros! Nosotros les faltamos, y ellos no
lo saben. Habría que hacérselos saber. *Pero ellos no
han querido saber nada.* Y sus "salvadores" no han
sabido escuchar la afirmación muda detrás de ese rechazo a dejarse comprar a precio vil. No han aprendido
de ello ni el respeto al otro, ni la reflexión sobre la
parte de indigencia de su propio "discurso". Todo lo que
queda de esa "aventura", es el desprecio de un cineasta
con mucho mercado en la selva y que ha faltado a su
objetivo. De ahí el "no son hombres", como se diría
"no es deportivo", lo que supondría compañeros de un
mismo juego, cada uno conocedor y respetuoso de las
mismas reglas. ¡Cuán significativa es a este respecto
la rotura, por los kreen akrore, de todos los *espejos*
ofrecidos!

Pero de nuevo, se trata ahí de lo real: es el problema
del *contacto* mismo lo que se plantea. Jamás hemos
aprehendido al otro fuera del contacto con él. Si la in-
fantería y el curerío se han encarnizado al negar al otro,
la etnología se ha esforzado en negar el contacto. La
objetividad se presentaba así sin tropiezo como una
negación de la práctica y de la historia. Ahora bien, los
indios hoy en día no tienen qué hacer de una "pureza"
que niega todo valor, si no es que toda existencia, a su
lucha para preservar su identidad en las historias donde
se trama y se busca la humanidad. Semejante "puris-
mo", si nos recuerda con complacencia la existencia
precolombina de los indios de América, porque ama en

ellos a los "fósiles vivientes" de la edad de piedra, es responsable de nuestra ignorancia y de nuestro desinterés por su situación presente. ¿Quién es responsable de nuestra ignorancia hasta estos años recientes —ignorancia con la que contaba el gobierno de los Estados Unidos para liquidar el problema indio y suprimir sin ruido todas las reservaciones—, sino los etnólogos norteamericanos? Una vez disuelta la base territorial que asegura la supervivencia de las naciones indias, no quedaría ya persona moral con quien tratar: los tratados por lo tanto, se volatilizarían por sí mismos. ¿Qué importa que un millón de almas llegue entonces a aumentar la masa subproletarizada de los guetos metropolitanos? Ese será un problema para sociólogos. No obstante, los estudios recientes que se han hecho en el seno de las comunidades indias de América del Norte son categóricos: "La mayor parte de los grupos indios en los Estados Unidos, después de más de cien años de contactos con los euroamericanos y a despecho de poderosas presiones exteriores, directas o fortuitas, no han sido todavía asimilados en el sentido de que hayan perdido el sentido de su identidad de grupo y plenamente aceptado el modo de pensamiento y de conducta americanos." El reporte del que acabo de tomar esta cita concluye: "La mayor parte de los grupos indios identificables que residen en reservaciones indias, continuarán permaneciendo indefinidamente como unidades distintas, preservando sus valores de base, su personalidad, su modo de vida indio, y continuarán ajustándose superficialmente a los imperativos económicos y políticos de la sociedad englobante."[1]

Ni qué decir tiene que no es ésa la coronación de una política concertada de pluralismo cultural; al contrario, es el fracaso del *melting pot* uniformador. Y esa identidad india, "milagrosamente" preservada, toma la forma no de un vestigio de museo sino de un combate político en el que la voz de los etnólogos brilla por su ausencia.[2] Ese "despertar" debería hacer reflexionar a los profesionales del pesimismo, ¡a menos que sean ellos los que están definitivamente dormidos! En todo caso hay que afirmar con energía que los indios no están muertos y que no están dispuestos a morir, y denunciar en el pesimismo de los profetas titulares de la muerte india una mistificación interesada y una cómoda dimisión.

[1] D'Arcy McNickle, 1964, *Notis Americans Indians theorie and Cultural Survival*, Oxford, 1964.
[2] Véase Vine Deloria, *Custer died for your sins*.

Este juego siniestro ha durado demasiado. Es tiempo de tomar partido por los indios que no se resignan a morir, de agrandar con ellos la brecha que abren en el corazón de nuestra civilización, y de dejar pudrirse en sus cementerios teóricos a los fabricantes de conservas etnológicas. Contrariamente a lo que se cree comúnmente, la historia instaurada por la invasión blanca en América no siempre se desarrolla en sentido único. Es solamente a condición de retomar esa historia a contrapelo como se puede esperar abrirse al otro en su existencia real, asir su relación al mundo, aprehender su civilización en el movimiento mismo que lo abre al universo y sella con él su alianza. Saber quiénes somos nosotros para aquel que encontramos; cuál es para él nuestra herencia; y dialogar, cosa infinitamente más seria y difícil que regresar a nuestros queridos estudios. Aceptar al otro, es también aceptar existir para y con él. Y ciertamente hay que aprender a parecérsele si queremos responder a su mirada, en lugar de negar la complicidad inmediata que él sella entre nosotros y arrojarla en el mundo de lo inerte. Él nos espera, más allá de nuestro cerramiento, pero también puede pasarse de nosotros, o abandonarse. Nacida gracias a un malentendido, la etnología, al contrario, no existe sino por la certidumbre, reanudación al hilo de los años por el arreglo de la conquista, pero que se abre paso otra vez, poco a poco, en su "segunda simplicidad", la de que tenemos necesidad del otro para sobrevivir.

Eso no quiere decir que haya que renunciar a "conocerlo" y que toda teoría esté consagrada a habitar un subjetivismo disfrazado. Al contrario, el "conocimiento" y la "relación con el otro" están vaciados en el mismo molde, para lo mejor y para lo peor. La instauración de relaciones de compatibilidad entre nuestra civilización y las otras pasa necesariamente por la elaboración de un nuevo "saber"; pero éste, en lugar de servirse del "mundo" para "consolidar después la certidumbre de sí del subjectum", deberá medir las coordenadas que le "determinan" y le vuelven relativo; o más bien, su función será precisamente, y cada vez más, explicar esas coordenadas eventualmente a fin de trasformarlas, y es en lo que se distinguirá principalmente de los "saberes" tradicionales. Nuestro "saber" es una imagen de nuestra totalidad; si, en la inconsciencia de esas coordenadas o en su afirmación arrogante, fue hasta el presente sobre todo negación del otro y extensión de sí por la conquista, sólo un prejuicio de anticuario podría impedirle trasformarse en el operador del paso de la civilización occidental en el siglo XX real, que es el de la coexistencia (obstinadamente rehusada hasta ahora de manera unilateral) entre civilizaciones múltiples. Si es verdad que ha llegado el tiempo de "trasformar el mundo", tal prescripción sería fatal si sobrentendiera que había terminado el tiempo de "pensar el mundo". No ha llegado todavía ese tiempo de pesar los elementos. El mundo en el que nosotros pensamos, el mundo que nos incumbe trasformar, no es la "naturaleza", no son los "otros", es el mundo uniforme y totalitario en el cual, difundiendo por todas partes su propia imagen, la civilización occidental tiende a encerrar a la humanidad. Para evitar el riesgo de no tener ya, en este encerramiento, más que a nosotros mismos por negar, o, lo que viene a ser lo mismo, para conocer en fin este mundo en su riqueza real y su diversidad, y no solamente para conocerlo sino para saber al fin *habitarlo*, es necesario desenraizar esa instancia de asimilación negativa que funda, desde el amanecer de los tiempos modernos, nuestra relación con el universo.

impreso en gráfica panamericana, s. a.
parroquia 911 - méxico 12, d. f.
tres mil ejemplares
5 de enero de 1976